dtv

Lew und Sweta lernen sich während ihres Studiums in Moskau kennen und lieben. Doch ihr Glück ist nur von kurzer Dauer. Lew wird Soldat und gerät in deutsche Kriegsgefangenschaft. Als er 1945, aus der Gefangenschaft befreit, nach Hause zurückkehren will, wird er von den Sowjets als »Verräter« verhaftet und zu zehn Jahren Zwangsarbeit in einem berüchtigten sibirischen Straflager verurteilt. Was ihn rettet, ist der intensive Briefwechsel mit Sweta, seiner großen Liebe in Moskau, die er seit 1941 nicht mehr gesehen hat. Dank mutiger Helfer konnten die Briefe unzensiert in das Lager hinein- oder hinausgeschmuggelt werden.
Orlando Figes hat die über 1000 Briefe aufgespürt und erzählt anhand dieses einzigartigen Materials die bewegende Geschichte der beiden mutigen jungen Menschen, die auch in schwersten Zeiten ihre Menschlichkeit und Liebe bewahrten. Zugleich erhält der Leser in bisher nicht gekannter Authentizität plastische Einblicke in den Alltag im Gulag und das mühevolle Leben in der Sowjetunion während der Stalinzeit.

Orlando Figes lehrt Geschichte am Birkbeck College der Universität London und zählt zu den besten Russland-Historikern unserer Zeit. Veröffentlichungen u. a.: ›Die Flüsterer. Leben in Stalins Russland‹ (2008) und ›Krimkrieg. Der letzte Kreuzzug‹ (2011).

Orlando Figes

Schick einen Gruß, zuweilen durch die Sterne

Eine Geschichte von Liebe und Überleben in Zeiten des Terrors

Aus dem Englischen und Russischen
von Bernd Rullkötter

Deutscher Taschenbuch Verlag

BILDNACHWEIS

Abbildungen im Text: S. 12, 14, 15, 18, 19, 34, 107, 154, 166, 167, 235, 239, 248, 259, 295, 327: mit freundlicher Genehmigung von Memorial in Moskau; S. 73, 76, 110, 117, 159, 160, 237: mit freundlicher Genehmigung des Archivs des Historischen Heimatmuseums von Petschora; S. 124: mit Dank an Igor Alexandrowitsch Alexandrowski; S. 154: Ria Novosti

Bildteil nach Seite 168: S. 1, 2, 6 unten, 7, 8: mit freundlicher Genehmigung von Memorial in Moskau; S. 3, 4, 5, 6 oben: mit freundlicher Genehmigung des Archivs des Regionalhistorischen Museums Petschora (Memorial); S. 5 oben: Zeichnung von Boris Iwanow; S. 5 unten: Fotografie von Wladimir Tschiwanow

Ausführliche Informationen über unsere Autoren und Bücher finden Sie auf unserer Website www.dtv.de

MIX
Papier aus verantwortungsvollen Quellen
FSC® C019821
www.fsc.org

Ungekürzte Ausgabe 2015
Lizenzausgabe mit Genehmigung des Carl Hanser Verlags

Titel der Originalausgabe: ›Just Send Me a Word. A True Story of Love and Survival in the Gulag‹, Allen Lane London

Umschlagkonzept: Balk & Brumshagen
Umschlaggestaltung: Sophia Götschl unter Verwendung eines Fotos der Agentur Focus/Magnum Photos/Patrick Zachmann
Satz: Greiner & Reichel, Köln
Druck und Bindung: Druckerei C.H.Beck, Nördlingen
Gedruckt auf säurefreiem, chlorfrei gebleichtem Papier
Printed in Germany · ISBN 978-3-423-34843-0

Inhalt

Zu gleichen Teilen trage ich mit dir
die schwarze Trennung dauerhaft.
Weshalb die Tränen? Gib mir die Hand,
Versprich mir, dass du wiederkehrst im Traum.

Du und ich sind wie ein Gebirg aus Gram
Und können uns auf dieser Welt nicht wiedersehn.
Doch bitte schick um Mitternacht mir
Einen Gruß zuweilen durch die Sterne.

Anna Achmatowa, »Im Traum« (1946)

Vorwort

Drei alte Truhen waren gerade zugestellt worden. Sie standen im Eingang des Moskauer Büros von Memorial und versperrten allen den Weg in den betriebsamen Raum, in dem öffentliche Besucher und Geschichtsforscher empfangen wurden. Ich war in jenem Herbst 2007 angereist, um einige Kollegen in der Forschungsabteilung der Menschenrechtsorganisation zu besuchen. Sie bemerkten mein Interesse an den Truhen und kommentierten, diese enthielten das größte Privatarchiv, das Memorial in seinem zwanzigjährigen Bestehen übergeben worden sei. Es gehöre Lew und Swetlana Mischtschenko, einem Paar, das sich in den 1930er Jahren kennengelernt habe, nur um durch den Krieg von 1941–1945 und Lews dann folgende Inhaftierung im Gulag getrennt zu werden. Alle versicherten mir, dass die Liebesgeschichte der beiden ohnegleichen sei.

Wir öffneten die größte der Truhen. So etwas hatte ich noch nie gesehen: mehrere Tausend Briefe in straffen, von Schnüren und Gummibändern zusammengehaltenen Bündeln, dazu Notizbücher, Tagebücher, Dokumente und Fotos. Der wertvollste Teil des Archivs befand sich in der dritten und kleinsten Truhe, einer braunen Sperrholzkiste mit Lederbesatz und drei Metallschlössern, die sich leicht aufklicken ließen. Niemand konnte sagen, wie viele Briefe sie enthielt – wir schätzten, vielleicht zweitausend –, sondern nur, wie schwer die Kiste war (37 Kilo). Es handelte sich ausschließlich um Liebesbriefe, die Lew und Swetlana einander geschrieben hatten, während er in Petschora einsaß, einem von Stalins berüchtigtsten Arbeitslagern im hohen Norden Russlands. Der erste war im Juli 1946 von Swetlana, der letzte im Juli 1954 von Lew verfasst worden. Sie hatten einander mindestens zweimal pro Woche geschrieben. Dies war die bei Weitem größte Sammlung von Gulagbriefen, die je entdeckt wurde. Aber diese Briefe waren nicht nur wegen ihrer

Menge so bemerkenswert, sondern vor allem deshalb, weil niemand sie zensiert hatte. Freiwillige Arbeiter und Funktionäre, die mit Lew sympathisierten, hatten sie in das Lager hinein- und aus ihm herausgeschmuggelt. Gerüchte über das Schmuggeln von Briefen gehörten zur reichhaltigen Folklore des Gulag, doch niemand hatte sich je einen illegalen Postsack dieser Größe vorgestellt.

Die Briefe waren so straff gebündelt, dass ich die Finger zwischen sie zwängen musste, um den ersten herauszuholen. Er war von Swetlana an Lew gerichtet. Die kurze Adresse lautete:

Komi-ASSR
Region Koschwa
Holzkombinat
B[esserungs]L[ager] 274–11b
An Lew Glebowitsch Mischtschenko

»274–11b« waren bürokratische Ziffern von schrecklicher Bedeutsamkeit.

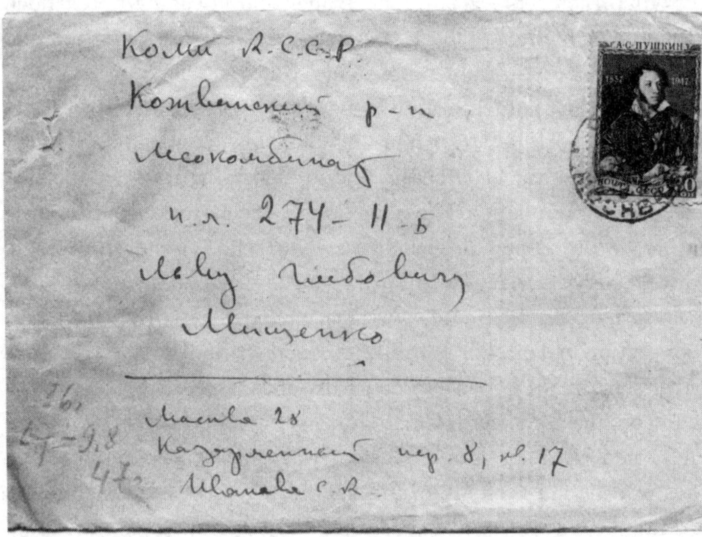

Ich begann, Swetlanas kleine, kaum erkennbare Handschrift auf dem gelben Papier, das in meinen Händen zerkrümelte, zu lesen. »Hier bin ich nun und weiß nicht einmal, was ich Dir schreiben soll. Dass ich Dich vermisse? Aber das weißt Du ja. Ich habe das Gefühl, außerhalb der Zeit zu leben, darauf zu warten, dass mein Leben weitergeht, wie nach einem Filmriss. Was ich auch tue, kommt mir so vor, als schlüge ich bloß die Zeit tot.« Ich zog einen weiteren Brief aus dem Bündel. Es war einer der von Lew verfassten. »Du hast mich einmal gefragt, ob es leichter sei, mit oder ohne Hoffnung zu leben. Ich kann überhaupt keine Hoffnung schöpfen, aber ich fühle mich ruhig ohne sie …« Ich hörte einem Gespräch zwischen ihnen zu.

Während ich die Briefe durchblätterte, wuchs meine Erregung. Lews Schreiben enthielten reichhaltige Details über das Arbeitslager. Möglicherweise war dies die einzige große, in Echtzeit entstandene Aufzeichnung des Alltagslebens im Gulag, die je ans Licht kommen würde. Viele Erinnerungen früherer Gefangener an die Arbeitslager waren aufgetaucht, doch keine konnte sich mit diesen unzensierten Briefen vergleichen, die aus der Haftzeit in der Stacheldrahtzone stammten. Lews Briefe sollten nur einer einzigen Leserin erklären, was er durchmachte, aber im Lauf der Jahre enthüllten sie immer mehr von den Verhältnissen im Lager. Swetlanas Briefe hatten den Zweck, ihn im Gulag zu ermutigen, ihm Hoffnung zu machen, erzählten jedoch auch, wie ich bald begriff, die Geschichte ihres eigenen Ringens darum, ihre Liebe am Leben zu erhalten.

Ungefähr 20 Millionen Menschen, hauptsächlich Männer, litten in Stalins Arbeitslagern. Die Häftlinge durften in der Regel ein Mal im Monat Briefe schreiben und empfangen, wobei ihre gesamte Korrespondenz zensiert wurde. Es war schwierig, eine intime Beziehung aufrechtzuerhalten, wenn die Polizei als Erste jedes Wort las. Eine Verurteilung zu acht oder zehn Jahren hatte fast immer zur Folge, dass enge Verbindungen abgebrochen wurden; oft verloren Häftlinge Freundinnen, Ehepartner und ganze Familien. Lew und Swetlana bildeten eine Ausnahme. Sie fanden nicht nur einen Weg, einander zu schreiben und sich sogar illegal zu treffen – ein

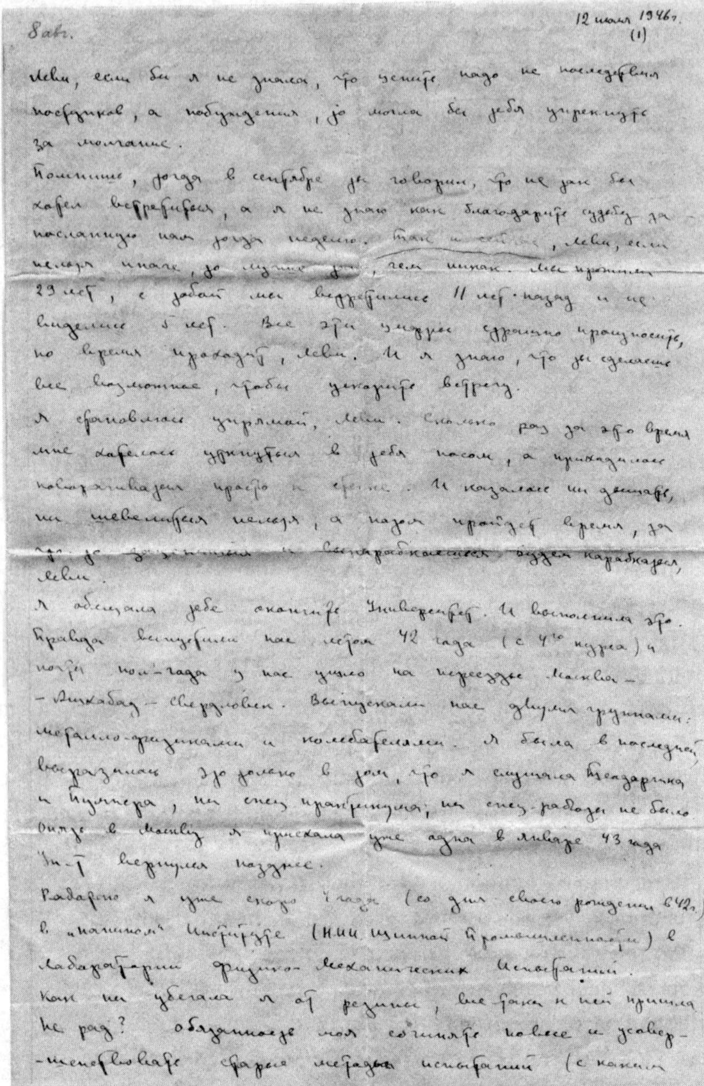

Swetlanas erster Brief, 1946

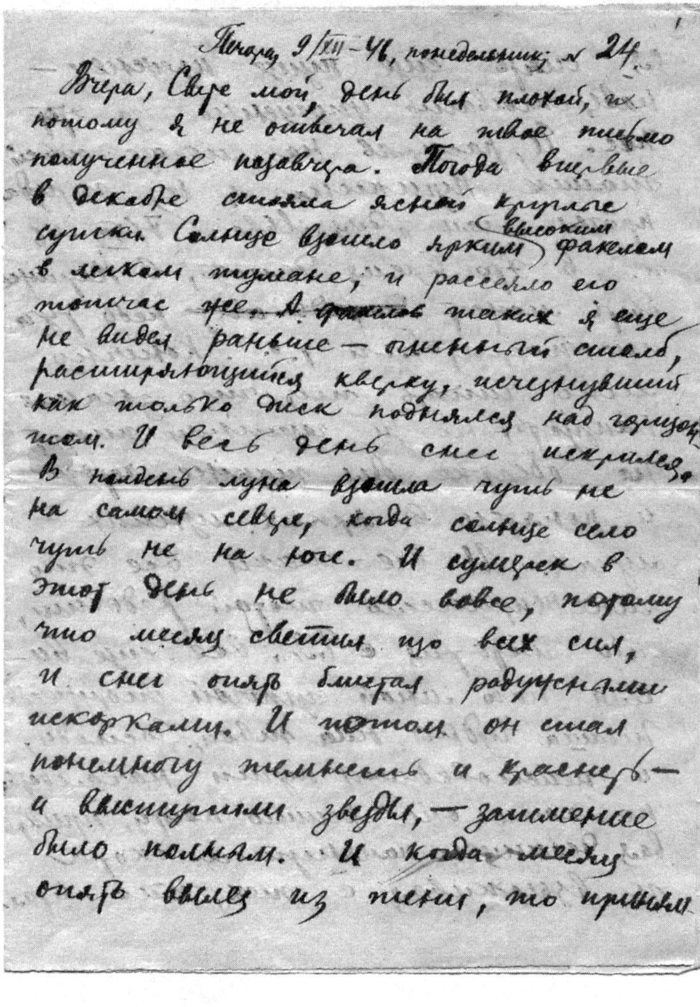

Печора, 9/XII-46, понедельник; № 24.

Вчера, Свет мой, день был плохой, и потому я не отвечал на твое письмо полученное позавчера. Погода впервые в декабре стояла ясной круглые сутки. Солнце взошло ярким высоким факелом в легком тумане, и рассеяло его тотчас же. А факелов таких я еще не видел раньше — огненный столб, расширяющийся кверху, исчезнувший как только диск поднялся над горизонтом. И весь день снег искрился. В полдень луна взошла чуть не на самом севере, когда солнце село чуть не на юге. И сумерек в этот день не было вовсе, потому что месяц светил изо всех сил, и снег опять блистал радужными искорками. И потом он стал понемногу темнеть и краснеть — и высыпали звезды, — затмение было полным. И когда месяц опять вылез из тени, то принял

Lews 24. Brief, 1946

eklatanter Verstoß gegen die Gulagvorschriften, der eine schwere Bestrafung nach sich gezogen hätte –, sondern sie bewahrten auch jeden kostbaren Brief als Beleg für ihre Liebesgeschichte auf (wodurch sie ein noch größeres Risiko eingingen).

Wie sich herausstellte, enthielt die kleinste Truhe 1500 Briefe. Es dauerte mehr als zwei Jahre, alle abzuschreiben. Sie waren schwer zu entziffern, voll von Codewörtern, Details und Initialen, die geklärt werden mussten. Sie bilden die dokumentarische Grundlage von *Schick einen Gruß,* das auch das umfangreiche Archiv in den anderen Truhen, ausführliche Interviews mit Lew und Swetlana, ihren Verwandten und Freunden, die Schriften anderer Häftlinge in Petschora, Ortsbesuche und Interviews mit seinen Bewohnern sowie die Archive des Arbeitslagers selbst heranzieht.

1

Lew sah Swetlana zuerst. Er bemerkte sie sofort in der Menge der Studenten, die in dem von Bäumen gesäumten Innenhof der Moskauer Universität darauf warteten, zur Aufnahmeprüfung gerufen zu werden. Sie stand mit einem von Lews Freunden am Eingang zur Physikalischen Fakultät. Der Freund winkte Lew heran und stellte sie als Klassenkameradin aus seiner früheren Schule vor. Die beiden tauschten nur ein paar Worte aus, bevor sich die Türen zur Fakultät öffneten und sie sich dem Gewühl der Studenten auf der Treppe zu dem Saal, wo die Prüfung stattfinden würde, anschlossen.

Es war keine Liebe auf den ersten Blick – darin sind sich beide einig. Lew war viel zu vorsichtig, um sich so leicht zu verlieben, doch Swetlana hatte bereits seine Aufmerksamkeit geweckt. Sie war von mittlerer Größe, schlank, mit dichtem braunem Haar, hohen Wangenknochen, einem spitzen Kinn und blauen Augen, aus denen Intelligenz und eine gewisse Traurigkeit sprachen. Als eine von nur einem halben Dutzend Frauen wurde sie zusammen mit Lew und dreißig weiteren Männern im September 1935 von der Fakultät, der besten dieses Fachgebiets in der Sowjetunion, aufgenommen. Mit ihrem dunklen Wollhemd, ihrem kurzen grauen Rock und ihren schwarzen Wildlederschuhen – der Kleidung, die sie bereits als Schulmädchen getragen hatte – hob Swetlana sich von der maskulinen Umgebung ab. Sie hatte eine schöne Stimme (später sollte sie im Universitätschor singen), die ihre Attraktivität verstärkte, war beliebt, lebhaft, konnte manchmal kokett sein und war bekannt für ihre scharfe Zunge. Swetlana fehlte es nicht an Bewunderern, doch Lew hatte etwas Besonderes an sich. Er war weder groß noch muskulös – ein wenig kleiner als sie – noch wie andere junge Männer seines Alters von seinem guten Aussehen überzeugt. Auf allen damaligen Fotos trug er das gleiche alte Hemd, oben zugeknöpft und nach russischer Art ohne Krawatte. Seiner Erschei-

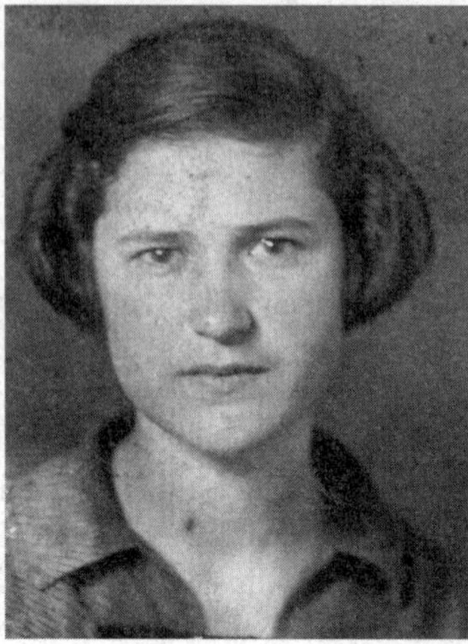

nung nach glich er immer noch eher einem Jungen als einem Mann; sein Gesicht war freundlich und zart, er hatte sanfte blaue Augen und volle Lippen wie ein Mädchen.

Während ihres ersten Semesters kamen Lew und Sweta (wie er sie nun nannte*) häufig zusammen. Sie saßen in Vorlesungen nebeneinander, nickten sich in der Bibliothek zu und bewegten sich im selben Kreis angehender Physiker und Ingenieure, die zusammen in der Kantine aßen oder sich im »Studentenclub« am Eingang zur Bibliothek trafen, wo manche eine Zigarette rauchten und andere sich einfach nur die Beine vertraten und plauderten.

Später gingen Lew und Sweta zuweilen mit einer Gruppe von Freunden ins Theater oder ins Kino. Danach begleitete er sie auf dem romantischen Heimweg, der an den Gartenalleen entlang vom Puschkin-Platz zur Pokrowski-Kaserne in der Nähe von Swetas

* Russische Namen haben eine vollständige und eine verkürzte Version (die von Freunden und Verwandten benutzt wird) sowie alle möglichen liebevollen Diminutive. Die Kurzform von Swetlana ist Sweta, doch sie wurde auch Swetotschka, Swetik, Swetlanka usw. genannt. In seinen Briefen aus dem Lager redete Lew sie häufig als »Swet« oder »Swetloje« an (russische Wörter für »Licht« und »hell« – eine Assoziation, die ihm gefiel). Im Text heißt sie ab jetzt Sweta.

Wohnung führte. Hier promenierten Liebespaare am Abend. In den Studentenkreisen der dreißiger Jahre umwarb man seine Angebetete weiterhin nach den Regeln der romantischen Ritterlichkeit, obwohl sich das sexuelle Verhalten nach 1917 hier und dort liberalisiert hatte. An der Moskauer Universität waren Romanzen ernst und keusch. Sie begannen gewöhnlich damit, dass sich ein Paar von seinem größeren Freundeskreis absonderte und er sie abends nach Hause begleitete. Dabei bot sich die Chance, intimere Gespräche zu führen, vielleicht Gedichtzeilen – das akzeptierte Medium für Unterhaltungen über die Liebe – auszutauschen und einander zu küssen, bevor er sich an ihrem Hauseingang verabschiedete.

Lew wusste, dass er nicht der Einzige war, dem Sweta gefiel. Häufig sah er sie mit Georgi Ljachow (dem Freund, der ihn mit Sweta bekannt gemacht hatte) in den Alexander-Gärten an der Kreml-Mauer spazieren gehen. Lew war zu reserviert, um Georgi nach dessen Beziehung zu Sweta zu fragen, doch eines Tages sagte dieser: »Swetlana ist solch ein wunderbares Mädchen, aber sie ist so intelligent, so schrecklich intelligent.« Dadurch wurde Lew klar, dass sie Georgi durch ihren Intellekt einschüchterte. Wie Lew bald herausfinden sollte, konnte Sweta launisch, kritisch und ungeduldig gegenüber Personen sein, die nicht so klug wie sie selbst waren.

Allmählich kamen Lew und Sweta einander näher. Sie wurden durch eine »tiefe Sympathie« zusammengeführt, wie sich Lew erinnert. Über siebzig Jahre später in seinem Wohnzimmer sitzend, lächelt er bei dem Gedanken an jene erste emotionale Verbindung. Er denkt gründlich nach, bevor er seine nächsten Worte wählt: »Es war nicht so, dass wir uns über beide Ohren ineinander verliebten, aber es gab eine tiefe und ständige Anziehung.«

Irgendwann betrachteten sie sich als Paar. »Alle wussten, dass Swetlana meine Freundin war, denn ich traf mich mit keiner anderen.« Es gab einen Moment, in dem die Situation beiden klar wurde. Eines Nachmittags, als sie durch die ruhigen Wohnstraßen in der Nähe von Swetas Haus am Kasarmenny pereulok (Kasernengasse) gingen, nahm sie seine Hand und sagte: »Hier lang. Ich werde dich meinen Freundinnen vorstellen.« Sie besuchten Swetas engste Schulfreundinnen Irina Krause, die am Fremdspracheninstitut Französisch studierte, und Alexandra (»Schura« oder »Schurka«) Tschernomordik, die Ärztin werden wollte. Lew wertete es als Zeichen von Swetas Vertrauen und Zuneigung zu ihm, dass sie ihn mit ihren Kindheitsfreundinnen bekannt machte.

Bald lud Sweta ihn zu sich nach Hause ein. Die Familie Iwanow hatte eine Privatwohnung mit zwei großen Zimmern und einer Küche – ein nahezu unbekannter Luxus in Stalins Moskau, wo Kommunalwohnungen, in denen Familien normalerweise in jeweils einem Zimmer mit einer gemeinsamen Küche und Toilette untergebracht waren, die Norm bildeten. Sweta und ihre jüngere Schwester Tanja teilten sich einen Raum mit ihren Eltern und schliefen auf einem Ausziehsofa. Ihr Bruder Jaroslaw (»Jara«) wohnte mit seiner Frau Jelena in dem anderen Zimmer, das einen großen Kleiderschrank, eine Buchvitrine und einen von der ganzen Familie benutzten Flügel enthielt. Mit seinen hohen Decken und den antiken Möbeln war das Heim der Iwanows eine winzige Insel der Intelligenzija in der proletarischen Hauptstadt.

Swetas Vater Alexander Alexejewitsch war ein hochgewachsener bärtiger Mann von Mitte fünfzig mit traurigen, aufmerksamen Augen und grau meliertem Haar. Ein Altbolschewik, hatte er sich der revolutionären Bewegung 1902 als Student an der Universität Kasan angeschlossen, war relegiert und inhaftiert worden und hatte sich dann erneut an der Physikalischen Fakultät der Universität St. Petersburg eingeschrieben, wo er vor dem Ersten Weltkrieg mit dem großen Physiker Sergej Lebedew an der Entwicklung von Kunstgummi zusammenarbeitete. Nach der Oktoberrevolution von 1917 hatte Alexander eine führende Rolle in der Organisation der sowjetischen Gummiherstellung gespielt. 1921 verließ er die Partei – offiziell aus Gesundheitsgründen, doch in Wirklichkeit deshalb, weil er desillusioniert über die bolschewistische Diktatur war. Im Verlauf der nächsten zehn Jahre unternahm er zwei ausgedehnte Dienstreisen in den Westen, bevor er mit seiner Familie 1930 nach Moskau zog. Dies geschah auf dem Höhepunkt des Fünfjahresplans zur Industrialisierung der Sowjetunion. Gleichzeitig kam es zur ersten großen Welle des Stalin'schen Terrors gegen »bourgeoise Spezialisten«, in deren Verlauf man viele von Alexanders ältesten Freunden und Kollegen als »Spione« oder »Saboteure« ergriff und erschoss oder in Arbeitslager schickte. Er selbst war durch seine Auslandsreisen politisch angreifbar, überlebte jedoch, arbeitete weiter für die Sache der Sowjetindustrie und stieg zum stellvertretenden Direktor des Forschungsinstituts für die Kunstharzbranche auf. In einem Haushalt, der vom Ethos der technischen Intelligenzija geprägt war, wurden alle Kinder dazu erzogen, Ingenieurwesen oder Naturwissenschaften zu studieren: Jara besuchte das Moskauer Maschinenbauinstitut, Tanja widmete sich der Meteorologie, und Sweta immatrikulierte sich an der Physikalischen Fakultät.

Alexander hieß Lew bei sich willkommen, denn er freute sich über die Anwesenheit eines weiteren Wissenschaftlers. Swetas Mutter dagegen war kühler und reservierter. Anastasia Jerofejewna – eine rundliche, schwerfällige Frau von Mitte fünfzig, die Handschuhe trug, um eine Hautkrankheit zu verbergen – arbeitete als Russischlehrerin am Moskauer Wirtschaftsinstitut und legte das strenge Benehmen einer Pädagogin an den Tag. Oft kniff sie die

Augen zusammen und musterte Lew durch ihre dickrandige Brille. Sie machte ihm lange Angst, doch eine Begebenheit gegen Ende des ersten Universitätsjahres sollte alles ändern. Sweta hatte sich Lews Aufzeichnungen einer Vorlesung, die sie verpasst hatte, geborgt. Als er die Notizen vor der ersten Prüfung abholte, ließ Anastasia ihn wissen, dass sie seine Zusammenfassung für sehr gut hielt. Es war nicht viel, nur ein kleines, unerwartetes Kompliment, aber die Sanftheit ihrer Stimme machte Lew deutlich, dass ihn Anastasia, die Hüterin von Swetas Familie, akzeptiert hatte. »Ich betrachtete es als eine Art Passierschein«, erinnerte er sich, »und besuchte die Wohnung nun häufiger, ohne mich eingeschüchtert zu fühlen.« Nach den Prüfungen im langen, heißen Sommer 1936 holte Lew Sweta jeden Abend ab und brachte ihr im Sokolniki-Park das Radfahren bei.

Für Lew war die Anerkennung durch Swetas Familie stets ein wichtiger Teil der Beziehung, zumal er selbst keine direkten Angehörigen hatte. Lew wurde am 21. Januar 1917 in Moskau geboren – Tage vor dem Aufruhr der Februarrevolution, welche die Welt für immer veränderte. Seine Mutter Valentina Alexejewna, die Tochter eines kleinen Provinzbeamten, war, nachdem sie beide Eltern in jungen Jahren verloren hatte, von zwei Tanten in Moskau aufgezogen worden. Sie war Lehrerin an einer der städtischen Schulen, als sie Lews Vater Gleb Fjodorowitsch Mischtschenko kennenlernte, einen Absolventen der Physikalischen Fakultät der Universität Moskau, der damals ein Ingenieurstudium am Eisenbahn-Institut hinter sich brachte. Mischtschenko ist ein ukrainischer Name. Glebs Vater Fjodor, Professor für Philologie an der Universität Kiew und Übersetzer altgriechischer Texte ins Russische, hatte sich in der nationalistischen ukrainischen Intelligenzija hervorgetan. Nach der Oktoberrevolution waren Lews Eltern in den sibirischen Ort Berjosowo in der Tobolsker Region gezogen. Gleb kannte das Städtchen aus Vermessungsexpeditionen, an denen er als Eisenbahningenieur teilgenommen hatte. Berjosowo, das seit dem 18. Jahrhundert als Verbannungsort diente, war weit vom bolschewistischen Regime entfernt und lag in einem relativ wohlhabenden Agrargebiet, weshalb es sich anbot, dort den Bürgerkrieg (1917–1921) auszusitzen, durch den Moskau von Terror und wirtschaftlichem Ruin heimgesucht wurde. Die Mischtschenkos wohnten zusammen mit Valentinas Tante in einem gemieteten Zimmer im Haus einer großen Bauernfamilie. Gleb fand einen Posten als Lehrer und Meteorologe, Valentina arbeitete ebenfalls in einer Schule, und Lew wurde von ihrer Tante Lidia Konstantinowna aufgezogen, die er »Großmutter« nannte. Sie erzählte ihm Märchen und brachte ihm das Vaterunser bei, an das er sich sein ganzes Leben lang erinnerte.

Im Herbst 1919 trafen die Bolschewiki in Berjosowo ein. Sie nahmen »bourgeoise« Geiseln, die angeblich mit den »Weißen« kollaboriert hatten, das heißt mit den konterrevolutionären Kräften, von denen die Region während des Bürgerkriegs besetzt worden war. Eines Tages verhaftete man Lews Eltern, und der Vierjährige besuchte sie zusammen mit seiner Großmutter im Ortsgefängnis. Gleb war in einer großen Zelle mit neun anderen Häftlingen untergebracht. Lew durfte die Zelle betreten und sich zu seinem Vater setzen, während der Aufseher mit seinem Gewehr an der Tür Wache stand. »Ist der Onkel Jäger?«, fragte Lew seinen Vater. Dieser antwortete: »Der Onkel beschützt uns.« Lews Mutter fanden sie in einer Isolierzelle, wo er sie zweimal besuchte. Beim letzten Mal gab sie ihm eine Schüssel saurer Sahne und Zucker, die sie von ihrem Häftlingstaschengeld gekauft hatte, damit er seinen Besuch in Erinnerung behielt.

Nicht lange danach wurde Lew ins Krankenhaus gebracht, wo seine Mutter im Sterben lag. Jemand, wahrscheinlich ein Gefängniswärter, hatte sie in die Brust geschossen. Lew stand am Stationseingang, als eine Krankenschwester mit einem roten, pulsierenden Gegenstand in den Händen an ihm vorbeieilte. Er wusste nicht, was es war. Verängstigt durch den Anblick, weigerte Lew sich, die Station zu betreten, als seine Großmutter ihn aufforderte, von Valentina Abschied zu nehmen, aber er sah von der Tür her zu, wie die alte Frau auf das Bett zuging und seine Mutter auf die Stirn küsste.

Die Beisetzung fand in der Hauptkirche des Ortes statt. Lew nahm mit seiner Großmutter daran teil. Der Hocker, auf dem er vor dem offenen Sarg saß, war zu niedrig, als dass er hineinschauen und das Gesicht seiner Mutter betrachten konnte. Hinter dem Sarg bemerkte er dafür die gemalten Antlitze auf der bunten Ikonostase, und im Kerzenlicht erkannte er die Ikone der Muttergottes direkt über dem Kopfende des Sarges. Er dachte, dass das Gesicht der heiligen Maria dem seiner eigenen Mutter glich. Lews Vater, der das Gefängnis zur Beerdigung hatte verlassen dürfen und von einem Wärter begleitet wurde, erschien an seiner Seite. »Er ist gekommen, um Abschied zu nehmen«, hörte Lew eine Frau sagen. Nachdem er eine Weile am Sarg gestanden hatte, wurde Gleb wieder abgeführt. Später besuchte Lew das Grab seiner Mutter auf dem Friedhof außerhalb der Kirche. Der Hügel aus frisch ausgegrabener Erde hob sich schwarz vom Schnee ab, und jemand hatte ein Holzkreuz darauf aufgepflanzt.

Ein paar Tage später ging Lews Großmutter mit ihm zu einer zweiten Beerdigung in derselben Kirche. Diesmal waren zehn Särge vor der Ikonostase aufgereiht, jeder mit einem ermordeten Opfer der Bolschewiki. Einer von ihnen war Lews Vater. Anscheinend hatte man alle Häftlinge in seiner Zelle gleichzeitig erschossen. Wo sie begraben wurden, ist nicht bekannt.

Im Dürresommer 1921, als eine Hungersnot das ländliche Russland ereilte, kehrte Lew mit seiner Großmutter nach Moskau zurück. Die Bolschewiki hatten ihren Klassenkampf gegen die »Bourgeoisie« vorübergehend eingestellt, und die Überlebenden der Moskauer Mittelschicht hatten erneut die Möglichkeit, sich ihren Lebensunterhalt zu verdienen. Lews Großmutter hatte zwanzig Jahre lang in Lefortowo, einem von Kleingewerbetreibenden und Händlern bewohnten Bezirk, als Hebamme gearbeitet, und nun zogen Lew und sie dort zu einer fernen Verwandten. Ein Jahr lang belegten sie eine Zimmerecke – mit einem Bett und einem Klappbett hinter einem Vorhang –, während Lidia hin und wieder als Krankenschwester tätig war. 1922 wurde Lew von seiner »Tante Katja« (Valentinas Schwester) aufgenommen, die mit ihrem zweiten Mann in einer Kommunalwohnung in der Granowski-Straße, ganz nahe am Kreml, wohnte. Dort blieb er bis 1924, als er in die Wohnung der Tante seiner Mutter in der Malaja-Nikitskaja-Straße umzog. Sie hieß Jelisaweta Konstantinowna und war eine ehemalige Lyzeumsdirektorin. »Fast jeden Tag kam Tante Katja zu Besuch«, erinnerte sich Lew. »Dadurch wuchs ich in einer Sphäre des ständigen weiblichen Einflusses und der weiblichen Fürsorge auf.«

Die Liebe dieser drei Frauen, von denen keine ein eigenes Kind hatte, konnte den Verlust von Lews Mutter nicht ausgleichen, aber sie weckte in ihm einen tiefen Respekt, wenn nicht gar Ehrfurcht vor Frauen im Allgemeinen. Diese mütterliche Liebe wurde durch die moralische und materielle Unterstützung von drei der engsten Freunde seiner Eltern ergänzt, die seiner Großmutter regelmäßig Geld schickten: von Lews Patin, einer Ärztin in der armenischen Hauptstadt Jerewan, von Sergej Rschewkin (»Onkel Serjoscha«), einem Professor für Akustik an der Universität Moskau, und von Nikita Melnikow (»Onkel Nikita«), einem Altmenschewiken*, Linguisten, Ingenieur und Schullehrer, den Lew als seinen »zweiten Vater« bezeichnete.

Lew besuchte eine gemischte Schule in einem früheren Lyzeum in der Bolschaja-Nikitskaja-Straße (separate Jungen- und Mädchenschulen waren 1918 in Sowjetrussland abgeschafft worden). Die Schule, die in einer klassischen Villa des 19. Jahrhunderts untergebracht war, hatte sich viel von ihrer Intelligenzija-Gesinnung bewahrt, als Lew dort begann. Viele Angehörige des Personals hatten bereits vor 1917 dort unterrichtet. Lews Deutschlehrer war der frühere Schulleiter. Der Vorschullehrer erwies sich als Cousin eines berühmten ukrainischen Komponisten und Lews Russischlehrerin als Verwandte des Schriftstellers Michail Bulgakow. In den frühen dreißiger Jahren allerdings, als Lew Teenager war, führte die Schule einen polytechnischen Lehrplan mit Schwerpunkt auf dem für Moskauer Fabriken nützlichen Ingenieurwesen ein. Facharbeiter hielten Vorlesungen an der Schule, gaben praktischen Unterricht und veranstalteten Experimente, um die Kinder auf eine Fabriklehre vorzubereiten.

* Die Menschewiki waren eine marxistische Partei, die sich der bolschewistischen Diktatur widersetzte.

Swetas Schule in der Wusowski-Gasse war nicht weit von der Lews entfernt. Wie hätten sie einander eingeschätzt, wenn sie sich damals begegnet wären? Sie kamen aus sehr unterschiedlichen Kreisen: Lew aus der alten Welt der Moskauer Mittelschicht, in der die orthodoxen Werte seiner Großmutter seine Erziehung geprägt hatten, und Sweta aus der fortschrittlicheren Welt der technischen Intelligenzija. Gleichwohl hatten sie viele Grundwerte und Interessen gemeinsam. Beide waren ihrem Alter voraus, ernst, klug, unabhängige Denker mit einem offenen und forschenden Geist, der eher durch ihre eigene Erfahrung als durch Propaganda oder gesellschaftliche Konventionen geformt wurde. Diese Unabhängigkeit sollte ihnen zustattenkommen. In einem Brief von 1949 beschrieb Sweta ihre Persönlichkeit mit elf Jahren – zu einer Zeit, als die Kampagne gegen die Religion in sowjetischen Schulen ihren Höhepunkt erreicht hatte:

> Mir scheint, dass ich erwachsener war als die anderen Kinder in meiner Schule … Damals machte ich mir große Sorgen über Gott und die Religion. Unsere Nachbarn waren gläubig, und Jara hänselte ihre Kinder. Aber ich mischte mich ein und sprach mich für die Religionsfreiheit aus. Und ich löste das Problem, das ich mit Gott hatte, aus eigener Kraft: Ich gelangte zu dem Schluss, dass wir die Ewigkeit und die Schöpfung mit ihm oder ohne ihn nicht verstehen können und dass er, da er zwecklos ist, nicht benötigt wird (jedenfalls nicht von mir, obwohl andere, die an ihn glauben, ihn vielleicht benötigen).

Sowohl Lew als auch Sweta waren in jenem Alter gewissenhafte Vertreter eines Ethos der schweren Arbeit und der Verantwortlichkeit. In Swetas Fall war dies das Ergebnis ihrer strengen Erziehung in der Familie Iwanow, wo sie sich um ihre jüngere Schwester Tanja und um viele Haushaltspflichten kümmern musste, während Lew durch seine wirtschaftlichen Umstände zu einer solchen Haltung genötigt wurde. Er musste während seiner Schulzeit arbeiten, um etwas zu der kleinen Rente seiner Großmutter hinzuzuverdienen.

1932, mit erst fünfzehn Jahren, machte Lew Nachtschichten beim Bau der ersten Moskauer Metro-Linie zwischen Gorki-Park und Sokolniki. Er vermaß die Strecke über die Straßen hinweg und schloss sich den Erdarbeiterteams an, die überwiegend aus zugewanderten Bauern bestanden. Diese strömten damals nach Moskau, um nicht von den Bolschewiki zur Mitwirkung in den Kolchosen gezwungen zu werden. Lew wurde sich der schrecklichen Auswirkungen der Kollektivierung im folgenden Sommer bewusst. Als Helfer auf einem Kaninchenzuchthof lernte er einen Kollegen kennen, der aus den Hungersnot leidenden ukrainischen Landgebieten eingetroffen war. Der Mann schrieb traurige Gedichte über »verlassene Dorfgebäude, sterbende Menschen und hinter einem Zaun aufgehäufte Leichen«. Lew wurde von der emotionalen Kraft der Gedichte angerührt, von der drastisch wirkenden Thematik aber abgestoßen. »Warum erfindest du so grässliche Szenen?«, fragte er den Ukrainer. Dieser antwortete: »Ich habe sie nicht erfunden. Das ist mein Dorf. Dort herrscht Hungersnot, und niemand hat die Kraft, die Gestorbenen zu begraben.« Lew war schockiert. Er hatte die Sowjetmacht und ihre politischen Methoden vorher nie in Frage gestellt, sondern sich vielmehr dem Komsomol, dem Kommunistischen Jugendverband, angeschlossen und immer an die Partei geglaubt. Nun jedoch keimten Zweifel in ihm auf. Später im selben Jahr besichtigte er eine Kolchose bei Moskau. Der Schulausflug wurde von seinem Biologielehrer organisiert, einem überzeugten Bolschewiken, der eines der verlassenen Häuser auf dem Bauernhof nutzte, um ein Theaterstück über den »Kampf gegen Ungeziefer« (das heißt gegen vermeintliche Regimefeinde) zu inszenieren. Das Haus hatte dem Dorfpriester und dessen Familie gehört, die offensichtlich während der Kollektivierung des Dorfes vertrieben worden waren. Im Innern des Gebäudes stießen die Schüler auf die verkohlten Überreste der Bücher des Geistlichen, darunter eine altgriechische Bibel. Diese Sprache, die Lews Großvater hatte lesen können, wurde unter dem Sowjetregime nicht mehr benötigt.

Zu Beginn seines Studiums im Jahr 1935 war Lew zusammen mit seiner (damals 82-jährigen) Großmutter in einer Kommunalwohnung am Leningrad-Prospekt im Nordwesten Moskaus untergebracht. Seine exzentrische »Tante Olga«* und ihr Mann mieteten ebenfalls ein Zimmer in der Wohnung. Lew und seine Großmutter hausten in einem schmalen, dunklen Raum. An der einen Seite stand ein Einzelbett und an der anderen eine Truhe, die seine Großmutter als provisorisches Bett benutzte, indem sie die Füße auf einen Hocker legte. Vor dem Fenster am Ende des Zimmers befand sich ein Schreibtisch, und über Lews Bett hing eine kleine Vitrine, in der er seine Sammlung chemischer Geräte und seine Bücher verwahrte: hauptsächlich Mathematik- und Physikbücher, doch auch klassische Werke der russischen Literatur. Wenn Sweta ihn besuchte, saßen sie gewöhnlich auf Lews Bett und unterhielten sich, wobei Tante Olga die beiden argwöhnisch im Wohnungsflur belauschte. Als strikte Kirchgängerin missbilligte sie Swetas Besuche und gab Lew zu verstehen, dass ihrer Meinung nach etwas vor sich gehe. Lew behauptete dann: »Ich bin nur von der Universität mit ihr befreundet«, doch Olga stand weiterhin im Flur neben seiner Tür, um nach »Beweisen« zu lauschen.

Wirklich frei waren Lew und Sweta nur auf dem Lande. Jeden Sommer mietete Swetas Familie eine große Datscha in Boriskowo, einer Siedlung an der Istra, 70 Kilometer nordwestlich von Moskau. Lew besuchte sie entweder mit dem Fahrrad aus Moskau oder nahm den Zug nach Manichina, das zu Fuß eine Stunde von Boriskowo entfernt war. Dann verbrachten Lew und Sweta den ganzen Tag in den Wäldern, lagen am Fluss und lasen Gedichte, bis es dunkel wurde und er den letzten Zug erreichen oder seine lange Rückfahrt mit dem Rad antreten musste.

Am 31. Juli 1936 benutzte Lew den Zug. Da eine Hitzewelle herrschte, war er nach der Wanderung von Manichina arg verschwitzt, weshalb er, bevor er zu Swetas Haus abbog, den Entschluss fasste, in der Nähe von Boriskowo ein kurzes Bad im Fluss zu nehmen. Er zog sich bis auf die Unterhose aus und sprang ins

* Sie war eigentlich die uneheliche Tochter von Boris Tolmatschow, dem ersten Ehemann Tante Katjas.

Wasser. Als schlechter Schwimmer blieb er dicht am Ufer, doch die starke Strömung trug ihn davon, und er konnte sich kaum über Wasser halten. Lews Blick fiel auf einen Angler am Ufer, und er rief ihm zu: »Ich ertrinke, Hilfe!« Der Angler reagierte nicht. Lew ging unter, kam noch einmal hoch, rief wieder um Hilfe und versank erneut im Wasser. Ihm fehlte die Kraft, sich zu retten, und er dachte noch, wie dumm es sein würde, so nahe an Swetas Haus zu sterben. Dann verlor er das Bewusstsein. Als er wieder zu sich kam, saß er am Ufer neben dem Angler. Nach Atem ringend, konnte er nur einen flüchtigen Blick auf seinen Retter werfen, der hinter ihm stand und dem Angler Vorwürfe machte, weil dieser nicht in den Fluss gesprungen war, um einem Ertrinkenden zu helfen. Der Mann ging davon, bevor Lew ihn nach seinem Namen fragen und ihm gebührend danken konnte. Lew verbrachte den Tag bei Sweta und ihren Angehörigen. Am Abend begleiteten Sweta und ihre Schwester Tanja ihn zum Dorfrand, wo sie sich von ihm auf seinem Weg zum Bahnhof verabschieden wollten. Im Dorf stieß Lew auf den Mann, der ihn gerettet hatte. Er war mit einem älteren Herrn und zwei Frauen zusammen. Lew dankte dem Mann und erkundigte sich nach seinem Namen. Der Ältere erwiderte: »Ich bin Professor Sinzow, und das ist mein Schwiegersohn, Ingenieur Bespalow. Dies sind unsere Frauen.« Lew bedankte sich erneut und ging weiter zum Bahnhof, wo Saint-Saëns' *Rondo capriccioso* über die Lautsprecheranlage gespielt wurde. Er hörte David Oistrachs wunderschönem Violinsolo zu und wurde von einem mächtigen Gefühl der Lebensfreude überwältigt. Alles um ihn herum schien plötzlich intensiver und lebendiger zu sein. Er war gerettet worden! Er liebte Swetlana! Und diese Freude spürte er nun durch die Musik.

Überhaupt war das Leben voll von ungewissen Freuden. 1935 hatte Stalin verkündet, dass das Leben »besser und fröhlicher« sein werde. Man konnte mehr Konsumartikel, darunter Wodka und Kaviar, kaufen. Es gab mehr Tanzlokale und Unterhaltungsfilme, damit die Menschen etwas zu lachen hatten und sich den Glauben an die helle, strahlende Zukunft nach dem Aufbau des Kommunismus bewahrten. Doch unterdessen wurden von Stalins politischer Polizei, dem NKWD, Verhaftungslisten vorbereitet.

Mindestens 1,3 Millionen »Volksfeinde« wurden während des Großen Terrors von 1937/38 verhaftet und mehr als die Hälfte später erschossen. Niemand erfuhr je, was die Ursache dieser kalkulierten Massenmordpolitik war: Stalins paranoische Beseitigung potenzieller Feinde, ein Kampf gegen »soziale Außenseiter« oder – höchstwahrscheinlich – die vorbeugende Ausrottung von »unzuverlässigen Elementen« für den Fall eines Krieges in einer Zeit erhöhter internationaler Spannung. Der Terror durchdrang die gesamte Gesellschaft. Jede Lebenssphäre war betroffen. Nachbarn, Kollegen, Freunde und Verwandte konnten über Nacht als »Spione« oder »Faschisten« angeschwärzt werden.

Die Welt der sowjetischen Physik war besonders gefährdet, teils wegen ihrer praktischen Bedeutung für das Militär und teils wegen ihrer ideologischen Gespaltenheit. Die Moskauer Physikalische Fakultät bildete das Zentrum dieser Entzweiung. Auf der einen Seite befand sich eine Gruppe brillanter junger Forscher wie Juri Rumer und Boris Gessen, die für die Physik von Einstein, Bohr und Heisenberg eintraten, auf der anderen eine ältere Gruppe von Lehrern, welche die Relativitätstheorie und die Quantenmechanik als »idealistisch« und unvereinbar mit dem dialektischen Materialismus, der »wissenschaftlichen« Grundlage des Marxismus-Leninismus, anprangerten. Die ideologische Spaltung wurde politisch verstärkt, denn die Materialisten warfen den Anhängern der Quantenmechanik vor, »unpatriotisch« (das heißt potenzielle »Spione«) zu sein, weil sie ins Ausland gereist seien und sich von der westlichen Naturwissenschaft beeinflussen ließen. Im August 1936, kurz vor dem Beginn von Lews und Swetas zweitem Studienjahr, wurde Gessen als angebliches Mitglied einer »konterrevolutionären Terroristenorganisation« verhaftet und später erschossen. Im September verwies man Rumer von der Universität.

Von den Studenten wurde Wachsamkeit erwartet. Im Komsomol stellten sie Kommilitonen zur Rede, deren Verwandte verhaftet worden waren, und verlangten ihre Exmatrikulation, wenn sich die

Betroffenen nicht von ihren Angehörigen lossagen wollten. Viele wurden aus anderen Fakultäten vertrieben, doch in geringerem Maße aus der Physik, wo unter den Studenten ein starker Korpsgeist herrschte. Dieser Gemeinschaftssinn rettete auch Lew nach einem Vorfall im Jahr 1937.

Die militärische Ausbildung war obligatorisch für Vollzeitstudenten der Moskauer Universität. Sie mussten sich einem Reserveoffizierskorps anschließen, das in Kriegszeiten mobilisiert werden konnte. An der Physikalischen Fakultät wurden die Studenten auf Kommandoposten in der Infanterie vorbereitet. Zur Ausbildung gehörte auch die Teilnahme an zwei Sommerlagern bei Wladimir. Im ersten Lager, das im Juli 1937 stattfand, war der Hauptanleiter gerade zum stellvertretenden Befehlshaber eines Regiments befördert worden, das keine Universitätsabsolventen enthielt. Es machte ihm Spaß, die elitären Physiker zu drillen, indem er sie jeweils 200 Meter laufen und dann 200 Meter marschieren ließ, was sich endlos wiederholte. Es entsprach nicht Lews Charakter, den Mund zu halten, wenn Autoritätspersonen kleinliche Schikanen begingen. Irgendwann bemerkte er: »Unsere Befehlshaber sind Idioten!« Der Anleiter hörte seine Worte und machte den Militärbehörden Meldung. Die Angelegenheit wurde schließlich vom Divisionsparteikomitee des Moskauer Militärbezirks untersucht, das Lew »wegen konterrevolutionärer trotzkistischer Agitation gegen die Kommandoränge der Roten Arbeiter-und-Bauern-Armee« aus dem Komsomol ausschloss. Im folgenden September kehrte Lew an die Universität zurück. Da er weitere Konsequenzen fürchtete, bat er das Divisionsparteikomitee schriftlich, seinen Ausschluss aus dem Komsomol rückgängig zu machen. Er wurde ins Hauptquartier des Militärbezirks vorgeladen, wo sich das Komitee seine Version der Ereignisse anhörte, den Ausschluss aufhob und ihm stattdessen einen »strengen Tadel« *(strogi wygowor)* für »dem Komsomol unangemessenes Benehmen« erteilte. Er hatte noch einmal Glück gehabt. Später erfuhr Lew, dass dies in erster Linie auf einen mutigen Schritt von drei Kommilitonen an der Physikalischen Fakultät zurückzuführen war, die einen Appell an das Komitee geschrieben und mit ihren eigenen Namen unterzeichnet hatten. Da Lew bei den anderen Studenten an seiner Fakultät überaus beliebt war, hatten sie dieses Risiko zu seiner Verteidigung auf sich genommen. Ihre Solidaritätserklärung hätte leicht fehlschlagen und zu ihrer eigenen Verhaftung führen können, da die Behörden befugt waren, eine Gruppe von drei Personen bereits als »Organisation« einzustufen.

Diese Episode brachte Lew und Sweta wieder zusammen. Ihre Beziehung hatte sich in der Mitte des zweiten Universitätsjahres abgekühlt, und sie hatten sich seit einer Weile nicht mehr gesehen. Der Bruch war von Sweta ausgegangen, die sich plötzlich aus ihrem Freundeskreis zurückgezogen hatte. Lew verstand ihr Verhalten nicht, denn nach dem vergangenen Sommer hatten sie sich täglich getroffen und Sweta hatte ihn sogar um sein Foto gebeten. Viele ihrer Freunde heirateten mittlerweile, und Lew dürfte gehofft haben, dass auch sie bald verheiratet sein würden, doch dann hatte sie sich ohne jegliche Warnung entfernt. Im Rückblick auf jene Zeit machte Sweta ihre »schlechten Launen« – die Depression, unter der sie einen großen Teil ihres Lebens leiden sollte – für ihr Handeln verantwortlich. »Wie oft«, schrieb sie Lew später, »habe ich es bedauert, dass ich die Dinge zwischen uns verdarb und Dich – Gott weiß, warum – quälte.«

Sobald Sweta herausfand, dass Lew in Schwierigkeiten war, kehrte sie zu ihm zurück. In den folgenden drei Jahren waren die beiden unzertrennlich. Lew traf sie morgens auf dem Weg zur Universität, wartete am Ende der Vorlesungen auf sie, nahm sie mit zum Leningrad-Prospekt, um für sie zu kochen, oder ging mit ihr ins Theater oder ins Kino, um sie dann nach Hause zu begleiten. Poesie war ein wichtiges Element ihrer Beziehung. Sie lasen gemeinsam Gedichte und schickten einander neue Werke. Achmatowa und Blok waren Swetas Lieblingsautoren, doch ihr gefiel auch ein Gedicht von Jelena Rywina, das sie Lew eines Abends bei einem Spaziergang durch die Moskauer Straßen rezitierte. Darin war von der Flüchtigkeit des Glücks die Rede:

Das Glühen deiner Zigarette
vergeht, bevor es neu entflammt.
Wir kommen an Rossis* Straße vorbei,
wo die Laternen vergeblich brennen.

Unsere seltene Begegnung ist kürzer
als ein Schritt, ein Moment, ein Hauch.
Warum, lieber Architekt,
ist deine Straße so kurz?

Manchmal, wenn Lew länger arbeiten musste und sich nicht mit Sweta treffen konnte, ging er abends an ihrem Haus vorbei. Bei einer dieser Gelegenheiten hinterließ er folgende Notiz:

Swetka! Ich wollte sehen, wie es Dir geht, und Dich daran erinnern, dass wir Dich morgen, am 29., gern bei uns begrüßen würden. Ich beschloss, nicht in Deine Wohnung einzudringen, denn es ist spät – halb zwölf –, und zwei Deiner Fenster sind schon dunkel, zwei andere halb dunkel. Jemand könnte aufwachen und sich erschrecken. Komm zu mir, wenn Du Zeit hast. Grüße an Deine Mutter und an Tanja.

Im Januar 1940 starb Lews Großmutter. Sweta stand an seiner Seite, als man Lidia Konstantinowna auf dem Wagankowskoje-Friedhof beisetzte.

Im folgenden Monat wurde Lew technischer Assistent am Lebedew-Physikinstitut (auf Russisch als FIAN bekannt). Er war noch im letzten Studienjahr, aber durch eine Empfehlung von Naum Grigorow, einem Freund aus der Physikalischen Fakultät, der gerade zum FIAN übergewechselt war, hatte er nun bereits die Chance, sich mit Forschung zu beschäftigen. Benannt nach Pjotr Lebedew, dem russischen Physiker, dem es gelang, den Druck elektromagnetischer

* Gemeint ist der italienische Architekt Carlo Rossi, der unter Nikolaus I. (1825–1855) viele Gebäude und Ensembles in St. Petersburg errichtete.

Strahlung zu quantifizieren, war das FIAN eines der führenden Atomphysikzentren der Welt. Im Mittelpunkt seines Forschungsprogramms stand das Kosmische-Strahlung-Projekt, an dem Lew mitwirken sollte. Da er tagsüber studierte, übernahm er im Labor häufig die Spätschicht. Sweta blieb bis abends in der Bibliothek, bevor sie die drei Kilometer von der Physikalischen Fakultät zum FIAN am Mjusski-Platz zu Fuß zurücklegte. Dann setzte sie sich auf die Bank im Hof und wartete auf Lew, der gewöhnlich gegen 20 Uhr erschien und sie nach Hause begleitete. Einmal war er so erschöpft, dass er im Labor einschlief und erst nach 21 Uhr aufwachte. Sweta wartete noch immer auf der Bank und lachte, als er ihr erzählte, was geschehen war.

In jenem Sommer nahm Lew an einer wissenschaftlichen Expedition zum Elbrus im Kaukasus teil. Hoch oben in den Bergen betrieb das FIAN eine Forschungsstation, in der Lews Gruppe die Wirkung der kosmischen Strahlen näher an ihrem Eintrittspunkt in die Erdatmosphäre beobachten konnte. Lew verbrachte drei Monate in der Station. »Wir kletterten gestern hinauf und erreichten

Lew auf dem Elbrus, 1940

unsere Unterkunft ziemlich schnell«, schrieb er Sweta. »Ich fühle mich prächtig. Ich habe einen Riesenappetit und eine Menge unvergesslicher Erinnerungen.« Unterdessen hatte Sweta Semesterferien und arbeitete in der Lenin-Bibliothek, die damals in einem modernen Betonblock in der Nähe des Kremls entstand. »Weißt Du, nun haben wir einen herrlichen Platz vor der Bibliothek, und er ist ganz und gar mit Büschen und Blumen bepflanzt«, schrieb sie Lew. »Wer wird mir einen Blumenstrauß zum Geburtstag schenken?« Lew sollte am 1. September – zehn Tage bevor Sweta 23 Jahre alt wurde – aus dem Kaukasus zurückkehren, und er überreichte ihr stets Blumen zum Geburtstag. Bis dahin würde sie sich allerdings mit Briefen zufriedengeben müssen.

3. August 1940

Ljowenka,
mein erster Gedanke, als ich heute nach Hause kam, war der, zu fragen, ob Briefe für mich eingetroffen seien, aber alle fingen an, mich Deinetwegen zu necken. Also tat ich so, als wartete ich auf Irinas Postkarte. Doch dann sagte Tanja – mit großem Nachdruck –, dass Irina keine Postkarte geschickt habe. Dadurch wurde mir klar, dass etwas von Dir gekommen sein musste. Ich folgte ihr von Zimmer zu Zimmer (alle Türen sind in unserer Wohnung weiterhin unverschlossen, so dass man die Runde machen kann, solange man möchte)* und bat sie, mir Deinen Brief zu geben. Schließlich hatte Mama Erbarmen und reichte ihn mir.

Sweta hatte Neuigkeiten für Lew: Ihr war eine feste Stelle in der Bibliothek angeboten worden.

* Die Zimmer waren folgendermaßen angeordnet:

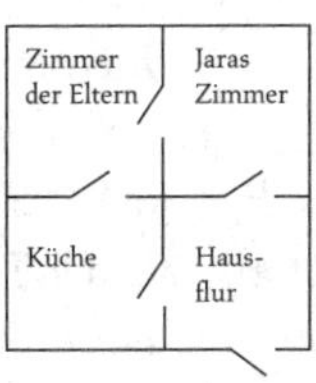

Sie werden keine Bessere als mich finden. Ich weiß Bescheid über die Anordnung der Räume, der Schränke und der Regale ... Ich kenne die Zeitschriften in- und auswendig, und mit meiner Kenntnis des römischen Alphabets kann ich den Monat, das Jahr, den Namen und den Preis jedes Journals in allen Sprachen außer der chinesischen herausfinden ... Ich habe einen hellen Kopf, der vielleicht nicht den schärfsten Verstand, aber auch keine Baumwolle enthält ... Vera Iwanowna sagte, ich würde innerhalb eines Jahres Gruppenleiterin sein. Wollte ich tatsächlich mein ganzes Leben lang in der Bibliothek bleiben, wäre dies ein guter Anfang für eine Karriere. Aber ich möchte nicht mein ganzes Leben dort verbringen, deshalb ... werde ich am Montag nein sagen.

Lew, mach Dir keine Sorgen um meine Gesundheit. Ich habe Dir erklärt, dass entweder meine Stimmung von meinem Zustand oder mein Zustand von meiner Stimmung abhängt. Jedenfalls kannst Du aus meiner Handschrift ersehen, dass ich ruhig und unbesorgt bin, was bedeutet, dass ich keine Schmerzen habe und an keiner Krankheit leide. Mama meint, ich hätte Tuberkulose. Ihre Begründung: meine Gewichtsabnahme. Aber Du weißt, bei meiner Ernährung wäre es schwierig, etwas anderes zu erwarten, und ich habe keine sonstigen Symptome.

Im Juni 1941 sollte Lew mit seinen FIAN-Kollegen eine zweite Expedition zum Elbrus unternehmen. Am 22. Juni, einem Sonntagmorgen, beendete sein Team die Reisevorbereitungen im Institut. Lew war bester Laune, denn er hatte gerade seine Abschlussexamen an der Universität bestanden und von dem für die Arbeitsplatzverteilung zuständigen Fakultätsausschuss erfahren, dass er einer von nur vier Studenten sei, welche die Forschung für das Kosmische-Strahlung-Projekt am FIAN fortsetzen durften. Sweta war mit einem Jahr Verzug an die Physikalische Fakultät zurückgekehrt, und die beiden genossen ihr Glück. Lew und seine Kollegen packten gerade die letzten Geräte ein, als der Teamleiter das Zimmer betrat. »Wir fahren nirgendwohin«, sagte er. »Habt ihr Radio gehört?«

Am Mittag hatte der sowjetische Außenminister Wjatscheslaw Molotow mit bebender Stimme in einer Sondersendung verkündet: »Heute Morgen um vier Uhr fielen deutsche Soldaten in unser Land ein, griffen unsere Grenzen an vielen Orten an und bombardierten unsere Städte – Schitomir, Kiew, Sewastopol, Kaunas und andere.«

Der deutsche Angriff war so wirkungsvoll und zügig, dass die sowjetischen Streitkräfte völlig überrumpelt wurden. Stalin hatte Geheimdienstberichte über die deutschen Invasionsvorbereitungen ignoriert, und die sowjetische Verteidigung war in einem desolaten Zustand. Sie wurde von den neunzehn Panzerdivisionen und fünfzehn motorisierten Infanteriedivisionen an der Spitze der deutschen Invasionsstreitmacht mühelos außer Gefecht gesetzt. Die sowjetische Luftflotte verlor während des ersten Kriegsmorgens über 1200 Maschinen. Die meisten wurden von deutschen Bombern am Boden zerstört. Innerhalb von Stunden waren deutsche Spezialeinheiten tief in sowjetisches Territorium eingedrungen, kappten Telefonleitungen und besetzten Brücken zur Vorbereitung des Hauptangriffs.

An jenem Nachmittag rief der Komsomol der Moskauer Universität eine Versammlung im Auditorium ein und verabschiedete einstimmig den Beschluss, die gesamte Studentenschaft zur Verteidigung des Landes zu mobilisieren. Alle wollten sich freiwillig melden. Bis Ende Juni hatten sich über tausend Studenten und Dozenten bei der 8. (Krasnopresnenskaja) Freiwilligen-Artilleriedivision eingetragen, darunter rund fünfzig von der Physikalischen Fakultät. Lew war einer von ihnen. »Hier herrscht zurzeit erhebliche Verwirrung«, schrieb er Swetas Familie vom Sammelpunkt am 6. Juli. »Deshalb kann ich Euch nichts Bestimmtes über unsere Pläne mitteilen. Mehr oder weniger bekannt ist nur, dass wir hier wohnen und studieren werden, bis man uns zum Militärdienst einberuft.«

Lew war durch den Kriegsausbruch erschüttert worden. In den ersten Tagen konnte er sich nicht vorstellen, was dies bedeutete. Alles um ihn herum – seine Forschungsarbeit, sein Leben in Moskau, seine Beziehung zu Sweta – war nun ungewiss. »Wir sind im Krieg«, flüsterte er immer wieder ungläubig vor sich hin.

Obwohl Lew sich freiwillig an die Front gemeldet hatte, bereitete es ihm Unbehagen, eine verantwortliche Stellung zu übernehmen. Infolge von Stalins Terror waren die sowjetischen Streitkräfte äußerst knapp an Offizieren, und von Neulingen wie Lew wurde erwartet, dass sie Männer in die Schlacht führten. Nach einer nur zweijährigen Militärausbildung hatte Lew den Rang eines Unterleutnants erreicht, womit er einen Zug von dreißig Mann befehligen konnte, doch er hatte kein Vertrauen in seine taktischen Fähigkeiten. Schließlich erhielt er das Kommando über eine kleinere Versorgungseinheit, die aus sechs Studenten und zwei älteren Universitätsangestellten bestand. Er fühlte sich wohler, weil er Studenten befehligte, die genauso unerfahren waren wie er selbst und deshalb nachsichtiger als Soldaten aus der Arbeiterklasse sein würden, wenn er einen Fehler beging.

Lews Einheit sollte Vorräte aus den Moskauer Depots zu einem Fernmeldebataillon an der Front befördern. Unter seinem Kommando befanden sich zwei Lastwagenfahrer, zwei Arbeiter, ein Koch, ein Buchhalter und ein Lagerist. Während sie sich der Front näherten, sahen sie Szenen des Chaos, die der Propaganda der Sowjetpresse widersprachen. In Moskau hatte man gemeldet, dass die sowjetischen Streitkräfte die Deutschen zurückschlügen, doch Lew stellte fest, dass die Russen heillos flüchteten. Die Wälder waren voll von Soldaten und Zivilisten, und die Straßen wurden von Menschen versperrt, die nach Osten in Richtung Moskau zogen. Abertausende waren getötet worden. Am 13. Juli erreichte Lew die Wälder bei Smolensk, das von den Deutschen belagert wurde.

> Swetik, wir leben in den Wäldern, und ich mache Hausarbeit … Ich soll alle hier verpflegen, darunter die höchsten Funktionäre, die weniger um das bitten, was sie essen wollen, als danach brüllen … Es gibt einige Vorteile, zum Beispiel relative Freiheit während der Fahrten zu den Depots. Sweta, wir haben überhaupt keine Adresse, an die Du mir schreiben könntest – niemand hier weiß, wo wir von einem Tag zum anderen sein werden. Die einzige Möglichkeit, Neuigkeiten von Dir zu hören,

besteht darin, Dich bei einer unserer Heimfahrten zu besuchen. Ich weiß nicht, wann das geschehen wird.

Auf den Fahrten zwischen Moskau und der Front nahm Lew Briefe für die Soldaten und ihre Verwandten mit. Außerdem schaute er zwischen seinen Einsätzen in den Depots bei Sweta und ihrer Familie vorbei. Im Juli verpasste er Sweta einmal, fand jedoch ihre Eltern vor, die ihn »durchfütterten«, nachdem er einen Brief für ihre Tochter abgegeben hatte; das Gleiche geschah Anfang September, als Sweta an die Universität zurückgekehrt war. Für Lew war die Beziehung zu ihrer Familie fast so wichtig wie die Zeit, die er mit ihr verbrachte, denn dies verschaffte ihm ein Gefühl der Zugehörigkeit. Auf einer der letzten Fahrten gab Swetas Vater ihm einen Zettel mit den Adressen von vier engen Freunden und Verwandten in verschiedenen Städten der Sowjetunion. An diese Personen sollte er sich wenden, um Sweta und ihre Angehörigen ausfindig zu machen, falls sie während seiner Abwesenheit an der Front aus Moskau evakuiert wurden. Obwohl Swetas Vater dies nie zum Ausdruck gebracht hatte, gab der Zettel zu verstehen, dass er Lew als Sohn betrachtete.

Danach machte Lew nur noch einen Besuch in Moskau. Er wusste, dass es seine letzte Chance war, sich mit Sweta zu treffen, denn im Nachschubdepot hatte man ihn gewarnt, dass sein Bataillon keine Lieferungen mehr erhalten werde. Er erklärte den Fahrern, dass er noch etwas zu erledigen habe, und lief vom Depot zu Swetas Haus. Sie würde wahrscheinlich nicht dort sein – es war mitten am Tag –, aber er wollte sich unbedingt von jemandem verabschieden. Lew klopfte an die Tür, die von Swetas Mutter Anastasia geöffnet wurde. Er betrat den Wohnungsflur und teilte ihr mit, er werde nur noch ein paar Stunden in Moskau sein und dann an die Front abreisen. Er wolle sich bedanken und Lebewohl sagen. Lew wusste nicht, ob er sie küssen sollte, denn sie hatte ihm nie viel Herzlichkeit oder sonstige Emotionen entgegengebracht. Er verbeugte sich und wollte schon zur Tür gehen. Aber Anastasia hielt ihn zurück. »Warte«, sagte sie. »Ich möchte dich küssen.« Sie umarmte Lew. Er küsste ihre Hand und ging hinaus.

2

Lew verließ Moskau mit drei Lastwagen, die Vorräte für die Krasnopresnenskaja-Freiwilligendivision enthielten. Bei seinem letzten Transport ein paar Tage zuvor hatte die Division eine Stellung bei Wjasma, zwischen Moskau und Smolensk, gehalten, doch bei seiner Rückkehr war sie verschwunden. Die Front war zusammengebrochen, während die deutschen Panzergruppen 3 und 4 von Norden und Süden her mit Panzern, Kanonen und Flugzeugen in einer raschen Zangenbewegung angriffen, durch die Wjasma eingekesselt wurde. Die überrumpelten sowjetischen Streitkräfte hatten sich in Panik in die Wälder abgesetzt. Lew hatte keine Ahnung, wie er seine Division ohne Funkgerät finden sollte. Niemand wusste, was vor sich ging. Überall herrschte Chaos.

Lews Männer fuhren weiter in Richtung Wjasma und hofften, ihr Divisionskommando ausfindig zu machen. Es wurde dunkel, und sie besaßen keine Karte. Einer der Lastwagen hatte eine Panne, weshalb Lew zu Fuß weitergehen musste. Auf der Straße durch den dichten Wald hörte er vor sich den Lärm von Geschützen. In den frühen Morgenstunden erreichte er ein Dorf, wo die Reste seiner Division in einen heftigen Schusswechsel mit drei deutschen Panzern, die sich aus dem Wald auf die Straße vorgeschoben hatten, verwickelt waren. Bald gaben die sowjetischen Artilleristen ihre Batterien auf (sie hatten keine Munition mehr), und die Panzer rollten langsam vorwärts. Sie drangen ins Dorf ein, und ihre Besatzung feuerte mit Maschinengewehren auf die Häuser. Lew befand sich auf einem Feld zwischen den Panzern und dem Dorf. Er legte sich hin und wartete, bis sie ihn passiert hatten, ehe er in den Wald rannte. Nun erst roch er das Kölnisch Wasser: Eine Kugel hatte das Fläschchen in seiner Manteltasche zertrümmert, das er zur Desinfektion kleinerer Wunden verwenden wollte, doch glücklicherweise war er unversehrt.

Er lief tief in den Wald hinein. Hunderte von sowjetischen Soldaten, die von ihren Einheiten getrennt worden waren, bewegten sich zwischen den Bäumen in dieselbe Richtung. Er wusste nicht, was vor ihm lag. Seine ganze Ausrüstung bestand aus einer Pistole, einem Spaten und seinem Rucksack. Tagsüber grub er sich in der Erde ein, um sich vor den Deutschen zu verbergen. Nachts wanderte er nach Osten, wie er hoffte, um sich erneut den Sowjetstreitkräften anzuschließen.

Am Ende der dritten Nacht, am 3. Oktober, fand Lew sich außerhalb eines von den Deutschen besetzten Dorfes wieder. Er beschloss, sich bei Einbruch der Dunkelheit davonzumachen, zog sich in den Wald zurück, hob einen Graben aus, bedeckte sich mit Zweigen und schlief ein. Ein Stechen unter seinem Knie weckte ihn. Er spähte durch die Zweige und sah, wie er dachte, einen einzelnen deutschen Soldaten mit einem Gewehr vor sich. Lew griff blitzschnell nach seiner Pistole und schoss auf den Mann. Sobald er die Kugel abgefeuert hatte, erhielt er einen heftigen Schlag auf den Hinterkopf. Er hatte es mit zwei Soldaten zu tun: Derjenige, der ihm den Schlag versetzt hatte, hatte ihn auch mit seinem Bajonett gestochen, um herauszufinden, ob er tot oder lebendig war. Die Deutschen entwaffneten Lew und nahmen ihn mit ins Dorf.

Er war nicht der Einzige. Zehntausende von sowjetischen Soldaten waren in der ersten Oktoberwoche in die deutsche Umzingelung von Wjasma geraten. Man brachte Lew in ein Durchgangslager, Dulag 127, in den Außenbezirken von Smolensk, wo mehrere Tausend Gefangene in den unbeheizten Gebäuden eines früheren sowjetischen Militärdepots zusammengepfercht worden waren. Dort erhielt Lew wie die anderen nur 200 Gramm Brot pro Tag. Hunderte starben an Hunger und Kälte oder an Typhus, der sich ab November epidemieartig ausbreitete, doch Lew überlebte.

Anfang Dezember gehörte er zu einer Gruppe von zwanzig Gefangenen, die aus Dulag 127 in ein Spezialgefängnis bei Katyn verlegt wurden. Die Gruppe setzte sich aus gebildeten Moskauern, hauptsächlich Naturwissenschaftler und Techniker, zusammen. Sie wurden in einem Gebäude eingesperrt, das nach Lews Meinung vor dem Krieg entweder eine Schule oder möglicherweise eine Klinik gewesen war. Zu beiden Seiten des Korridors lagen vier große Räume mit jeweils bis zu vierzig Gefangenen, und in einem großen Zimmer am Ende wohnten die Wärter. Die Gefangenen wurden gut behandelt: Man gab ihnen Fleisch, Suppe und Brot, und ihre Arbeitslast war relativ gering. Am Ende der dritten Woche brachte man im Saal Lews und seiner Moskauer Mitbürger ein paar gut gekleidete Russen unter, die von den Wächtern mit Wodka versorgt wurden. In einem betrunkenen Moment plauderte einer von ihnen aus, dass sie als Spione ausgebildet worden seien; gerade hätten sie hinter den sowjetischen Linien gearbeitet und würden nun gut belohnt. Ein paar Tage später reisten sie nach Katyn ab.

Kurz darauf verlegte man Lew und ein halbes Dutzend weiterer Moskauer an die Spionageschule in Katyn. Sie wurden von einem deutschen Hauptmann empfangen, der fließend Russisch sprach. Er schlug ihnen vor, sie zu Spionen zu machen und dann nach Moskau zurückzuschicken, wo sie Informationen für die Deutschen sammeln sollten. Nur so könnten sie dem fast sicheren Tod im Dulag 127 entgehen, wohin sie bei einer Weigerung zurückkehren müssten. Lew war entschlossen, nicht für die Nazis zu arbeiten, doch er fürchtete sich, dies vor den anderen Gefangenen zum Ausdruck zu bringen, weil er dann womöglich antideutscher Propaganda bezichtigt und strenger bestraft wurde. Deshalb erklärte er dem Hauptmann auf Deutsch (diese Sprache hatte er an der Universität gelernt): »Ich kann diese Aufgabe nicht erfüllen.« – »Warum nicht?« – »Das erkläre ich nachher.«

Nachdem der Hauptmann ihn in ein separates Zimmer geführt hatte, fuhr Lew auf Russisch fort: »Ich bin Offizier der Russischen Armee und kann nicht gegen sie und gegen meine eigenen Kameraden handeln.« Der Hauptmann schwieg und schickte Lew zurück in dessen Zelle. Dort entdeckte Lew, dass drei andere Männer sich ebenfalls geweigert hatten, Spione zu werden. Hätte Lew das Angebot als Erster abgelehnt, wäre ihm vielleicht der Vorwurf gemacht worden, er habe sie zu ihrem Widerstand ermutigt.

Die vier Rebellen wurden auf der Ladefläche eines offenen

Lastwagens über die Schnellstraße in Richtung Smolensk transportiert. Ein deutscher Wächter saß mit dem Rücken zum Fahrer vor ihnen und machte sich ständig an seinem Gewehr zu schaffen. Der Laster bog in den Wald ab, und Lew rechnete damit, erschossen zu werden. »Der Wagen raste einen schmalen Waldweg entlang«, erinnerte er sich. »Ich nahm an, dass man uns zu einer Hinrichtungsstätte brachte. Darum überlegte ich: Wie werde ich mich vor dem Erschießungskommando verhalten? Werde ich genug Selbstbeherrschung besitzen? Wäre es nicht besser, mich selbst zu töten? Ich könnte aus dem Wagen springen und hoffentlich an einen Baum geschmettert werden, und wenn der Soldat das Feuer eröffnete, umso besser.« Lew bereitete sich auf den Sprung vor, doch dann bemerkte er durch die Bäume hindurch einen Schuppen mit säuberlich aufgestapelten Metallfässern. Sie würden also nicht erschossen werden, sondern hielten nur zum Auftanken an. Wie der Hauptmann angedroht hatte, wurden die vier Männer zum Dulag 127 zurückgebracht. Dort versuchten sie, zusammenzubleiben, um sich gegen Beschuldigungen der anderen sowjetischen Gefangenen zu schützen, die gewusst haben dürften, dass sie von der Spionageschule zurückgekehrt waren.

Ein paar Wochen später, im Februar 1942, verlegte man Lew und mehrere andere Offiziere in ein Kriegsgefangenenlager unweit von Fürstenberg an der Oder (das heute zu Eisenhüttenstadt gehört), 80 Kilometer östlich von Berlin. Da sie aus dem von Krankheiten verseuchten Dulag 127 gekommen waren, mussten sie eine Quarantäne in einer Holzbaracke durchlaufen, wo in den ersten Tagen sechs Männer an Typhus starben. Davon abgesehen wurden die Offiziere gut behandelt, und die Lagerbedingungen waren erträglich. Lew wurde vom Kommandanten und zwei anderen Offizieren verhört. Sie wollten wissen, warum er so gut Deutsch sprach und ob er Jude sei, wie seine Kameraden angeblich behaupteten. Erst als er das Vaterunser aufsagte, ließen sie sich überzeugen, dass er kein Jude war.

Im April sandte man Lew mit einer kleineren Gruppe sowjetischer Offiziere in ein Ausbildungslager am Rand von Berlin. Dort hielt man ihnen Vorträge über die nationalsozialistische Ideologie und die für Europa geplante neue deutsche Ordnung. Diese Ideen sollten sie an ihre Mitgefangenen in anderen Lagern weitergeben. Sechs Wochen lang mussten sie sich die Vorträge ihrer Lehrer anhören. Letztere waren überwiegend russische Emigranten der Vorkriegszeit, die ihren Text vom Blatt lasen. Dann, im Mai, verteilte man die sowjetischen Offiziere auf verschiedene Lager. Lew wurde Mitglied einer Arbeitsbrigade, die der Munitionsfabrik Kopp und Haberland in Oschatz zugeteilt war.

Oschatz war das Zentrum einer riesigen Industriezone aus Kriegsgefangenenlagern (Stammlager oder im militärischen Sprachgebrauch Stalag) zwischen Leipzig und Dresden. Lew musste als Übersetzer für eine militärische Inspektionseinheit arbeiten und wurde im August in eine der Arbeitsbrigaden versetzt, die man der Hugo Schneider AG (HASAG) in Leipzig zugeteilt hatte. Die HASAG war ein mächtiger Komplex von Metallfabriken, die Munition für die deutsche Armee und Luftwaffe herstellten. Im Sommer 1942 umfasste sie mehrere Stalags mit ungefähr 15 000 Gefangenen verschiedener Nationalität (Juden, Polen, Russen, Kroaten, Tschechen, Ungarn, Franzosen) in zwei Sektoren, die als »russisch« und »französisch« bezeichnet wurden. Lew wurde in einer Abstellkammer, die er für sich allein hatte, im französischen Sektor untergebracht und einem Tschechen namens Eduard Hladik, der die Aufgabe hatte, Konflikte unter den Kriegsgefangenen beizulegen, als Dolmetscher zugewiesen. Obwohl Hladiks Mutter Deutsche war, betrachtete er sich selbst als Tschechen. Nach der deutschen Annexion der Tschechoslowakei im Jahr 1938 war er als Wärter in den HASAG-Lagern einberufen worden. Hladik taten die Gefangenen leid, und er hielt es für unsinnig, sie so schlecht zu behandeln, da sie schließlich für einen deutschen Sieg arbeiteten. Wenn Lew mit Hladik durch die Leipziger Straßen ging, musste er als Gefangener im Rinnstein neben dem Bürgersteig laufen, und wenn Passanten ihn beschimpften, verteidigte Hladik ihn gewöhnlich mit den Worten: »Es ist leicht, einen Mann zu verfluchen, der keine Antwort geben kann.«

Hladik fasste Vertrauen zu Lew. Etwas an dessen Charakter –

vielleicht seine Aufrichtigkeit oder auch nur die Tatsache, dass er ihre Sprache beherrschte – weckte das Interesse von Männern in verantwortlichen Positionen. Der Tscheche schloss Freundschaft mit Lew und ließ ihn deutsche Zeitungen lesen, was Kriegsgefangenen verboten war, denn sie enthielten genaue Berichte über die militärische Lage und beschrieben die Slawen – im Gegensatz zu den Propagandabroschüren, die in den Stalags verteilt wurden – als »Untermenschen«. Hladik nahm Lew sogar zum Besuch eines seiner Freunde mit, eines Sozialisten namens Erik Rödel, der ein wenig Russisch sprach und ein Rundfunkgerät besaß, mit dem er sich sowjetische Sendungen anhörte. Den Wärtern erklärte Hladik, er wolle Lew außerhalb der Kasernenzone desinfizieren lassen. Das Ganze war ein äußerst riskantes Abenteuer, denn Rödels Wohnung lag über dem Quartier eines SA-Offiziers. Rödel und seine Familie empfingen Lew wie einen Ehrengast. »Der Tisch war mit allen möglichen Delikatessen gedeckt«, erinnerte sich Lew. »Wir unterhielten uns lange … und dann stellte Erik das Radio an, so dass ich mir die ›Neuesten Nachrichten‹ aus Moskau mit Militärberichten vom sowjetischen Informationsbüro anhören konnte. An den Inhalt der Programme kann ich mich nicht mehr entsinnen, aber seltsamerweise hat sich mir folgende Formulierung eingeprägt: ›In Georgien ist die Teeernte eingebracht worden.‹«

Schließlich wurden die Deutschen misstrauisch gegenüber Hladik. Einer der anderen Wärter zeigte ihn wegen deutschfeindlicher Aktivitäten an, und Hladik wurde zum Verhör geladen. Danach schickte man ihn an die norwegische Front. Lew, der nicht als Dolmetscher weiterarbeiten wollte, bat die Lagerbehörden, ihn seiner Pflichten zu entheben, da sein Deutsch nicht gut genug sei, um die Möglichkeit von Ungenauigkeiten auszuschließen. »Ich fügte hinzu, dass ich zu Propagandaarbeit unfähig sei, da es mir an Überredungskunst fehle – ich sei bloß Naturwissenschaftler.« Im November wurde er zu der Arbeitsbrigade der Fabrik Kopp und Haberland in Oschatz zurückgebracht.

Die Bedingungen in Oschatz verschlechterten sich in jenem Winter drastisch. Die Zahl der Arbeitsstunden wurde erhöht, und die

Wärter prügelten die erschöpften Gefangenen, um sie zu größerem Einsatz anzutreiben. In den ersten Monaten des Jahres 1943 kamen zusätzlich neue Kriegsgefangene in die Arbeitsbrigade. Die meisten stammten aus der Ukraine, die von den Deutschen besetzt war und wo der Terror und die Hungersnot der dreißiger Jahre einen hohen Bevölkerungsanteil ausgelöscht hatten. Bald nach ihrer Ankunft lockerte sich die Lagerordnung im Rahmen der deutschen Bemühungen, die Gefangenen für die Russische Befreiungsarmee (ROA) anzuwerben, jene von Andrej Wlassow organisierte antisowjetische Streitmacht. Wlassow, ein ehemaliger General der Roten Armee, war im Juli 1942 in deutsche Gefangenschaft geraten und hatte die Nationalsozialisten überredet, ihn zum Anführer einer Befreiungsbewegung zu ernennen, die das kommunistische Regime hinwegfegen sollte. In Oschatz waren eine Gruppe von Wlassows Rekrutierern, hauptsächlich russische Emigranten der Vorkriegszeit, die »eine unbestimmbare, aber nichtdeutsche Uniform trugen«, wie Lew berichtete, und eine kleinere Anzahl früherer sowjetischer Subalternoffiziere aktiv. Die Offiziere hatten sich der Russischen Befreiungsarmee nach Lews Eindruck vor allem deshalb angeschlossen, um den schrecklichen Arbeitslagern für Kriegsgefangene zu entgehen, in denen sowjetische Soldaten »viel grausamer behandelt« wurden »und weniger Rechte und Mittel zur Selbstverteidigung hatten als die Gefangenen jedes anderen Landes«.

Lew wurde mehrfach von den Deutschen und Wlassows Anwerbern bedrängt, der ROA als Offizier beizutreten, doch er lehnte jedes Mal ab. Die Deutschen wurden argwöhnisch und befragten Lew nach seiner Tätigkeit als Dolmetscher im HASAG-Lager. Während einer Zigarettenpause bei einem der Verhöre nahm der deutsche Dolmetscher Lew beiseite und warnte ihn auf dem Flur, dass man ihn für das Scheitern von Wlassows Rekrutierern verantwortlich mache. Da sich im Lager nur aus Lews Brigade kein Soldat freiwillig zu Wlassows Armee gemeldet hatte, fiel der Verdacht auf ihn als einzigen Sowjetoffizier in seiner Gruppe.

Lew begriff, dass er entkommen musste. In seiner Brigade hatten drei andere Gefangene den gleichen Plan. Sie beschlossen, ihren

Fluchtversuch im Juni zu machen, wenn die Ernte gerade reif genug sein würde, um ihnen auf dem Weg ins 150 Kilometer entfernte Polen Nahrung zu verschaffen. Dort würde die Bevölkerung ihrer Ansicht nach Mitgefühl haben und sie verpflegen. Sie gedachten, zu den sowjetischen Partisanen in Belarus zu stoßen und später in die UdSSR zurückzukehren. Zur Vorbereitung für die Flucht sparten sie sich trockenes Brot und Zucker auf. Lew stellte einen Kompass her und kopierte eine Karte, die ihm einer der deutschen Gefängniswärter geliehen hatte. Dieser unterhielt sich gern mit Lew über seine Familie und zeigte ihm dann auf der Karte, wohin er an den Wochenenden Ausflüge gemacht hatte. Sogar Medikamente konnten sie sich besorgen: Lew schnitt sich absichtlich in den Finger, um in die Lagerklinik geschickt zu werden, wo ein russischer Gefangener als Arzt diente. Ohne Fragen zu stellen, folgte der Arzt Lews Bitte und gab ihm Desinfektionsmittel, Aspirin und Verbandsmaterial.

Die vier Männer entkamen in der Nacht des 22. Juni 1943, am zweiten Jahrestag des deutschen Einmarsches. Sie stiegen aus einem Barackenfenster, das sie zuvor teilweise demontiert hatten, kletterten die Mauer im Hof hinauf und durchschnitten den Stacheldrahtzaun auf der Mauerkuppe mit zwei Metallstreifen, die Lew in der Werkstatt geschärft hatte. Nachdem sie hinunter in das Feld neben dem Lager gesprungen waren, rannten sie durch die Dunkelheit in die Wälder. Die Flüchtlinge schlugen den Weg nach Norden ein, da sie vermuteten, dass die Deutschen die Suche nach ihnen in östlicher Richtung beginnen würden. Sie wanderten bei Nacht weiter und versteckten sich tagsüber. Ihre Karte war sehr schlicht – Lew hatte das Original aus einem Grundschullehrbuch kopiert –, weshalb sie sich an den Straßenschildern orientieren mussten. Als sie die Elbe erreichten, folgten sie ihr nach Osten, da Lew Angst hatte, durch den Fluss zu schwimmen. Dann umgingen sie Dresden im Süden und zogen weiter ostwärts nach Polen. »Wir hatten Trockenrationen«, erinnerte sich Lew, »aber bald beschlossen wir, sie aufzubewahren und ›uns selbst zu ernähren‹, indem wir die Vorratskeller der Bauernhäuser plünderten … Zuerst kam es mir unrecht vor, doch dann stimmte ich zu.« Nach drei Wochen wurden sie bei

Görlitz an der polnischen Grenze von zwei deutschen Soldaten gefangen. Die vier bemerkten, dass die Soldaten sich ihnen per Rad auf der Straße näherten, und nahmen an, sie hätten Pistolen bei sich. Deshalb warfen sie sich in einen Graben, wurden jedoch von den Soldaten mit Hilfe der Fahrradlichter entdeckt. »So nahm unsere Reise ein albernes Ende«, erzählte Lew. »Denn die Soldaten waren nicht einmal bewaffnet.«

Lew konnte nicht wissen, was er vorgefunden hätte, wenn es ihm je gelungen wäre, Polen zu erreichen oder die deutschen Linien zu überqueren und sich irgendwie nach Moskau durchzuschlagen. Er hatte keine wirkliche Vorstellung von der Situation in der UdSSR oder von seinen Chancen, Sweta und ihre Familie je wiederzusehen. Seit dem Moment seiner Gefangennahme hatte er keine Möglichkeit gehabt, sich zuverlässige Informationen aus Russland zu verschaffen. In Oschatz verteilte man Stifte und Papier an die Gefangenen, doch sie durften nur an Personen in den von Deutschland besetzten Territorien schreiben. Lew wandte sich einmal an die Frau eines verschollenen Mitgefangenen in Prag und fragte, ob sie etwas über ihn erfahren habe. Die Frau ließ Lew eine Antwort und sogar ein Päckchen zukommen, schrieb ihm aber, dass er wahrscheinlich mehr über das Schicksal ihres Mannes herausfinden könne als sie selbst.

Sweta tappte ebenfalls im Dunkeln. Sie hatte seit Lews Verschwinden in den letzten Septembertagen 1941 nichts mehr von ihm gehört. Damals war die Lage unsicher gewesen, und niemand hatte gewusst, ob Moskau überleben würde. Die Stadt war seit Juli heftig von deutschen Flugzeugen bombardiert worden. Mehrere Male am Tag ertönten Sirenen. Die Kraftwerke waren getroffen worden, weshalb es in den Wohnhäusern keine Heizung oder Beleuchtung gab, wenngleich brennende Gebäude nachts den Himmel erhellten. Viele Menschen hausten in unterirdischen Schutzräumen. Abertausende starben. Am 1. Oktober ordnete Stalin die Evakuierung der Regierung nach Kuibyschew an der Wolga an. Panik griff um sich, denn die Bombardierung der Stadt wurde noch intensiver. Endlose

Schlangen bildeten sich vor den Geschäften. Es kam zu Prügeleien um Lebensmittel und zu häufigen Plündereien, die sich auch durch Massenverhaftungen kaum unter Kontrolle bringen ließen. Berichte über den deutschen Durchbruch in Wjasma trafen erst am 16. Oktober in Moskau ein. Auf Bahnhöfen spielten sich hässliche Szenen ab, während sich die Menschen mühten, Züge nach Osten zu besteigen. Die Moskauer verfluchten die Kommunisten, als sie erfuhren, dass die Leiter der Fabriken und die Parteibosse bereits abgereist waren. Arbeiter schlugen sich mit Polizisten. Familien packten ihre Sachen und verließen die Stadt mit allen erschwinglichen Transportmitteln. Taxifahrer verlangten 20000 Rubel für die Fahrt von Moskau nach Kasan.

Die Moskauer Universität wurde im Oktober evakuiert. Sweta und ihre Angehörigen reisten mit dem Zug ab. Unter den Studenten, die sie begleiteten, war Andrej Sacharow, der künftige Nobelpreisträger, der sich ein Jahr nach Lew und Sweta an der Universität immatrikuliert hatte, nach Swetas Unterbrechung ihres Studiums nun jedoch im selben Jahr wie sie war. Den ersten Halt machte der Zug in Murom, einem alten Provinzstädtchen 300 Kilometer östlich von Moskau, wo Sacharow bei einer Mutter und Tochter übernachtete, die das Kriegschaos für sich zu nutzen verstanden: Tagsüber stahl die Tochter Zucker aus dem Laden, in dem sie arbeitete, und nachts empfing ihre Mutter »eine Reihe von Soldaten«. Der Ort war überfüllt mit Verwundeten, die auf die Evakuierung nach Osten warteten. Viele lagen auf Bahren im Bahnhofssaal oder gar im Schnee neben den Bahngleisen. Frauen aus den umliegenden Dörfern kamen zum Bahnhof, um Lebensmittel und Tabak zu verkaufen. Andere hielten nach ihren Söhnen und Ehemännern Ausschau und befragten die verwundeten Soldaten nach dem Verbleib der Vermissten, oder sie drückten den Patienten Briefe für den Fall in die Hand, dass sie den Gesuchten in einem Lazarett begegneten.

Von Murom fuhren die Studenten weiter nach Osten zum Ural und reisten dann gen Süden über die gefrorene Kasachensteppe nach Aschchabad, der staubigen Hauptstadt der Turkmenischen Republik, unweit der sowjetisch-iranischen Grenze. Hier sollte die

Physikalische Fakultät ihre Arbeit wieder aufnehmen. Die Reise dauerte einen Monat, und in den Waggons – jeder enthielt einen Ofen und doppelstöckige Pritschen für vierzig Personen – »bildete sich … ein besonderer Zug-Alltag heraus«, erinnerte sich Sacharow, »mit Anführern, Schwätzern und Schweigern, Panikmachern, Organisierern, Vielfraßen, Faulenzern und Geschäftigen«. Sweta dürfte zu den Stillen und Fleißigen gehört haben. In Aschchabad, wo die Vorlesungen im Dezember begannen, musste sie sich anstrengen, um die Unterbrechung ihres Studiums vor dem Krieg wettzumachen. Sie besuchte Kurse in Chemie und Oszillationsphysik, einem schwierigen theoretischen Thema, für das es keine praktische Ausbildung gab, weshalb sie sich oft stundenlang in der Bibliothek vergraben musste. Außerdem arbeitete sie als Tellerwäscherin in einer Cafeteria, um sich selbst und ihre Eltern zu versorgen. Den größten Teil des Winters und das folgende Frühjahr hindurch litt Sweta an Malaria, einer damals in Zentralasien alltäglichen Krankheit. »Dadurch war ich so ermattet, dass es mir sogar schwerfiel, etwas zu trinken«, schrieb sie später. Gegen Fieber kämpfend, erschöpft und mit der Zeit »ziemlich gelbsüchtig«, hatte sie Mühe, sich nicht unterkriegen zu lassen. Aber es gelang ihr.

Nach Swetas Universitätsabschluss teilte man sie dem Volkskommissariat für Kriegsmaterial zu, doch mit Hilfe ihres Vaters wurde sie zum Wissenschaftlichen Forschungsinstitut für die Kunstharzbranche versetzt, das man damals in ein Chemiewerk in Chromnik bei Swerdlowsk verlegt hatte. Dort arbeitete sie seit August 1942 als Industriephysikerin im »physikalischen und mechanischen Testlabor«, wo man Elf-Stunden-Schichten absolvierte. Sweta fiel es zunächst schwer, sich zu orientieren, wie sie später schrieb:

> Ich war in einem seltsamen, mir unvertrauten Labor und wusste nicht, womit ich beginnen und wo ich Platz nehmen sollte. Außerdem hatte ich Angst vor den Maschinen und wusste nicht das Geringste über Gummi. Deshalb rettete ich mich in die Bibliothek … wo ich den halben Tag damit verbrachte, russische Artikel und Berichte zu lesen, während ich mich in der zwei-

ten Tageshälfte mit der englischen Sprache herumschlug. Ich trat einem Englisch-Sprachclub bei, obwohl ich das Fach nicht in Aschchabad studiert hatte. Im Großen und Ganzen war es eine recht ermutigende Zeit. Nach den Dampfwolken von Aschchabad, den afghanischen Winden, dem von der Wüste her fein wie Staub herangewehten Sand und nach den Blättern, die im August ohne jedes Zeichen eines goldenen Herbstes fielen, glich der Ural dem Paradies auf Erden – Kiefern, Birken, Pilze, Regen. Ich tauschte Briefe mit der ganzen Welt aus … Jeden Tag erhielt ich zwei oder drei, und ich wusste, dass ich bald wieder daheim sein würde.

Das Institut bereitete sich auf die Rückkehr nach Moskau vor, wo sich die deutsche Bedrohung nach einer sowjetischen Gegenoffensive im Jahr 1942 aufgelöst hatte. Die Rote Armee war dringend auf die Forschungskompetenz des Instituts angewiesen, damit die Reifenproduktion angekurbelt werden konnte. Im Januar 1943 war Sweta wieder daheim. Große Teile der Stadt, die Lew und Sweta als Studenten gekannt hatten, waren durch den Krieg zerstört oder beschädigt worden. Viele Gebäude blieben unbeheizt, die Beleuchtung wurde gedämpft und fiel durch Stromknappheit oftmals ganz aus, die Kanalisationsrohre waren undicht, und die Lebensmittelgeschäfte hatten nichts anzubieten. »1943 und 1944 war es sehr anstrengend für alle«, schrieb Sweta später. »Wir froren, hatten Hunger und lebten im Dunkeln.«

Swetas Eltern waren im April 1942 mit ihrer jüngeren Schwester Tanja nach Moskau zurückgefahren. Sie sahen merklich gealtert aus. Anastasia wurde häufig von Bruzellose geplagt, einer schmerzhaften Magenkrankheit, die sie jeglicher Energie beraubte, und Alexander schien mit sechzig Jahren ebenfalls nachzulassen. Sweta fand sie bei ihrer eigenen Rückkehr in einem nervösen Zustand vor. Tatsächlich gab es für sie reichlich Grund zur Sorge: Swetas Bruder hatte sich seit seiner Abreise an die Front nicht mehr gemeldet (die Deutschen hatten ihn gefangen genommen und in ein Konzentrationslager auf der Ostseeinsel Usedom geschickt); außerdem war Tanja im September 1942 als studentische »Freiwillige« nach Stalingrad gesandt worden.* Zudem mussten sie sich um Alexanders jüngeren Bruder Innokenti (»Onkel Kescha«) und dessen Frau kümmern. Das Leningrader Ehepaar hielt sich seit Kriegsbeginn in Moskau auf und konnte erst heimkehren, als die Belagerung der Stadt 1943 aufgehoben wurde.

Von der Familienwohnung im Kasarmenny pereulok musste Sweta eine lange Straßenbahnfahrt zum Institut an der Chaussee der Enthusiasten zurücklegen. Dort arbeitete sie in einem alten Labor in der dritten Etage, von wo sie durch die Fenster auf die Fabrikschlote Ost-Moskaus hinausblickte. Die Umgebung deprimierte sie. Immer wieder erwog sie, davonzulaufen oder anderswo einen Forschungsposten zu übernehmen, vielleicht sogar in einer anderen Stadt, aber sie »fürchtete, die Verbindung zu Lew zu verlieren«. Moskau war der einzige Kontaktpunkt der beiden und der Ort, an den er, wie sie hoffte, zurückkehren würde.

Obwohl Sweta nichts Neues über Lew erfahren konnte, hatte sie Grund zu der Annahme, dass er noch lebte: 1942 hatte das NKWD seine Tante Olga aufgesucht, um sich zu erkundigen, ob sie von ihm gehört habe. Die Männer durchsuchten die Sachen in seinem Zimmer, das damals noch für ihn als diensttuenden Soldaten frei gehalten wurde. Einige der Spione, welche die Deutschen in Katyn rekrutiert hatten, waren offenkundig in sowjetisches Gebiet eingedrungen und verhaftet worden. Im Verhör musste einer von ihnen Lew erwähnt und den Vorfall beschrieben haben, als er mit dem Hauptmann Deutsch sprach. Das NKWD ging wahrscheinlich davon aus, dass Lew in Moskau für die Deutschen spionierte. Nach Swetas Rückkehr in die Hauptstadt wurde sie fast »jeden Abend« zum Verhör geladen. Man wusste, dass Lew Kontakt mit ihr aufnehmen würde, falls er bereits in Moskau war. Das NKWD behauptete, Lew sei ein Spion, und wollte Sweta zwingen, bei seiner Verhaftung mitzuwirken. Für den Fall ihrer Weigerung wurden ihr

* Tanja war von den Militärbehörden, die Krankenschwestern für die Front benötigten, bedrängt worden, sich freiwillig zu melden. Hätte sie sich geweigert, wären sie und ihre ganze Familie der Gefahr einer Verhaftung ausgesetzt gewesen.

ernste Konsequenzen angedroht. Es war beängstigend, in die Lubjanka, das NKWD-Hauptquartier, einbestellt zu werden, denn der Große Terror war den Menschen noch in frischer Erinnerung. Doch Sweta ließ sich nicht leicht einschüchtern, und um ihre Beziehung zu Lew zu verteidigen, war sie bereit, sich den Sowjetbehörden zu widersetzen. Schließlich wurde sie der Schikanen überdrüssig und forderte die NKWD-Männer in einem Moment charakteristischer Tapferkeit und eigensinniger Unvernunft auf, sie in Ruhe zu lassen. »Ich wurde ein bisschen ärgerlich, weil dieselben Verwandten [Code für NKWD-Angehörige] mich dauernd belästigten. Ich sagte, ich sei noch nicht Deine Frau und die Angelegenheit werde erst dann geklärt werden, wenn wir zusammenkämen – nicht bloß für eine Stunde, sondern für immer«, schrieb sie Lew später.

Gleichzeitig wandte Sweta sich an die Militärbehörden, um Informationen über Lew zu erbitten. Kurz nach ihrem 26. Geburtstag, am 10. September 1943, erhielt sie eine Nachricht. »All meine Verwandten waren zu meinem Geburtstag gekommen«, teilte sie Lew später mit.

> Der Bruder meines Vaters aus Moskau mit seiner Familie, sein Bruder aus Leningrad mit dessen Frau, meine Cousine Nina mit ihrem Mann und ihrem Baby und so weiter. Alles war wunderbar, und die Gäste amüsierten sich prächtig. Wir tranken natürlich auf die Gesundheit derjenigen, die nicht bei uns waren. Und dann geschah es ganz plötzlich – eine Benachrichtigung über Tanjas Tod traf ein (Onkel Kescha fing sie ab und zeigte sie Mama erst viel später).

Tanja war in einem Lazarett in Stalingrad an Blinddarmentzündung gestorben. Weitere schlechte Nachrichten blieben nicht aus: Tante Olga war offiziell von den Militärbehörden unterrichtet worden, dass Lew an der Front »verschollen« sei – eine schreckliche Mitteilung für Millionen von Familien, die noch unter dem Terror der dreißiger Jahre litten, als so viele Menschen »verschwanden«. Der Ausdruck »verschollen« *(propal bes westi)* konnte alles Mögliche bedeuten: Gefangennahme durch den Feind (nach sowjetischem Kriegsrecht das Gleiche wie Verrat); schlimmer noch, »Desertion« (ein Verbrechen, das von »Volksfeinden« begangen wurde); oder Tod ohne Auffindung der Leiche. So viele Soldaten waren getötet worden, dass Sweta das Schlimmste für Lew befürchtet haben musste.

> Es war so schmerzhaft und bedrückend, dass ich beschloss, meinen Geburtstag nie wieder zu feiern, solange Du nicht bei mir wärst. Du weißt, wie qualvoll die Existenz eines Zwergsterns ist, da er seine gesamte Elektronenhülle verloren und nur seinen Kern gerettet hat; in meiner Brust war genau das gleiche Gefühl der Leere und der Qual, als hätte mein Herz sich in sich selbst zurückgezogen. Es war unmöglich, zu atmen. Monatelang konnte ich mit niemandem sprechen, nirgendwohin gehen, nichts lesen. Sobald ich nach Hause kam, drehte ich das Gesicht zur Wand. Und wie sehr ich abends, nachts oder morgens auch weinte, der Schmerz ließ nie nach.

Um mit ihrer Sehnsucht nach Lew und ihrer Sorge um ihn fertig zu werden, ließ Sweta ihre Gefühle in mehrere Gedichte einfließen. Zwei davon haben sich erhalten. Das erste ist auf »Winter 1943« datiert, nicht lange nach »jenem schrecklichen Tag« im September, als sie hörte, dass Lew verschwunden sei. »Es war das, was ich jemandem mitteilen musste«, schrieb sie später über die Verse, die ihre Trauer über Lews Verlust ausdrückten.

> Ganz lange stand ich auf der Schwelle,
> Doch dann beschloss ich aufzubrechen.
> Auf der Straße, zwischen zermalmten Steinen,
> Fand ich ein Symbol von Frieden und Glück –
> Ein Hufeisen, zu hängen über deine Tür.
> Ich nahm es mit, um meine Freude mit dir zu teilen,
> Aber der Krieg trennte unsere Wege,
> Auf denen wir nun allein wandeln müssen.

Durch welche Wälder bist du vorgedrungen?
Welche Steine tragen die Spuren deines Blutes?
Hier dagegen das Gespenst eines einsamen Alters,
Das immer bedrohlicher über mir schwebt.
Welches Andenken wirst du mir hinterlassen?
Den bitteren Eindruck eines längst vergangenen Traums?
Oder wird eine andere Frau dein Herz berühren
Mit glühenden Worten im September?
Kann ich dir nicht vertrauen? Wem sonst, wenn nicht dir –
Einem Jüngling, der mir nun fremd ist?
Mein Freundeskreis wird immer schmaler,
Wer von euch wird das Ende mit mir erreichen?

Das zweite, kürzere Gedicht entstand ebenfalls in jenem Winter. Noch ausgeprägter als im ersten ist eine Note der Hoffnungslosigkeit in Swetas Gebet für Lews Rückkehr.

Ich urteile nicht über dich, der du unter Beschuss bist
Und mit dem der Tod wohl oft gesprochen hat,
Sondern ich kann nur Tag und Nacht beten,
Dass die Muttergottes dich für mich bewahrt.

Dafür würde ich beten. Aber das ABC der Gebete
Haben meine Mutter und mein Vater mich nicht gelehrt,
Und ich konnte keinen Weg zu Gott finden
In Freude, Sorge oder Kummer.

Lew war indes nicht tot, sondern er befand sich in einem von Hitlers grausamsten Arbeitslagern, einem Stalag in Leipzig, von dem sowjetische Kriegsgefangene täglich unter schwerer Bewachung zur Pittler-Munitionsfabrik marschieren mussten. Lew war vom Lager Mühlberg, wo man ihn nach seiner Gefangennahme an der polnischen Grenze im Juli 1943 inhaftiert hatte, dorthin verlegt worden. Die Kontrolle in der Pittler-Fabrik war äußerst streng. Bewaffnete Wärter standen in den Werkhallen an allen Türen, und der deutsche

Vorarbeiter trug einen Revolver bei sich, den er jederzeit benutzen konnte. Im Winter 1943/44 wurde die Arbeit immer anstrengender, denn der Waffen- und Munitionsbedarf des deutschen Heeres wuchs mit jeder neuen Niederlage an der Ostfront. Die Produktivität sank, weil die Gefangenen unter Erschöpfung litten und undiszipliniert wurden, weshalb die Gestapo ermittelte, um potenzielle Anführer einer Sklavenrebellion auszuschalten.

Lew wurde mehrere Male verhört. Eines Tages im Mai 1944 verhaftete man ihn mit 25 weiteren Männern und schickte alle zum Hauptgefängnis in Leipzig. Dort wurden sie einen Monat lang in einer Zelle mit nur einer einzigen Toilettenschüssel und einem Waschbecken an der Tür festgehalten. Am 4. Juli verlegte man sie schließlich in das berüchtigte Konzentrationslager Buchenwald bei Weimar, wo sie in einer Quarantänebaracke mit langen, durchgehenden Reihen von vier Etagen hohen Pritschen ausharren mussten. Die Gefangenen jeglicher Nationalität – Franzosen, Polen, Russen, Jugoslawen – wurden durch unterschiedliche Abzeichen an ihrer gestreiften Uniform kenntlich gemacht. Lew trug wie die anderen Russen ein Abzeichen mit einem »R« auf einem roten Dreieck.

Nach einem Monat Quarantäne wurde die Pittler-Gruppe auf verschiedene, mit Buchenwald verbundene Hilfslager verteilt. Lew gelangte in eine Arbeitsbrigade der Munitionsfabrik Mansfeld bei Leipzig und dann in das Außenlager Buchenwald-Wansleben, ein verlassenes Salzbergwerk in Wansleben am See. Dort traf er in der ersten Septemberwoche ein. Damals wurde das Bergwerk – 400 Meter unter der Erdoberfläche und damit geschützt vor den Bombardements der Alliierten – in eine Reihe von Werkstätten umgewandelt, in denen die Gefangenen Motorenteile für die Maschinen der Luftwaffe montierten. »Für jeden dieser Räume starben Dutzende von Insassen«, berichtete ein französischer Gefangener, der mithalf, Tunnel ins Bergwerk zu graben. Lew arbeitete dort in den folgenden sieben Monaten und leistete Elf-Stunden-Schichten unter grausamen Bedingungen ab. »Für jede Verfehlung und jeden Rückgang des Arbeitspensums erhielten Gefangene zwanzig Schläge mit einem Gummiknüppel, was unerträgliche Schmerzen bereitete, aber keine Spuren am Körper hinterließ.«*

Noch schlimmere Gräuel erwarteten ihn. Im April 1945, als die westlichen Alliierten durch Deutschland vorstießen, wurde Buchenwald-Wansleben von den Nazis geräumt. Am 12. April um 17 Uhr begann der lange Marsch. Die überlebenden Gefangenen verließen das Lager in einem Konvoi, der von offenen Lastwagen mit jeweils sechs bewaffneten SS-Wachmännern flankiert wurde. Sie gingen in Richtung Nordosten durch Felder an der Straße nach Dessau. Allerdings wussten Lew und seine Leidensgenossen damals nicht, wohin sie unterwegs waren. Sie hatten den Eindruck, zurück nach Buchenwald (in die entgegengesetzte Richtung) zu marschieren, was nur bedeuten konnte, dass sie sich dem Krematorium näherten, wo vor ihnen Zehntausende der von den Nazis ermordeten Opfer verbrannt worden waren. Manche der zerlumpten Gefangenen fielen unterwegs vor Erschöpfung um – und wurden sofort von den Deutschen erschossen. »Ich erinnere mich, dass wir um 20 Uhr zahlreiche Schüsse vom Ende der Kolonne hörten«, berichtete ein Franzose. »Die SS erschoss alle, die zu schwach zum Marschieren waren oder nicht schnell genug liefen.«

Lew beschloss, die Flucht zu ergreifen. Er weihte Alexej Andrejew ein, einen Gefangenen aus der Pittler-Gruppe, der neben ihm marschierte. »Vor uns auf der Straße zur Rechten sah ich etwas brennen«, entsann sich Lew. »Ein ausgebombter deutscher Lastwagen stand in Flammen. Ich sagte, wenn wir beim Vorbeimarsch zu den Büschen jenseits des Lastwagens liefen, würden die Wachleute hinter uns wegen der Flammen nichts bemerken. Andrejew war einverstanden.« Die beiden Männer warfen sich in die Büsche hinter dem brennenden Lastwagen und warteten, bis sich die lange Kolonne entfernt hatte. Dann krochen sie in das Feld, gruben sich in die Furchen hinein und bedeckten sich mit getrocknetem Gras, um

* Eine Straftechnik, mit der die Genfer Konvention umgangen werden sollte, die Kriegsgefangene (wenn auch keine sowjetischen) in deutschen Konzentrationslagern angeblich schützte.

ihre gestreiften Gefängnisuniformen zu verbergen. Lew hatte, wie er sich später erinnerte, größere Angst als je während des ganzen Krieges.

Am Abend schoben sie sich in den Wald vor. Vor sich hörten sie Kanonenfeuer. Ein großer Teil des Waldes war bereits durch den Beschuss zerstört worden. Durch die Bäume sahen sie ein helles Licht – einen Suchscheinwerfer –, und daneben konnten sie die Schatten mehrerer Panzer erkennen. Es waren amerikanische Panzer.

Aus der Dunkelheit erschien ein Amerikaner und rief ihnen zu: »Waffen weg!«

Lew erwiderte auf Englisch: »Wir sind unbewaffnet.«

»Wer seid ihr?«

»Russische Offiziere. Wir sind aus einem Konzentrationslager entkommen.«

Lew erklärte, dass sie in Buchenwald gewesen seien und nun in die Sowjetunion zurückkehren wollten. Der Amerikaner brachte sie zu einem nahe gelegenen Haus, in dem fünf Panzerfahrer einquartiert waren. Sie ließen die Russen auf dem Fußboden schlafen und teilten ihre Rationen mit ihnen. Lew, der von Brot und Haferschleim gelebt hatte, dachte, das Essen habe »so gut geschmeckt wie eine Mahlzeit im Restaurant«. Am folgenden Morgen wurden Lew und Alexej nach Eisleben geschickt, das gerade befreit worden war und wo ihnen die US-Militärbehörden helfen würden.

In Eisleben verhörte sie ein amerikanischer Major, der mit Lew deutsch sprach. Als er herausfand, dass Lew Atomphysiker war, versuchte er, ihn zur Auswanderung in die Vereinigten Staaten zu überreden, und konnte nicht verstehen, weshalb der Russe das Angebot ablehnte. »Warum denn nicht?«, fragte er. »In Russland habt ihr Kommunismus, und im Kommunismus gibt es keine Demokratie.« Wie sehr sich Lews politische Ansichten während des Krieges gewandelt hatten, ließ seine Antwort erkennen, es gebe »keinen Kommunismus in Russland«, sondern »nur gerade genug Freiheit für einen klugen Menschen, um sich durchzuschlagen«. Er versuchte, sich nicht in eine politische Diskussion hineinziehen zu lassen, denn sein wahrer Grund dafür, dass er ein besseres Leben in

Amerika verschmähte, hatte nichts mit Politik zu tun: Er wollte einfach zu den Menschen heimkehren, die er liebte. Alles, was er auf der Welt besaß, war in Russland: »Swetlana und ihre Familie, Tante Olga und Tante Katja, Onkel Nikita – dies waren die Menschen, die mir am Herzen lagen.« Er hatte keine Ahnung, ob Sweta noch lebte oder ob sie so lange auf ihn gewartet hatte, aber er wusste, dass er seinem Herzen folgen musste. »Selbst wenn nur eine kleine Chance bestand, dass sie noch lebte, wie hätte ich das missachten und nach Amerika reisen können?«

Der Major gab den Russen einen Gutschein für ein Hotel, in dem man befreite Kriegsgefangene unterbrachte. Der Bürgermeister des Ortes, ein früherer Kommunist, begleitete sie zu einem Geschäft, um ihnen auf städtische Kosten Mäntel und Hüte zu kaufen und neue Anzüge für sie zu bestellen. In den beiden folgenden Monaten blieben Lew und Alexej in Eisleben. Vom Fenster ihres Zimmers aus blickte man auf Martin Luthers Geburtshaus. Diese Monate waren für sie wie Urlaub. In Eisleben betrieb man vier kostenlose Kantinen für das amerikanische Militärpersonal und für befreite Kriegsgefangene, und nach Jahren des Hungers in den Konzentrationslagern achtete Lew darauf, sämtliche Mahlzeiten zu probieren. »Wir aßen zwölfmal am Tag!« Das einzige Problem war, dass er die Kantinen rechtzeitig zu den Mahlzeiten aufsuchen musste. Diese Fresserei hielt mehrere Tage lang an, bis Lew die Furcht vor dem Hunger überwunden hatte.

Anfang Mai veranstalteten die amerikanischen Soldaten Siegesparaden in Eisleben. Kurz darauf trafen Vertreter der Roten Armee ein, um die Rückführung ihrer Militärs zu organisieren. Am Tag der Abreise, dem 8. Juni, stellten die Amerikaner einen Lastwagen mit offenem Verdeck bereit, der mit der sowjetischen und der US-Fahne sowie einem Banner mit der Aufschrift »Happy Return!« (»Glückliche Heimfahrt!«) geschmückt war. Der Wagen beförderte die Männer nach Torgau an der Elbe. Dort überquerten sie den Fluss und erreichten die sowjetische Besatzungszone. Allerdings wurden sie von den Sowjetbehörden weniger freundlich aufgenommen, denn diese behandelten sie als Gefangene. Bewaffnete Wachen teilten die zurückgekehrten Soldaten in Gruppen von jeweils dreißig Mann auf, bevor man sie mit Lastwagen nach Weimar brachte und in einen Gefängnisblock neben dem Hauptquartier der Achten Gardearmee steckte. Das Gefängnis wurde von einer besonderen NKWD-Einheit, bekannt als SMERSCH (ein Akronym für »Tod den Spionen!«), verwaltet, die den Auftrag hatte, sowjetische Kollaborateure mit den Deutschen ausfindig zu machen.

Lews Glück war aufgebraucht. Er musste sich eine Zelle mit acht anderen Männern teilen. Man befahl ihnen, sich nackt auszuziehen, unterzog sie einer Leibesvisitation und nahm ihnen all ihre persönlichen Habseligkeiten weg. Lew musste den Gegenstand hergeben, der ihm am meisten bedeutete und den er seit vier Jahren in der Tasche trug: die Adressenliste, die Swetas Vater ihm anvertraut hatte. Es war nur ein Stück Papier, doch das Einzige, wodurch er sich mit ihr verbunden fühlte.

Tagsüber wurden die Männer gezwungen, auf dem Fußboden zu sitzen; sie durften sich jedoch nicht hinlegen oder schlafen. Die Vernehmungen fanden abends statt. Alle wurden der Reihe nach zum Verhör geführt und drei oder vier Stunden später zurückgebracht, wonach sie bis zum morgendlichen Wecken ein wenig schlafen konnten. Lew wurde länger als einen Monat bearbeitet. Die SMERSCH-Ermittler warfen ihm vor, für die Deutschen spioniert zu haben. Ihr einziges Indiz war die Aussage eines seiner Mitgefangenen, der gehört hatte, wie er mit dem Hauptmann in Katyn deutsch sprach. Lew gab zu, als Dolmetscher gearbeitet zu haben, doch sei er nie Spion gewesen, sondern habe gegen die Deutschen agiert. Naiverweise hielt er an der Überzeugung fest, dass man ihn freilassen würde, wenn er die Wahrheit sagte. Er glaubte an die sowjetische Gerechtigkeit, denn hatte er nicht genau dafür gekämpft? Was dann geschah, machte seinen Glauben zunichte. Nach mehreren Nächten drohten die Ermittler, Lew zu erschießen, falls er kein Geständnis unterzeichnete. Er weigerte sich und wurde immer wieder geschlagen. »Ich hatte keine Angst vorm Sterben«, erzählte er, »aber manchmal verzweifelte ich, denn ich fürchtete, dass die Menschen, die ich liebte, mich für schuldig halten könnten.«

Lew dachte häufig an Sweta. Es kam ihm unwahrscheinlich vor, dass er überleben und sie je wiedersehen würde. Am 10. September 1945, Swetas 28. Geburtstag, auf dem Tiefpunkt der Verhöre, ließ Lew die Hoffnung fahren und fand sich damit ab, sich für immer von ihr zu verabschieden.

In den frühen Morgenstunden nach einer besonders aufreibenden Befragung schlief Lew unruhig und hatte einen lebhaften Traum, den er folgendermaßen beschrieb:

> Ich döste nach einem Verhör kurz vor Tagesanbruch und hatte einen Traum. Er war sehr klar, sehr deutlich umrissen, als wäre ich allein irgendwohin unterwegs. Ich drehte mich um und sah Sweta hinter mir. Sie war ganz in Weiß gekleidet und kniete auf dem Boden neben einem kleinen Mädchen, das ebenfalls weiße Sachen anhatte, und Sweta brachte etwas am Kleid des Kindes in Ordnung. Es war sehr hell, sehr klar, und dann wachte ich auf.

Nachdem es den Vernehmern nicht gelungen war, Lew zur Unterzeichnung eines Geständnisses zu zwingen, brachten sie ihn durch einen Trick dazu, ein Schuldbekenntnis zu unterschreiben. Sie versicherten ihm, dass ein Militärgericht ihn für unschuldig befinden werde, und ließen ihn ein Vernehmungsprotokoll unterzeichnen, das Lew nicht gründlich überprüfte. Er vertraute dem Ermittler, der ihm das Dokument zeigte und ihm den angeblichen Inhalt vorlas. Lews Unterschrift, zehn kleine Buchstaben am Ende der Seite, sollten den Verlauf seines Lebens ändern. Vielleicht war er erschöpft oder naiv, denn er hatte nicht bemerkt, dass der Offizier ihm den Teil des Protokolls, in dem er Landesverrat gestand, nicht vorgelesen hatte. Erst bei der Verhandlung wurde er sich seines Fehlers bewusst.

Am 19. November 1945 verurteilte ein dreiköpfiges Militärgericht der Achten Gardearmee Lew in Weimar wegen Hochverrats zum Tode, und zwar nach Artikel 58–1 (b) des Strafgesetzbuches, der nur für sowjetische Soldaten galt. Das Urteil wurde sofort in zehn Jahre Haft in einem Arbeits-Besserungslager umgewandelt – eine

Konzession, die sowjetische Richter im Interesse eines auf Sklavenarbeit basierenden Systems häufig machten. Die Verhandlung hatte ganze zwanzig Minuten gedauert.

Im Dezember verlegte man Lew in ein Militärgefängnis in Frankfurt an der Oder. Dann wurde er mit einem unter Bewachung stehenden Konvoi zurück in die Sowjetunion geschickt, wo er die dreimonatige Reise nach Norden zum Arbeitslager Petschora antrat.

3

Der Konvoi rollte mühsam per Zug von Minsk nordwärts nach Wologda, Kotlas und Petschora, tief in den Wäldern nahe des Polarkreises, wo Lew seine lange Strafe ableisten sollte. Für die Häftlingszüge benutzte man Viehwaggons. Eine Doppelreihe aus Holzpritschen säumte jeden Wagen zu beiden Seiten der Schiebetüren. In der Mitte befand sich eine »Toilette« in Form eines breiten Rohres, das aus dem Boden hervorragte und hinaus auf die Gleise führte. Die Waggons waren für zwanzig Kühe oder ein Dutzend Pferde gebaut worden, doch man stopfte sechzig Gefangene in jeden von ihnen. »Politische« wie Lew – hauptsächlich Soldaten, die in der deutschen Besatzungszone in Gefangenschaft geraten waren – wurden zusammen mit gemeinen Verbrechern transportiert. Die Kriminellen, organisiert und gewalttätig, nahmen rasch die kleinen eisernen Heizöfen in Besitz. Lew und die anderen Männer, die man alle in ihrer Sommerkleidung verhaftet hatte, drängten sich dicht in den unbeheizten Ecken der zugigen Waggons zusammen, um einander zu wärmen.

Die Häftlinge erhielten pro Tag 200 Gramm Brot und gesalzenen Fisch, aber fast kein Wasser. Viele von ihnen erkrankten oder verdursteten sogar. Die Toten und Sterbenden wurden aus den Waggons geworfen. Niemand begriff, weshalb die Wärter ihnen Trinkwasser vorenthielten. Es gab zahlreiche Gulagvorschriften über die angemessene Versorgung von Häftlingen während eines Transports, und es war unsinnig, sie sterben zu lassen, da sie als Sklavenarbeiter einen ökonomischen Wert besaßen. Die wahrscheinlichste Erklärung besagt, dass es den Wärtern einfach lästig war, schwere Wassereimer zu den Wagen zu schleppen. Hinzu kam vermutlich ein Element der Grausamkeit, das mit dem auf Hierarchie und Kontrolle beruhenden Profitsystem der Aufseher zu tun hatte. Die Wachleute beauftragten die Kriminellen, die Politischen im Austausch für bessere Rationen und Wasser zu misshandeln und zu bestehlen. Außerdem redeten sie den Kriminellen ein, diese seien »wie wir« und würden nur »vorübergehend festgehalten«, während die Politischen »Volksfeinde« seien und Schläge verdient hätten. Lew war entsetzt über die Brutalität der Kriminellen. Seiner Meinung nach waren sie »keine Menschen mehr, sondern ein neues biologisches Phänomen, zynisch und unbarmherzig bis an die Grenze des Sadismus«. Die Aufseher standen den Kriminellen kaum nach. Sie kamen ein- oder zweimal am Tag in die Waggons, um eine »Durchsuchung« vorzunehmen. Nachdem sie die Politischen aussortiert hatten, schlugen sie mit allen greifbaren Objekten – Eisenstangen, Hämmern, Holzhämmern und -brettern sowie Stöcken – auf ihre Opfer ein, um den Kriminellen ein Beispiel zu geben. Bei einer derartigen »Durchsuchung« wurde Lew schwer an den Nieren verletzt und bei einer anderen so heftig am Kopf getroffen, dass eines seiner Trommelfelle platzte.

Jenseits von Kotlas fuhr der Zug im Schneckentempo weiter und hielt gelegentlich an, damit ein weiterer toter oder sterbender Häftling hinausgeworfen werden konnte. Die Schienen waren von Gulag-Insassen schlecht verlegt worden und ließen höhere Geschwindigkeiten nicht ohne Unfallrisiko zu. An der ganzen Strecke entlang hatten früher Arbeitslager existiert, deren Häftlinge die Bahn bauten. Durch die winzigen Fenster des Viehwaggons konnte Lew aus seiner Ecke auf einer der oberen Pritschen die Überreste der Lager erkennen: Stacheldrahtzäune und Wachtürme zwischen den Kiefern. In Mikun, Irajol und Kamenka mussten die Gefangenen unter Bewachung zu einem »Sanitätspunkt« marschieren, wo sie sich in der Eiseskälte auszuziehen und unter Desinfektionsduschen zu stellen hatten. Männer mit geschwollenen Beinen oder rissiger und schuppiger Haut an den Hüften (den ersten Anzeichen von Pellagra, einer durch Vitaminmangel hervorgerufenen Erkrankung) durften den Zug nicht wieder besteigen. Vielleicht wurden sie in ein Krankenhaus gebracht, oder vielleicht erschoss man sie.

Nach dreimonatiger Reise traf Lews Konvoi im März 1946 in Petschora ein. Der Frühling hatte noch nicht begonnen, denn die dunklen Polarwinter dauern in diesen nördlichen Breiten neun Monate. Der Fluss war noch zugefroren und der Boden mit Schnee bedeckt. Nach der langen Fahrt litten die Häftlinge unter Erschöpfung. Selbst Lew, ein kräftiger Mann, der sich an die Entbehrungen in deutschen Konzentrationslagern gewöhnt hatte, war dünn und schwach. Viele Häftlinge, mitunter nur noch Haut und Knochen, schafften es kaum, aus den Waggons auf die Gleise zu steigen.

Die Häftlinge wurden ins Übergangslager gebracht, ein mit Stacheldraht eingezäuntes Gelände in der Nähe des Bahnhofs mit drei Baracken, einem Isolierblock (für Bestrafungen), einer Krankenstation samt Friedhof und einem kleinen Arbeitsbereich. Man duschte und entlauste sie, rasierte ihnen den Kopf und teilte sie in Gruppen ein: Die Kranken (die überwiegend an Pellagra und Skorbut litten) wurden sofort in die Krankenstation geschickt und die Übrigen je nach ihrem physischen Zustand verschiedenen Tätigkeiten und Einrichtungen zugewiesen. Lew landete im Holzkombinat *(lessokombinat)*, der Hauptindustriezone von Petschora, wo Baumstämme, die man von Arbeitslagern oder Kolonien in den Wäldern weiter nördlich hinunterflößte, am Ufer geborgen und zu Möbeln oder Hütten für die Gulagsiedlungen an der Eisenbahnstrecke zwischen Kotlas und dem wichtigen Bergbaugebiet Workuta verarbeitet wurden.

Die Eisenbahn war die Lebensader von Petschora, der Schlüssel zur Kolonisierung und wirtschaftlichen Ausbeutung des Nordens durch den Gulag. Im 19. Jahrhundert hatte die Region aus Wäldern bestanden, die dünn von den Komi-Stämmen besiedelt worden waren. Die Entdeckung enormer Kohle-, Öl- und sonstiger Mineralreserven im Petschora- und Workutabecken hatte den Norden 1929/30 zu einem Gebiet von höchster industrieller und strategischer Bedeutung für die Sowjetunion werden lassen. Bis dahin hatte das Land seinen Brennstoff hauptsächlich aus dem Donezbecken und dem Kaukasus im Südosten bezogen. Diese lagen jedoch, militärisch und politisch gesehen, in einer verwundbaren Region (in den Jahren 1918–1920 hatte die neugeborene Sowjetrepublik sie im Russischen Bürgerkrieg an die Weißen und deren westliche Alliierte verloren).

Die Erschließung der immensen Kohlevorräte von Workuta würde nicht nur die Industrialisierung des Landes fördern, sondern auch seine Treibstoffversorgung für den Fall einer weiteren ausländischen Invasion sicherstellen, denn die abgelegenen arktischen Gebiete waren praktisch unangreifbar.

Eine Zeitlang spielte die Sowjetregierung mit dem Gedanken, die Flüsse zum Transport für Kohle aus Workuta zu benutzen, doch die Route war lang und verworren, ganz abgesehen davon, dass die Petschora und die Ust-Ussa neun Monate des Jahres unter einer Eisdecke lagen. Dann, im Jahr 1934, ging die Regierung daran, eine Eisenbahnlinie zwischen Leningrad und Kotlas, Uchta, Petschora und Workuta zu bauen (siehe Karte auf S. 343). Bis 1939 waren Arbeitslager und kleinere Gulagkolonien an der gesamten Planstrecke entlang errichtet worden. Laut dem Zensus jenes Jahres befanden sich 131 930 Häftlinge (davon 18 647 Frauen) in diesen Lagern und Kolonien. Da jedoch viele andere in Zelten hausten oder unter freiem Himmel neben der Strecke schliefen, wurden sie vom Zensus nicht erfasst (allerdings lebten sie nicht lange). Sämtliche Arbeiten wurden per Hand erledigt – das Fällen der Bäume, das Einebnen des Geländes, das Verlegen der Schienen –, und dies rund um die Uhr. In den langen Stunden der Dunkelheit – im Winter mehr als zwanzig pro Tag – beleuchtete man die Bauplätze durch Lagerfeuer aus Holzresten (das Holz wurde von Häftlingen gesammelt, die für die Arbeiten an der Bahn als zu schwach galten). In den drei Sommermonaten war es Tag und Nacht hell.

Der Einmarsch der Deutschen machte es erforderlich, den Eisenbahnbau zu beschleunigen. Ende 1941 hatten die Angreifer den größten Teil des Donezbeckens besetzt, das 55 Prozent der sowjetischen Kohle lieferte, und 1942 schoben sie sich stetig in den Kaukasus vor, wodurch die Ölversorgung des Landes bedroht wurde. Die Verlegung der Strecke nach Workuta erhielt höchste Priorität, denn es ging um das Überleben des Landes, und entsprechend standen die Gulagbosse unter immensem Druck, die Bahnlinie in Rekordzeit fertigzustellen. 1942 arbeiteten 157 000 Häftlinge pausenlos an der Strecke. Sie schliefen in unbeheizten Zelten oder bei

Minustemperaturen im Freien. Alle waren erschöpft, und Hunderte starben täglich an Kälte, Hunger und Krankheit. Um den Bau voranzutreiben, platzierten sie die Schienen direkt auf der Erde, ohne sie durch Geröll oder Sand zu stabilisieren, umrundeten Seen und Sümpfe, statt den dortigen Boden urbar zu machen, und verlegten Gleise sogar auf Eis (Brücken konnten später gebaut werden). Die Strecke wies so viele gefährliche Kurven und Hänge auf, dass Züge häufig entgleisten, was zu Verhaftungen wegen »Sabotage« führte. Die wichtige Brücke über die Petschora – zwischen dem Ort Petschora und Koschwa – wurde so hastig (mit provisorischen Holz- statt Stahl- und Eisenträgern) errichtet, dass die ersten Züge, die sie 1942 überquerten, weniger als fünf Kilometer in der Stunde fahren mussten, wenn sie das akute Risiko, infolge der Vibrationen abzustürzen, vermeiden wollten. Gleichwohl konnte schließlich Kohle aus Workuta in sowjetische Städte und Industriebetriebe geschafft werden: 200 000 Tonnen pro Monat im Jahr 1945.

Petschora entwickelte sich zum Hauptindustriezentrum der Region. Seine Lage am Schnittpunkt zwischen der Bahnstrecke und dem Fluss Petschora machte es zum Mittelpunkt der Holzverarbeitung, der Bahninstandhaltung und der Schiffbauindustrie. 1937 als Gulagsiedlung gegründet, war Petschora zur Zeit von Lews Ankunft im Jahr 1946 ein kleiner, verfallener Ort, der von ungefähr 10 000 Häftlingen und freien Bürgern bewohnt wurde (siehe Karte auf S. 346). In der Nähe des Bahnhofs lag ein Viertel mit verwinkelten, schmalen Gassen und schäbigen Hütten, das man wegen seiner »asiatischen« Erscheinung und der dort ansässigen chinesischen Einwanderer als »Shanghai« bezeichnete. Den Hauptbestandteil von Petschora – zwischen dem Bahnhof und dem Holzkombinat – bildete die mit Stacheldraht umzäunte Industriezone am Flussufer. Vom Übergangslager muss Lew durch die lange Hauptallee, Sowjetstraße genannt, in einem von Wachleuten mit Hunden flankierten Konvoi zum Holzkombinat marschiert sein, dessen Eingang sich am Ende der Straße des 8. März (Internationaler Frauentag) befand. Die Sowjetstraße war ein breiter Feldweg mit Holzbrettern als Gehsteig. Als Straßenbeleuchtung dienten die Suchscheinwerfer der Wachtürme um die Gefängniszone. Die Lagerchefs hatten so gut wie keine Autos oder Motorräder, sondern mussten sich mit Pferden begnügen. Es gab keine Steingebäude, sondern nur Holzhäuser, die zur besseren Isolierung gegen die Polarwinde halb im Boden vergraben waren, und keine Innentoiletten (die einzige Ausnahme war im Haus des Lagerkommandanten zu finden); niemand hatte fließendes Wasser, und die Brunnen waren in kleinen Pavillons untergebracht, damit sie während des langen Winters, in dem die Temperaturen regelmäßig auf minus 45 Grad fielen, nicht zufroren. Außer wenigen Läden gab es nur ein kleines Postamt (das Wodka verkaufte) im Shanghai-Viertel.

Lew durchschritt das Tor zum Holzkombinat und betrat die Industriezone, sein Gefängnis für die folgenden zehn Jahre (siehe Karte auf S. 344 f.). Es war ein rechteckiges Areal von der Größe eines Dorfes – 52 Hektar, die von einem hohen Stacheldrahtzaun und Wachtürmen mit Scheinwerfern umgeben waren. Im Innern standen ungefähr fünfzig Häuser, hauptsächlich »provisorische Holzbauten«, die man anscheinend ohne jegliche Planung errichtet und »wahllos« über die Zone verteilt hatte. Es gab verschiedene Werkstätten, eine Trocknungsanlage, Holzspeicher, Sägemühlen, Ställe, Kantinen, Baracken, ein Clubhaus für Wärter und freie Arbeiter, eine Siedlung aus einstöckigen, in den Boden gesenkten Wohnhäusern, ein Badehaus, eine Feuerwehrstation mit Pferd und Wagen sowie eine leichte Eisenbahn mit einem Ladebereich. Vor sich, in Richtung Fluss, sah Lew den roten, das Lager überragenden Ziegelschornstein des Kraftwerks.

Man zählte die Männer aus Lews Konvoi im Ladebereich der Bahn, wo die Endprodukte des Holzkombinats (Möbelstücke und Fertighäuser) in Züge verfrachtet wurden. Dann marschierten sie in die Baracken der 2. Kolonie oder Arbeitsbrigade *(rabotschaja kolonna)*, die in einem speziellen Gefängnissektor mit eigenem Stacheldrahtzaun und Wachhäuschen innerhalb der Industriezone lag.

Die 2. Kolonie umfasste zehn Baracken mit rund 800 Häftlingen. Alle Baracken sahen gleich aus: lange einstöckige Holzgebäude mit zwei Reihen Etagenbetten für jeweils zwei Mann auf jeder

Ebene (im Gulagsprachgebrauch bekannt als »wagonki«, weil sie den Schlafwagenkojen in Personenzügen ähnelten); im Durchgang zwischen den Reihen standen Tische, Bänke und Holzöfen. Die an der Decke baumelnden 40-Watt-Birnen verbreiteten ein trübes gelbes Licht. Die Matratzen und Kissen waren mit Holzspänen gefüllt. Lews Baracke hatte den Vorteil, stets warm zu sein, da die Wärter den Insassen erlaubten, Holzreste für die Öfen mitzubringen. Die Baracke wurde nachts nicht abgeschlossen, und die Häftlinge durften kommen und gehen (der Toilettenblock befand sich außerhalb), solange sie sich dem Stacheldraht nicht näherten (wo sie sonst erschossen würden).

Lew belegte ein Bett in der unteren Etage beim Fenster an einem Ende der Behausung, einer der ältesten Baracken der Kolonie. Einer seiner Nachbarn war ein junger »Politischer« aus Lwow in der Westukraine, ein kleiner, schlanker Mann mit ausdrucksvollem Gesicht und lebhaften Augen namens Ljubomir (»Ljubka«) Terlezki. Er sollte Lews teuerster Freund werden, denn dieser wusste seine feine Intelligenz, sein poetisches Temperament, seinen Witz und seine Sensibilität hoch zu schätzen. Terlezki war seit sechs Jahren in Petschora und konnte Lew helfen, sich einzugewöhnen. Man hatte ihn 1939, kurz nach dem sowjetischen Einmarsch in Lwow, mit achtzehn Jahren verhaftet. Die NKWD-Offiziere hatten bei ihm zu Hause eine Landkarte, einen Kompass und einen Rucksack gefunden (Ljubka war ein begeisterter Wanderer) und dies als Beweismaterial für deutsche Spionagetätigkeit interpretiert. Nachdem sie Terlezki durch Schläge zu einem Geständnis gezwungen hatten, wurde er zum Tode durch Erschießen verurteilt. Zwei Monate lang saß er in einem Gefängnis in Kiew und wartete auf die Hinrichtung. Aber dann wurde das Urteil in zehn Jahre Zwangsarbeit im Lager umgewandelt. Auf dem Konvoi nach Petschora war Terlezki dem Tode nahe gewesen. Er wurde einem Team zugewiesen, das Feuer- und Bruchholz am Flussufer sammelte und es mit Karren 500 Meter bergauf zum Kraftwerk schleppte, wo das Holz in die Dampfmaschinen gelangte, die Energie für das Holzkombinat produzierten. Terlezki war der Schwerarbeit nicht gewachsen. Die Heizer des Kraftwerks merkten, dass er an Erschöpfung sterben würde, hatten Mitleid mit ihm und nahmen ihm die Arbeit ab, damit er sich ausruhen konnte. Dies war doppeltes Glück, denn im Kraftwerk wurde Viktor Tschikin, der Leiter der Elektrogruppe, auf Terlezki aufmerksam. Tschikin, selbst Häftling, war von Ljubkas Intelligenz beeindruckt und ließ ihn zu seinem Elektrikerteam versetzen.

Die Koje neben Lews gehörte Alexej (»Ljoscha«) Anissimow, einem ehemaligen Studenten am Moskauer Institut für Verkehrstechnik. Er war ein schüchterner und stiller Mann, den Lew in seinen Briefen an Sweta liebevoll als »prächtigen Burschen« beschrieb. Anissimow war 1937 verhaftet und wegen »antisowjetischer Aktivität« zu fünfzehn Jahren verurteilt worden. Die 2. Kolonie setzte sich vorwiegend aus »Politischen« wie Lew, Terlezki und Anissimow zusammen. Viele (genauer gesagt, 83) waren in der deutschen Besatzungszone festgenommen und bei ihrer Rückkehr in die Sowjetunion als »Spione« oder »Kollaborateure« inhaftiert worden oder in die Welle der Massenverhaftungen geraten, welche die sowjetische Wiedereroberung dieser Gebiete in den Jahren 1944/45 begleitete.

Die anderen Kolonien im Holzkombinat enthielten unterschiedliche Häftlingskategorien. Die 1. (in einem separaten Sektor außerhalb der Industriezone) bestand aus »Sonderumsiedlern« *(spezperesselenzy)*, die man per Verwaltungsbefehl in den Gulag geschickt hatte. 1946 hielten sich etwa 500 von ihnen im Lager auf. Die 3. Kolonie (am Fluss) umfasste Kriminelle und andere Insassen, die besonderen Bedingungen unterlagen. »Sie [die 3. Kolonie] liegt neben unserer, ist aber viel strenger«, schrieb Lew später. »Häftlinge werden dorthin gebracht, wenn sie gegen die Vorschriften verstoßen, und der nächste Schritt ist ein Strafkonvoi.«

Laut einem Bericht der Lagerverwaltung, die 1947 Unruhen in der Kolonie unter die Lupe nahm, waren die Verhältnisse in der 3. »erschreckend«. Die Häftlinge hatten keine Bettwäsche, die Waschbecken waren zerbrochen, und alles war voller Ratten.

Lew wurde dem allgemeinen Arbeitsteam zugeordnet, das Holz vom Flussufer zum Kombinat transportierte. Dies bedeutete, dass schwere Stämme einen Hügel hinauf zum Förderband gewuchtet werden mussten, wo man sie mit Hilfe von Winden, Rollen und Kabeln zur Sägemühle beförderte. Es war Knochenarbeit, bei der die Männer stundenlang im eiskalten Wasser stehen mussten. Im Sommer, wenn es die ganze Nacht hindurch hell war, ließen sich die Mücken nicht ertragen. Deshalb verhüllten die Häftlinge Gesicht und Hände mit Lappen, bevor sie zur Arbeit gingen.

Wie alle Teammitglieder erhielt Lew die Standarduniform: eine Mütze mit Ohrenklappen, einen wattierten Kolani, dicke Baumwollhosen, Handschuhe und Winterschuhe aus dem gleichen Stoff wie die Jacken. Die Schuhe waren weder mit Fell noch sonst wie gefüttert, und es bestand keine Möglichkeit, sie in den klammen und schlecht gelüfteten Baracken zu trocknen. Dementsprechend waren seine Füße immer feucht.

Die Häftlinge arbeiteten Zwölf-Stunden-Schichten, die vor dem Morgengrauen begannen, und erhielten 600 Gramm Brot pro Tag, wenn sie die Norm erfüllten, aber nur 400 Gramm, wenn es ihnen nicht gelang. Um seine Tagesnorm zu schaffen, musste Lew mindestens 60 Kubikmeter Holz (genug, um eine kleine Garage zu füllen) vom Fluss zum Holzkombinat hinaufbefördern. Wenn er die Norm übertraf, erhielt er 800 Gramm Brot und zusätzlich »eine Roggenpastete mit einer Füllung ohne jeglichen Geschmack oder mit gar keiner Füllung«. Jeden Morgen gab man den Häftlingen eine Schüssel dünnen Haferbreis, eine Tasse Tee, 15 Gramm Zucker (die Stücke wurden sorgfältig gewogen) und ein Stück Hering; zum Mittagessen bekamen sie normalerweise eine Schüssel Kohlsuppe mit etwas Fleisch oder Fisch und zum Abendessen eine weitere Schüssel Brei und noch eine Tasse Tee. Dies reichte nicht aus, um ein Mitglied der Schleppermannschaften bei Kräften zu halten, weshalb die Krankheits- und Todesraten sehr hoch waren. In den Jahren 1945/46 lag mehr als ein Drittel der 1600 Lagerinsassen in der Krankenstation, einem aus Quarantänebaracken bestehenden Komplex außerhalb der Hauptgefängniszone des Holzkombinats. Damals arbeitete dort nur ein einziger Arzt. Laut einem Häftling, der einer Gruppe von Totengräbern angehörte, beerdigte man täglich ein Dutzend Männer auf einem Friedhof hinter der Krankenstation. Die Arbeitsbedingungen der Schlepperteams waren so unmenschlich, dass sich sogar manche Aufseher unbehaglich fühlten. »Uns scheint es egal zu sein, ob sie leben oder nicht«, klagte ein Wachmann auf einer Parteiversammlung im Holzkombinat. »Wir lassen sie im eiskalten Wasser stehen, bis sie krank werden, und dann, wenn sie nicht mehr arbeiten können, lassen wir sie in der Klinik sterben.«

Nach drei Monaten als Schlepper war auch Lew der Erschöpfung nahe und psychisch gebrochen. Bei ihrer ersten Begegnung, so berichtete Terlezki später, habe Lew ausgesehen »wie ein Bauer, der von einem Trecker überfahren wurde«. Keine Spur mehr von dem energiegeladenen Jungen, der zehn Jahre zuvor in die Istra gesprungen war.

Von Terlezki ermutigt, ging Lew nach seiner Schicht gewöhnlich in die Holztrocknungsanlage, um sich aufzuwärmen. Innerhalb der Industriezone gab es keine bewachten Konvois – die Häftlinge machten sich selbständig zu ihren Arbeitsplätzen auf –, und wenn Lew am Förderband oder in der Nähe der Sägemühle eingesetzt worden war, hatte er am Ende jedes Tages ein wenig Zeit, auf dem Rückweg zu den Baracken der 2. Kolonie, wo die Gefangenen am Wachhaus registriert wurden, in der Trocknungsanlage vorbeizuschauen. Bei einem dieser Besuche wurde Lew vor der Arbeit gerettet, die ihn sonst wahrscheinlich das Leben gekostet hätte.

Der Leiter des Forschungslabors, das man der Trocknungsanlage angegliedert hatte, war Georgi Strelkow, ein altgedienter sibirischer Bolschewik der Bürgerkriegszeit und ein einstmals hoher sowjetischer Industrieller, der dem Goldbergwerkstrust in Jakutien, einem Teil des Volkskommissariats für Schwerindustrie, bis zu seiner Verhaftung im Jahr 1937 vorgestanden hatte. Beunruhigt durch Meldungen über hungernde Häftlinge in den Kolyma-Goldbergwerken im fernen Nordosten Sibiriens, hatte er zwei Schiffe mit Lebensmittelvorräten ausgesandt, die das NKWD abfing. Es ließ die Nahrungsmittel ausladen und die Schiffe stattdessen mit neuen Häftlingen füllen. Das NKWD scherte sich nicht darum, wie viele Menschen starben, und bezichtigte Strelkow, Lebensmittel zu ver-

Schleppermannschaft am Holzkombinat

schwenden. Man verurteilte ihn wegen »konterrevolutionärer Aktivität« zum Tode durch Erschießen, »begnadigte« ihn dann jedoch zu 25 Jahren ohne das Recht auf Korrespondenz im Arbeitslager Petschora. Seine Fachkenntnis wurde von den Gulagbehörden in Petschora so hoch geschätzt, dass sie ihm gestatteten, Experimente im Holzkombinat durchzuführen, obwohl er als Häftling mit einer Strafe von 25 Jahren schwere manuelle Arbeit hätte verrichten sollen. Sie erlaubten Strelkow sogar, allein im Labor statt in den Baracken zu wohnen, weil er so häufig dafür benötigt wurde, das eine oder andere technische Problem innerhalb der Industriezone zu lösen. Damit nicht genug, er durfte sogar einen Anzug anstelle einer Uniform tragen.

Strelkow war streng und entschieden, aber auch gutherzig. Dank seines Einflusses im Holzkombinat hatte er viele Häftlinge der Schlepperteams vor totaler Erschöpfung gerettet, indem er sie in die Trocknungsanlage oder in die Werkstätten versetzen ließ. Allerdings führten seine Interventionen häufig zu Problemen mit der

Lagerleitung. Strelkow hatte jedoch keine Angst. Er wusste, dass die Gulagbosse ihn brauchten, und es gelang ihm seit Jahren, das System zu seinem Nutzen zu manipulieren. 1942 hatte das Holzkombinat von der Gulagverwaltung den Befehl erhalten, eine Methode zur Verwandlung von Sägemehl in ein hefehaltiges Tierfutter zu finden. Strelkow leitete die Forschung. Nach 18-monatigen Experimenten nahm der Leiter der Holzwerkstatt, ein Häftling namens Boris Serow, zwei Gläser des versprochenen Futtermittels mit zu einer großen Versammlung der Gulagbosse in Abez, dem Verwaltungszentrum für das Lager Petschora. Dort sollte der Jahrestag der Revolution begangen werden. Die Gefäße wurden von den Delegierten mit donnerndem Applaus begrüßt. Nach seiner Rückkehr aus Abez erfuhr Serow von einem der Assistenten Strelkows, dass die beiden Gläser mit gewöhnlichem Gerstenmehl gefüllt gewesen waren.

Im Jahr 1946 suchte man dringend neue Techniker mit Ingenieurerfahrung für die Trocknungsanlage. Die Hochdruckdampfheizer trockneten das Bauholz nicht rasch genug, um die Menge an Nachschub zu gewährleisten, welche die Werkstätten zur Erfüllung ihrer Planziele benötigten. Aus diesem Grund drängte das Ministerium für Innere Angelegenheiten (MWD, das im März 1946 die Aufsicht über den Gulag vom NKWD übernommen hatte) zunehmend darauf, die Leistung der Anlage zu verbessern. Nachdem Strelkow erfahren hatte, dass Lew Wissenschaftler war, bot er ihm den Posten eines Technikers im Dampfraum an. Lews Aufgabe war es, das Holz so zu drehen, dass sämtliche Teile trocknen konnten. Der Raum hatte eine Mindesttemperatur von 70 Grad, weshalb Lew Hände und Gesicht schützen musste und nicht länger als jeweils ein paar Minuten im Innern bleiben konnte. Es war schwere körperliche Arbeit, aber verglichen mit dem Schleppen der Baumstämme vom Fluss ein »Kinderspiel«.

Zum ersten Mal seit seiner Ankunft in Petschora konnte Lew Schuhe und Kleidung trocken halten. Er konnte sich den ganzen Tag hindurch wärmen und wurde nicht von aggressiven Aufsehern schikaniert. Als vielleicht noch wichtiger für seine Moral erwies sich die Tatsache, dass Lew, wenn er nicht im Dampfraum arbeitete, Strelkow in dessen Labor besuchen konnte. Dieser hatte einen großzügigen, 30 Quadratmeter umfassenden Wohnbereich für sich organisiert, in dem er einen Kater (»Wassili Trifonytsch«) hielt und seine Freunde zu lebhafter Konversation, Karten- und Schachspiel empfing. Zudem konnte er Musik aus einem Rundfunkgerät, das er selbst gebaut hatte, Wodka, den er in Destillierkolben brannte, und kostbares Gemüse anbieten. Das Letztere züchtete er in Blumenkästen, die er mit eigens dazu angepassten Dampfgeräten erwärmte. Er besaß sogar unter beheiztem Glas wachsende Blumen – was den Leiter des Holzkombinats so sehr beeindruckte, dass er Strelkows neuesten Traum von der Entwicklung einer Blumenfarm unterstützte.

Aufgrund der Versetzung in die Trocknungsanlage wurde es Lew zum ersten Mal möglich, Briefe zu schreiben. Dazu hatte er vorher keine Gelegenheit gehabt, denn als er in den Schleppermannschaften arbeitete, war er hungrig, verschmutzt, nass und frierend in die Baracke zurückgekehrt und in seiner totalen Erschöpfung nicht imstande gewesen, in der kurzen Zeit, bevor die Lichter nach dem Abendessen gelöscht wurden, etwas niederzuschreiben. Ohnehin besaß er kein Papier und keinen Stift. Aber nach der Arbeit in der Trocknungsanlage hatte Lew genug Zeit und konnte sich alle erforderlichen Utensilien von Strelkow besorgen.

Lew hatte beschlossen, nicht an Sweta oder Olga zu schreiben. An Swetas letztem Geburtstag hatte er jegliche Hoffnung aufgegeben, sie wiederzusehen. Die Verurteilung zu zehn Jahren und der Konvoi nach Petschora mussten seine Hoffnungslosigkeit verstärkt haben. Welchen Sinn hatte es, einer Frau zu schreiben, von der er seit fünf Jahren nichts gehört hatte? Vielleicht war sie tot, oder vielleicht hatte sie ebenfalls die Hoffnung fahren lassen und jemand anderen geheiratet. Es mochte sie in Verlegenheit bringen, einen Brief von einem Häftling zu erhalten. Auf keinen Fall wollte er, dass sie durch eine Kontaktaufnahme in Gefahr geriet. Lew hatte entschieden, sich nicht in Swetas Leben einzumischen. Vermutlich war er ein Opfer jenes Gefühls der Wertlosigkeit, das sich nach Jahren der Haft einstellt. Er glaubte, kein Recht auf ihre Liebe zu haben.

Strelkow und sein Kater im Labor. Das Bild an der Wand ist Ilja Repins Gemälde Die Wolgatreidler, *das in Sowjetzeiten als Symbol der zaristischen Unterdrückung galt.*

Dann überlegte er es sich aus irgendeinem Grund anders. Möglicherweise hatte die Kameradschaft mit Strelkow und dessen Freunden Lews Stimmung gehoben. Vielleicht gab er, wie er es später selbst ausdrückte, »in einem Moment der Schwäche« dem Wunsch nach, mehr über Swetas Leben herauszufinden. Da er nicht wagte, direkt an sie zu schreiben, erkundigte er sich in einem Brief an Olga (»Olja«) nach ihr:

2. Juni 1946

Liebe Tante Olja! Du hast bestimmt nicht erwartet, einen Brief wie diesen zu erhalten. Ich weiß nicht einmal, ob Du gesund und munter bist. So viel ist in den vergangenen fünf Jahren geschehen. Verzeih mir, dass ich Dir schreibe, aber Du warst mir immer teuer – deshalb bitte ich Dich nun um Deine Hilfe. Ich wollte auch an Tante Katja schreiben, aber ich kann mich nicht an ihre Wohnungsnummer erinnern.

Ich bin in einem Arbeits-Besserungslager des MWD, wo ich eine zehnjährige Haftstrafe ableiste. 1945 wurde ich wegen Vaterlandsverrats verurteilt. Wie, was und warum – das in einem Brief zu erklären wäre zu umständlich und schwierig …

Die Bedingungen hier sind gut, wenn man das nördliche Klima außer Acht lässt. Schwer ist für mich nur, dass ich seit fünf Jahren nichts über die Menschen erfahren habe, die mir nahestanden, die Menschen, die ich immer geliebt habe. Wenn Du mir antwortest, erzähl mir von Tante Katja, Vera [Olgas Schwägerin], Mich. Iw. [Olgas Mann]. Wie geht es Nikita und S.' Familie? Sag ihnen nichts von mir, doch schreib mir, was Du über sie weißt.

Ich hoffe, dass Du wohlauf bist, und wünsche Dir aus ganzem Herzen alles Gute – Dir, Tante Katja, Mich. Iw. und den Übrigen. In diesen langen Jahren habe ich ständig an Euch gedacht.

Mit den besten Wünschen
L. Mischtschenko

Meine Adresse: Komi-ASSR, Station Petschora, Holzkombinat, Postfach 274/11, L. G. Mischtschenko.

Lew erhielt am 31. Juli eine Antwort von Olga. Es war sein erster Kontakt mit einem Menschen aus der Welt, die er verlassen hatte. Der Brief erschütterte ihn, denn Olga berichtete vom Tod vieler seiner Freunde und Verwandten während des Krieges, darunter Swetas Schwester Tanja. Doch sie schrieb auch, dass Sweta bei guter Gesundheit sei. Am folgenden Tag verfasste er eine Antwort an Olga.

Nr. 2 Petschora, 1.VIII. 46

Meine liebe Tante Olga, gestern, am 31.VII. 46, ist Dein erster Brief eingetroffen. Der 31. war häufig ein freudiger Tag für mich.* Wie sehr der Brief meine Emotionen aufgewühlt hat, wie viel Glück seine herzlichen Gefühle mir beschert haben – ich finde keine Worte, es Dir zu beschreiben. Ich habe nichts von Dir erwartet und konnte mir keinen Brief wie den Deinen erhoffen. Ich freue mich so sehr, dass Du am Leben bist, höre jedoch voll Kummer von Deinen Krankheiten und Deiner Einsamkeit. In unserem Leben ist es zu so vielen bitteren Verlusten gekommen … Es war sehr schmerzlich, von Tanjas Schicksal zu erfahren. Aber es ist ein Segen, dass es S.' übrigen Verwandten gutgeht. Ich kann Dir nicht erklären, wie glücklich ich darüber bin, dass S. unversehrt ist, dass sie ein erfülltes und sinnvolles Leben führt. Aus tiefstem Herzen wünsche ich ihr alles denkbare Glück. Es freut mich, dass Du noch mit ihr in Verbindung stehst. Schreib mir über sie, über alles, was Du herausfinden kannst. An welchem Institut arbeitet sie und mit wem? Was ist ihr Spezialgebiet? Hat sie ihre Doktorprüfung bestanden? Meine Gefühle für sie sind trotz der Zeit und Entfernung, die uns trennen, immer noch die gleichen.

Ich schreibe Dir, nicht ihr diese Worte, weil ich sie nicht belasten möchte. Sie soll ein ruhiges Leben führen, ohne dass ich es verkompliziere, ohne dass ich es durch Erinnerungen an die Vergangenheit und Gedanken über meine gegenwärtige Existenz überschatte.

Anfang 1946 erwartete Sweta nicht mehr, Lew je wiederzusehen. Alle anderen waren aus dem Krieg zurückgekehrt, weshalb sie angenommen haben dürfte, dass er tot oder für immer verschollen war. Monatelang war sie »nicht imstande zu schlafen«, wollte »nichts essen« und »trieb ihre Eltern zur Verzweiflung«. Sie »sehnte sich nach wenigstens einem Wort« von Lew. Es »hätte alles verändert«. Aber im Lauf der Zeit wurde sie bedrückter und verlor die Hoffnung. Und dann hörte sie von Olga.

Sofort schrieb Sweta an Lew.

* Lew wurde am 31. Juli 1936 vor dem Ertrinken in der Istra gerettet.

Ljowa, wenn ich nicht wüsste, dass Handlungen nach ihren Motiven und nicht nach ihren Ergebnissen beurteilt werden sollten, würde ich Dir Vorwürfe wegen Deines Schweigens machen.

Erinnerst Du Dich an jenen September, als Du sagtest, auf jene Weise sollten wir uns nicht treffen, während ich Dank für die Woche verspürte, die uns vergönnt war? Jetzt ist es das Gleiche, Lew. Wenn es anders nicht sein kann, dann ist dies besser als nichts. Wir sind beide 29 Jahre alt, wir haben uns vor elf Jahren kennengelernt und sind uns seit fünf Jahren nicht mehr begegnet. Es ist schrecklich, solche Ziffern zu nennen, doch die Zeit vergeht, Lew. Und ich weiß, Du wirst tun, was Du kannst, damit wir zusammenkommen, bevor weitere fünf Jahre vergehen.

Ich werde nun hartnäckig, Lew. Wie oft habe ich mir gewünscht, mich in Deine Arme zu kuscheln, aber ich konnte mich nur zu der leeren Wand vor mir drehen. Es war, als könne ich nicht atmen. Doch die Zeit verging, und ich riss mich zusammen. Wir werden dies durchstehen, Lew.

Ich habe Dir versprochen, dass ich die Universität abschließen würde, und ich habe mein Versprechen gehalten. Wir machten das Abschlussexamen im Sommer 1942 (nach dem vierten Studienjahr), wurden jedoch für fast sechs Monate umgesiedelt – von Moskau nach Aschchabad, nach Swerdlowsk …

Bald werde ich im physikalischen und mechanischen Testlabor in »Papas« Institut (dem Wissenschaftlichen Forschungsinstitut für die Reifenindustrie*) mein viertes Jahr hinter mich bringen (seit meinem Geburtstag 1942). Wie sehr ich auch versucht habe, die Gummiforschung zu vermeiden, bin ich doch zu ihr zurückgekehrt. Bist Du nicht froh darüber? Meine Aufgabe ist es, neue und bessere Testmethoden zu finden (die Details sind zu zahlreich für einen einzigen Brief, deshalb werde ich sie Dir nach und nach mitteilen). Mein Abteilungsleiter ist sehr tüchtig,

* Ehemals Wissenschaftliches Forschungsinstitut für die Kunstharzbranche.

aber im Grunde kein Administrator, und wir beide gemeinsam beaufsichtigen 42 Mädchen ohne großen Erfolg. Es gibt ein neues Aufbaustudium in unserem Institut, und die erste Kandidatin ist – Swetlana Alexandrowna! Ich habe meine Prüfungen (im Mai und Juni) mit fliegenden Fahnen bestanden, besser als alle anderen an der Universität (hauptsächlich wegen meines Werdegangs in Naturwissenschaften, nicht wegen meiner Begabungen) … Bist Du glücklich, Ljowa?

Ich sollte eigentlich am 1. Juli in Urlaub gehen, aber unser akademischer Sekretär hält mich hier zurück, bis ich einen Artikel für die Zeitschrift einreiche. Ich zermartere mir das Hirn und weiß nicht, wie ich es jemals schaffen soll (der Artikel handelt von Experimenten zur Plastizität von Gummi und Gummiverbindungen). Mama und Alika [Swetas Neffe] sind schon seit einem Monat auf der Datscha – wieder an der Istra, aber diesmal ein wenig näher bei Moskau. Alika ist schon sechs. Er kann lesen und ist von Großbuchstaben fasziniert. Anscheinend hat er alle Fertigkeiten und Talente von Jara geerbt. Er zeichnet, stellt »Experimente« an, redet über die Art und Weise, wie Wörter gesprochen und geschrieben werden, und kennt bereits viele Gedichte. Er baut ein Herbarium und sammelt Käfer, Fliegen und Raupen, und er singt Lieder – also ist er nach seiner Tante geraten! Sein Köpfchen ist rund wie ein Knopf, er ist blond mit großen schwarzen Pupillen, aber einer blauen Iris (ebenfalls von seiner Tante). Jara ist im letzten November heimgekehrt. Wir hatten mehr als drei Jahre lang nichts von ihm gehört. Im Moment ist er noch ziemlich hager. Tanja war in der Armee (seit Mai 1942) und starb am 2. September 1943 im Krankenhaus an Blinddarmentzündung. Ich denke ständig an sie, genau wie an Dich, aber ich kann nicht darüber sprechen. Mutter und Vater sind natürlich älter geworden. Vater arbeitet zurzeit im Ministerium für die Gummiindustrie, und Mutter beschäftigt sich mit Hausarbeit – die Bruzellose zehrt an ihr …

Ljowa, schreib und lass mich wissen, ob ich Dir Päckchen schicken darf. Wenn ja, dann teil mir mit, was Du brauchst. Irgendwelche Romane oder Physikbücher? Je schneller dieser Brief Dich erreicht, desto schneller erhalte ich eine Antwort. Also mache ich nun Schluss.

Alles Gute, Ljowa.
Swet

Lew wurde der Brief ausgehändigt, als er nach der Arbeit am Donnerstagabend, dem 8. August, die Post für seine Baracke abholte. Er erkannte Swetas Schrift auf dem Umschlag. Im Innern war ein Foto von ihr. Lew las den Brief an jenem Abend immer wieder von Neuem. Er ging nicht ins Bett, sondern schritt draußen auf und ab – die weiße Nacht der Arktis spendete ihm genug Licht. Die Sonne stand bereits seit zwei Stunden am Himmel, als Lew am nächsten Morgen um halb sechs zu schreiben begann:

Petschora, 9. VIII. 46 Nr. 1

Sweta, Swet, kannst Du Dir vorstellen, was ich gerade empfinde? Ich kann es nicht benennen und mein Glück nicht ermessen. Der 8. war in meinem Leben immer ein wichtiges Datum (Du siehst, ich bin Fatalist geworden), und nun ist er zu einem freudigen Datum geworden. Ich holte die Briefe für unseren Block ab und war kein bisschen eifersüchtig auf diejenigen, die Nachrichten erhielten, denn ich erwartete nichts für mich selbst. Am 31. hatte ich einen Brief von Tante Olga bekommen und rechnete mit keinem weiteren bis Anfang September. Und dann sah ich plötzlich meinen Nachnamen! Und, als wäre sie lebendig, Deine Handschrift! Drei Jahre lang hatte ich ein winziges Stück Papier mit Deiner Handschrift aufbewahren können – es war alles, was ich von Dir besaß –, bis es bei der gründlichen Durchsuchung in Buchenwald am 3. VII. 44 beschlagnahmt wurde. Ich gab mich der Hoffnung hin, dass Du am Leben warst und dass wir uns wiedersehen würden. Aber an Deinem letzten Geburtstag, den ich in einem schwierigen Moment während der

Vernehmung feierte, fand ich mich damit ab, mich von Dir zu verabschieden … Danach versagte ich mir jede Hoffnung – nicht nur darauf, dass wir uns je wieder begegnen würden, sondern sogar darauf, je irgendetwas über Dich zu hören.

Sweta, wenn Du Dir nur vorstellen und verstehen könntest, was in einer Vernehmung wirklich vor sich geht! Es ist nicht bloß eine Frage der physischen Qualen, sondern dessen, was man in der Seele verspürt! Wusstest Du, dass es etwas Schlimmeres als den Tod gibt? Nämlich Misstrauen. Aber ich komme vom Thema ab. Jedenfalls habe ich mich von Dir verabschiedet. Doch ich konnte es ohne Dich nicht aushalten. Acht Monate später schrieb ich einen Brief an Tante Olja – einfach auf gut Glück, ohne große Hoffnung. Und ich erkundigte mich nach Dir. Dann, am Jahrestag jenes närrischen 31. Juli 1936, als ich fast ertrunken wäre und auf dem Weg nach Boriskowo zu Dir aus der Istra gezogen werden musste, wurde ich erneut gerettet. Ich hatte keinen so liebevollen, warmherzigen und mütterlichen Brief erwartet. Eigentlich hatte ich mit gar keinem Brief gerechnet … Tante Olja schrieb allerlei über Dich! Du bist am Leben! Und wie sich herausstellt, besuchst Du sie sogar – was bedeutet, dass Du nicht beschlossen haben kannst, mich aus Deinem Gedächtnis auszulöschen. Hätte ich mir mehr wünschen können? Dabei hatte ich nur ein wenig über Dich herausfinden wollen, ohne mich in Dein Leben einzumischen. Und dann – gestern oder besser gesagt heute, denn obwohl es nun 6 Uhr morgens am 9. August ist, bin ich noch nicht ins Bett gegangen, womit ich noch von heute sprechen kann (und außerdem gibt es ja keine Nacht in der Arktis) – kam plötzlich ein Brief. Nicht nur die Handschrift, nicht nur die von Dir geschriebenen Worte, sondern was für Worte, was für ein Brief! Und auch noch ein Foto. Und das alles ist für mich gedacht? Für mich? Swetka, Swetka, ich bin nicht in der Lage, mehr darüber zu sagen …

Sprechen wir von etwas anderem. Du redest von einem Wiedersehen … Swetka, das ist – ich meine, es ist fast unmöglich.

58–1 (b) ist eine schreckliche Ziffer.* Darüber mache ich mir keine Illusionen. Aber ich verspreche Dir, dass ich alles mir Mögliche tun werde, um die Strafe zu verkürzen.

Es freut mich so, dass Du endlich die Zügel Deines Lebens in die Hand nimmst, Sweta, dass Du stark und guten Mutes bist. Es ist schön, dass Du einen wichtigen Beruf hast und dass man Dich schätzt. Du hast einen prächtigen Verstand, Sweta, Du bist sehr intelligent! Bitte, bitte, rümpf nicht die Nase – dies ist Lob aus einer unzuverlässigen Quelle. Sweta, Sweta, Du bist mir so nahe. Es fühlt sich an, als hätten sich die letzten fünf Jahre nie abgespielt, obwohl wir nun auch durch die Entfernung, ganze 2170 Kilometer, voneinander getrennt sind. Und für mich siehst Du so gut wie unverändert aus. Ein kaum wahrnehmbares Etwas, auf dem Foto kaum zu erkennen, verrät, dass Dein Herz ein wenig gealtert ist, mehr nicht …

Du fragst nach Büchern. Ich habe Bücher in all den Jahren schrecklich vermisst. Es war sehr schwierig, mir welche zu verschaffen, und deshalb habe ich schändlich wenige gelesen … Erinnerst Du Dich an die Achmatowa und den Blok? Ich sehnte mich nach Puschkin und Deinem geliebten »Steinernen Gast« – ich weiß noch, wie Du einmal daraus für mich rezitiert hast, als wir Arm in Arm unter den Lichtern des Twer-Boulevards dahinspazierten. *La Traviata* ist ebenfalls etwas, das ich nicht ohne Emotionen hören kann, wenn jemand eine Melodie daraus pfeift oder wenn ich sie im Radio höre …

Sweta, wie Du gesagt hast, wir werden es überstehen …

Ich muss nun Schluss machen. Ich wünsche Dir alles Gute. Schicke nichts außer Briefen – Briefen – Briefen! …

Lew

* Lew war nach Artikel 58–1 (b) der Strafgesetzgebung verurteilt worden.

4

Der Gulag hatte komplizierte Regeln, was das Versenden und Empfangen von Briefen anging. Diese Regeln änderten sich im Lauf der Zeit mit den Umständen und wurden in jedem Arbeitslager mit unterschiedlicher Strenge angewandt. Wie viele Briefe ein Häftling empfangen durfte, hing von seinem Strafmaß und der Erfüllung seiner Produktionsnormen ab.

Den Gefangenen im Holzkombinat war offiziell ein zensierter Brief pro Monat erlaubt. Das war besser als in anderen Lagern, wo mitunter nur vier pro Jahr zugestanden wurden. In einem Brief vom 1. August 1946 an Tante Olga schrieb Lew, es gebe »keine Einschränkungen« für die Zahl der Briefe und Pakete, die er empfangen dürfe.

> Briefe und Drucksachen *[banderoli]* treffen hier innerhalb von 2 oder 3 Wochen ein, aber wir kennen Beispiele dafür, dass sie von Moskau aus nur 7 oder 8 Tage benötigten. Sie werden nicht lange von den Zensoren aufgehalten … Wenn Du mir schreibst, denk bitte daran, Deine Briefe der Reihe nach zu nummerieren, damit ich feststellen kann, ob alle ankommen. Es ist nicht nötig, mir Sachen zu schicken, es sei denn vielleicht Papier und Bleistifte.

Lews Worte entsprachen nicht ganz der Wahrheit. Häufig zeichnete er absichtlich ein beruhigendes Bild der Lagerbedingungen. In Wirklichkeit wurden Briefe nur zwei- oder dreimal im Monat überbracht, weshalb Häftlinge zumeist mehrere Sendungen gleichzeitig empfingen. Doch dies waren immer noch relativ gute Zustände, jedenfalls viel besser als in den Lagern der dreißiger Jahre, als die Insassen manchmal jahrelang keine Post erhielten. Die Zensur war relativ oberflächlich und wurde überwiegend von den Frauen der

Wärter und anderer Funktionäre ausgeübt. Sie lasen die Briefe in vielen Fällen nicht gründlich, sondern schwärzten nur die eine oder andere harmlose Wendung, um zu zeigen, dass sie ihre Arbeit machten. Allerdings war dies den Gefangenen nicht bekannt, weshalb sie in ihrer Korrespondenz häufig Selbstzensur betrieben.

Auch Päckchen und Drucksachenrollen bereiteten einige Schwierigkeiten. Der Versand hing von einem komplizierten bürokratischen Verfahren ab, das Reisen nach Mytischtschi oder zu irgendeinem anderen Ort außerhalb Moskaus erforderte, da Päckchen nicht aus der sowjetischen Hauptstadt in die Lager geschickt werden durften. Man musste Stunde um Stunde in langen Schlangen anstehen, um die Sendung prüfen und registrieren zu lassen. Pakete durften nicht mehr als acht Kilo wiegen, und wenn sie im Lager eintrafen, kam es zu einem gleichermaßen umständlichen Verfahren für den Empfang. Im Holzkombinat wurden Pakete von einem MWD-Büro abgeholt, wo der Kontrolleur sämtliche Gegenstände auspackte und sich selbst bediente, bevor er den Rest des Inhalts an die Häftlinge weiterreichte. Da die Wärter Lebensmittel, Geld und warme Kleidung fast immer für sich behielten, riet Lew Freunden und Verwandten davon ab, ihm solche Dinge zu schicken, und bat sie nur um Bücher. Doch auch hier war Wachsamkeit vonnöten, denn ausländische Literatur wurde in der Regel beschlagnahmt, besonders wenn sie vor 1917 erschienen war. Deshalb warnte Lew Sweta in seinem ersten Brief:

> Wenn Du oder Tante Olja mir also Bücher schicken wollt, dann achtet darauf, dass sie billig sind. Je billiger die Ausgabe und je abgegriffener das Buch, umso besser, denn dann verschwendet Ihr nicht so viel Geld, falls sie verlorengehen. Und wenn Ihr mir fremdsprachige Literatur sendet, passt auf, dass es eine sowjetische Ausgabe ist und dass sie nicht aus einem Antiquariat stammt, denn das kann zu einem Missverständnis mit den Zensoren führen, wonach sie mir die Bücher vorenthalten.

Lews erster Brief war noch nicht eingetroffen, als Sweta ihm am 7. August erneut schrieb: »Mein lieber Lew, ich frage mich den ganzen Tag lang, ob Du meinen Brief vom 12. Juli bekommen hast. Ist er bei Dir?« Das war nicht der Fall (Lew erhielt ihn am folgenden Tag, dem »wichtigen« 8. August). Sweta empfing seinen ersten Brief am 23., kurz nachdem sie von der Datscha heimgekehrt war. »Auch ich bin fatalistisch geworden«, ließ sie ihn an jenem Nachmittag wissen:

> Als ich Dir meinen ersten Brief schrieb, saßt Du an Deinem zweiten, doch ich schickte Dir meinen zweiten, als Du meinen ersten erhieltst, und ich schrieb meinen dritten, als ich Deinen ersten bekam – und als *La Traviata* im Rundfunk gespielt wurde!

Lew verfasste seinen zweiten Brief an Sweta am 11. August, um sicherzugehen, dass sie ihn rechtzeitig zu ihrem Geburtstag am 10. September in den Händen hatte, und erhielt ihre Antwort auf seinen ersten Brief am selben Tag. »Es war ein Geschenk für mich«, teilte er ihr an jenem Abend mit, »obwohl heute alle Geschenke für Dich bestimmt sein sollten.«

Ihre Korrespondenz hatte begonnen, doch sie war stockend und frustrierend. »Heute ist Dein Brief vom 26. eingetroffen«, schrieb Sweta am 6. September,

> und davor Deine Briefe vom 8. und 11., aber den vom 21. habe ich noch nicht erhalten. Es ist schwierig, sich auszutauschen, Ljowa, da monatelange Abstände zwischen unseren Briefen liegen. Wenn Du meine Gedanken endlich lesen kannst, bist Du vielleicht schon in einer anderen Stimmung.

Die Verzögerungen waren nicht das einzige Ärgernis. Auch das Wissen um die Zensur schränkte ihr Gespräch ein. Sie waren unsicher, wie klar sie sich ausdrücken durften, ohne in Schwierigkeiten zu geraten. Lew deutete dies lediglich an, als er in seinem dritten Brief »enge Grenzen« erwähnte:

> Sweta, Du weißt, dass ich nie faul bin, wenn es ums Briefeschreiben geht. Und Du wirst mir glauben, wenn ich Dir sage, dass ich in meinen Gedanken täglich mindestens 16 von 24 Stunden mit Dir spreche. Und deshalb wirst Du verstehen, dass es mir, wenn ich mich selten melde, nicht an dem Wunsch dazu fehlt, sondern dass ich nicht weiß, wie ich Dir innerhalb enger Grenzen schreiben soll.

Lew dachte sorgfältig über den Inhalt seiner Briefe nach und überlegte sich die Formulierungen tagelang, bevor er sie niederschrieb. Aus Angst davor, dass andere Häftlinge sie als Zigarettenpapier benutzen könnten, wenn er sie in der Baracke zurückließ, trug er unvollendete Briefe in der Tasche bei sich, weshalb sie häufig zerknittert waren, bevor er sie abschloss.

Viele seiner Aussagen waren nur zwischen den Zeilen zu erkennen. Er benutzte Codewörter für MWD-Funktionäre (»Onkel«, »Verwandte«), das Gulagsystem (»Schirm«) oder Bestechungsgeld (»Vitamin D« nach dem Wort für Geld, *dengi*) sowie literarische Anspielungen (besonders auf die Satiren der im 19. Jahrhundert lebenden Schriftsteller Nikolai Gogol und Michail Saltykow-Schtschedrin), um Botschaften über die Absurdität des Alltagslebens im Lager zu übermitteln. Die Namen von Freunden und Verwandten wurden nie ausgeschrieben, sondern in Form von Initialen wiedergegeben oder durch Spitznamen verborgen.

Anfangs fürchtete Lew, Sweta könnte durch den Empfang der Briefe eines Häftlings in Gefahr geraten. Deshalb hatte er im allerersten Brief vorgeschlagen, postlagernd zu korrespondieren. »Es gibt keinen Grund für irgendeine Art der Postlagerung«, hatte Sweta erwidert, »denn wir kennen all unsere Nachbarn.« Später änderte sie ihre Meinung und regte an, ihren Namen auf dem Umschlag auszulassen, »um keine Aufmerksamkeit zu erregen«, falls die Nachbarn einen Blick in den Briefkasten am Eingang des Häuserblocks warfen. Vorläufig jedoch machte sie kein Hehl daraus, dass sie an einen Häftling schrieb, und all ihre Angehörigen und engsten Freunde unterstützten sie.

Sweta verfasste ihre Briefe ebenfalls sehr sorgfältig. Sie fertigte stets einen Entwurf an, korrigierte und kopierte ihn, um sicherzustellen, dass sie ihre Gedanken präzise wiedergab, und erwähnte nichts, was Lew gefährden würde. Da sie sich nicht darauf verlassen konnte, dass ihre Briefe den Adressaten erreichten, bewahrte sie als zusätzliche Sicherheitsmaßnahme die Entwürfe auf. Sie schrieb mit kleinen, kaum lesbaren Buchstaben auf leere Blätter oder auf das am engsten liniierte Papier, das sie finden konnte, um so viel wie möglich auf den Seiten unterzubringen. Jedem Brief legte sie mehrere leere Blätter bei, damit Lew ihr antworten konnte. Sie schrieb nachts, wenn sie allein war.

> Ich muss zu Hause sein, um Briefe zu schreiben, und auch allein (oder alle anderen sollten schlafen), damit mir der Kopf nicht schmerzt, damit ich nicht schlafen möchte und in einer erträglichen Stimmung bin. All diese Umstände treffen nicht immer zusammen.

Sweta füllte ihre Briefe mit Neuigkeiten und Details über ihr tägliches Leben, ihre Familie, ihre Arbeit und ihre Freunde. Durch diese Mitteilungen lebte sie für Lew. Oberflächlich betrachtet, scheint es ihrer Sprache an romantischem Gefühl zu fehlen. Vielmehr weisen ihre Texte den etwas trockenen und knappen Duktus der sowjetischen technischen Intelligenzija auf, in deren Milieu Sweta aufgewachsen war, während Lew der ausdrucksvolleren Sprache seiner Großmutter und des russischen Landadels des 19. Jahrhunderts näher ist. Sweta räumte ein, dass sie überschwängliche Formulierungen nicht mochte. Sie war eine praktisch veranlagte, emotional großzügige, oftmals liebevolle Person, doch viel zu ehrlich und freimütig, um sich romantischen Illusionen hinzugeben.

> Sentimentale Worte über die Liebe (sowohl über die erhabene als auch über die billige Variante) haben die gleiche Wirkung auf mich wie Kauf und Verkauf. Meines gehört Dir, genau wie Deines mir. Daher rühren nie enden wollende Beschwerden. Im

Innern höre ich immer wieder den Satz: »Gib gern und verlang nicht, dass jeder zurückzahl, das ist der Schlüssel zur Öffnung aller Geister.«

Das Fehlen sentimentaler Worte in ihren Briefen täuscht indes. Das Gedicht von Sascha Tschorny (»Für den Geduldigen«), das Sweta zitierte, drückt vollkommen die Liebe aus, mit der sie Lew bedachte, indem sie ihm jeden Tag schrieb:

Wenn die Besten beschließen, ihre Not zu beenden,
Werden schwerfüßige Hyänen verdüstern die Welt!
Liebe die Freude des Fluges, lass sie dir spenden …
Und jeder Winkel deiner Seele sei erhellt.

Sei Bruder, Schwester, Frau oder Gemahl,
Arzt, Pflegerin oder der Künste Meister,
Gib gern und verlang nicht, dass jeder zurückzahl,
Das ist der Schlüssel zur Öffnung aller Geister.

Sweta lieferte Lew einen laufenden Kommentar über ihr Leben. Sie beschrieb, wie Moskau auf ihrem Weg zur Arbeit aussah, und fügte Einzelheiten über ihre Kleidung hinzu, die sie mit Erinnerungen an Lew verband:

Moskauer tragen, was immer ihnen noch geblieben ist – einen Pelzmantel oder eine wattierte Jacke (ein Lieblingsstück der morgendlichen Pendler, mit denen ich zur Arbeit fahre). Fabriken beginnen um 8, Institute um 9 und Ministerien um 11 … Ich habe keinen Wintermantel, denn der alte schwarze ist meinem Zerstörungsdrang – einem Kennzeichen aller zweibeinigen Tiere – zum Opfer gefallen und auf Mamas Beharren zu einem guten Kostüm umgearbeitet worden … Mein graugrüner Sommermantel lebt noch … Und weißt Du, was noch benutzt wird? Die Schuhe, die wir gekauft haben. Sie haben mich überallhin begleitet, und nun trage ich sie ins Institut, weil sie so leicht sind … Das ist alles, was ich über unsere Lebensweise – die nicht so gut ist, wie Du Dir wohl vorstellst – zu sagen habe.

Lew sehnte sich nach Neuigkeiten über Moskau, besonders von Sweta. Im Lager verbrachte er viele Stunden damit, mit anderen Moskauern wie Anissimow und Gleb Wassiljew in Erinnerungen an die Stadt zu schwelgen. Wassiljew war Mechaniker in der Metallwerkstatt und hatte dieselbe Schule wie Sweta besucht. Kurz nachdem er sein erstes Jahr an der Physikalischen Fakultät der Moskauer Universität beendet hatte, war er 1940 verhaftet worden. Lew wünschte sich, dass seine Briefe ihn aus der öden nördlichen Landschaft von Petschora ins Moskau seiner Träume forttragen würden:

> Heute ist es grau und bedeckt. Der Herbst hat sich still und trügerisch herangeschlichen und seinen dauerhaften, netzartigen Schleier über Petschora geworfen, über den Wald, über die Häuser am Uferdamm, über die Gebäude und Schornsteine unserer Industrieanlage, über die teilnahmslosen, strengen Kiefern … In Moskau habt Ihr einen Herbst, der Lewitans und Kuindschis wert wäre,* eine goldene Jahreszeit, in der Blätter fallen und trockene unter den Füßen rascheln. Wie weit weg das alles zu sein scheint. Und doch stelle ich mir vor, dass die Dinge in Moskau so sein müssen, wie sie waren – die Menschen sind so wie früher, die Straßen unverändert. Und dass auch Du so bist, wie Du warst. Und ich möchte nicht glauben, dass das, was ich noch sehen kann, eine Illusion ist, dass es verschwinden wird. Oh, wie viele »Unds« ich auf dieser Seite gebraucht habe und wie wenig Logik. Dies ist kein Brief, sondern ein unzusammenhängendes Bündel von Gefühlen.

Sweta begegnete Lews Nostalgie mit einer realistischeren Darstellung. »Noch ist kein Gold in Moskau gefunden worden«, schrieb

* Isaak Lewitan (1860–1900) und Archip Kuindschi (1842–1910) waren russische Landschaftsmaler.

sie am 10. September. »Moskau ist überhaupt nicht so, wie Du es Dir ausmalst. Es gibt zu viele Menschen. In den Straßenbahnen ist es unangenehm. Die Leute sind reizbar. Sie fluchen und prügeln sich sogar. Die Metro ist immer voll. Die Stationen, an denen man umsteigt, sind dem Ansturm nicht mehr gewachsen.«

Wie Sweta in ihrem ersten Brief versprochen hatte, erzählte sie ihm nun mehr über ihre Arbeit. Das Institut war ein riesiger Komplex aus Werkstätten und Labors mit 650 Angestellten: 120 Ingenieuren, 50 Forschern und technischen Assistenten sowie überwiegend Handwerkern, nämlich Monteuren, Bauarbeitern und Mechanikern. Viele von ihnen wohnten mit ihren Familien in der alten Holzkaserne, die man vor dem Krieg für die dortige Gummi-Testfabrik errichtet hatte. In den Labors, in denen Sweta tätig war, wurden neue Methoden der Reifenherstellung aus synthetischem Kautschuk (Butadien-Natrium) getestet. Ihre Arbeit schloss ein Gutteil Forschung und Lehre sowie das Erlernen der englischen Sprache ein, damit sie über die neuesten Entwicklungen im Westen, die sie in ihrer Dissertation »Über die physikalische Mechanik von Gummi« erörtern musste, auf dem Laufenden blieb.

Swetas Forschung ließ sich militärisch anwenden und galt deshalb als »Staatsgeheimnis«. Sie hatte Zugang zu »exklusivem« Material, das heißt zu vertraulichen Informationen über die Sowjettechnologie, zu westlichen Veröffentlichungen und so weiter. Dementsprechend war es für sie äußerst riskant, Kontakt zu einem Häftling zu pflegen. Wenn man entdeckte, dass sie mit einem Gulag-Insassen korrespondierte, würde man sie höchstwahrscheinlich aus dem Institut ausschließen und vermutlich unter dem Verdacht verhaften, dass sie einem verurteilten »Spion« Staatsgeheimnisse preisgab. Von all ihren Kollegen im Institut wussten nur zwei um ihre Beziehung zu Lew: ihre enge Freundin Bella Lipkina, die drei Jahre jünger als Sweta war und im selben Labor arbeitete, und ihr Chef Michail Zydsik, ein Chemiker »an der grauen Seite der 50« und ein alter Bekannter ihres Vaters. Sweta und Zydsik kamen gut miteinander aus. Er behandelte sie stets freundlich, beschützte sie auf väterliche Art und verließ sich auf ihre Hilfe bei Verwaltungsangelegenheiten, da er häufig kränkelte. »Ich kann offen und ungezwungen über alles und jeden mit ihm sprechen«, erklärte sie Lew.

Sweta hatte in mancherlei Hinsicht Glück, und doch hing sie offensichtlich nicht mit Leib und Seele an ihrer Forschung:

> Ich habe erfahren, dass es sehr schwierig ist, sich ohne Unterbrechung von 9 bis 18 oder 19 Uhr abzurackern. Gewöhnlich verbringt man bei der Arbeit etwas Zeit mit einer Sache, dann mit einer anderen, man lehrt ein wenig, berät dann jemanden darüber, wie etwas getestet werden müsste, studiert ein bisschen … und unterhält sich dann kurz über ein Konzert oder ein Buch … Aber hier arbeiten wir in letzter Zeit, als stünden wir am Fließband: Ich schreibe, Mich. Al. [Zydsik] liest, ein Mädchen kopiert, ein zweites zeichnet, ich lese erneut, da die Mädchen sich schlecht auf Interpunktion verstehen, und danach unterzeichnen wir das Dokument … und schicken es zum Akademischen Sekretär und zur Erfassungsstelle. Auf diese Weise haben wir drei wissenschaftliche Methodologien heruntergerasselt … Die eine über Frostwiderstand war meine erste Arbeit, und nun haben wir neben der Methodologie auch »Ein Projekt über den Standard des Allunionsstaats für die Bestimmung von Frostwiderstand mit Hilfe der Aufprallfrakturmethode« verfasst. Es wird wahrscheinlich mehr als ein Jahr dauern, bis es die verschiedenen Agenturen und Ausschüsse durchlaufen hat. Meine Aufgabe ist es, über Elastizität bei hohen und niedrigen Temperaturen zu schreiben, aber ich langweile mich bereits zu Tode.

Sweta hatte einen vollen Terminkalender: montags und donnerstags Englischunterricht nach der Arbeit, dienstags und freitags technische Ausbildung, mittwochabends Vorlesungen über Hochpolymere und samstags obligatorische Vorträge über »Diamat« (dialektischer Materialismus). Sonntags ging sie mit ihrer Lebensmittelkarte einkaufen (Fleisch, Eier, Zucker, Milchprodukte und manchmal sogar Brot unterlagen weiterhin der Kriegsrationierung), oder sie fuhr aus der Stadt hinaus zu der Datschenparzelle, auf der ihre Familie Gemüse anbaute.

Sweta suchte Ablenkung in ihrer Freizeit, doch dies verschaffte ihr nicht immer Freude, denn so viele Menschen, die Lew und sie während des Studiums gekannt hatten, waren im Krieg umgekommen. »Ich treffe mich nicht oft mit unseren alten Freunden von der Universität«, schrieb sie Lew. »Es ist einfach zu schmerzlich.« Die meisten ihrer Freundinnen waren bereits verheiratet und hatten kleine Kinder – worum Sweta sie beneidete –, und es war ein bittersüßes Gefühl für sie, Orte aufzusuchen, an denen sie früher mit Lew gewesen war. »Heute nach den Vorlesungen«, teilte sie ihm mit, »schlug der Akademische Sekretär vor, einen Spaziergang am Ufer der Moskwa entlang zu machen. Wir kamen bis zur Steinbrücke und überquerten sie, um durch die Alexander-Gärten auf die Metro an der Lenin-Bibliothek zuzusteuern. Mich machte das so traurig.«

Sweta tat ihr Bestes, um den Kontakt zwischen ihren alten Freunden und Lew herzustellen. Sie wusste, dass es gut für seine Moral sein würde, von ihnen zu hören. Der Erste, der ihm schrieb, war Alexander Slenko, der mit Lew im Leipziger Kriegsgefangenenlager gewesen war. Er meldete sich am 19. September:

> Hallo, lieber Lew! Du lebst also noch? Ich weiß nicht, ob Du gesund bist, aber jedenfalls scheinst Du noch am Leben zu sein. Ich habe eine Postkarte von Swetlana erhalten, in der sie mir mitteilt, dass Du wieder aufgetaucht bist, doch sonst schreibt sie nichts anderes außer Deiner Adresse und ein paar Worten über Medikamente (frag sie selbst)!

Naum Grigorow, Lews Freund von der Physikalischen Fakultät, schickte einen Brief mit einem Foto seines neugeborenen Sohnes – eine riskante Sache für ihn als Parteimitglied und Forscher in subatomarer Physik an der Universität Moskau. Dann traf eine Sendung von Jewgeni Bukke ein, Lews ältestem Freund (sie hatten sich seit ihrem ersten Schuljahr einen Schreibtisch geteilt) und Kollegen am Physikalischen Institut. Kurz darauf folgte ein Brief von Jewgenis Mutter, der Schauspielerin Xenia Andrejewa, der Einblick in Swetas Gemütszustand gegen Kriegsende bietet. Nachdem Sweta jegliche Hoffnung aufgegeben hatte, Lew wiederzusehen, hatte sie sich von Jewgenis Familie distanziert, was Xenia zunächst irritierte:

> Ich war sehr überrascht und verärgert über Swetlana, die mich plötzlich nicht mehr besuchte. Das konnte ich mir nicht erklären. Ich ging sogar zur Universität, um sie ausfindig zu machen, aber es war sehr schwierig, weil ich nichts außer ihrem Namen kannte. Ich dachte, ihr sei etwas zugestoßen, doch nun verstehe ich, weshalb sie nicht mehr kam.

Lew sorgte sich, dass viele seiner Freunde und fernen Verwandten vielleicht nicht mit einem Häftling korrespondieren wollten. »Ich habe Angst, ein unerwünschter Gast zu sein«, schrieb er Sweta am 23. Oktober. »Nicht jeder mag es angenehm finden, Grüße aus unserem Winkel der Welt zu erhalten … Vielleicht glaubst Du, darüber ein besseres Urteil abgeben zu können, aber ich fürchte, dass Du Dich irrst, denn nicht alle teilen Deine Gefühle.« Sweta war ungehalten darüber, dass Lew solche Zweifel hegte. In ihrem 15. Brief »rüffelte« sie ihn:

> Was die Schirme angeht.* Sag mir, Ljowa, wenn jemand an Deine Tür klopfte, würdest Du ihn einlassen, obgleich er Dir nicht sehr nahesteht, und ungeachtet seiner Herkunft? Natürlich würdest Du das. Woher also nimmst Du Dir das Recht, andere schlechter als Dich selbst einzuschätzen? Ich weiß, dass es nicht Deine Absicht ist, aber darauf läuft es hinaus. Vielleicht bin ich ein bisschen verwöhnt worden, was nicht gut sein mag, aber es fällt mir nicht schwer, Gefälligkeiten oder Fürsorge und Hilfe zu akzeptieren, manchmal sogar erhebliche Hilfe, und ich versuche nicht, dafür zu zahlen. Mein Gewissen erlaubt mir, so zu han-

* Ein Codewort für den Gulag.

deln, denn ich werde das Gleiche tun (oder würde es tun, wenn es nötig wäre), nicht unbedingt für dieselbe Person, aber für jemand anders. Ljowa, Du musst sanfter sein und mehr Nachsicht mit Menschen haben – das Gleiche gilt für gewisse Ereignisse und Probleme. Zu große Bescheidenheit ist zu tadeln, genau wie Stolz, Lew. Verzeih mir, wenn ich Dir Rat erteile und über allgemeine Wahrheiten predige, während ich hier zu Hause sitze.

Lew antwortete am 14. November in seinem 16. Brief. Durch ihre Worte war eine Flut quälender Gedanken ausgelöst worden, die er zuvor nicht offenbart hatte. Fünf Jahre Gefangenschaft hatten ihn daran zweifeln lassen, dass er irgendjemandem etwas bedeutete:

Ich habe Deinen Rüffel gelesen, Sweta, und es war schwierig für mich, Dir zuzustimmen. Wäre ich in Deiner Situation, hätte ich wahrscheinlich das Gleiche gesagt, aber wer hier ist, denkt manchmal anders und betrachtet die Dinge auf eine so quälende und misstrauische Art, dass er wahnsinnig wird. Psychisches Trauma ist daran schuld – es kann eine Menge Dinge umkrempeln … Verstehst Du? Glaubst Du mir? … Wenn man seit fünf Jahren alles mit dem Gedächtnis – und nur mit dem Gedächtnis – sieht, ohne zu wissen, ob etwas (oder jemand) aus der Vergangenheit noch existiert und wie jemand lebt oder gelebt hat, dann wird alles, was man für wahr hält, in Unkenntnis vorausgesetzt. Nicht aus Stolz oder zu großer Bescheidenheit vermutet man das Schlimmste, Sweta, sondern aus Unkenntnis, denn sie ist die Wurzel des Zweifels. Dann wird all die Logik, die man anwendet, die natürliche Logik, auf die sogar ich zurückgreifen kann, ausgelöscht … Doch von dem Moment an, als ich Tante Oljas Brief erhielt, wurde plötzlich alles klarer. Jedes Wort war wie eine Auferstehung. Nun schreibe ich recht wild, nicht so, wie es nötig wäre. Ich kratze mir das rechte Ohr mit der linken Hand und mache nichts einfacher – verzeih mir, Swet.

Lew schöpfte Mut aus dem Wissen, dass seine Freunde ihn nicht im Stich gelassen hatten. »Es ist sehr gut, Sweta, wirklich sehr gut, dass unser Schicksal keinen unserer Freunde beleidigt hat«, schrieb er, nachdem sie ihm Grüße von ihren alten Mitschülerinnen Irina und Schura übermittelt hatte.

Doch noch mehr als das Wissen darum, dass er Freunde hatte, die sich um ihn sorgten, war es Swetas Liebe, die Lew aufrichtete. Er lebte durch ihre Worte. »Deine beiden Briefe machen meine ganze Bibliothek aus«, schrieb er ihr im Oktober, als er noch auf einen dritten wartete. »Sie sind ständig bei mir und dienen als Ersatz für alles, was ich vermisse – Menschen, Musik, Bücher.« Das Eintreffen eines Briefes versetzte ihn stets in Aufregung, wie er Sweta später gestand:

> Wenn ich meinen Namen auf dem Umschlag sehe und er Deine Handschrift trägt, überkommt mich immer die gleiche Empfindung: eine Mischung aus Unglauben, Erstaunen, Freude und schließlich Gewissheit, sowie ich begreife, dass er wirklich für mich ist und wirklich von Dir. Dieses Geständnis hat keinen Sinn, und nun fürchte ich, dass Du, wenn Du logisch darüber nachgedacht hast, mir nur noch leere Umschläge schicken wirst.

Lew las ihre Briefe immer vor dem Schlafengehen – »wobei ich meine Decke über den Kopf ziehe, damit mein idiotisches, glückseliges Lächeln die Männer um mich herum nicht an meinem Verstand zweifeln lässt und damit sie mich nicht in die Krankenstation befördern«.

Swetas Briefe gaben ihm Hoffnung, und das war ihr erklärtes Ziel. Er sollte das Gefühl haben, gebraucht zu werden, wie sie in einem Brief erläuterte, den er an ihrem Geburtstag erhielt:

> Hör zu, Lew, um zu entscheiden, ob Du ein Teil des Lebens sein willst oder nicht, musst Du es vorher verlassen haben, aber eine fünfjährige Abwesenheit bedeutet keineswegs, dass Du es verlassen hast. Das ist eindeutig nicht lange genug für die Men-

> schen, die Dich aufwachsen sahen, und auch für mich ist es nicht lange genug. Vielleicht bist Du für Universitäts- und Arbeitskollegen bloß eine Erinnerung, doch das Leben ist das Leben, und Du bist meines, denn kein Tag vergeht, an dem ich nicht morgens, nachmittags und abends an Dich denke.

Lew räumte ein, dass sie die Rollen getauscht hatten. Vor dem Krieg war er derjenige gewesen, der Sweta optimistischer gestimmt hatte, nun jedoch hatte sich die Situation umgekehrt. In seiner Verzweiflung meinte er, »wenig Grund zum Optimismus« zu haben – keine Hoffnung, dass man ihn entlassen würde oder dass sie sich vor dem Ende seiner Strafe wiedersähen. Sweta erwiderte am 15. Oktober:

> Es ist wahr, dass ich versuche, Dir etwas Optimismus einzuflößen. Aber ist das zurzeit nicht mein Hauptziel? Es ist auch wahr, dass die Umstände komplizierter und deshalb schwieriger sind und dass ich viel weniger bewältigen muss als Du. Aber die Vorstellung, dass unser höchstes Ziel hoffnungslos ist – Ljowa, so kann ich einfach nicht denken … Hängt Hoffnung von Beharrlichkeit ab? Ja, das meine ich allerdings. Es gibt ein Sprichwort: Wer nichts tut, kommt nicht voran. Ich verstehe, dass es Dir schwerfällt, etwas zu tun, aber vielleicht werden sich Hoffnung und Streben mit der Zeit entwickeln. Und wenn nicht, werden wir eben abwarten müssen. Ich werde nicht versuchen, Dir einzureden, dass mein Leben leicht und glücklich ist, doch gewiss ist es leichter als Deines: Ich habe ein Heim und die Kunst und die Wissenschaft und Freunde. Ich glaube, es war Vera Inber,* die schrieb: »Warum alles, wenn nur eines notwendig ist?« Heutzutage würde ich alles für nur eine Sache ändern – wir beide würden es. Ich möchte nur, dass wir zusammen sind. Ljowa, verzeih mir, wenn meine Briefe Dir Schmerz bereiten und Dich nicht immer aufmuntern. Und wenn ich manchmal Unsinn schreibe, so lässt es sich nicht ändern – vor

* Russische Dichterin (1880–1972).

langer Zeit wurde durch die Linien auf meinen Handflächen, durch meine Handschrift und verschiedene andere Anzeichen vorherbestimmt, dass mein Herz meinen Kopf regiert.

Als reichte das nicht aus, Lew Hoffnung zu machen, schrieb Sweta ihm drei Wochen später in ihrem 18. Brief:

> Ljowa, ich habe Dir immer geglaubt – in allem. So war es früher, all die Jahre hindurch, und so ist es immer noch. Gewiss, niemand kann sich für die Zukunft verbürgen, und doch glaube ich auch jetzt an unsere Zukunft, obwohl ich sie mir nicht deutlich ausmalen kann. Wichtig ist nur, dass wir zusammen sein können. Was alles andere angeht, bin ich, wie ich glaube, intelligent genug geworden, das Allerwichtigste nicht durch etwas Triviales oder Unkontrollierbares verderben zu lassen. Mir fällt auf, dass Du wieder einmal die »Tugend« erwähnst. Hast Du eine Ahnung, Ljowa, wie sehr ich mich damals, als Studentin im ersten Jahr, über Deine Tugend ärgerte? … Wie oft im Lauf der Jahre habe ich mir Vorwürfe gemacht, weil ich die Dinge zwischen uns verdarb und Dich – Gott weiß, warum – quälte. Und wie es mich schmerzte zu denken, dass ich vielleicht nie Gelegenheit haben würde, Dich um Verzeihung zu bitten … Weißt Du, Ljowa, vor Kurzem sagte ein Mädchen während eines Gesprächs über das Leben im Allgemeinen, über seine Schwierigkeiten und Nöte, dass ich die Glücklichste von uns allen sei. Sie meinte, dass wir beide die Dinge noch nicht für uns selbst oder füreinander verdorben hätten (wenn andere sie verderben, ist es nicht so schlimm). Und ich widersprach nicht. Es ist wahr, Ljowa, denn da sie Dich nicht haben, können sie nicht »am glücklichsten« sein. Siehst Du, es wird durch Logik und Dialektik bestätigt. Die Leute haben mir so oft in Wort und Tat beweisen wollen, dass ein liebevolles Paar nicht in einer Hütte glücklich sein kann, wenn sie nicht doppelt verglast, mit unbegrenzter Strom- und Gaszufuhr und anderen derartigen Bequemlichkeiten ausgestattet ist, aber ich gebe noch nicht auf, Ljowa. Ich möchte nur sicher

sein, dass Du da bist, wenn ich morgens aufwache, und dann würde ich Dir abends alles erzählen, was tagsüber geschehen ist, Dir in die Augen schauen und Dich an mich drücken. Ein schönes »Nur«, nicht wahr? Vorläufig jedoch wäre es genug, Deinen zehnten Brief zu erhalten. Der Sinn von alledem ist, dass ich Dir bloß drei Worte sagen möchte. Zwei von ihnen sind Pronomen, und das dritte ist ein Verb (zu lesen in allen Zeitformen gleichzeitig: Vergangenheit, Gegenwart und Zukunft).

Lew war überwältigt. Er überlegte mehrere Tage lang, wie er auf Swetas Liebeserklärung antworten sollte. Endlich, am 1. Dezember, ließ er sich im Maschinenraum des Kraftwerks nieder und holte ein kostbares Blatt Papier hervor, um seinen 22. Brief zu beginnen. Aber die richtigen Worte wollten sich nicht einstellen.

> Ich muss diesen Brief endlich irgendwie anfangen. Schon seit zehn Minuten sitze ich hier vor einem leeren Blatt. Ich habe den Federhalter mehrere Male eingetaucht, doch er ist durch die mangelnde Benutzung getrocknet. Sweta, ich weiß nicht einmal, wie ich Dich nennen oder was ich schreiben soll, obwohl ich beabsichtigt habe, Dir mein Herz über alles auszuschütten. Daran trägst allein Du die Schuld, wegen Deines 18. Briefs, nach dem ich nicht schlafen konnte und nichts Zusammenhängendes mehr im Kopf hatte – außer den Gedanken an Dich.

Lew fühlte sich durch Swetas Liebe gesegnet und glaubte, er sei gerettet worden. Er konnte ihr nichts bieten, nicht einmal die Hoffnung, dass er zurückkehren würde, doch sie gab sich ihm hin. Lew verspürte tiefe Dankbarkeit dafür, dass sie auf ihn, einen Häftling, warten würde und dass sie ihn trotz allem liebte. Zugleich aber machte ihm ein Gefühl von Schuld und Scham zu schaffen. Er wollte keine Last für Sweta – oder irgendjemanden sonst – sein. Ebendarum hatte er zuerst nicht an sie, sondern an Tante Olga geschrieben. Und darum hatte er Angst gehabt, bei Freunden und Verwandten »an die Tür zu klopfen«. Sweta verstand sein Verhalten. Wie sie ihm mitgeteilt hatte: »Zu große Bescheidenheit ist zu tadeln, genau wie Stolz.«

Die beiden sollten sich des Öfteren über Lews Selbsterniedrigung streiten. Sweta stellte liebevoll Pakete zusammen und schickte sie Lew, der dann behauptete, er benötige nichts, abgesehen von Briefen, Papier, Federhaltern und ein paar Büchern, und der sie drängte, ihr Geld oder ihre kostbare Zeit nicht an ihn zu verschwenden. Doch Sweta ließ sich nicht abschrecken:

> Was die Pakete betrifft, versuch nicht, sie aufzuhalten. Im Moment sind sie das Einzige, was uns eine gewisse Genugtuung verschafft (all die anderen Dinge in unserem Leben mögen notwendig sein, aber sie bereiten uns nicht die geringste Freude) … Mama hat mich gebeten, Dir mitzuteilen, was in dem Paket vom 20. war … Hier ist das Verzeichnis: ein weißes Hemd, warme Socken, eine gefütterte Hose, ein Handtuch und ein Schal, Seife, Zahnpasta, eine Bürste und ein Kamm, Hausschuhe, Zwirn und Knöpfe, zwei Dosen (bis 1 Kilogramm) mit Konserven und eine Schachtel Pralinen (in einer seltsamen Verpackung, wie ich Dir geschrieben habe, aber Papa bestand darauf wegen der Ratten), Papier und ein Lehrbuch, Bleistifte, Federn und Tinte, Glukose und Ascorbinsäure (Vitamin C für die nicht Eingeweihten) – nimm sie zu Dir, um Gottes willen.

Lew protestierte weiterhin. Er empfand sich nicht nur als Last, sondern meinte auch, hilflos wie ein Kind geworden zu sein:

> Sweta, es liegt auf der Hand, dass Gott – oder vielleicht jemand anders – mich für Deinen Ungehorsam bestraft. Ich habe Dich doch gebeten, auf Pakete ganz zu verzichten … Ich bin verantwortlich für 90 Prozent der Dinge, die Dich Deiner Zeit und Kraft berauben – sogar Du kannst das nicht bestreiten. Es bedrückt mich viel mehr, als Du Dir wahrscheinlich vorstellst … Denn es gibt absolut nichts, was ich im Gegenzug tun kann … Mit 30 Jahren finde ich mich gegen meinen Willen in der glei-

> chen Lage wieder wie ein Kind, das gefüttert werden muss. *Dabei sollte es meine Pflicht sein, Kinder zu versorgen …* Was könnte qualvoller sein? Bitte entschuldige die Schärfe meiner Worte, aber ich muss offen sein.

Lew äußerte sich selten scharf oder offen. In seinen ersten Briefen achtete er stets darauf, Sweta einen positiven Eindruck von seiner Situation im Lager zu vermitteln. Selbstmitleid passte nicht zu Lews Charakter, dafür aber Gleichmut. Seine Hauptsorge galt nicht ihm selbst, sondern Sweta und der Frage, welche Folgen es für sie haben würde, wenn er seine Lebensumstände detailliert beschrieb. Er sprach nie von Kälte oder Hunger – im Gegenteil, er behauptete, es sei warm und er habe genug zu essen –, und er ging kaum je auf die Wärter ein, von denen die Häftlinge häufig grausam und brutal behandelt wurden. Aus dem Archiv des Holzkombinats geht hervor, dass es während seiner ersten sechs Monate im Lager zu mehreren willkürlichen Ermordungen von Insassen kam. Es gab Fälle, in denen sich eine Gruppe von Aufsehern betrank und einen Häftling erschoss oder zu Tode prügelte. Lew muss über diese Vorfälle im Bilde gewesen sein – entsprechende Gerüchte kursierten im Lager –, doch er erwähnte sie nie in seinen Briefen.

Stattdessen schrieb er über die Schönheit des nördlichen Himmels, dessen Anblick ihn das Elend der Gefängniszone vergessen ließ und der der einzige Teil der Welt war, den sie beide sehen konnten:

> Der Herbst hier ist prächtig. Der Himmel ist klar, die Tage sind warm, die Morgenfrische der ersten Kälteperioden hat einen beruhigenden und kräftigenden Effekt. Die Nordlichter kämpfen bereits mit den Sternen. Ihre hellen, leuchtenden Vorhänge, die aussehen, als wären sie aus den Strahlen blauer, roter und grüner Suchscheinwerfer gewebt, schimmern stets wandelbar, wundervoll und verlockend. Sie sind ein Symbol des menschlichen Glücks – leicht, gelassen, von der Zukunft träumend, Gott sei Dank, doch unmöglich zu erreichen.

Lew trauerte um die Zeit, die ihnen verlorenging. »Manchmal, wenn ich Dir schreibe, Sweta«, sinnierte er in seinem achten Brief,

> betrachte ich die Menschen hier im Lager, die alle unter ganz anderen Umständen und in einer anderen Umgebung leben, als sie es früher gewohnt waren. Ihre geistige Einstellung hat sich bis zur Unkenntlichkeit verändert. Dies ist keine Frage des Alterns oder von Wandlungen, die sich im Lauf der Zeit einstellen – es wäre schlimm, wenn sie es nicht täten. Du sagtest einmal völlig zu Recht (Du saßt mit den *Prinzipien* oder der *Thermodynamik* – ich erinnere mich nicht mehr genau – an Deinem Tisch, und ich weiß immerhin, dass es Abend war und eine Tischlampe summte und dass ich neben dem Klavier stand), dass Menschen, die sich nicht mit der Zeit änderten, nie sie selbst werden würden … Was kann ich über Dich sagen, Swetuschka? Dass ich Dich jeden Tag sehe, dass ich weiß, wie Du früher warst und wie Du heute bist … und dass, obwohl ich jedes ergrauende Haar auf Deinem Kopf bedauern werde, obwohl jede zusätzliche Falte in Deinen Augenwinkeln mich schmerzen wird, diese Dinge unvermeidlich sind, und wenn sie sich ereignen, werden sie meine Gefühle für Dich nicht mindern, sondern ihnen etwas hinzufügen – etwas Neues, doch Dir Gehörendes. Würde es wirklich eine Rolle spielen, wenn man dies als Alter bezeichnete? Du warst meine Welt und wirst meine Welt bleiben, und was Du auch warst, für mich wirst Du immer meine Swet, mein Licht, sein.

»Die Zeit zieht vorbei, und die Menschen ändern sich, das ist wahr«, stimmte Sweta zu. »Aber ändern sie sich wirklich zum Schlechteren?«

> Ich weiß nicht, Lew, mir scheint, dass jedes Alter seine gute Seite hat. Die Frage des Alters und des Verstreichens der Zeit beunruhigte mich am stärksten, als ich zwischen 17 und 19 Jahre alt war. Damals schien mir, dass die Hälfte meines Lebens, die bessere Hälfte, bereits vergangen war, aber sobald ich Dich ge-

troffen hatte, dachte ich nie wieder an mein Alter. Mein Leben war gut, und ich dachte, es würde weiterhin gut sein oder sich nicht erheblich verändern. Wahrscheinlich bin ich in den letzten fünf Jahren gealtert, was ich schwer beurteilen kann, aber wenigstens bin ich nicht alt geworden (älter zu werden und alt zu sein sind zwei Paar Stiefel). Wenn das Alter mir überhaupt Sorgen bereitet, dann auf einer banaleren, rein physischen Ebene. Ich würde meine Jugend und so viel Schönheit, wie mir gegönnt wurde, gern bewahren – als Geschenk für Dich.

Unterdessen hielt Lew sie auf dem Laufenden darüber, wie er die 3360 Tage zählte, die noch von seiner Strafe blieben, bevor er hoffen konnte, ihr »ergrauendes Haar« zu sehen. Er schickte Sweta seinen sorgfältig zensierten Kommentar zu den Hauptereignissen im Gefangenenlager. Die große Neuigkeit jenes ersten Herbstes war seine Versetzung aus der Trocknungsanlage ins Stromkraftwerk des Holzkombinats. Er hatte keine Ausbildung oder Erfahrung als Elektroingenieur, aber man hielt seine wissenschaftlichen Vorkenntnisse für eine hinreichende Qualifikation, um ihm die Arbeit an den Hochspannungskabeln zu übertragen. Es gab wenig Ingenieure im Arbeitslager, und die Verwaltung scherte sich kaum um die Sicherheit der Häftlinge, die sie für eine so gefährliche Arbeit einsetzte. »Es ist mir endlich gelungen, mich auf einen Posten versetzen zu lassen, der mir besser gefällt«, verkündete er am 2. September.

Ich bin der Elektrogruppe als Monteur zugewiesen worden. Die Arbeit sagt mir zu, und die Leute hier sind viel besser, obwohl die Tätigkeit körperlich schwieriger ist. Ich mache meine Arbeit gern und bemerke die Wochentage nicht einmal. Heute ist der 2., ein Montag, oder? Ich werde ein bisschen mehr lernen müssen, denn in der Vergangenheit habe ich nur an Leitungen und ein wenig an Stromanlagen in Fabriken gearbeitet, während ich jetzt mit Oberleitungen zu tun habe. Wenn Du ein Handbuch für Elektroinstallation oder irgendein Lehrbuch für Elektrotechnik findest, dann schick es mir bitte.

Lew verdankte die Versetzung seiner Freundschaft mit Nikolai Lilejew, einem Häftling, den er während des Konvois aus Frankfurt kennengelernt hatte. Lilejew litt bei seiner Ankunft in Petschora so sehr an Skorbut, dass man meinte, er sei nur für die Arbeit im Kraftwerk tauglich. Dort empfahl er Viktor Tschikin, dem Chef der Elektrogruppe, auch Lew zu übernehmen. Tschikin selbst war ebenfalls Häftling. Man hatte ihn 1938 verhaftet und zu fünfzehn Jahren in Petschora verurteilt, weil während seiner Aufsicht ein Feuer in einem Kraftwerk in Wologda ausgebrochen war. Seine Fachkenntnis als Ingenieur wurde so hoch geschätzt, dass man ihm die Zuständigkeit für die elektrische Instandhaltung im Holzkombinat übertrug. Im Arbeitslager waren zahlreiche Häftlinge wie Tschikin und Strelkow zu finden, die als Spezialisten und in der Verwaltung arbeiteten. So war 1946 mehr als die Hälfte der verantwortlichen Posten im Produktionsbereich des Holzkombinats mit Häftlingen besetzt. Lilejews Empfehlung kam zu einem günstigen Zeitpunkt, denn das Kombinat lag weit hinter seinem Produktionsplan zurück. Ein besonderes Problem bestand darin, dass der Strom knapp war: Das Kraftwerk konnte den Bedarf der Trocknungsanlage, der Sägemühle und der Werkstätten nur zur Hälfte decken. Die drei Generatoren (betrieben mit Dampfmaschinen, die Holz verbrannten) arbeiteten nur mit einem Viertel ihrer Kapazität von 700 kW und fielen dauernd aus. Häufig ereigneten sich Unfälle und Brände, und es herrschte ein chronischer Bedarf an Elektrikern, Ingenieuren, Mechanikern und Chemikern. Um die Produktivität zu erhöhen, beschloss das MWD, 212 weitere Experten unter den Häftlingen anzuwerben oder auszubilden. Lew war einer von ihnen.

Die Arbeit im Kraftwerk galt als Privileg für Insassen, denn für Gulagverhältnisse war sie leicht – nicht zu vergleichen mit der Schufterei der Schlepperteams. Man arbeitete Acht- statt der normalen Zwölf-Stunden-Schichten, eine Maßnahme, mit der die Lagerverwaltung die Gefahr von Unfällen infolge von Erschöpfung verringern wollte. Die Diensthabenden brauchten nur das Funktionieren der Anlage zu überprüfen und Reparaturen auszuführen, so dass ihnen viel Zeit blieb, um zu lesen, Briefe zu schreiben und

Karten, Domino oder Schach zu spielen. Im Kraftwerk war es stets warm, und es gab einen Duschraum für Heizer und Maschinisten, in dem auch Lew sich waschen und seine Kleidung mit heißem Wasser säubern konnte – ein bedeutender Vorteil, denn nun brauchte er das Waschhaus nicht mehr aufzusuchen, wo Kleidung häufig gestohlen wurde und das Wasser immer kalt war. Im Kraftwerk waren keine Wärter tätig, und die Häftlinge wurden nicht von Konvois zur Arbeit gebracht, was bedeutete, dass sich Lew und seine Freunde in der Elektrogruppe frei und ungehindert in der Industriezone bewegen konnten. Sie waren in der Lage, die freiwilligen Arbeiter zu besuchen, die in Häusern neben dem Kraftwerk wohnten; auch durften sie sich im Clubhaus des Holzkombinats aufhalten, zu dem andere Häftlinge keinen Zutritt hatten. Dort wurden Filme gezeigt, es gab ein Radio (ausschließlich auf den Gulagsender Petschora eingestellt), und in dem nahe gelegenen Laden wurden Wodka und Tabak verkauft. Sie konnten auf dem Heimweg von der Arbeit in Strelkows Labor haltmachen, um sich mit ihren Freunden zu treffen, und in der Barackenzone praktisch nach Belieben ein und aus gehen. »Um die Wache zwischen den Baracken und der übrigen Industriezone zu passieren«, erinnerte sich Lilejew, »brauchten wir nur unseren Nachnamen und unsere Häftlingsnummer zu nennen. Ein Wärter trug den Zeitpunkt unseres Ausgangs und unserer Rückkehr in ein Notizbuch ein, das auf einem speziellen Schreibtisch lag. Manchmal versuchte ein Inspekteur, das Verfahren etwas strenger zu handhaben, doch insgesamt war alles ziemlich locker.«

Im Herbst 1946 war Lew der Tagschicht zugewiesen, die um acht Uhr begann. Da er später zur Arbeit ging als die anderen Häftlinge, konnte er nach ihnen, um sechs Uhr, aufstehen und in der Kantine frühstücken, während die Konvois auf dem Bahngelände von den Wärtern gezählt wurden. Viele der Konvois mussten eine Stunde marschieren, bevor sie ihre Arbeitsstätte erreichten, und danach brauchten sie eine weitere Stunde für den Rückmarsch. Lew dagegen gelangte innerhalb von acht Minuten an seinen Arbeitsplatz. Man brachte ihm das Mittagessen während des Dienstes im Kraftwerk, und in den Stunden, in denen er nur ab und zu einen Blick auf die Maschinen werfen musste, verfasste er seine Briefe an Sweta. »Gerade lässt die Unruhe des Tages in meiner Höhle nach«, schrieb er am 30. Oktober,

> der Arbeitstag ist vorbei, bis morgen braucht nichts mehr installiert zu werden. In einer Stunde werde ich abgelöst. Man kann durch den Maschinenlärm seine eigene Stimme nicht hören, aber das stört mich nicht. Ich bin daran gewöhnt. Vor einer Stunde war durch die Fenster zu sehen, wie das dunkelblaue Zwielicht zu schwarzer Nacht wurde, und nun gebietet die Dunkelheit über Petschora.

Im Generatorraum gab es keine Belüftung (»Hier ist es wie in einer Banja – heiß, feucht und dunstig«), weshalb es Mühe bereitete, das Papier trocken zu halten. Aber es war immer noch bequemer, die Briefe dort zu schreiben als abends in den Baracken, wo der Krach der Häftlinge aufdringlicher erschien als jener der Maschinen im Generatorraum. Zudem war das Licht der von der Decke hängenden Glühbirnen »so trübe und gelb«, wie Lew Sweta erklärte, »dass es schwierig wäre, überhaupt etwas zu schreiben, ohne die Petroleumnachtlichter auf den Tisch zu stellen«.

Nach der Arbeit hatte Lew Freizeit bis zum Abendessen und bis zum letzten Appell vor dem Schlafengehen. Normalerweise verbrachte er diese kostbaren Stunden im Labor, wo Strelkow seine Freunde aus der Elektrogruppe immer wieder gern empfing. »Der Arbeitstag ist gerade vorbei«, schrieb Lew am 2. September, »und ich genieße die Gastfreundschaft des Laborchefs. Ich sitze in einer kultivierten und ›wissenschaftlichen‹ Umgebung zwischen Gefäßen, Gewichten, Kolben und Reagenzgläsern und schreibe Dir in völliger Stille, die nur von den Klängen einer Masurka aus dem Lautsprecher angenehm unterbrochen wird.« Strelkow war besonders wohlwollend gegenüber den Elektrikern, die sämtlich zu seinen jungen Bewunderern zählten. »Die Zeit, die wir im Labor verbrachten, war die glücklichste unseres Lebens«, erinnerte sich Lilejew. »Wir nutzten jede Gelegenheit, Strelkow zu besuchen, und hielten uns

Lew im Labor

häufig während der Mittagspause im Labor auf. Manchmal – wenn unsere Schichten zusammenfielen – schafften wir es sogar, uns dort zu Geburtstagen oder anderen Jahrestagen zu treffen.« Strelkows Labor war eine Zuflucht, in der sie ihre Briefe, Pakete und andere kostbare Habseligkeiten aufbewahrten, die sonst von den Wärtern oder ihren Mithäftlingen in den Baracken gestohlen worden wären. Hier wurden ihnen ein paar Stunden Erholung von den strengen Bedingungen und der Langeweile des Lagers geboten. Die Elektriker begaben sich ins Labor, um zu trinken und zu rauchen, sich ein Konzert im Rundfunk anzuhören, Karten und Schach zu spielen, ihre Briefe zu lesen oder zu schreiben oder um einfach nur Strelkow zu lauschen, »einem wunderbaren Erzähler mit einem gewaltigen Vorrat an allen möglichen Informationen über Vorfälle, Ereignisse und sonstige Dinge, die er sich angeeignet hat«, erklärte Lew Sweta. »Ich höre mir seine Geschichten mit offenem Mund an.«

Es gab ein halbes Dutzend Elektriker, die sich regelmäßig bei Strelkow versammelten. Einer von ihnen war Ljubka Terlezki, Lews

Kojengenosse in der Baracke, der auch die Tagschicht im Kraftwerk mit ihm teilte. Lew fühlte sich wohl in Terlezkis Gesellschaft und verspürte den Drang, den jungen Ukrainer, dessen Gesundheit durch sechs Jahre in Petschora ruiniert worden war, zu beschützen. »Ljubka ist ein prächtiger und ganz besonderer Junge«, schrieb Lew am 15. November.

> Er scheint ungefähr 24 Jahre alt zu sein, ist intelligent, hat Humor und einen angenehmen Charakter. Als Schuljunge in Lwow wurde er in Physik unterrichtet und brachte sich selbst Elektrotechnik bei … Er liebt die russische Literatur und vermisst die Lektüre von polnischen Texten … Er hat viel durchgemacht, und wenn Du mit ihm reden könntest, würdest Du verstehen, warum er seit sechs Jahren nicht wagt, seinen Eltern zu schreiben, obwohl er dauernd an sie denkt. Ljubka ist solch ein bescheidener, ehrlicher, anständiger Mensch, doch er stellt noch höhere Ansprüche an sich selbst. Offenbar hat er jegliche Hoffnung verloren und glaubt, dass jemand, wenn er einmal hier gewesen ist, »nicht wieder er selbst werden kann«. Manchmal, wenn er spricht, habe ich den Eindruck, mich selbst sprechen zu hören. Er sagt, meine Gedanken seien logisch, doch die einzige Logik, nach der ich leben kann, Sweta, ist in Deinen Briefen enthalten.

Der Moskauer Ljoscha Anissimow, Lews anderer Bettnachbar, gehörte gleichfalls zum Strelkow-Zirkel, ebenso wie Gleb Wassiljew, der 23-jährige Mechaniker, der in Moskau dieselbe Schule wie Swetlana besucht hatte. »Gleb ist gut in Mathematik und kennt sich mit Gedichten aus«, schrieb Lew an Sweta, »und er hat eine Begabung dafür, sie vorzutragen, was hier hoch geschätzt wird. Er hängt es nicht an die große Glocke, sondern beschränkt sich auf den ›häuslichen Gebrauch‹, was mir ebenfalls gefällt.« Lew unterhielt sich gern über Moskau mit Gleb, dessen Frau und Sohn dort mit ihrer Mutter wohnten. Da Lew seine Freunde sehr detailliert beschrieb, lernte Gleb sie gleichsam kennen. Auch vertraute er Gleb Neuigkeiten über die Hauptstadt aus Swetas Briefen an, aber er sprach kaum von ihr selbst. »Ich kann Dich mit niemandem teilen«, erklärte Lew gegenüber Sweta. »Du gehörst mir!«

Der 22-jährige Oleg Popow, halb Lette und halb Russe, gehörte ebenfalls zu der Gruppe. »Oleg ist erstaunlich«, schrieb Lew. »Er spricht Russisch mit einem leichten Akzent und kennt das eine oder andere Wort nicht, aber ihn beim Erlernen neuer Wörter zu beobachten ist wirklich ein Vergnügen.« Lew bezog eine seltsame Befriedigung aus seinen »täglichen Gesprächen mit Oleg, manchmal auf Englisch, über alle möglichen trivialen Dinge, die nicht viel bedeuten, doch trotzdem existieren«. Ihm gefiel Olegs »naive Intelligenz«, und er hielt seinen Kameraden für »ein Original (im besten Sinne)«.

Darüber hinaus gehörten zu der Gruppe, die bei Strelkow zusammenkam, noch »die beiden Nikolais«: Litwinenko (»Nikolai der Jüngere«), ein 21-jähriger politischer Häftling aus Kiew, und Lilejew (»Nikolai der Ältere«), ein 24-jähriger Leningrader, der sich bei Tschikin für Lew eingesetzt hatte. Lilejew war wie Lew 1945 von SMERSCH verhaftet und danach wegen Vaterlandsverrats zu zehn Jahren verurteilt worden. Die Deutschen hatten ihn gezwungen, als Dolmetscher und dann als Präfekt in einem Konzentrationslager zu arbeiten. Lew und Lilejew hatten einander im Konvoi von Frankfurt nach Petschora kennengelernt und standen sich deshalb besonders nahe. »Er ist bescheidener und offener als der jüngere Nikolai … der eine praktischere Einstellung zum Leben und eine Begabung dafür hat, es zu seinem Vorteil zu gestalten, wodurch er manchmal unaufrichtig wirken kann – eine Eigenschaft, die ich, wie Du weißt, nicht mag«, schrieb Lew an Sweta. Lilejew sei »einfacher und direkter«, hin und wieder bis zur »Taktlosigkeit« – eine Schwäche, die Lew zuerst nicht störte, ihn jedoch im Lauf der Zeit zunehmend verärgerte.

»Es ist keine so langweilige Welt mehr, Gott sei Dank!«, schrieb Lew in Anspielung auf Gogol* am 18. November. In Gesellschaft

* Aus *Die Geschichte vom großen Krakeel zwischen Iwan Iwanowitsch und Iwan Nikiforowitsch.*

Strelkow (Mitte) in seinem Labor mit Lew (zu seiner Rechten), Konon Tkatschenko, einem Chemieingenieur im Kraftwerk (zu seiner Linken), und den »beiden Nikolais«, die hinter ihm stehen (Litwinenko links und Lilejew rechts)

Strelkows und seiner anderen Freunde konnte er sogar an einem so gottverlassenen Ort wie dem Arbeitslager Petschora freudige Momente erleben. »Im Allgemeinen war der Tag gar nicht so übel.«

> Nach der Arbeit verbrachte ich eine Stunde bei Strelkow im Labor, und wir lauschten einer Sendung von *Der Opritschnik** im Rundfunk. Sie bereitete mir größtes Vergnügen … Um 19 Uhr brach ich »nach Hause« auf, und ein paar Minuten später widmete ich mich schweigend dem Abendessen. Dann beschloss ich – fast so, als wäre ich tatsächlich zu Hause –, in die Banja zu gehen. Entschuldige meine schlechte Schrift. Birken sind in

* Oper von Tschaikowski.

unserem Teil der Welt zwar nicht sehr reichlich vorhanden, aber es gab genug grüne Birkenzweige, und Ljoscha Anissimow zwang mich, den Bräuchen der Moskauer Banja Tribut zu zollen. Nach einem guten Schwitzbad sollte man guten Tee trinken, aber Nikolai (Lilejew) bestand darauf, diese überholten Bräuche aufzugeben. Also tranken wir gemeinsam Mokka unter einer 150-Watt-Lampe mit einem Schirm aus dunkelblauem Seidenkrepp. (Dies spielt sich in ihrer kleinen Baracke ab. Wir wohnen unglücklicherweise anderswo, ungefähr 20 Meter weiter, wo wir nur 40-Watt-Birnen besitzen. Genau das ist unser Messstab für häuslichen Komfort.) Du siehst, was für Gourmets wir hier sind – wir gaben uns nicht mit Kaffeeersatz zufrieden. Und während wir die tropischen Düfte einatmeten, die aus den Zinnbechern aufstiegen, sprachen wir liebevoll über Moskau, Leningrad und Nowosibirsk. Danach, obwohl es nach lokalen Maßstäben bereits spät – 21 Uhr – war, gingen wir hinaus, um den Frost zu genießen und zu den Sternen emporzublicken. Doch die Sterne waren von Wolken verhüllt, und der Mond erwies sich als kaum sichtbar. Wir spazierten auf den Wegen zwischen den Kiefern und unseren Baracken, die frisch gebleicht und nach ländlicher Art verputzt sind. Rauch stieg aus ihren Schornsteinen, und die Fensteraugen waren gelb vom Licht im Innern. Erst das 23-Uhr-Signal [für »Licht aus« in den Baracken] erinnerte uns an die Zeit. Innerhalb von fünf Minuten waren wir nicht mehr unter dem imaginären Dach des Maly-Theaters in Moskau, sondern unter unseren Decken. So leben wir hier.

Der Winter setzte im Jahr 1946 früh ein. Darauf war das Holzkombinat nicht vorbereitet. Man hatte nicht genug Stiefel, Mützen, Handschuhe und wattierte Jacken für die Häftlinge, und viele Gebäude waren baufällig. Da der Fluss frühzeitig zufror, wurde das Holz knapp, weil man die Stämme nicht mehr von den Arbeitslagern und -kolonien, die dem Holzkombinat zugeordnet waren, hinuntertreiben lassen konnte.

Mitte Dezember, als die Temperatur auf minus 35 Grad fiel, kam auch die Lieferung von Briefen fast ganz zum Stillstand. Lew schickte seinen letzten Brief des Jahres 1946 am 25. Dezember ab. Er hatte seit zweieinhalb Wochen nichts von Sweta gehört und war zutiefst besorgt, da sie unter hohem Fieber gelitten hatte. »Sweta, ich ertrinke in einem Meer der Verzweiflung und kann nicht an die Oberfläche schwimmen – kein Brief ist eingetroffen.« Am 9. Dezember hatte Lew den seiner Meinung nach letzten Brief geschrieben, der Sweta vor dem neuen Jahr erreichen würde. Es war Nummer 24. »Was wünsche ich mir für Dich – für uns?«, hatte er gefragt und seine eigenen Wünsche mit ihrem Wohlergehen gleichgesetzt. »Ich selbst wünsche mir nichts anderes als mehr Briefe … und wenn ich mir noch etwas wünschen könnte, dann Folgendes: dass Du das Jahr bei besserer Gesundheit, guten Mutes – trotz allem – und zusammen mit Freunden beginnst.« Lew plante, zu Silvester Tee mit Strelkow zu trinken, der nach einer Magenkrankheit und zwei Operationen, die seinen Zustand nicht verbessert hatten, hager aussah. »Er macht gute Miene zum bösen Spiel«, schrieb Lew am 25., doch »nur diejenigen, die ihn nicht kennen, lassen sich durch seine Selbstbeherrschung täuschen. Ich kann es an seinem Gesicht ablesen … Sweta, versuch, etwas für seine Magenkrankheit zu schicken.« Es war typisch für Lew, dass er daran dachte, anderen zu helfen, ohne für sich selbst etwas zu erbitten.

Unterdessen wurde Sweta von Verzweiflung überwältigt. Am Silvesterabend schrieb sie an Lew, dessen Brief vom 9. Dezember nicht eingetroffen war. Um eine Verbindung zu ihm herzustellen, hatte Sweta beschlossen, an jenem Abend zu Hause zu bleiben und die nächste Mitteilung an ihn zu beginnen. »Ich habe es satt, Feiertage ohne Dich zu verbringen«, schrieb sie.

> Ich habe kaum je an etwas Spaß, und Du kannst mir glauben, dass es niemandem, abgesehen von Irina, auffällt. Immerhin habe ich Alik [Swetas Neffen] Freude gemacht: Wir zündeten die Kerzen am Weihnachtsbaum an und tranken am Tisch einen festlichen Tee … Es ist fast Mitternacht, und Alik ist gerade erst eingeschlafen. Er fürchtet sich immer noch vor dem Zubett-

gehen … Der Weihnachtsbaum ist herrlich – kräftig und grün bis an die Decke. Noch kein einziger Ast stirbt ab. Jara hat eine kleine silberne Nuss an jeden der oberen sechs Zweige gehängt, und an der Spitze ist ein roter Stern (natürlich). Wir haben noch den Schmuck aus unserer alten Wohnung in Leningrad, obwohl ich anderen eine Menge davon für ihre Bäume geschenkt habe. Der Weihnachtsbaum scheint Erwachsenen mehr Freude zu bereiten (weil er Erinnerungen weckt). Alik hatte größeres Interesse an dem Widerschein der Lichter in der Brille seiner Großmutter (»Woher kommen sie alle?«) und dem ABC-Buch, das er als Geschenk erhalten hatte … Wir spielten Wortspiele (Ist es weiblich oder männlich? Was für ein Buchstabe ist das?) … Auch ich bin glücklich, weil ich Dir geschrieben habe. Dies wird der erste Brief des neuen Jahres sein – die Uhr hat bereits geschlagen –, und ich werde sofort eine »2« auf den nächsten Brief setzen. Morgen werde ich in den Geschäften auf Büchersuche gehen. Ich habe etliche Bücher, die noch verschickt werden müssen, aber ich habe Angst, alle gleichzeitig aufzugeben. Vorläufig haben wir nicht einmal einen kleinen Karton oder etwas, mit dem wir einen herstellen könnten, und ohne Karton werden sie nicht angenommen … Ich weiß nicht, ob ich Dir geschrieben habe, dass ich nun Besitzerin einer ganz wunderbaren Sammlung mit dem Titel »Klassische Dichtung« bin, die man für Arbeiterkinder veröffentlicht hat? Zum Abschied zitiere ich für Dich ein paar Zeilen von Alexej Tolstoi aus dem Buch:

Frag nicht, warum, hab keinen Zweifel,
Rechne nicht mit Vernunft:
Wie ich dich liebe? Warum ich dich liebe?
Wofür ich dich liebe? Und wie lange?
Frag nicht, warum, hab keinen Zweifel:
Bist du wie eine Schwester für mich? Eine Ehefrau?
Oder ein kleines Kind?

Ich weiß und verstehe nicht,
Was, wie ich dich nennen soll.
Es gibt viele Blumen im offenen Feld,
Viele Sterne, die am Himmel glänzen,
Aber ich kann sie nicht bezeichnen
Noch alle erkennen!
Ich fragte nicht, wie ich dich zu lieben begann,
Ich berechnete oder bezweifelte es nicht,
Ich habe mich einfach in dich verliebt
Und folgte meinem eigensinnigen Kopf!

Also, Ljowa, das ist alles für heute.

Das neue Jahr ist begrüßt worden, und es wird Zeit, schlafen zu gehen.

Alle guten Wünsche

Swet
1. Januar 1947

5

Ein beträchtlicher Prozentsatz der im Gulagsystem tätigen Menschen bestand nicht aus Häftlingen, sondern aus freien Arbeitern, die bezahlt wurden. Es hatte seit jeher ein Kontingent von freien Arbeitern in den Lagern gegeben, doch in der Nachkriegszeit stieg ihre Zahl, besonders in der Holztransport- und der Baubranche, wo man Aufgaben, die große Häftlingsteams per Hand erledigt hatten, nach und nach mechanisierte. Infolgedessen mussten Lohnarbeiter angeworben werden, welche die nötigen Fertigkeiten und Fachkenntnisse zur Bedienung der neuen Maschinen besaßen. Ende der 1940er Jahre setzte sich schließlich über ein Viertel des Gulagpersonals im Bausektor aus freien Arbeitern zusammen.

Die meisten waren ehemalige Häftlinge, die ihre Strafe abgeleistet hatten, aber nicht mehr wussten, wo sie sonst leben sollten. In den Nachkriegsjahren, als die acht- und zehnjährigen Haftstrafen des Großen Terrors abliefen, gab es Millionen solcher Arbeiter. Bürokratische Hindernisse machten es vielen von ihnen unmöglich, den Gulag zu verlassen. Oftmals verweigerte das MWD ihnen die Entlassungspapiere – eine gängige Praxis, um Experten und Facharbeiter zum Verbleib in den Lagern zu zwingen. Andere blieben, weil sie sonst kein Zuhause mehr besaßen, den Kontakt zu ihren Angehörigen verloren oder jemanden aus dem Gulag geheiratet hatten.

Das Holzkombinat von Petschora verfügte 1946 über 445 freie Arbeiter. Die meisten wurden vom MWD als leitende Angestellte und Spezialisten beschäftigt. Sie wohnten mit ihren Familien an unterschiedlichen Örtlichkeiten – manche innerhalb der Gefängniszone, wo sich unweit des Kraftwerks eine Siedlung für freie Arbeiter befand; andere außerhalb der Zone, in der sie ihrer Tätigkeit nachgingen. Ihre Lebensbedingungen waren nicht viel besser als die der Häftlinge. Viele drängten sich in überfüllten Schlafsälen oder Baracken, wo sie sich ein Einzelzimmer mit bis zu sechs Personen teilten. Laut einem Bericht, den die Parteiführer des Holzkombinats im Oktober 1946 erörterten, hatten die freien Arbeiter innerhalb der Zone pro Kopf nur 1,8 Quadratmeter Wohnfläche zur Verfügung – kaum mehr als die 1,5 Quadratmeter, die jedem Häftling durch die Gulagvorschriften zugestanden wurden. Die einstöckigen Holzhäuser hatten weder fließendes Wasser noch sanitäre Einrichtungen und in den meisten Fällen undichte Dächer; und allen fehlte es an Gebrauchsmöbeln (in einem Arbeitslager, das Möbel herstellte). Die Siedlung selbst machte eine schäbige Ecke des Lagers aus, hatte keine Außenbeleuchtung, Waschgebäude oder Toiletten und nur einen einzigen Brunnen für die Wasserversorgung. Sie war übersät mit dem Abfall des Holzkombinats – Sägemehl, Baumrinde und Holzspäne –, der eine Feuergefahr bildete und Ratten anzog.

Obwohl die freien Arbeiter eine wichtige Rolle für die Verwaltung des Holzkombinats spielten, standen sie den Häftlingen – mit denen sie sympathisierten, da sie deren Schicksal früher geteilt hatten – gewöhnlich näher als den MWD- oder Parteiführern des Arbeitslagers. Letztere behandelten die freien Arbeiter mit Argwohn. »Wir sind umringt von unzufriedenen Leuten, die sich der Sowjetmacht widersetzt haben«, verkündete Genosse Wetrow, der Parteisekretär des Holzkombinats, auf einer Sitzung über das Thema der freien Arbeiter im Dezember 1945. »Wir müssen wachsamer sein und unsere Agitation unter den Freiwilligen verstärken.«

Die Lagerverwaltung war besonders besorgt über den Umgang der freien Arbeiter mit den Häftlingen. Innerhalb des Lagers fehlte eine wirkliche Trennung zwischen der Siedlung – welche die Häuser der freien Arbeiter, die Verwaltungsgebäude, die Personalkantine, das Clubhaus und den Laden umfasste – und der übrigen Industriezone, wo sich Häftlinge wie Lew während ihrer Schicht frei und ohne Bewachung bewegen konnten. 1949 trennte man die beiden Bereiche durch einen Stacheldrahtzaun voneinander und kontrollierte den Durchgang zur Siedlung mit Hilfe eines Wachhäuschens. Da der Zaun jedoch unvollständig war, konnten die Häftlinge relativ leicht in die Siedlung gelangen, indem sie das Brachland zwischen

Überreste der Siedlung in der Industriezone; der Schornstein des Kraftwerks erhebt sich rechts im Hintergrund.

dem Kraftwerk und der äußeren Absperrung am Fluss überquerten. Vor der Errichtung des Zaunes hatte es lediglich eine provisorische Wache an der Siedlung gegeben, so dass Häftlinge regelmäßig ein und aus gingen. Oftmals sah man sie im Clubhaus mit den freien Arbeitern trinken. Es gab zahlreiche Berichte über Freie – und sogar Wärter und Parteimitglieder –, die mit Gefangenen zusammenlebten und auch Kinder mit ihnen hatten. Das MWD forderte ständig eine Straffung der Sicherheitsmaßnahmen im Einklang mit den Gulagbestimmungen, doch die Absichten des Ministeriums wurden durch Geldmangel, die schrecklichen Lebensbedingungen für alle Beteiligten, menschliche Schwächen und Sympathien vereitelt, so dass sich geringfügige Freiheiten am Rand des Systems entwickeln konnten.

Viele der Freien schmuggelten Briefe für die Gefangenen hinaus und herein – manchmal für Geld oder eine materielle Gegenleistung, häufiger aber schlicht aus Gründen der Freundschaft oder Solidarität. Sie versteckten Briefe in ihrer Kleidung und brachten sie zum Postamt des Ortes im Shanghai-Viertel. Umgekehrt ließen sie sich Sendungen an ihre eigene Adresse schicken und schmuggelten diese in die Gefängniszone hinein. Beide Male entgingen die illegalen Briefe den Gulagzensoren, obwohl es für Häftlinge und ihre Briefpartner weiterhin ratsam war, so zu schreiben, dass niemand in Verdacht geriet, falls derjenige, der den Brief bei sich hatte, von einem Wärter erwischt wurde. Das MWD war über den Schmuggel sehr wohl auf dem Laufenden und beschloss des Öfteren, ihn zu unterbinden. Seine Sorge galt nicht nur der Tatsache, dass sich die Häftlinge offen über die Lagerbedingungen äußerten, was die Geheimhaltung des Gulagsystems untergrub, sondern in erster Linie der Möglichkeit, dass ihnen gefälschte Papiere und Geld für einen Fluchtversuch geschickt wurden.

1947 verfügte Lew schließlich über einen wachsenden Freundeskreis von freien Arbeitern, die bereit waren, Briefe für ihn und Sweta entgegenzunehmen. Nicht alle seine Mitteilungen wurden illegal verschickt, doch er benutzte diesen Kanal, wenn er Sweta etwas Wichtiges anvertrauen wollte. Das System scheint zwischen März und Juni voll funktionsfähig geworden zu sein. Am 1. März musste Lew noch darauf warten, dass jemand einen wichtigen Brief für ihn hinausschmuggelte:

> Mein Liebling Sweta, ich muss Dir über allerlei Dinge schreiben, aber ich weiß einfach nicht, wann ich den Brief abschicken kann. Ich werde es nur dann tun, wenn sich die richtige Gelegenheit ergibt und ich sicher bin, dass er nur in Deine Hände gelangt und in die keines anderen. Freilich ist es, wenn der Brief bereits geschrieben ist, ebenfalls recht gefährlich, auf diese Gelegenheit zu warten. Ich plane, über zwei Themen zu schreiben: die Minimaxe [die Frage einer Berufung gegen Lews Urteil] und die Möglichkeit eines Treffens.

Am 14. Mai sandte Lew Briefe mit Hilfe des »neuen Systems« ab, das noch unter Kinderkrankheiten litt: »Du sollst wissen, dass das neue System der Versendung von Briefen zeitweilig stockt. Deshalb warten zwei Briefe seit vierzehn Tagen darauf, abgeschickt zu werden.« Und am 2. Juni konnte er bestätigen: »Meine Briefe scheinen durch das neue System pünktlicher geworden zu sein, weil sie nicht mehr Teer [Codewort für die Lagerzensur] durchlaufen müssen und deshalb nicht so leicht hängen bleiben.«

In diesem Stadium war Lews wichtigster Schmuggler sein »Namensvetter« Lew Israilewitsch, ein kleiner jüdischer Mann mit lebhaften Augen und einem runden, fast kahlen Kopf. Er wohnte in Koschwa, einer ausgedehnten Siedlung am anderen Flussufer von Petschora, wo er als Fahrdienstleiter arbeitete. »Ich habe einen interessanten Herrn kennengelernt«, schrieb Lew am 16. Mai.

> Nach seinem Namen habe ich ihn noch nicht gefragt, aber wir haben uns angenehm unterhalten … Er ist ein intelligenter, kultivierter Mann. Wie sich herausstellt, stammt er aus Leningrad und studierte am Polytechnikum (er wurde daran gehindert, es abzuschließen) und war bis 1937 Journalist … Er kennt sämtliche großen Tiere und Industriekapitäne von Leningrad.

Vor seiner Verhaftung im Jahr 1937 war Lew Israilewitsch akademischer Sekretär der beliebten Zeitschrift *Wissenschaft und Technik* gewesen und hatte mehrere Bücher geschrieben, die den Sowjetmassen die Naturwissenschaft nahebringen sollten, darunter eines mit dem Titel *Wie man Dinge mit den Händen herstellt. Eine praktische Anleitung mit 40 Zeichnungen* (1927). Daraus lernten die Leser, wie sie verschiedene Objekte – von Mikroskopen und Kameras bis hin zu einfachen Haushaltsgegenständen wie Kleiderbügeln – anfertigen konnten. Nach seiner Entlassung aus dem Arbeitslager Petschora hatte Israilewitsch sich in Koschwa niedergelassen, wo er in einem Holzhaus wohnte, das zur besseren Isolierung gegen den eiskalten Wind halb im Boden vergraben war. Während er eigentlich als Fahrdienstleiter tätig war, kam er häufig ins Holzkombinat, um Auftragsarbeiten als Techniker und Mechaniker zu erledigen. Er hatte einen Passierschein, der ihm gestattete, die Industriezone jederzeit zu betreten. Als begeisterter Fotograf verdiente sich Lew Israilewitsch zusätzliches Bargeld, indem er die Häftlinge portätierte und ihren Familien die Bilder schickte.

Das Schmuggelsystem funktionierte folgendermaßen: Sweta schickte ihre für Lew bestimmten Briefe an seinen »Namensvetter« zusammen mit Fotopapier, Chemikalien und anderen Substanzen, die Lew Israilewitsch erbeten hatte; wenn er Lew die Briefe im Holzkombinat übergab, bezahlte er ihn für diese Materialien und nahm sämtliche Schreiben für Sweta mit. Auf diese Weise konnte sie Lew nicht nur Briefe und Pakete zukommen lassen, sondern auch Geld, das die Wärter sonst gestohlen hätten. Lew schildert das System auch in seinen Briefen:

> [16. Juni] Ich habe Israilewitsch vor Kurzem erneut getroffen. Er verdient immer noch Geld als Fotograf, doch es fehlt ihm an Entwicklungssubstanz, und wegen der kümmerlichen Mittel in unserem Labor können wir ihm nicht wirklich helfen. Übrigens hat er vorgeschlagen, wenn jemand mir einen Brief schreiben oder ein Telegramm schicken möchte, seine Adresse zu benutzen, damit die Sendungen rasch und sicher ankommen: An L. M. bei Lew Jakowlewitsch Israilewitsch, Frachtamt, Bahnhof Koschwa, Komi-ASSR. Er kann uns jederzeit im Elektrowerk anrufen.
>
> [24. Juli] L. J. (Israilewitsch) ist wirklich dankbar für Deine Bemühungen. Es ist nicht notwendig, $HgCl_2$ in anderer Form als des pharmazeutischen Pulvers zu schicken, obwohl Salpetersäure besser wäre … Außerdem bittet er um 6x9 Film und Chrompapier beliebiger Größe, weich und hart. Natürlich trägt er die Unkosten … Ich bin so glücklich darüber, dass ich nun all Deine Briefe erhalten kann … Das Einzige, was wir brauchen, um dies zu ermöglichen, sind Fotomaterialien. Er hat von Natriumkarbonat und Sodiumborat gesprochen. Sie sind (oder waren es zumindest) billig, aber schwer zu versenden, da ungefähr ein Kilogramm benötigt wird. Also betrachte dies nicht als endgültige Bestellung.
>
> [23. August] Gestern brachte I[srailewitsch] zwei Briefe – vom 10. und 12.–14. August, [Nr.] 46 und 47, aber die früheren sind

> noch nicht aufgetaucht ... Ich habe Dir geschrieben, nicht die Adresse der Elektrostation, sondern nur die von I[srailewitsch] zu benutzen, denn sonst werden Deine Briefe verlorengehen wie die vorigen.

In einem ihrer Briefe hatte sich Sweta erkundigt, ob es notwendig sei, »Für Lew« auf die an seinen »Namensvetter« adressierten Umschläge zu schreiben. Lew erwiderte: »In Zukunft schreib, wie erwähnt, nicht ans Elektrowerk. Die Adresse meines Namensvetters ist die richtige, und ihm gebührt Dank. Du kannst das ›Für‹ weglassen.«

Lew freute sich über den Umgang mit seinem Namensvetter. Die beiden Männer hatten ein gemeinsames Interesse an Mathematik und Wissenschaft, und Lew fand ihre Unterhaltungen stets anregend.

> Ich lerne etwas aus meinen Gesprächen mit ihm. Abgesehen von dem reinen Vergnügen gefällt mir am besten, dass er, obwohl er vielleicht weniger weiß als ich, mathematisch denkt und die Dinge besser durchschaut. Wenn ich vorschnell urteile, korrigiert er mich unweigerlich, so dass wir gemeinsam in der Regel eine Lösung finden.

Noch mehr als die Mathematik war es freilich die Fotografie, welche die beiden Lews miteinander verband. Israilewitsch nahm Hunderte von Häftlingsfotos auf – ein außergewöhnlich seltenes Phänomen im Gulag. Lew schickte Sweta mehrere Fotos von sich selbst und seinen Freunden. Zuerst fürchtete er, er habe sich in fast sechs Jahren in den Lagern so sehr verändert, dass sie ihn vielleicht nicht erkennen werde. »Vor ein paar Tagen ergab sich – ganz unerwartet – die Gelegenheit, ein Foto von mir machen zu lassen«, schrieb er Sweta im April.

> Ich habe das Ergebnis beigelegt, das dem Original halbwegs ähnlich ist. G.J. [Strelkow] ist vorn. Es mag einer Erklärung

> wert sein, dass von den beiden anderen ich der zur Rechten bin. Daneben wirst Du aus den Bildern ersehen können, dass ich durchaus gesund bin und somit meine Bitten, Dich nicht um mich zu sorgen, völlig begründet sind … Ich habe Tante Olja und Tante Katja das gleiche Bild geschickt, an Tante O.'s Adresse (postlagernd), allerdings nur eines. Wenn sich die Gelegenheit bietet, werde ich versuchen, meine Unachtsamkeit zu korrigieren, indem ich ihnen ein weiteres zukommen lasse, aber ich liebe mein Gesicht nicht so sehr, dass ich eine Menge Abzüge verteilen möchte.

Sweta schrieb über dieses (verlorengegangene) Foto, das erste von Lew, das sie seit 1941 gesehen hatte:

> Tante Katja hat uns heute besucht. Sie hat Dein Foto noch nicht erhalten, doch ihr gefiel mein Exemplar. Sie sagt, Du hättest einen schönen Gesichtsausdruck und fröhliche Augen. Meiner Meinung nach liegt das nur daran, dass sie ohne eine stärkere Brille einfach nicht erkennen kann, dass Dein Gesichtsausdruck genau das Gegenteil ist. Aber alle Umstände erwogen, siehst Du viel mehr wie Du selbst aus, als ich erwartet hätte. Die schlechte Beleuchtung wirft einen Schatten über Dein Gesicht, so dass die Hälfte düster ist und nicht ganz Dir zu gehören scheint. Trotzdem ist Sweta Deinem Namensvetter dankbar.

Es gab mehrere andere freie Arbeiter, die ebenfalls Briefe für Lew und die übrigen Häftlinge in das Holzkombinat hinein- und aus ihm herausschmuggelten. Einer von ihnen war Alexander Alexandrowski, ein grauhaariger Mann von Mitte fünfzig, der in der Nachschubabteilung arbeitete. 1892 bei Woronesch geboren, hatte Alexander im Ersten Weltkrieg gekämpft und sich den Roten im russischen Bürgerkrieg angeschlossen. 1937 wurde er verhaftet, nachdem er gegen die Erschießung von Marschall Tuchatschewski, einem Bürgerkriegshelden, Stellung bezogen hatte. Er wurde zu fünf Jahren Haft im Lager Petschora verurteilt und blieb nach seiner Entlassung am Ort, wo er mit seiner jüngeren Frau Maria zusammenlebte, die während des Krieges aus Kalinin nach Petschora evakuiert worden war. Sie arbeitete in der Telefonzentrale an der Sowjetstraße. Die beiden wohnten mit ihren beiden kleinen Söhnen in einem tief eingegrabenen Haus am Fluss, um dann 1946 in eine der Baracken der Siedlung innerhalb der Industriezone zu ziehen. In dem Häuschen, dessen Wände aus Sperrholz bestanden, war es sehr beengt. Sie hatten eine winzige Küche (ohne fließendes Wasser) und zwei kleine Zimmer, aber nur ein Einzelbett. Die Jungen schliefen auf dem Fußboden. Im Garten hinter dem Haus hielten sie ein paar Hühner und ein Schwein.

Alexander und Maria waren gute Freunde von Strelkow. Oft bewirteten sie ihn und seine Leute aus der Elektrogruppe in ihrem Heim. Sie sympathisierten mit den politischen Häftlingen und taten, was in ihrer Macht stand, um die Männer zu unterstützen. Maria belauschte Gespräche von Funktionären in der Telefonzentrale und konnte so die Häftlinge vor geplanten Konvois und anderen Strafmaßnahmen warnen. Außerdem verschickten und empfingen die beiden Briefe für die Insassen. »Mein Vater verbarg die Briefe in seinem Hemd und beförderte sie so aus der Gefängniszone hinaus oder ins Lager hinein«, erinnerte sich ihr Sohn Igor, der damals die Briefmarken sammelte. (Lew ermunterte Sweta und seine Tanten, unterschiedliche »interessante Briefmarken« auf die Umschläge zu kleben, denn »hier gibt es einen eifrigen Sammler«.) »Mein Vater hatte einen Passierschein für die Industriezone und wurde nie durchsucht«, fuhr Igor fort. »Er hatte vor niemandem Angst und sagte immer: ›Sollen sie doch versuchen, mich zu bestrafen!‹«

Stanislaw Jachowitsch, ein Maschinist im Holzkombinat, war ein weiterer freiwilliger Arbeiter, der Briefe für die Häftlinge schmuggelte. Als Lew ihm zum ersten Mal im Kraftwerk begegnete, wäre es fast zu einer Schlägerei zwischen den beiden gekommen. Jachowitsch hatte Lews saubere Handschuhe benutzt und sie verschmutzt und verschmiert zurückgegeben. Es war Lews erste Woche im Kraftwerk, und daher wollte er zeigen, dass er sich nicht herumstoßen ließ. Nach seinem Armeedienst fühlte er sich stark,

Alexander und Maria mit ihrem jüngeren Sohn Wladimir

und er wusste, sein Überleben würde davon abhängen, dass er in der Lage war, sich zu verteidigen. Deshalb ging er auf Jachowitsch los und drohte, »ihm die Fresse zu polieren«, falls er seine Handschuhe noch einmal benutzte. Jachowitsch schwieg und lächelte nur. Er war viel größer als Lew und merkte sofort, dass dieser trotz seiner kämpferischen Worte nicht gewalttätig war. Schließlich wurden die beiden Männer Freunde.

Jachowitsch war ein Pole aus Łódź, der Russisch mit einem leichten Akzent sprach. Er hatte ein Technikum absolviert, eine Russin aus Orjol geheiratet, und seine beiden Kinder, ein Sohn und eine Tochter, waren 1927 und 1935 geboren worden. Bis 1937 arbeitete er als Maschinist und wurde dann höchstwahrscheinlich wegen seiner polnischen Herkunft (dies genügte, um ihn zu einem »polnischen Nationalisten« abzustempeln) verhaftet. Nachdem er acht Jahre im Arbeitslager Petschora abgesessen hatte, blieb er nach seiner Entlassung im Jahr 1945 dort und lebte nun mit einer Frau namens

Ljuska zusammen, die ebenfalls ihre Strafe hinter sich hatte. Sie wohnten in einem Zimmer in einer der Baracken an der Holzkombinatsstraße knapp außerhalb des Stacheldrahtzauns der Industriezone.

Nach seinem langen Aufenthalt in Petschora hatte Jachowitsch tiefes Mitgefühl mit den Häftlingen und half ihnen nach Kräften, indem er unter hohem Risiko für sich selbst Botengänge erledigte, Lebensmittel herbeischaffte und Briefe zustellte. Besonders am Herzen lagen ihm die Insassen, die wie er selbst von ihren Frauen getrennt worden waren. Im Jahr 1947 sollte er nach Orjol reisen, um seiner Frau und Tochter zuzureden, sich ihm in Petschora anzuschließen.

Einmal gab Lew Jachowitsch ein Bündel von Swetas Briefen, das er unter einem Dielenbrett in seiner Baracke versteckt hatte. Jachowitsch sollte die Briefe aus dem Lager hinausbringen und sicher verwahren, bis jemand sie nach Moskau mitnahm, wo Sweta sie sammeln würde. Ohne Zensurstempel waren die Briefe illegal und würden beschlagnahmt und vernichtet werden, falls die Wärter sie bei einer Durchsuchung fanden. Lew würde zur Strafe in den Isolationsblock verlegt oder in die 3. Kolonie versetzt werden, wo entsetzliche Bedingungen herrschten und Häftlinge mit einem Strafkonvoi fortgeschickt wurden, wenn sie erneut gegen die Vorschriften verstießen. Jachowitsch stopfte sich das straffe Briefbündel in die Jacke und steuerte auf die Hauptwache zu, um das Lager zu verlassen. Da dem Wärter die Wölbung in seiner Jacke auffiel, hielt er Jachowitsch an und fragte ihn, was er bei sich habe. »Was, das hier? Bloß Papiere«, erwiderte Jachowitsch. »Zeig sie mir«, befahl der Wärter. Jachowitsch zog das Päckchen hervor. »Aber das sind Briefe«, sagte der Wärter. »Na und?«, antwortete Jachowitsch. »Jemand hat sie weggeworfen, und ich nehme sie mit zum Toilettenblock, um sie als Papier zu benutzen.« Der Wärter winkte ihn durch.

Während sich das Schmugglernetz entwickelte, wurde Lew zuversichtlicher, dass er die Zensoren umgehen konnte, und er begann, sich offener zu äußern. Das erste Thema, das er auf diese neue Art behandelte, betraf etwas, das ihn seit mehreren Monaten beunruhigte: eine Fehde gegen Strelkow. Der Fall zeigte die dunklere Seite der menschlichen Natur in den Lagern auf. Strelkows Fachkenntnis als Bergbauingenieur hatte ihm eine mächtige Position als Leiter des Labors verschafft, das Produktionsmethoden im Holzkombinat testete und überprüfte. Niemand konnte ihn ersetzen, aber seine »hartnäckige Beharrlichkeit« (so Lews Worte) bei der Durchsetzung seiner Ziele hatte einige der Gulagbosse gegen ihn aufgebracht, denn es missfiel ihnen, von einem gewöhnlichen Häftling Anordnungen zu erhalten, während sie selbst unter Druck standen und den Produktionsplan erfüllen mussten. 1943 war Strelkow mit Anatoli Schechter aneinandergeraten, dem stellvertretenden Direktor der Forstabteilung der Eisenbahn von Petschora. Strelkow hatte den Funktionär daran gehindert, Baumaterial zu verwenden, das nicht den technischen Erfordernissen entsprach. Die Angelegenheit war schließlich von den höchsten Gulagbehörden verhandelt und in Strelkows Sinne entschieden worden. Aber Schechter hatte den Vorfall nicht vergessen und Strelkow seitdem unablässig verfolgt, indem er alles, was dieser tat, bemängelte.

Im Dezember 1946 verbrachte Schechter mehrere Wochen im Holzkombinat, um dessen Arbeit zu inspizieren. Der Leiter der Trocknungsanlage – ein Häftling namens Gibasch, der laut Lew »allen als Verleumder und Erpresser bekannt« war – nutzte diese Gelegenheit, seine eigene Karriere voranzutreiben, und schrieb eine bösartige Anzeige, in der er Strelkow bezichtigte, dieser habe sich geweigert, Holz für die Werkstätten freizugeben, weil es nicht trocken sei, was nicht den Tatsachen entspreche. Gibasch schickte ein Holzmuster zu Tests in ein Nachbarlabor, welches das Holzstück für trocken befand, obwohl geargwöhnt wurde, er selbst habe das Muster vor der Verschickung getrocknet. Auf der Grundlage dieser Anzeige – darin wurde Strelkow in der Sprache des Großen Terrors vorgeworfen, »die Freigabe des Trockenmaterials subversiv verzögert und den Plan der Fabrik durchkreuzt« zu haben – enthob man Strelkow seines Postens und führte ihn dem MWD wegen »Sabotage« vor. Strelkow wandte sich an die Abteilung für technische

Kontrolle, weitere Holzmuster wurden getestet, und schließlich rehabilitierte man ihn und gab ihm seinen Posten zurück. Gibasch erhob jedoch neue Vorwürfe, und der Fall zog sich bis in die ersten Wochen des Jahres 1947 hin, als Lew an Sweta schrieb:

> Ich wollte nicht auf die Sache eingehen – sie ist so traurig –, aber Du bist die einzige Person, mit der ich meine Sorge teilen kann … Was bringt Menschen dazu, andere, die in der gleichen Lage wie sie selbst sind, ruinieren zu wollen? Gibasch ist überhaupt kein Mensch, denn er hat das Recht auf jene Bezeichnung schon vor langer Zeit verloren … Während der gesamten Affäre habe ich Strelkows Fassung und Selbstkontrolle aufrichtig bewundert. Manchmal wünschte ich mir, an seine Frau oder Tochter schreiben und ihnen mitteilen zu können, was für eine wunderbare Person zu ihrer Familie gehört. Das ist natürlich albern, denn sie wissen es besser als jeder andere, und ich würde nichts zustande bringen außer einer Taktlosigkeit, aber ich fürchte, dass ich es trotzdem tun werde. Seine Tochter studiert an der Moskauer Staatsuniversität für Eisenbahntechnik und lebt mit ihrem Mann, ihrem kleinen Sohn und ihrer Mutter in der Prawdastraße. Die Behörden werden etwas wegen der Strelkow-Angelegenheit unternehmen, aber es geht zu langsam voran, und Gott weiß, wem sie den Vorzug geben. Manchmal werden die idealistischsten Personen hier in die dunkelsten Gassen gezwungen – ich bin zu einem absoluten Skeptiker geworden und glaube nur noch an die Vergangenheit.

Eine gute Nachricht traf am 28. Januar ein, als die Gulagverwaltung von Petschora in Abes einen Erlass verabschiedete, durch den Strelkow wieder eingesetzt wurde. Ein paar Wochen später schickte man Gibasch fort nach Workuta, der weiter nördlich gelegenen Kohleregion.

Die Strelkow-Affäre hatte in Lew etwas ausgelöst: Er schilderte Sweta nun offener, wie sich die Lagerbedingungen auf ihn auswirkten. Vor allem verstörte ihn der Umstand, dass das Lagersystem bei fast allen Insassen die schlimmsten Charakterzüge hervortreten ließ: Kleinliche Rivalitäten und Feindschaften wurden durch die Enge und den Überlebenskampf verstärkt; böser Wille schwärte und schlug schnell in Gewalttätigkeit um. »Mein Liebling Sweta, ich muss Dich über alle möglichen Dinge unterrichten«, schrieb Lew am 1. März.

> Ich kann Dir nicht viel mitteilen, was Dir Trost spenden wird. Sweta, vielleicht sollte ich diese Worte überhaupt nicht zu Papier bringen. Du hast einmal gesagt, es sei nicht immer gut oder notwendig, schmerzliche Sätze zu beenden. Aber nachdem ich einmal angefangen habe, muss ich einen Abschluss finden. Verstehst Du, dass es nicht die materiellen Nöte sind, die wir am schwersten ertragen? Es sind zwei andere Dinge: der Mangel an Kontakt mit der Außenwelt und die Tatsache, dass sich unsere persönliche Lage jederzeit und unerwartet ändern kann. Wir haben keine Ahnung, was morgen – oder auch nur in der nächsten Stunde – geschehen wird. Unser offizieller Status kann sich wandeln, oder wir werden von einer Minute zur anderen aus dem trivialsten Grund (und manchmal auch ohne jeglichen Grund) sonst wohin geschickt. Den Beweis dafür liefert das, was Strelkow, Sinkewitsch (er musste heute abreisen) und einer Vielzahl anderer zugestoßen ist.
>
> Hier herrschen (auf eine tragische Art) interessante Zustände, weil sich alles im normalen Leben vergrößert. Menschliche Fehler und Schwächen und die Folgen unserer Handlungen gewinnen eine gewaltige Bedeutung. Natürlich gibt es auch Tugenden, doch während sie schon unter normalen Umständen keine große Rolle spielen, werden sie hier so viel seltener, dass sie ganz zu verschwinden beginnen. Groll wird zu Feindseligkeit, Feindseligkeit verwandelt sich in wilden Hass, Kleinlichkeit wird zu Bosheit und führt irgendwann zu einem Verbrechen. Schroffheit wird zu einer Beleidigung, Misstrauen zu Verleumdung, Geldgier zu Raub und Empörung zu Wut, die manchmal mit Mord endet …

Jede auch nur entfernt positive Tätigkeit wird sinnlos und unnötig, sowohl von einem egoistischen als auch von einem allgemeinen Standpunkt aus. Das Beste, was man sich erhoffen kann, ist etwas recht Langweiliges, wie die Pflichten eines Platzanweisers in einem entlegenen Provinztheater, durch die man zumindest 16 Stunden pro Tag für sein Privatleben zur Verfügung hat und nebenbei ein wenig Geld verdient …

Ach, Sweta, heute ist solch ein sonniger Tag, dass all der Unsinn, den ich geschrieben habe, niemandem zu nützen scheint.

»Sonst wohin geschickt zu werden« war Lews große Sorge. Damit meinte er einen Strafkonvoi zu einem anderen Lager oder einer Waldkolonie, wo die Verhältnisse schlechter sein würden. Lew hatte keine Angst vor den »materiellen Nöten«, sondern davor, den »Kontakt mit der Außenwelt« – mit Sweta – zu verlieren. Auf einem Konvoi würden die Wärter all seine Sachen beschlagnahmen (»alles wird verschwinden – Gedrucktes, Geschriebenes, Briefe, Fotos«, hatte er ihr erklärt), und er konnte an einem Ort landen, wo er keine Möglichkeit haben würde, mit irgendjemandem zu korrespondieren. Genau das war auch Swetas Befürchtung: dass Lew jederzeit verschwinden und sie die Verbindung zu ihm verlieren könnte. Jeden Monat verließen Konvois das Holzkombinat. Die Lagerverwaltung benutzte sie, um gewisse Häftlinge zu bestrafen und Gruppen, die als gefährlich galten, zu zerschlagen. Die Gründe dafür, ob ein Gefangener für den Konvoi ausgewählt wurde, waren in der Regel willkürlich und hatten oft lediglich damit zu tun, dass ein Wärter oder Funktionär den Betreffenden nicht leiden konnte.

Lews zweitgrößte Sorge war es, krank zu werden. Das Eintreffen von Häftlingen aus anderen Lagern und Kolonien – »die fast immer viel schlechter und fürchterlich ungesund aussehen« – erinnerte ihn stets daran, wie leicht er erkranken konnte:

Dystrophie – Auszehrung – ist in unserem Lager normal. Außerdem leiden viele unter Skorbut, aber mit etwas Wissen und Erfahrung lässt er sich halbwegs behandeln, denn die Sommer sind grün, und wenn man kein Vitamin C durch den Verzehr von Zitronen bekommt, findet man immer noch genug davon in Kiefernnadeln und allen möglichen Kräutern. Man muss nur daran denken. Im Winter habe ich Deine Tabletten angemessen verwendet und sie mit ein paar Freunden geteilt – Anissimow nimmt den Rest zu sich; er hatte etwas Skorbut, fühlt sich nun jedoch besser. Siehst Du, wie Deine Tabletten geholfen haben!

Falls Lew erkrankt wäre, hätte er sich in der Klinik des Holzkombinats wahrscheinlich nicht sehr rasch, wenn überhaupt, erholt. Dort gab es nur einen einzigen Arzt, kaum Medikamente und wenig Lebensmittel, da die für die Patienten bestimmten Vorräte regelmäßig von den Wärtern gestohlen wurden.

Während das Schmuggelsystem verfeinert wurde, teilte Sweta ihrerseits mehr Neuigkeiten mit Lew. Am 20. Januar feierte sie den Vortag von Lews 30. Geburtstag, indem sie mit ihren Angehörigen und Freunden einen Trinkspruch auf ihn ausbrachte. Dann besuchte sie Tante Olga, die ihm mit Swetas Hilfe ein Päckchen schicken wollte. »Ich habe Deinen Standpunkt deutlich gemacht und mich geweigert, ein Kissen und eine Sommeruniform zu akzeptieren«, erklärte sie, denn sie wusste, wie unbehaglich Lew sich fühlte, wenn andere sich seinetwegen Mühe machten. Olga war in helle Aufregung geraten, weil der Ortssowjet »Zigeuner« in Lews altem Zimmer in der Kommunalwohnung am Leningrad-Prospekt untergebracht hatte. Sie war in einen Kampf mit den Behörden verwickelt, um das Zimmer von den »Zigeunern« zurückzuerhalten, die Lews Sachen in seinen Koffer gepackt und hinausgeworfen hatten. Olga befürchtete, dass er über den Verlust seiner Habseligkeiten erschüttert sein würde, doch Lew war nur an ein paar Fotos aus dem Besitz seiner Eltern interessiert. »Das Zimmer gehört mir nicht mehr«, hatte er seiner Tante geschrieben,

und Du brauchst Dich wegen meiner Sachen nicht zu beunruhigen. Es ist richtig, dass mir durch mein Urteil nichts von meiner Habe entzogen wurde und dass sie unser beider Eigentum sein sollte, aber nun ist es zu spät, etwas davon zurückzuerhalten. Und ich brauche es nicht. Wenn etwas übrig ist, dann bewahr es nicht für mich auf, sondern verkauf es, denn Du benötigst das Geld dringender als ich. Dinge sind so unwichtig im Leben eines Menschen. Sie sind keine Aufregung oder zerfledderte Nerven wert.

Die materielle Lage war für alle in Moskau angespannt. Wegen der Lebensmittelknappheit waren die Läden leer, und sogar Grundbedarfsartikel wurden rationiert. Wie viele Moskauer überlebten Sweta und ihre Verwandten, indem sie Kartoffeln und anderes Gemüse auf einer vorstädtischen Parzelle anbauten, zu der sie sonntags mit der Metro und der Bahn fuhren. Im Frühjahr 1947 hatten sich die Bedingungen in Moskau so sehr verschlechtert, dass die Menschen fürchteten, hungern zu müssen. Diese Angst wurde durch Gerüchte über eine Hungersnot in der Ukraine verstärkt, wo Hunderttausende 1946/47 umkamen. »Was die Geschehnisse in der Ukraine angeht«, schrieb Sweta in einem Brief, der so explizit war, dass er die Zensur nicht passiert hätte, »so ertrage ich es einfach nicht, darüber nachzudenken.«

Die Menschen drängen sich in Züge nach Sibirien oder Belarus, aber dort gibt es nichts anderes als Kartoffeln. Man lässt keine Züge in Moskau einfahren, doch trotzdem sieht man in der Stadt Massen von Bettlern. Gut die Hälfte der Moskauer Bevölkerung ist nun noch schlechteren Verhältnissen als im Krieg ausgesetzt. Es schmerzt, all das zu beobachten, Ljowa. Jeder zählt die Tage bis zum Herbst und fragt sich, wie die Ernte ausfallen mag. Zurzeit ist daheim alles in Ordnung … Wir haben sechs Lebensmittelkarten für uns drei und brauchen überhaupt nicht auf den Privatmarkt zu gehen (das Einzige, was wir von einem Privathändler kaufen, ist jeden zweiten Tag Milch) … Gewiss, wir bekommen kein Fleisch zu Gesicht, aber schließlich existieren ja auch Vegetarier, und es heißt, dass sie häufig hundert Jahre alt werden. Schlechter sieht es mit unserem Einkommen aus: Papa werden 1300 Rubel gezahlt, und mein Gehalt beträgt 930 Rubel, doch das Geld verschwindet sehr rasch.*

Seit Beginn ihrer Korrespondenz hatten Lew und Sweta über das diskutiert, was sie verschlüsselt ihr »Minimum«- und ihr »Maximum«-Programm nannten, kurz die »Minimaxe«. Der erste Begriff bezog sich auf einen Antrag auf Versetzung in einen Teil des Gulag, wo Lew wissenschaftlich arbeiten konnte; der zweite war ehrgeiziger: ein Einspruch gegen Lews Urteil in der Hoffnung, es reduzieren oder sogar seine Entlassung herbeiführen zu lassen. Sweta war von Anfang an optimistisch gewesen. »Beide Möglichkeiten sind durchaus denkbar«, hatte sie am 28. August 1946 geschrieben. »Du hast von den Stalinpreisträgern Tupolew und Ramsin gehört,** aber es gibt viele andere Beispiele, die weniger gut bekannt sind.« Es stimmte, dass das MWD bemüht war, Wissenschaftler in den Arbeitslagern ausfindig zu machen und in Sonderbereiche der Sowjetwirtschaft zu verlegen, besonders in militärische Forschungsinstitute unter Gulagkontrolle. Das Problem war, dass die Lagerchefs gewöhnlich etwas dagegen hatten, ihre Wissenschaftler ziehen zu lassen, denn sie waren darauf angewiesen, dass diese Experten ihre Kraftwerke, Produktionslabors, Beleuchtungssysteme und so weiter betrieben. Lew wagte nicht zu hoffen, dass er mehr erreichen konnte als das, was ihm durch die Versetzung in die Elektrogruppe bereits gelungen war. Was das Maximum betraf, so hielt er es für ganz unmöglich. »Ich möchte nicht, dass Du Deine Energie darauf verschwendest, Anträge für das Maximum zu stellen«, hatte er Sweta mitgeteilt. Trotzdem blieb sie weiterhin an beiden Fronten aktiv. »Dir fehlt der Glaube, und auch meiner ist nur gering, wahrscheinlich nicht größer als Deiner«, hatte sie im Dezember geschrieben. »Aber, Lew,

* Der monatliche Durchschnittslohn eines Fabrikarbeiters in Moskau belief sich auf ungefähr 750 Rubel.

** Andrej Tupolew (1888–1972), der sowjetische Flugzeugkonstrukteur, wurde 1937 verhaftet und arbeitete in einem geheimen NKWD-Forschungs- und Entwicklungslabor. 1943 wurde ihm der Stalinpreis verliehen. Leonid Ramsin (1887–1948) war ein sowjetischer Heizungsingenieur, der zwischen 1930 und 1936 im Gulag einsaß. Auch ihm wurde 1943 der Stalinpreis verliehen.

wenn irgendeine Möglichkeit besteht, ist sie dann nicht einen Versuch wert? Ich weiß, dass es noch mehr unnötigen Schmerz auslösen wird, wenn die Sache scheitert. Deshalb müssen wir besonnen sein und dürfen uns keinen falschen Hoffnungen hingeben, aber wir sollten trotzdem handeln. Nichts geschieht von allein.«

Gegen Februar 1947 war Lew zu der festen Überzeugung gelangt, dass es zu spät war, an eine Berufung irgendeiner Art zu denken. Er meinte, seine wissenschaftliche Forschung am Physikalischen Institut habe zu viel »mit studentischer Arbeit« gemein gehabt, um eine Versetzung zu rechtfertigen. Gleichwohl versprach er Sweta, mit Strelkows Hilfe herauszufinden, ob ein Vertreter des Gulag-Wissenschaftsprogramms in Petschora erscheinen werde; wenn ja, wolle er sich an ihn wenden. Eine Berufung hätte dazu geführt, dass man die Ermittlungen gegen ihn durch das Militärgericht in Frankfurt an der Oder überprüfte. Da er wusste, dass der Prozess manipuliert worden war, hielt er es für sinnlos, das Ganze noch einmal durchzumachen und seine Situation vielleicht zu verschlimmern. In einem langen und aufrichtigen Brief vom 1. März versuchte Lew, jede weitere Erörterung des »Minimums« und »Maximums« auszuschließen.

> Ich werde das Maximum nicht in Erwägung ziehen, weil für eine Berufung, wenn sie die geringste Erfolgschance haben soll, Zeugen benötigt werden. Man lädt jedoch nie Zeugen vor, und es wäre ohnehin schwierig, sie zu finden. Ich bin nicht einmal sicher, dass keine neuen Lügen zwischen dem Zeitpunkt ihrer Aussage und … der Urteilsverkündung auftauchen würden. Zwar trifft es zu, dass man beim zweiten Mal erfahrener ist … aber die Erfolgsaussichten sind trotzdem schwach. Jede Handlung kann stets mindestens zwei verschiedenen Motiven zugeordnet werden: einem »guten«, was die natürliche Erklärung ist, und einem »bösen«, das nach ihrer verschwörerischen Denkweise »schmutzige Taten« deckt. Das größte Problem besteht darin, dass viele der Tatsachen, die zu meinen Gunsten wiegen könnten, nicht durch Zeugen zu belegen sind, und niemand wird

mir Glauben schenken. Die Herren Professoren [Staatsanwälte] sind überzeugt, dass jeder, der ihnen vorgeführt wird, unfähig ist, sich von aufrichtigen Motiven wie Patriotismus oder den Prinzipien der guten Sitten leiten zu lassen …

Was das Minimum angeht, so macht die geheime militärische Bedeutung der Kern- und Raumforschung jede Möglichkeit zunichte, dass eine nach Artikel 58–1 (b) angeklagte Person – und schon gar nicht jemand ohne besonderen Ruf – auf diesen Gebieten arbeitet. Die Tatsache, dass eine Person, die ihre Strafe abgeleistet hat, nicht einmal in fernen Provinzstädten – mit Ausnahme von Jakutien, Komi, Kolyma und einigen anderen – in einem großen Wirtschafts- und Industriezentrum tätig sein darf, ist ein deutlicher Hinweis darauf, wie die politischen Artikel, auch die nicht so schwerwiegenden, von den Behörden eingeschätzt werden. Keine Zeugenaussage zugunsten eines Häftlings kann diese Artikel mildern. In zwei Monaten wird hier jemand entlassen werden, der in der »Tuchatschewski-Ära« [1937] verurteilt wurde. Dieser Mann ist ein früheres Mitglied des Zentralkomitees des Kommunistischen Jugendbundes, Militärpilot und – daran hat sich in den Lagern nichts geändert – ein wahrhafter Enthusiast. Er hat hier als Sattler gearbeitet und sich sämtlichen Problemen des Holzkombinats gewidmet, als wären sie seine eigenen … Etliche Male hat er seine Brotration verkauft und auf Tabak verzichtet, damit er die Lederriemen, die wir in den Werkstätten benötigen, kaufen konnte. Und niemand hat ihm je für irgendetwas gedankt oder sich an seine Verdienste erinnert, als entschieden wurde, wo er nach seiner Entlassung wohnen darf. Man kann seine Urteilsbedingungen nicht ändern.

Sweta war nicht bereit, Lews Argumentation zu folgen. Sie schrieb ihm am 8. Juni:

Ich weiß einfach nicht, was ich sagen soll. Ich kann Dir nicht widersprechen, denn mir ist klar, dass alles, was Du schreibst, zutrifft. Diese üble Wahrheit macht 99,99 Prozent Deiner Situation aus, und das Wenige, was bleibt, ist dem Zufall überlassen. Trotzdem existiert dieses wenige, und auch das ist eine Tatsache. Du solltest Dich darin üben, Dir Enttäuschungen nicht so sehr zu Herzen zu nehmen, und Deine Bemühungen trotzdem nicht aufgeben. Ich weiß, das ist leichter gesagt als getan. An Deiner Stelle würde ich auch die Hand nicht heben, und deshalb dränge ich Dich jetzt nicht und möchte nicht beharren, sondern nur versuchen, Dich sanft zu überzeugen. Können die Dinge sich wirklich verschlimmern, wenn wir Anträge stellen? Wenn nicht, Ljowa, würdest Du dann vielleicht bereit sein, das erneut zu ertragen, was Du schon einmal durchmachen musstest?

Sweta zog es vor, auf das »Maximum« zu hoffen und sich aktiv für das »Minimum« einzusetzen – eine Strategie, die der Direktor des FIAN unterstützte. Er versprach, eine Referenz für Lew abzugeben. »Vielleicht irre ich mich«, schrieb Sweta, »aber war es in den letzten Jahren nicht leichter für Dich, mit Hoffnungen und Träumen als ohne sie zu leben?«

Doch Lew hatte das letzte Wort. »Ich habe einmal beiläufig einen gewissen Boris German erwähnt, einen Chemiker vom Charkower Institut und Galvanisierer von Beruf, der darum bat, auf seinem Spezialgebiet beschäftigt zu werden«, schrieb er am 28. Juni.

Kurz darauf riefen sie ihn ins Durchgangslager (nicht weit von uns, in der Nähe des Bahnhofs Petschora). Dort marinierte er mehrere Wochen Fisch, bis sie ihn schließlich »versehentlich« nach Workuta schickten. Nach ein paar Wochen allgemeiner Arbeit (Kohlebergbau am Polarkreis) kehrte er zurück ins Durchgangslager, von wo man in erneut »versehentlich« nach Chalmer-Ju entsandte (einem Streckenbaulager an der Küste [des Nordpolarmeers]), einem Ort, an dem es keine Spur von Galvanisierern gibt. Auf beiden Konvois wurde er wie üblich ausgeraubt, und als ihn ein Bekannter zum letzten Mal im Durchgangslager sah, war er nicht mehr annähernd so kräftig wie zuvor. Niemand weiß, wo er sich heute aufhält. Er ver-

> sprach, so bald wie möglich zu schreiben, doch bis jetzt ist keine Nachricht von ihm eingetroffen. Ein Freund von Anissimow, ein gewisser Kusmitsch, erlitt offenbar das gleiche Schicksal. Auch er wurde zu »besonderen Aufgaben« herangezogen und verschwand von der Bildfläche. Die Veteranen sagen, das sei Brauch, und wer es am schnellsten »schaffen« wolle [das Endstadium der Erschöpfung zu erreichen], brauche nur um Versetzung zur Arbeit in seinem Beruf zu bitten. Nachdem ich das gehört hatte, zerriss ich mein Antragsformular an das Gulag-MWD, das ich in einem Anfall von Optimismus ausgefüllt hatte … Also, lass uns die Sache nun vergessen.

Sweta fand sich damit ab, dass Lew im Holzkombinat bleiben würde, und begann etwas viel Kühneres als jegliches »Maximum« oder »Minimum« zu planen: eine geheime Reise, um Lew in Petschora zu besuchen.

6

Sweta hatte den Gedanken an ein Treffen bereits in ihrem allerersten Brief angesprochen. »Ich weiß, Du wirst tun, was Du kannst, damit wir zusammenkommen, bevor weitere fünf Jahre vergehen«, hatte sie am 12. Juli 1946 geschrieben. Lew dagegen war von Anfang an pessimistisch. »Du erwähnst ein Treffen«, hatte er erwidert. »Swetka, es ist fast unmöglich. 58–1 (b) ist eine schreckliche Ziffer.«

Lew hatte recht. Nur höchst selten erhielt ein Häftling eine Besuchserlaubnis, und dann auch nur für ein Familienmitglied oder einen Ehepartner. Solche Begegnungen wurden unter außergewöhnlichen Umständen als Belohnung für »gute, engagierte Arbeit mit hohen Ergebnissen« zugelassen, und die Aussicht auf einen Besuch war für die Häftlinge ein mächtiger Anreiz, sich vorbildlich zu benehmen. Doch wenn ein Treffen tatsächlich stattfand, erwies es sich oft als enttäuschend, da es lediglich ein paar Minuten – noch dazu in Gegenwart eines Wärters – dauerte. Es war schwierig, ein intimes Gespräch zu führen, und Zärtlichkeiten waren verboten. Nach Besuchen durch ihre Ehefrauen waren Häftlinge »ausnahmslos still und reizbar«, vermerkte ein Memoirenautor der nördlichen Lager.

Besuche durch eine Ehefrau oder Verwandte waren schwierig genug, doch Sweta war keines von beiden, sondern nur eine Freundin, eine Kommilitonin, und auf dieser Basis konnte keine Erlaubnis für eine Begegnung mit Lew beantragt werden. Sweta war gleichwohl entschlossen, sich nicht von ihrem Ziel abbringen zu lassen. Ermutigt durch Lews Nachricht, dass es Verwandten »im Prinzip möglich« sei, Petschora zu besuchen, machte sie sich daran, »herauszufinden, ob es in Deinem und meinem Fall machbar ist«. Vielleicht würden die Gulagbehörden bereit sein, sie als Lebensgefährtin einzustufen. »Lew«, hatte sie im Herbst 1946 geschrieben, als ihr eine solche Reise aussichtsreich erschien:

> selbst wenn es nur eine Möglichkeit ist, bitte ich Dich, mit allen Kräften dafür zu sorgen, dass sie rascher Realität wird. Ich habe keinen Urlaub mehr, aber ich kann jederzeit zehn Tage für Studienzwecke bekommen oder sogar einen unbezahlten Urlaub nehmen. Mich. Al. [Zydsik] wird mich unterstützen.

Weil Lew nicht wollte, dass Sweta weitere Risiken einging, bevor er mehr über ihre Erfolgschancen herausgefunden hatte, riet er ihr davon ab, in jenem Herbst aufzubrechen. Sie werde zwei Wochen für die Reise benötigen, warnte er, viel zu lange, um sich ohne einen offiziellen Urlaub zu entfernen, der Monate im Voraus organisiert werden musste. Gleb Wassiljews Mutter hatte zwei Wochen für die Rückkehr nach Moskau gebraucht, nachdem sie im August zu ihrem Sohn gereist war. Dies war der einzige Besuch, von dem Lew wusste, wenngleich ihm klar gewesen sein muss, dass Glebs Mutter zurück außergewöhnlich lange unterwegs gewesen war (die 2170 Kilometer lange Reise nach Moskau dauerte mit dem Zug gewöhnlich zwei oder drei Tage). Lew versuchte, Sweta von ihrem Plan abzubringen. Vielleicht fürchtete er sich vor einer Enttäuschung oder glaubte, ihre Bemühungen nicht verdient zu haben. Jedenfalls besteht kein Zweifel daran, dass er Angst vor den ungeheuren Gefahren hatte, denen sie sich aussetzen würde, wenn sie ihre Absicht wahr machte. Sweta war mit Forschungen beschäftigt, die man als »Staatsgeheimnis« eingestuft hatte, und doch plante sie, beim MWD die Reiseerlaubnis zu einem Arbeitslager zu beantragen und einen verurteilten »Spion« zu besuchen. Allein schon durch einen solchen Antrag riskierte sie die Entlassung aus ihrem Institut – wenn nicht gar Schlimmeres.

Sweta ließ sich durch keine Schätzung der Reisedauer noch durch die möglichen Gefahren abschrecken. Da sie Lews Informationen skeptisch betrachtete, musste sie sich kundiger machen. »Ich hatte nicht mit einer zweiwöchigen Reise gerechnet«, schrieb sie ihm am 15. Oktober.

> Ich dachte, dass nur Briefe so lange für die Reise brauchten, denn schließlich haben sie keine Beine. Wenn das stimmt (ich werde es irgendwie überprüfen), dann hat es keinen Zweck, über eine Fahrt im Winter auch nur zu sprechen, es sei denn, ich könnte sie mit meinem Urlaub verbinden. Aber wieder einmal überstürze ich die Dinge. Du hast mich mehrere Male gefragt, ob wir eine Sondergenehmigung benötigen, und wenn ja, von wem? Ich habe erfahren, dass es ausschließlich von den Behörden auf Deiner Seite abhängt (und davon, wie sie Dein Verhalten einschätzen), aber ich habe gute Gründe dafür, solchen Auskünften nicht zu trauen. Natürlich verschafft mir mein Status keinerlei Rechte.

Ungewiss war in erster Linie, ob sie Lew überhaupt würde besuchen dürfen, da die beiden noch nicht geheiratet hatten. Lew konnte sich keine verlässlichen Informationen beschaffen. »Angeblich ist es möglich, eine Genehmigung bei der Gulagverwaltung in Moskau zu erhalten«, schrieb er Sweta am 9. Februar 1947:

> Dort scheint man eine bessere Chance zu haben als bei der Arbeitslagerverwaltung der Nord-Petschora-Eisenbahn in Abes, wo in der Regel 15 Minuten bis zwei Stunden gewährt werden. Allem Anschein nach erteilen die höheren Stellen manchmal Genehmigungen an Verwandte, Brüder, Ehefrauen (sowohl gesetzliche als auch Partnerinnen), Schwestern und Cousinen für jeweils ein paar Stunden über mehrere Tage hinweg. Unglücklicherweise stammt diese Auskunft jedoch nicht aus offiziellen Quellen. Das ist wirklich alles, was ich im Augenblick herauskriegen konnte.

Am 1. März wusste Lew mehr. Es war nicht ermutigend:

> Was persönliche Besuche angeht, Sweta, bin ich nicht sicher, wie man sie Dir beschrieben hat, aber in Wirklichkeit sind sie sehr schwierig und vielleicht sogar erniedrigend, obwohl vielleicht

nicht, wenn wir in solchen Momenten »Die schmale Eberesche«* singen, meine herrliche Sweta. In den meisten Fällen werden nur ein paar Minuten in der Wache am Tor in Anwesenheit eines Wärters gestattet … Hin und wieder – und das geschah vor Kurzem mit Boris German und seiner Mutter – beschließt der Wärter im letzten Moment, ein von den Behörden genehmigtes Treffen zu verbieten … Freilich, es ist vorgekommen, dass man Begegnungen von mehreren Stunden an aufeinanderfolgenden Tagen innerhalb der Industriezone zugelassen hat, und einige davon waren praktisch unbeaufsichtigt (wie im Fall von Gleb [Wassiljew] und seiner Mutter), aber das ist selten und gilt in der Regel nicht für politische Häftlinge mit 58–1 (b). Eine Referenz der Kultur- und Erziehungsabteilung der Lagerverwaltung mag nützlich sein. Es ist jedoch nicht leicht, eine zu besorgen.

* Ein russisches Volkslied *(Tonkaja rjabina),* dessen trauriger und schöner Text eine besondere Resonanz bei Lew und Sweta fand:

Warum schwankst du,
Schmale Eberesche,
Mit bis zu deinen Wurzeln
Gebeugtem Haupt?

Auf der anderen Straßenseite,
Jenseits des breiten Flusses,
Steht ebenfalls allein
Eine hohe Eiche.

Wie kann ich, die Eberesche,
Der Eiche näher kommen?
Wenn ich es könnte, würde ich nicht
Gebeugt sein und schwanken.

Mit meinen schmalen Zweigen
Würde ich mich an die Eiche schmiegen,
Und mit ihren Blättern würde ich
Tag und Nacht flüstern.

Aber die Eberesche kann nie
Zu jener großen Eiche gelangen.
Sie ist für immer verdammt,
Allein sich zu beugen und zu schwanken!

Aber das ist nicht das Hauptproblem ... Wenn ich an die wahrscheinlichen Umstände unseres Treffens denke, falls es je stattfindet, frage ich mich sofort, ob es Dir Genugtuung verschaffen oder nur den unerträglichen Schmerz wiedererwecken wird, der ein wenig nachgelassen hat, während wir uns an die neuen, doch bereits gefestigten Bedingungen unserer jetzigen Beziehung gewöhnt haben. Wirst Du die unmögliche Entfernung, die uns trennt, nicht noch deutlicher empfinden? Wird es nicht noch schwieriger für Dich werden, dort glücklich zu sein, wo andere glücklich sind?

Sweta ließ sich nicht abschrecken. Ungeachtet der Risiken und Konsequenzen für sich selbst war sie entschlossen, nach Petschora zu reisen und sich mit Lew zu treffen, selbst wenn sie nur ein paar Minuten zusammen sein würden. Sollten die Gulagbehörden in Moskau ihren Besuch nicht genehmigen, würde sie sich direkt an die Lagerverwaltung in Petschora wenden. Und wenn diese sich ebenfalls weigerte, würde Sweta nach anderen Wegen suchen, ins Lager zu gelangen, vielleicht mit Unterstützung der freien Arbeiter, die Lew geholfen hatten. Wenn Briefe hineingeschmuggelt werden konnten, wieso dann nicht auch sie selbst? Es war ein ungewöhnlich mutiger und waghalsiger Plan. Niemand hatte je daran gedacht, in ein Arbeitslager einzubrechen.

Zunächst hatte sie noch Zeit, Pläne zu machen und weitere Informationen zu sammeln. Es war gefährlich, im Winter, der in der Arktis bis Mai dauern konnte, nach Petschora zu reisen. Dagegen sprachen die langen Stunden der Dunkelheit und die Möglichkeit, dass Züge infolge der eisigen Temperaturen liegen blieben. Lew war im Kraftwerk für die Nachtschicht eingeteilt. Ende März entdeckte er die ersten Anzeichen des Frühlings. Gebannt von der Schönheit des frühen Morgenlichts, war er trotzdem, was für ihn kennzeichnend war, argwöhnisch gegenüber Hoffnungen und Illusionen:

Wenn ich die Station morgens verlasse, begebe ich mich nicht mehr in die Zwielichtschatten hinaus, die ich so sehr hasste, sondern in den Glanz der aufgehenden, wärmenden Sonne, welche die Ränder der Schneewehen zu halb geschmolzenen Zuckerwürfeln macht. Seltsamerweise gibt es Dinge, die nichts objektiv Schlechtes an sich haben, gegen die man aber aus irgendeinem Grund Abneigung verspürt. So etwas empfinde ich angesichts der Morgenröte … Einmal ging ich bei Tagesanbruch von der Arbeit nach Hause, und der Mond stand bereits niedrig. Plötzlich verblüffte mich die Schönheit des ungewöhnlichen Lichts. Die glatte Oberfläche des Schnees war hellblau in der frühen Sonne und dunkelgrau in den Schatten, während die Hänge der Schneewehen noch vom Widerschein des schwächer werdenden Mondlichts erhellt wurden. Und der Morgenhimmel, der durch die zarten Silhouetten der Kiefern drang, wandelte sich vom finsteren Grau und dunklen Blaugrün zu einer zarten Rosenfarbe … Im Moment sind die Tage hier frühlingshaft und wundervoll; der Frühling zeigt sich in jedem dunklen Fleck des langsam schmelzenden Schnees, und die Sonne scheut keine Mühe. Man sieht alles in einem besseren Licht. Man möchte sich ein wenig unterhalten (wonach mir selten zumute ist), eine Weile über eine prächtige Person sprechen oder … einfach nur Unsinn reden.

Mit der Rückkehr des wärmeren Wetters schob sich das Thema eines Besuchs wieder in den Vordergrund. Im Juni reisten Nikolai Litwinenkos Eltern aus Kiew an. »Es war keine fröhliche Begegnung«, schrieb Lew, um Sweta zu warnen. Die Verwaltung des Arbeitslagers der Nord-Petschora-Eisenbahn in Abes hatte den Litwinenkos auf ihr Gesuch hin eine Genehmigung für drei Besuche von jeweils zwei Stunden erteilt, doch die Verwaltung des Holzkombinats ließ nur ein Treffen in Gegenwart eines Wärters im Wachhäuschen zu. »Das ist das Beste, was wir erreichen könnten«, erklärte Lew. »Mein Artikel würde nicht mehr rechtfertigen. Nikolai ist unter Artikel 58–1 (a) hier.«* Die Litwinenkos hätten »trotz eines Über-

* Artikel 58–1 (a) betraf Vaterlandsverrat und zog ein ähnliches Urteil wie Lews Artikel 58–1 (b) (Vaterlandsverrat durch Militärangehörige) nach sich.

maßes an Schmiere« nicht mehr herausholen können. »Es kostete sie einen Riesenbetrag.« Lew konnte dem Besuch der Litwinenkos nichts Positives für Sweta abgewinnen:

> Alles war sehr teuer für sie, besonders die Unterbringung. Immerhin haben sie eine Menge Geld, so dass es keine große Belastung war. Ich sah sie, als ich zur Wache ging und so tat, als hätte ich etwas Dienstliches zu erledigen. Seine Mutter ist recht jung, doch dünn. Sie sagte allerdings, es gebe nicht viele Menschen in Kiew, die so mollig wie sie seien; Molligkeit sei dort selten anzutreffen [ein Hinweis auf die Hungersnot]. Es ist traurig, solche Treffen als Dritter zu beobachten, Sweta. Man kann verstehen, warum Anton Franzewitsch* seiner Frau letztes Jahr schrieb, dass er, wenn sie trotz seiner gegenteiligen Bitten komme, zu dem Treffen nicht erscheinen werde. Ja, Gott sei mit ihnen. Lassen wir das Thema fallen, bis bessere Zeiten beginnen.

Lew war so bedrückt und reagierte so entmutigend auf Swetas Besuchspläne, dass man fast glauben konnte, er habe Angst, sie zu sehen. Vielleicht hatte er seine eigenen Befürchtungen zum Ausdruck gebracht, als er einwandte, dass ein Treffen ihr möglicherweise keine Genugtuung verschaffen, sondern den Schmerz der Trennung nur noch verschlimmern werde.

Während Lew deprimiert über die Erfahrung der Litwinenkos war, wurde Sweta durch eine weitere Besucherin von Petschora in ihren Plänen bestätigt. Gleb Wassiljews Mutter Natalia Arkadjewna sollte ihren Sohn Mitte Juni zum zweiten Mal in Petschora besuchen. Auf ihrer vorherigen Reise, im Jahr 1946, war es ihr gelungen, mehrere ungestörte Stunden mit ihrem Sohn zu verbringen, wie Lew in seinem Brief vom 1. März erklärte. Natalia Arkadjewna war zuversichtlich, ihren Erfolg wiederholen zu können. Bevor sie nach Petschora aufbrach, besuchte sie Lews Tante Olga, die daran

* Anton Franzewitsch Gawlowski, ein Häftling in Petschora seit 1938, arbeitete als Assistent in Strelkows Labor.

gedacht hatte, Natalia Arkadjewna zu begleiten, bis sie, zu Lews großer Erleichterung, von ihrem Arzt davon abgebracht wurde (eine Tatsache, über die Sweta, wie Olga wünschte, Lew nicht informieren sollte). Seit mehreren Wochen hatte Olga ihre Reisepläne mit Sweta erörtert. Sweta stimmte Lew zu, dass es unsinnig sei, wenn Olga glaube, die Reise bewältigen zu können, denn schließlich verlor sie schon die Nerven, wenn sie nur Moskau mit der Metro durchqueren musste. Allerdings meinte Sweta, dass es klug von Olga gewesen sei, sich mit einer so »erfahrenen Reisenden« wie Natalia Arkadjewna zusammenzutun. Zu dem Zeitpunkt, als Glebs Mutter zum Aufbruch bereit war, hatte Sweta von Olga so viel über die geplante Reise erfahren, dass sie selbst eine große Aufregung verspürte: Jemand, den sie – wenn auch nur indirekt – kannte, würde Lew bald zu Gesicht bekommen.

Sweta sehnte sich nach Lew. Am Wochenende des 7. und 8. Juni schrieb sie ihm einen Brief, den Glebs Mutter ihm in die Hand drücken würde. Sie begann am Samstag:

> Ljowa, Glebs Mutter hat O. B. [Tante Olga] besucht und gesagt, sie werde am Mittwoch [nach Petschora] abreisen. Hier bin ich nun und weiß nicht einmal, was ich Dir schreiben soll. Dass ich Dich vermisse? Aber das weißt Du ja. Ich habe das Gefühl, außerhalb der Zeit zu leben, darauf zu warten, dass mein Leben weitergeht, wie nach einem Filmriss. Was ich auch tue, kommt mir so vor, als schlüge ich bloß die Zeit tot. Ich weiß, dass das nicht gut ist. Bewusst oder unbekümmert Zeit zu verschwenden ist einer starken Person unwürdig. Außerdem ist es ein fataler Fehler, denn man kann verlorene Zeit nie zurückholen. Ich muss leben und darf nicht einfach nur warten. Sonst könnte ich, wenn das Warten vorbei ist, möglicherweise außerstande sein, unser gemeinsames Leben aufzubauen.
>
> Ich habe immer unter dieser Furcht gelitten, der Furcht, dass Liebe nicht genügt. Man muss fähig sein, zu lieben, aber auch zusammenzuleben, und das in dieser Welt, die wahrscheinlich immer grausam sein wird. Mir scheint jedoch, dass ich trotz der

vergehenden Zeit weder stärker noch intelligenter geworden bin. Immerhin gerate ich nicht mehr so schnell aus der Fassung, wenn es um meine eigene Dummheit geht oder darum, dass ich den Menschen, die ich liebe, treu bin, egal, wie weit sie von mir entfernt sind, was mich in der Vergangenheit bewogen hat, mich selbst und andere zu quälen (auch Du musstest darunter leiden). Ich habe eine Menge H_2O wegen solcher albernen Probleme verloren. Mir scheint, dass ich nicht stark bin, wenn ich warten muss oder zornig bin. Deshalb habe ich nun nicht mehr das Gefühl, fest auf eigenen Beinen zu stehen. Ich muss mich auf Dich stützen – im Kummer wie in der Freude. Wir müssen dies gemeinsam durchstehen, Arm in Arm gehend wie früher – obwohl ich glaube, dass ich mich damals nicht auf Dich gestützt habe. Ich war nicht schwer an Deinem Arm. Habe ich recht? Es ist nicht freundlich von mir, dies zu schreiben, Dich um etwas zu bitten, das Du mir nicht geben kannst, das Dir nur Schmerz bereiten wird. Aber ich bin müde, nicht nur heute, sondern im Allgemeinen. Ich brauche eine »Stütze«, selbst wenn ich sie nur durch diese Briefe erhalte (die ein Gespräch zwischen uns sind). Aber, Ljowa, Du darfst Dich nicht beunruhigen. Letzten Endes sind wir beide glücklicher als viele andere – glücklicher als diejenigen, die überhaupt keine Liebe kennen, und als diejenigen, die nicht wissen, wie sie Liebe finden können. Ich hoffe, Du wirst hieraus klug.

Wenn ich müde bin, werde ich kratzbürstig, »unrasiert im Innern«, wie Irina [Krause] es ausdrückt, und dann weiß ich nicht, wie ich Unterstützung bei den Menschen finden kann, die mir nahestehen. Ich weiß nicht, was ich von ihnen will. Dabei erwarte ich nicht etwa, dass sie mich verstehen oder etwas unternehmen, sondern ich weiß selbst nicht, welche Frage ich stellen soll. Ich bleibe stumm, doch aktiv stumm, was bedeutet, dass ich mich in mich selbst zurückziehe. Sogar Schurka [Alexandra Tschernomordik] besuche ich zurzeit nur zweimal die Woche, und ich habe Irina verärgert, weil ich am Sonntag nicht bei ihr gewesen bin (sie hat mir verziehen, als ich sagte, ich sei erschöpft). Vorgestern war es noch schlimmer, denn sie fragte mich nach Dir und ich schüttelte nur den Kopf. Gestern war es nicht besser – nach dem Konzert, als ich vor allen davonrannte. Siehst Du, ich kann auch unbesonnen und gemein sein, und obwohl ich es begreife und bedaure, weiß ich nicht, wie ich es wiedergutmachen soll. Deshalb habe ich Angst, dass ich eines Tages, wenn ich mich schlecht fühle (und sei es nur aus Müdigkeit), Dir nichts davon sagen, sondern nur blaffen und mich dann zurückziehen werde. Wenn das geschieht, Ljowka, dann musst Du wissen, dass ich nicht böse auf Dich bin. Lass nicht den Mut sinken und quäle Dich nicht, sondern warte einfach, bis ich mich ordentlich ausgeruht habe. Versprichst Du mir das?

Was ich hier geschrieben habe, kommt mir nicht allzu klug vor, aber schließlich möchte ich nicht, dass Du eine übertrieben gute Meinung von mir hast (ein bisschen davon reicht aus). Nun, Ljowa, werde ich ins Bett gehen, bevor ich noch mehr Unsinn schreibe. Das Gute ist, dass ich, nachdem ich vorher ein bisschen geweint habe, diesen Brief nun, ich schwöre es, mit einem Lächeln beenden werde, mein Schatz, mein lieber Ljowa.

Dies war das erste Mal, dass Sweta das Thema ihrer Depression eingehender berührte, wenngleich sie diese nicht als solche benannte. Sie konnte ihre Symptome präzise beschreiben, nämlich ihre Neigung, zu »blaffen und sich dann zurückzuziehen«, doch sie hatte keine Bezeichnung dafür. In der UdSSR, dem »glücklichsten Land der Welt«, wurde Depression nicht öffentlich anerkannt oder diskutiert.

Am folgenden Morgen setzte sie den Brief fort:

Zu meinem Besuch bei Dir, Ljowa. Ich bin sehr besorgt wegen meiner Unwissenheit darüber, wohin ich gehen und an wen ich mich wenden sollte. Würdest Du Gleb bitten, seine Mutter zu fragen, ob sie nach ihrer Rückkehr mit mir Verbindung aufnehmen kann? (Das heißt, zuerst mit mir und nicht mit O. B. [Tante Olga], die sie ohnehin aufsuchen wird.) Sie soll irgendwann Anfang oder Mitte Juli zurückkehren, und ich könnte dann, wenn nötig, sogar die Stadt verlassen, um mich mit ihr zu treffen, obwohl ich im Moment keinen Urlaubsanspruch habe. Ich möchte im Juli (jedenfalls nicht in der ersten Hälfte) um keinen Urlaub bitten, da ich mich emotional und finanziell auf die Reise vorbereiten muss, und ich würde dann versuchen, hier eine Genehmigung zu bekommen. Auch wenn Glebs Mutter es nicht für notwendig hält, würde es mich wirklich beruhigen, und schließlich kann es nicht schaden. Wie viel Zeit es in Anspruch nehmen würde, weiß ich nicht. Wenn ich hier aufgehalten werde, könnte es durchaus sein, dass Michail Alexandrowitsch [Swetas Chef Zydsik] selbst in Urlaub gehen will. Dann würde ich vor meiner Abreise auf seine Rückkehr warten müssen. Also verlass Dich nicht zu sehr darauf, dass ich bald kommen werde. Was eine Pause angeht, würde ich sie sogar später vorziehen (in dieser Hinsicht unterscheide ich mich von allen anderen), da ein früher Urlaub rasch vergessen ist und man sich so fühlt, als hätte man überhaupt keine Ruhe gehabt. Andererseits geht auch Michail Alexandrowitsch aus den gleichen Gründen gern spät in Urlaub … O. B. ist gerade eingetroffen, also muss ich unterbrechen …

Wir haben Glebs Mutter gebeten, die Leckereien mitzunehmen, die seit April auf Dich warten: Bonbons von O. B., Schokolade von Irina natürlich und Zucker von mir genauso natürlich, denn Irina kann Zucker nicht ausstehen, während ich dagegen nichts auf Bonbons gebe. Da alles Mögliche geschehen kann, schicke ich Dir auch (und werd nicht wütend, damit Deine Leber nicht platzt) etwas Geld. Das ist immer nützlich – und wenn Du nichts für Dich selbst kaufen willst, dann vielleicht für Deine Genossen. Etwas anderes, das ich Glebs Mutter gebeten habe mitzunehmen, ist eine Brille für Dich. Es ist eine zweite, die Schurka bekommen konnte (laut Verschreibung genau 3,5). Papa hat seine eigene inzwischen zurückerhalten. Das ist vorerst alles. Pass auf Dich auf, mein Liebling. Ich küsse Dich sehr, sehr herzlich.

Glebs Mutter hatte mehr Erfolg als die Litwinenkos. Erneut gelang es ihr, sich mit ihrem Sohn an aufeinanderfolgenden Tagen mehrere Stunden lang zu treffen, diesmal unter Aufsicht der Wärter, doch in der kleineren Wache zwischen der Industriezone und den Baracken der 2. Kolonie statt in dem größeren und geschäftigeren Gebäude am Haupttor. Lew warnte Sweta, Natalia Arkadjewnas Erfolg zu viel Bedeutung beizumessen. Glebs Artikel sei weniger schwerwiegend als seiner, und dessen Mutter habe Glück gehabt (oder verstehe sich einfach sehr gut auf die Zahlung von Bestechungsgeldern). Sweta dürfe höchstens erwarten, Lew »für ein paar Minuten« zu sehen, und müsse sich sogar auf eine »strikte Ablehnung« durch das MWD gefasst machen. Sweta wurde gleichwohl durch den Bericht von Glebs Mutter beflügelt. »Natalia Arkadjewna ist am Montag bei mir vorbeigekommen«, schrieb sie Lew am 16. Juli. »Sie ging detailliert auf die materielle-finanzielle Seite [Bestechung] ein und hat meine Nerven diesbezüglich völlig beruhigt. Sie unterstützte mich in meinem Wunsch zu reisen. Jedenfalls ist sie eine charmante Person, und ich bin ihr sehr dankbar.«

Natalia Arkadjewnas Auskünfte hatten Sweta nicht nur in ihrer Entschlossenheit bestärkt, um jeden Preis nach Petschora zu reisen, sondern auch ihre Vermutung bestätigt, dass sie einen anderen Weg finden konnte, sich mit Lew zu treffen, falls die Gulagverwaltung die Erlaubnis verweigerte. Wenn nicht durch Bestechung, würde sie eine andere Methode finden, sich in die industrielle Gefängniszone einzuschmuggeln.

Am 16. Juli wurde die Zeit für Sweta knapp, wenn sie die erforderlichen Vorbereitungen für eine Reise nach Petschora vor dem Ende des Sommers treffen wollte. Sie musste abwarten, ob ihr Chef Zydsik ihren Urlaubswunsch genehmigte, nicht zuletzt weil sie darauf angewiesen war, dass er während ihrer Abwesenheit in Petschora für sie einsprang. In der letzten Juliwoche wurde Zydsik ins Krankenhaus eingewiesen. Er hatte am 1. August nach Kislowodsk im Kaukasus in Urlaub fahren und frühestens am 12. September nach Moskau zurückkehren sollen, doch nun verzögerte sich seine Reise. »Ljowenka, mein Liebling, wieder einmal müssen wir all unsere Geduld und Nachsicht aufbringen – mein Urlaub ist verschoben worden«, schrieb Sweta am 28. Juli. »Ich miaue, aber ich wäre bereit, bis Dezember zu warten, wenn ich nur wüsste, dass Tugend belohnt wird (wäre es dann überhaupt noch Tugend?). Wirklich, ich miaue.«

Im August, als die halbe Moskauer Bevölkerung im Urlaub war, arbeitete Sweta weiterhin im Institut, wo sie Zydsiks Verwaltungspflichten übernahm. »Hier herrschen 28 Grad, und alles ist durch die Fabrikabgase und den Staub mit einem verschwommenen Dunst bedeckt«, teilte sie Lew am 12. August mit. »Man beeilt sich, die Stadt für ihren 800. Jahrestag [am 7. September] herauszuputzen, und die Hälfte der Straßen ist gesperrt.« Während sich die Stadt für die Festlichkeiten rüstete, traf Sweta ihre eigenen Vorbereitungen für die Reise nach Petschora, die, wie sie nun glaubte, Ende September stattfinden würde. Einen großen Teil der Zeit verbrachte sie damit, herauszufinden, wie sie am besten Fotomaterialien für Lew Israilewitsch besorgen konnte, der sie in Koschwa unterbringen würde und ihr helfen sollte, ins Holzkombinat zu gelangen. »Ich habe mich nach dem Fotozubehör erkundigt«, schrieb Sweta am 12. August. »Zurzeit gibt es keinen Mangel, und jeder müsste es mühelos in einem Laden kaufen können … Ich besorge alles, und wenn nichts aus der Reise wird, kann ich es immer noch in einem Paket an seine Adresse schicken – oder? Es wäre eines für zwei – Filme für ihn und Bücher für Dich.«

Mittlerweile wusste Sweta, dass sie illegal reisen würde. Sie hatte ihre Versuche aufgegeben, eine Erlaubnis vom MWD in Moskau zu erhalten, und ohne dieses Papier hatte sie nichts in Petschora zu suchen, einer geheimen, auf der Karte nicht markierten Gulagsiedlung. Wenn (oder falls) Sweta dort eintraf, wollte sie zusammen mit Lew Israilewitsch in das Holzkombinat eindringen und sich im Haus eines der freien Arbeiter in der Industriezone verstecken. Lew würde sie dort während seiner Schicht im Kraftwerk besuchen können, wenn es ihm gelang, an den Wärtern am Eingang der Siedlung vorbeizukommen. Es war ein unbedachter und gefährlicher Plan, der enorme Risiken für Sweta barg. Ein Arbeitslager ohne Billigung des MWD zu betreten war ein schweres Staatsverbrechen. Da ihre

Forschungsarbeit militärische Bedeutung hatte, würde man sie selbst in ein Arbeitslager schicken, wenn sie bei dem Versuch, einen verurteilten »Spion« zu kontaktieren, erwischt wurde. Und jeder, der ihr half, würde ebenfalls in Schwierigkeiten geraten.

Um den wahren Zweck ihrer Fahrt zu kaschieren, plante Sweta, sie an eine Dienstreise nach Kirow unweit des Urals anzuschließen, wo sie eine ihrem Institut zugeordnete Reifenfabrik inspizieren würde. Ihr Chef Zydsik sollte die notwendigen Formulare ausfüllen, um ihre Spur zu verwischen, wenn Sweta ihm wie vorgesehen ein Telegramm aus Kirow schickte, in dem sie ihn wissen ließ, dass sich ihre Rückkehr nach Moskau verzögern werde. Von Kirow würde sie nur eine Nacht und einen Tag benötigen, um mit dem Zug über Kotlas nach Koschwa zu gelangen, wo Lew Israilewitsch sie abholen sollte. Am 20. August schrieb sie Lew:

> Da es Ortszüge von Kirow gibt, die ganz und gar zugänglich sind, werde ich in der Lage sein, zwei Fliegen mit einer Klappe zu schlagen. Wenn Mich. Al. [Zydsik] am 12. zurückkehrt, werde ich bis zum 15. meine Dienstreise zu der Fabrik für ungefähr 10 Tage registrieren lassen. Von dort werde ich weiterfahren, als wäre ich noch auf der Dienstreise, nur ohne Fahrkarte, aber dafür mit jeder Menge Vitamin D [Schmiergeld]. Dadurch werde ich die Kosten der Fahrkarte sparen, doch am wichtigsten ist, dass die Tage, die ich für die Hinreise nach Kirow und zurück brauche, nicht zu meinem Urlaub zählen werden, was noch günstiger für mich sein wird. Meine Arbeit in Kirow wird zwei bis drei Tage dauern (ich muss mir die Fabrik ansehen, einen Bericht schreiben und irgendwelche Ratschläge erteilen). Allerdings gebe ich zu, dass ich mich wegen der Reise ein wenig nervös fühle. Ich werde Deinem Namensvetter (oder jemand anderem?) ein Telegramm schicken, sobald ich in Moskau aufbreche, und dann noch einmal aus Kirow – alles wird sich in nur einem Monat abspielen. Ich glaube nicht, dass ich das zusätzliche Gepäck loswerden kann, Ljowa. P. hat versprochen, einige der Bücher (diejenigen, die schwer zu beschaffen sind, wie das neueste

> Englischlehrbuch und die Bücher über Kernenergie) für mich ausfindig zu machen. Nat[alia] Ark[adjewna] wird bestimmt etwas schicken, irgendwelche Kleidung, Brot für die Reise und so weiter. Wie ich wohl schon erwähnt habe, möchte ich Deinem Namensvetter etwas zukommen lassen, aber im Moment habe ich immer noch kein Fotozubehör … O. B. [Tante Olga] versteht nicht, warum ich Dir die Bücher nicht schicke wie früher den Anzug, doch, Ljowa, ich habe Angst vor Dir. Du würdest wütend auf mich sein. Ich schwöre beim Barte meines Vaters, dass ich meine Nase nun erst am 30. Jahrestag der Oktoberrevolution [7. November 1947] wieder in einen Buchladen stecken werde … Dieser Brief wird Dich frühestens um den 5. [September] erreichen. Wenn Du mir also etwas Dringendes mitzuteilen hast, dann bitte Lew Israilewitsch, ein Telegramm zu schicken, aber denk daran, dass mein Antwortbrief nicht rechtzeitig eintreffen wird. Außerdem kannst Du einen Brief postlagernd nach Kirow schicken. Um sicherzugehen, werde ich, während ich in Kirow bin, im Post- und Telegrafenamt nachfragen.

Zehn Tage später bestätigte Sweta ihr Vorhaben:

> All meine Pläne bleiben bestehen, das heißt, am 15. werde ich nach Kirow und am 21. zu Dir reisen. Im Notfall schreib auf Kohlepapier sowohl nach M[oskau] als auch an die Postlagernd-Adresse in Kirow oder bitte den Namensvetter, ein Telegramm aufzugeben.

Unterdessen neigte sich der Sommer in Petschora seinem Ende entgegen. »Der Herbst rückt näher«, schrieb Lew am 4. September.

> Vorgestern lag der erste frühmorgendliche Frost, der sämtliche Kartoffeln in den örtlichen Gemüsebeeten erfrieren ließ – außer in unseren, denn die eine Hälfte war über Nacht zugedeckt, und die andere Hälfte blieb verschont, weil sie sich in der Nähe der Trockner befindet, wo sich kein Frost bildet. Trotzdem werden

sie kaum genießbar sein. Der Sommer war wirklich zu kurz. Die Nächte sind schon ziemlich real geworden; von 21 bis 2.30 Uhr herrscht Dunkelheit.

Lew erhielt Swetas Brief vom 20. August am 5. September, genau wie sie vorhergesagt hatte. Da er nun wusste, dass sie bestimmt kommen würde, musste er Pläne für ihren Empfang machen und dafür, Sweta ins Holzkombinat hinein- und dann wieder hinauszuschmuggeln. Am 7. September waren seine Vorbereitungen so weit gediehen, dass er ihr schreiben konnte:

Swet, Dein Brief ist, wie Du angenommen hast, am 5. September eingetroffen ... aber ich habe ihn nicht sogleich beantwortet, weil ich hier etwas wegen der Durchführung Deines Plans klären musste. Dieser Brief wird Dich vielleicht nicht vor Deiner Abreise erreichen. Ich bin immer noch nicht in der Lage, etwas Konkretes zu schreiben, jedenfalls nicht vor heute Abend, aber ich muss jetzt beginnen, damit ich wenigstens eine Chance habe, dies rechtzeitig abzuschicken. Du wirst die genaue Adresse Deines Cousins* – bei dem Du zwei Tage wohnen kannst – aus einem Telegramm in Kirow (auf dem Telegrafenamt, postlagernd) erfahren. Schick ein Telegramm mit den Einzelheiten Deiner Abreise an meinen Namensvetter. Du wirst zu seinem Haus fahren müssen, um weitere Anweisungen zu erhalten und überflüssiges Gepäck zurückzulassen. Betrachte das als Dein vorläufiges Hauptziel. Über das, was als Nächstes geschieht, können wir uns später Gedanken machen. Wegen der Bücher bin ich verärgert über mich selbst. Ich fürchte, dass ich zusätzliche Probleme für Dich geschaffen habe – es wäre am besten, sie in einem Paket an mich oder, wenn er es akzeptiert, an meinen Namensvetter zu schicken, wie Du es ursprünglich geplant hattest, zusammen mit den Fotomaterialien.

* Code für den freien Arbeiter, der sich einverstanden erklärt hatte, Sweta in der Industriezone zu verstecken.

Am 7. September, als Lew diesen Brief schrieb, war Sweta zu Hause, während Moskau seinen 800. Jahrestag feierte. Sie berichtete Lew aus ihrem Zimmer:

> Die Salutschüsse sind gerade abgefeuert worden. Mama macht einen Spaziergang durch die Stadt, doch Papa und ich sind schon gestern lange unterwegs gewesen. Wir können alles wirklich sehr gut durch unsere Fenster erkennen: Zwei große leuchtende Porträts [von Stalin und Lenin] hängen an Ballons über dem Roten Platz; der Himmel über der ganzen Stadt ist voll von hellroten Fahnen (die ebenfalls an Ballons hängen); am A- und B-Ring [Boulevardring und Gartenringstraße] sind Flutlichter angebracht, und riesige Netze in Blau- und Lilatönen bewegen sich über den Himmel (weitere Ballons), wobei sie bunte Feuerwerksexplosionen auslösen. Ich liebe den Salut … Alle Brücken sind durch weiße Lichter hervorgehoben und mit Laternen und farbenfrohen Girlanden bedeckt. Die gesamte Flussflotille … ist geschmückt worden. Das Moskauer Kraftwerk wird von allen Seiten beleuchtet … Gestern sind Papa und ich um 22 Uhr hinausgegangen … Wir mussten uns durch die dichte Menge im Zentrum hindurchkämpfen. Auf allen Plätzen spielen Orchester unter freiem Himmel auf Konzertbühnen, 120 tragbare Scheinwerfer, Märkte mit Lebkuchenhäuschen, wohin man blickt … Ich glaube nicht, dass jemand irgendwo so etwas schon mal erlebt hat … Ganz Moskau war auf den Straßen.

Drei Tage später, am 10. September, feierte Sweta ihren 30. Geburtstag. Lew hatte keine weiteren Nachrichten erhalten. Er sorgte sich wegen ihrer bevorstehenden Reise und war etwas durcheinander und frustriert, weil er ihr nicht helfen konnte, die vielen kommenden Gefahren zu bewältigen. Andererseits wagte er kaum zu hoffen, dass sie ihn tatsächlich besuchen würde.

> Nichts entwickelt sich jemals so, wie man es erwartet. Ich werde noch für eine Weile nichts herausfinden können und habe es

nicht einmal geschafft, mit I[srailewitsch] zu sprechen. Wenn es mir gelingt – in ungefähr zwei Tagen –, werde ich ein Telegramm aufgeben. Heute ist Dein Geburtstag. An diesem Tag verbringe ich immer gern ein wenig Zeit für mich allein. Deshalb sitze ich jetzt einsam an meinem Arbeitsplatz … Und ich denke an Dich. Meine Gedanken sind nicht immer klar oder glücklich, sondern manchmal eher verwirrend – na ja, so sollte es vermutlich auch sein. Nur eines ist klar: dass diese Gedanken das Wichtigste in meinem Leben sind, und es ist schlimm, dass ich sie nicht für etwas Nützliches verwenden oder in die Tat umsetzen kann.

Swetas Geburtstag verlief erfreulich, wie sie Lew am 12. September mitteilte:

Im Institut schenkten sie mir zwei gewaltige Blumensträuße (Gladiolen, Dahlien und Astern), und Mama gab mir einen dritten (Nelken). Es heißt, dass Blumen ein gutes Omen sind. Ich habe einige der Astern in einer Flasche im Labor für mich selbst und ein paar in einem Becher für Mich[ail] Al[exandrowitsch] zurückgelassen. Die übrigen sind zu Hause. Irina und Schura schenkten mir ein besonderes Kleidungsstück, das ich mir für die Expedition nach Norden erbeten hatte. Schura war an meinem Geburtstag nicht da … aber Irina war es, genau wie Lida vom Institut … Mama hatte eine herrliche Kohlpastete gebacken, und es gab zwei Kuchen (erlangt mit Lebensmittelmarken anstelle von Zucker).

Die schlechte Nachricht war, dass Sweta nicht in der Lage sein würde, am 15. nach Kirow zu reisen, wie sie Lew angekündigt hatte. Im Institut waren Verzögerungen eingetreten. »Ich habe die Details der Dienstreise in meiner Aktentasche, aber das Lohnbüro ist leer, und vor dem 20. soll es kein Geld geben«, schrieb sie. Freunde und Verwandte begannen, Geld für sie zu sammeln, und brachten etwa 1000 Rubel auf, mehr als ihr Monatsgehalt. Zugleich erhielt sie »weitere 300 oder 400 Rubel« von ihrem Institut (eine Summe, die man ihr dafür schuldete, dass sie das Labor während Zydsiks Abwesenheit geleitet hatte), indem sie einen Bericht »über Löhne und Diskrepanzen bei Vergütungen« verfasste und in einen Stapel Papiere steckte, die der Direktor ohne genauere Prüfung unterzeichnete. Hätte sie das Geld persönlich erbeten, wäre sie zurückgewiesen worden (das Institut war knapp bei Kasse, und die Leitung suchte stets nach Vorwänden, ihr Personal nicht zu bezahlen), und möglicherweise hätte man ihr vorgeworfen, ihr fehle das erforderliche öffentliche Bewusstsein eines Forschungsgruppenleiters. Vielleicht hätte man ihr sogar einige peinliche Fragen danach gestellt, warum sie plötzlich Geld brauchte. Sweta war es unangenehm, den Direktor auf diese Weise zu hintergehen. Es verstärkte ihre allgemeine Besorgnis über die größeren Risiken, mit denen sie sich auf der Reise würde auseinandersetzen müssen. »Ich bin sehr nervös wegen der Vorbereitungen«, schrieb sie Lew. »Alles hat mit dem immer gleichen Aberglauben zu tun, dass ich, wenn ich alles erledige, letzten

Endes nicht aufbrechen werde (oder dass, wenn ich doch aufbreche, etwas Schlimmes passieren wird).«

Währenddessen hatte Lew immer noch keinen Kontakt zu seinem Namensvetter aufnehmen können, um die Pläne für Swetas Ankunft zu klären. Wie er ihr erläuterte, hatte er seit dem 5. September nichts von Lew Israilewitsch gehört und ihn nicht einmal gesehen. »Deshalb konnte ich ihn nicht wissen lassen, was in Deinem Brief steht, ihn rechtzeitig informieren oder ihm Fragen stellen.« Für Swetas Besuch mussten immer noch wichtige Vorbereitungen getroffen werden, über die er sie nun durch ein Telegramm nach Kirow unterrichten wollte, sobald er mit Israilewitsch gesprochen hatte. »Alles in allem«, schrieb er Sweta am 17. September, »ist in den letzten zehn Tagen oder so nichts wirklich glattgelaufen.« Eine größere Komplikation, die sich kurz zuvor ergeben hatte, war die, dass Lew sich häufiger in den Baracken aufhalten musste (in der 2. Kolonie war es zu einem Sicherheitsalarm gekommen), was es ihm erschweren würde, sich in der Industriezone mit Sweta zu treffen.

Fünf Tage später, am 22. September, hatte Lew immer noch nichts von seinem Namensvetter gehört, weshalb er annahm, dass dieser krank sei. Auch hatte er seit dem 5. keinen Brief von Sweta bekommen. Da er vermutete, dass sie Moskau bereits verlassen hatte, ließ er von einem der freien Arbeiter ein Telegramm postlagernd nach Kirow schicken. Es enthielt die Adresse von Lew Israilewitsch in Koschwa, die sie nach ihrer Ankunft aufsuchen sollte, um weitere Anweisungen abzuwarten.

Die Einzelheiten von Swetas Reise sind nicht mehr ganz nachvollziehbar, da sie selbst in späteren Jahren etwas den Überblick verlor. Anscheinend reiste sie kurz nach dem 20. September aus Moskau ab. Ihr Vater und ihr Bruder begleiteten sie zum Jaroslawler Bahnhof, und sie bestieg einen Zug nach Kirow, wo sie mindestens drei Tage mit der Erfüllung ihrer Pflichten in der Reifenfabrik verbracht haben muss. Wie geplant, schickte Sweta aus Kirow ein Telegramm an Zydsik (der in den Plan eingeweiht war), um ihm mitzuteilen, dass sie sich »ein paar Tage verspäten« werde. Dann nahm sie einen Zug nach Koschwa und benutzte eine Fahrkarte, die ihr Vater illegal einem Militäroffizier abgekauft hatte. Dieser erklärte sich bereit, sie als seine »persönliche Assistentin« mitzunehmen, vorausgesetzt, sie gab ihm die Fahrkarte bei ihrer Ankunft in Koschwa zurück. Sweta hatte die obere Liege in einem Schlafwagenabteil – ein »unerhörter Luxus« für sie, wie sie berichtete.

Was empfand Sweta, als sie nach Norden reiste, in Kotlas umstieg und ihre Fahrt nach Koschwa fortsetzte? Hatte sie Angst, als sie die ersten Wachtürme und Stacheldrahtzäune am Gleis entlang erblickte? Dachte sie überhaupt an die Risiken, denen sie sich durch eine illegale Reise in die Gulagzone aussetzte? Ein paar Monate später, im April 1948, glaubte Sweta rückblickend, sie habe sich nicht gefürchtet, weil sie »auf ein Scheitern vorbereitet und ein bisschen emotionslos war«. Da sie einen Fehlschlag halb erwartet habe, sei sie nicht gezwungen gewesen, ihre Emotionen in die Verheißung eines Erfolgs zu investieren, was ihr geholfen habe, die Nerven zu bewahren. Doch im Lauf der Zeit blickte sie mit immer größerem Erstaunen über ihre eigene Kühnheit auf die Reise zurück. Mehr als siebzig Jahre später in ihrer Küche sitzend, erinnerte Sweta sich, dass es ihr damals »natürlich« vorgekommen sei, die Fahrt anzutreten. Aber dann fügte sie hinzu: »Wie konnte ich dorthin aufbrechen, ohne auch nur an die damit verbundenen Gefahren zu denken? Ich weiß es nicht. Es war ein törichtes Unterfangen. Der Teufel muss mich geritten haben!«

Für den illegalen Teil der Reise, bei dem Sweta Gefahr lief, verhaftet zu werden, hatte ihre Freundin Schura ihr ein Kleid gegeben, das aus dem dunkelgrünen Wollstoff ihrer alten Armeeuniform geschneidert worden war. »Das Kleid rettete mich«, schrieb Sweta später:

> Ich versuchte, den Kontrolleuren auszuweichen, die im Waggon die Fahrkarten und Papiere aller Reisenden überprüften. Es war mir gelungen, die Uniform anzuziehen und mich unauffällig zu verhalten, indem ich keinen Blickkontakt herstellte. Aber einer der Kontrolleure kam auf mich zu und sagte, meine Fahrkarte

sei nicht legal; er wolle mich aussteigen lassen und zum Verhör mitnehmen. Wie sollte ich die falsche Fahrkarte erklären? Ich hatte keine Ahnung, wem sie gehörte. Wahrscheinlich stand ein Männername darauf, doch ich war eine Frau und kannte nicht einmal mein angebliches Reiseziel. Genauso wenig konnte ich eingestehen, wohin ich in Wirklichkeit unterwegs war. Und obendrein sollte ich die Fahrkarte ja dem Offizier zurückgeben. Dann aber kamen mir die anderen Passagiere, die ausnahmslos Armeeangehörige waren und mich für eine der ihren hielten, zu Hilfe und debattierten freundschaftlich mit dem Kontrolleur: Wenn etwas nicht stimme, sei es nicht meine Schuld! Und der Kontrolleur ließ mich weiterfahren.

Sweta stieg ein paar Kilometer von Petschora entfernt in Koschwa aus, wo sie Lew Israilewitschs Erdhütte, in der er ein »winziges Zimmer« bewohnte, ausfindig machte. Sein Vater war aus Leningrad zu Besuch gekommen – wahrscheinlich der Grund dafür, dass sich Israilewitsch nicht mit Lew im Holzkombinat abgesprochen hatte –, und die Schlafgelegenheiten waren beengt. Am folgenden Tag machten sich Israilewitsch und Sweta gemeinsam zum Holzkombinat auf. Vom Bahnhof in Petschora gingen sie die Sowjetstraße entlang, einen Feldweg, der zu beiden Seiten von Holzhäusern mit acht Zimmern und »Bürgersteigen« aus auf dem Boden verlegten Brettern flankiert war. Sie bogen in die Moskauer Straße ein, vorbei an einem großen weißen, neoklassischen Gebäude, dem ersten Bauwerk aus Stein am Ort, das gerade für die Verwaltung des Arbeitslagers der Nord-Petschora-Eisenbahn errichtet worden war (man hatte die Verwaltung kurz vorher aus Abes hierherverlegt). Vor dem Gebäude standen Wachleute, doch keiner hielt Sweta an oder verlangte ihre Papiere, obwohl sie als Fremde aufgefallen sein muss. Von der Moskauer Straße gingen Israilewitsch und Sweta an den Baracken der 1. Kolonie und der Autowerkstatt an der Garaschnaja-Straße vorbei, bevor sie zum Haupttor des Holzkombinats gelangten, wo sie den Wärtern erklären wollten, dass Sweta die Frau eines in der Siedlung wohnenden freiwilligen Arbeiters sei.

Der Bahnhof in Koschwa, Ende der 1940er Jahre

Die Sicherheitsmaßnahmen im Holzkombinat waren chaotisch. Es gab ungefähr 100 Wärter, die in der Gefängniszone patrouillierten. Die meisten waren Bauern, die sich nach dem Armeedienst bei Kriegsende hatten anwerben lassen, um nicht auf ihre Kolchosen zurückkehren zu müssen. Viele waren Analphabeten, die meisten tranken übermäßig, und fast alle akzeptierten Bestechungsgelder oder bestahlen die Häftlinge. Außerdem plünderten sie die Vorratslager des Holzkombinats, besonders die Ställe in der Industriezone und die Windmühle neben der 1. Kolonie, wo mindestens ein Dutzend Wärter an einem groß angelegten Diebstahl von Hafer beteiligt war, aus dem sie Wodka für den Verkauf an Häftlinge und freie Arbeiter brannten. 1946 gingen mehrere Tonnen Hafer auf diese Weise verloren.

Das Hauptproblem mit den Wärtern bestand darin, dass sie fast ständig betrunken waren. Das Parteiarchiv des Holzkombinats ist voll von Berichten über Disziplinarverfahren, in denen Wärter Verweise erhielten, weil sie »während der Arbeitszeit betrunken

Wärter am Holzkombinat, Ende der 1940er Jahre

waren«, »im Rausch das Bewusstsein verloren, während sie in der Wache Dienst hatten«, »sich betranken und mehrere Tage lang der Arbeit fernblieben« und so weiter. Sämtliche Parteiführer waren sich darin einig, dass Trunkenheit unter den Wärtern die größte Gefahr für die Sicherheit darstellte. Häftlinge waren aus dem Lager hinausspaziert, während Wärter in der Hauptwache ihren Rausch ausschliefen. Andere hatten die Wärter bestochen, damit sie Frauen im Ort besuchen konnten, und hatten sogar weitere Gelder angeboten, um wieder in die Barackenzone hineingelassen und beim Löschen der Lichter als »anwesend« gezählt zu werden. Die Entlegenheit von Petschora – innerhalb von 1000 Kilometern gab es nichts als andere Arbeitslager – machte es zu einem natürlichen Gefängnis.

Auch Beispiele dafür, dass Fremde gegen Schmiergeld in die Gefängniszone eingelassen wurden, waren bekannt. Auf einer Parteiversammlung im Holzkombinat wurde 1947 über mehrere Fälle berichtet, in denen Unbekannte ohne Passierschein in die Siedlung gelangten, um freie Arbeiter zu besuchen. Sobald sich die Eindringlinge in der Industriezone befanden, konnten sie sich der Entdeckung entziehen, denn die karge Straßenbeleuchtung – gerade mal sieben Glühlampen – diente nicht Sicherheits-, sondern Produktionszwecken. Acht Wachtürme mit Scheinwerfern waren an der Stacheldrahtumzäunung verteilt, doch drei der Scheinwerfer hatten keine Birnen.

Lew Israilewitsch und Sweta erreichten das Haupttor des Holzkombinats völlig ungehindert. Das baufällige Tor war kaum sicherer als der Holz- und Stacheldrahtzaun an seinen beiden Seiten. Es bildete ein Quadrat aus Sperrholzbrettern, bedeckt mit Propagandaparolen, und war oben mit dem Emblem des Arbeitslagers, einem Hammer und einer Sichel, verziert. Rechts vom Tor stand die Wache, wo jeder, der das Holzkombinat betrat oder verließ, dem diensthabenden bewaffneten Wärter einen Passierschein zeigen sollte. Häftlingskonvois wurden beim Betreten und Verlassen des Lagers gezählt.

Als Sweta behauptete, sie sei die Frau eines in der Siedlung wohnenden freiwilligen Arbeiters, ließ der Wärter sie nicht ein, sondern erklärte, dass ihr Mann sie abholen müsse. Israilewitsch, der einen Passierschein besaß, versicherte, er werde ihren »Mann« in der Zone ausfindig machen und zur Wache bringen. Er ließ sie lange warten. Nun begann der Wärter, unflätig mit Sweta zu reden und auf »nördliche Ehefrauen« (Frauen mit Ehemännern, die im Gulag inhaftiert waren) zu fluchen, als habe er ihre List durchschaut. Schließlich erschien Israilewitsch mit dem »Gatten«, einem triefend nassen und offensichtlich betrunkenen freien Arbeiter aus der Siedlung, der die Rolle von Swetas Mann hatte spielen sollen, doch zum Zeitpunkt seines Auftritts im Suff eingeschlafen war, so dass Israilewitsch ihn mit einem Eimer kalten Wassers hatte wecken müssen. »Der Mann sah verlegen aus«, erinnerte sich Sweta. »Damit ich ihn nicht küssen musste, stürzte ich auf ihn zu und fing an zu schimpfen: ›Ich habe dir doch geschrieben! Und du bist zu faul, mich abzuholen!‹ Er tat beschämt und sagte nur: ›Komm schon. Komm schon!‹« Bevor der Wärter weitere Fragen stellen konnte, hatten Sweta und ihr »Mann« die Gefängniszone betreten.

Sie erreichten das Haus, in dem der »Gatte« wohnte. Wie sich herausstellte, hatte er eine Frau, die nichts von seinem Versprechen wusste, Lew und Sweta dort zusammenkommen zu lassen. Eine wütende Szene entspann sich, in der die Frau ihren Mann, dessen Atem nach Alkohol stank, anbrüllte. »Es war keine Eifersucht«, erzählte Sweta, »sondern Angst davor, dass man ihnen auf die Schliche kommen und sie ins Gefängnis stecken würde«, weil sie Lew und Sweta Beihilfe geleistet hatten. Lew war schon vorher eingetroffen und hatte sich draußen versteckt, um auf Sweta zu warten. Nun tauchte er mitten in der Szene auf und bemühte sich, Sweta vor der wütenden Frau zu schützen. Die beiden hatten sich ihr Wiedersehen bestimmt anders vorgestellt – nicht in dieser schäbigen Unterkunft mit einer zeternden Frau und einem betrunkenen Mann –, doch nun mussten sie sich den Umständen fügen. Sechs Jahre lang hatten sie sich nach diesem Moment gesehnt und sich ausgemalt, dass sie allein und ungestört sein würden. Es war eine gespannte und gefährliche Situation, denn die Frau hätte in ihrer Angst und ihrem Zorn die Wärter herbeirufen können, um ihre eigene Unschuld zu beweisen, und zunächst mussten sie sich damit zufriedengeben, Blicke durch das Zimmer hinweg auszutauschen. »Uns blieb nichts anderes übrig, als unsere Gefühle zu unterdrücken«, entsann sich Lew. »Es war nicht so, dass wir einander in die Arme fallen konnten. Was wir taten, war äußerst kriminell, und wir mussten auf der Hut sein.«

Das Paar bewohnte zwei Zimmer in der oberen Etage eines der Holzhäuser in der Siedlung. Der eine Raum war möbliert, der andere völlig kahl. »Sie brachten uns zwei Stühle«, erinnerte sich Sweta, »und wir saßen in dem leeren Zimmer, während Freunde von Lew nach einem anderen Versteck für uns suchten.« Schließlich kam die Nachricht, dass sie bei den Alexandrowskis unterschlüpfen konnten.

Die Alexandrowskis wohnten in einem Haus ganz in der Nähe, doch Maria, eine Telefonistin, hielt sich dort nur mit ihren beiden kleinen Söhnen auf. Ihr Mann Alexander saß im Gefängnis von Petschora (er war in eine Schlägerei im Bahnhofscafé verwickelt worden, wo ihn jemand hatte bestehlen wollen, und musste sich wegen »Vandalismus« verantworten). Maria war für die Nachtschicht in der Telefonzentrale in der Sowjetstraße eingeteilt. Am Nachmittag erwartete sie noch den Besuch eines Wärters und seiner Frau, aber im Anschluss daran würde sie sämtliche Lichter löschen, um anzuzeigen, dass Lew und Sweta ihre Wohnung gefahrlos betreten konnten.

Sobald die Dunkelheit anbrach, schlichen Lew und Sweta hinaus und bewegten sich so rasch wie möglich auf Marias Baracke zu. Sie gingen den Fenstern gegenüber hinter einem Feuerholzstapel in Deckung und warteten darauf, dass sich die Besucher verabschiedeten. Plötzlich kam ein anderer Wärter auf sie zu. Sie glaubten, er habe sie entdeckt, und fürchteten das Schlimmste: Sweta würde verhaftet und eines Staatsverbrechens angeklagt, Lew würde zusätzliche Jahre ableisten müssen und mit einem Konvoi nach Norden geschickt werden. Aber dann hörten sie, wie der Wärter an die andere Seite des Holzstapels urinierte. Danach entfernte er sich.

Endlich verließen Marias Besucher das Haus, und die Lichter erloschen. Lew und Sweta schlichen aus ihrem Versteck ins Innere. Die Alexandrowskis verfügten nur über zwei kleine Zimmer. In dem einen stand ein Einzelbett, in dem Maria normalerweise schlief, und in dem anderen befanden sich ein Tisch, Stühle und Bettzeug auf dem Fußboden für ihre Söhne. Als Lew und Sweta eintrafen, hatten sich die beiden Jungen in Marias Bett gelegt, weshalb die beiden sich in dem anderen Zimmer niederließen. »In jener Nacht schliefen wir überhaupt nicht«, sagte Sweta. Lew fügte hinzu: »Erst als wir allein waren, nur wir beide, als wir nichts mehr zu befürchten hatten und die beiden Jungen schlummerten, konnten wir uns freier fühlen, uns nach Herzenslust küssen und umarmen und so weiter. Aber … mehr möchte ich nicht sagen.« Was Lew nicht preisgeben wollte, wurde später von Sweta ergänzt: »Ich fragte ihn: ›Möchtest du?‹ Er dachte nach und erwiderte: ›Aber was würde danach geschehen?‹«

Lew und Sweta verbrachten gemeinsam zwei Nächte in Marias Haus. Tagsüber, während er im Kraftwerk arbeitete, blieb sie dort und spielte mit Marias Jungen. Am zweiten Abend wagten sich Lew und Sweta jedoch hinaus, um Strelkow in seinem Labor zu besuchen. Mehrere von Lews Freunden kamen herbei, um Sweta zu begrüßen. Sie waren voller Bewunderung für diese junge Frau, die so viel für die Reise zu ihnen riskiert hatte. Alle gaben ihr Briefe, die Sweta mitnehmen und für sie verschicken sollte.

Am folgenden Tag schmuggelte jemand (sie konnte sich nicht mehr erinnern, wer) Sweta hinaus. Dann ging sie allein zum Bahnhof und wartete im Saal neben dem Fahrkartenschalter, der nur kurz vor der Ankunft eines Zuges geöffnet wurde. Mit dem Kopf in den Händen auf ihrem Koffer sitzend, schlief sie vor Erschöpfung ein und erwachte erst, als der Zug auf dem Gleis stand und alle anderen bereits eingestiegen waren. Sweta packte ihre Sachen, kaufte sich eine Fahrkarte und rannte zum Zug. Das Abteil, für das ihre Fahrkarte galt, war bereits voll, doch man gestattete ihr, »in irgendeinen Sanitätswaggon, der völlig leer war«, zu gehen. Sie legte sich auf eine Bank und schlief wieder ein.

In Koschwa – es war bereits spätnachts – wachte sie auf. Sie ging zu Lew Israilewitschs Haus und schlief dort bis zum Morgen. Vor ihrem Aufbruch machte Lew Israilewitsch zwei Aufnahmen von Sweta als Souvenir für Lew. Das eine Foto zeigt sie auf einem Korbstuhl vor einer Decke sitzend, die Israilewitsch nach Art eines Studiohintergrunds aufgehängt hatte; auf dem anderen verlässt sie, im Mantel und mit Gepäck, das Haus.

Aus Koschwa schickte Sweta folgenden Brief an Lew:

> Lew, mein Schatz, ich bin noch in Koschwa. Gestern Abend gab es keinen Direktzug, aber heute werde ich versuchen, mir eine Fahrkarte für einen von ihnen zu besorgen. L. J. [Israilewitsch] wird Dir morgen von meiner Abreise erzählen. Alles ging glatt … Ich schlief am Bahnhof [in Petschora] und auf der Reise [nach Koschwa]. Um Mitternacht traf ich bei I[srailewitsch] ein und rüttelte ihn so sanft wie möglich wach. Und dann schlief ich weiter bis zum Morgen und wachte kein einziges Mal auf.
>
> Vorläufig fühle ich mich gut. Ich vergieße kein Wasser aus den kleinen Löchern, durch die ich hindurchschaue. Vielleicht weil alles noch einem Traum gleicht. Ljowenka, gestern habe ich vergessen G. J. [Strelkow] mitzuteilen, dass ich A[lexandrow]-

skaja [Maria] nicht zu Hause vorfand. Richte es ihm bitte aus … Lew, dank allen noch einmal in meinem Namen. Ich bin nicht fähig, meine Gefühle mit Worten auszudrücken, doch vielleicht werden sie mich trotzdem verstehen.

Alles Gute, mein Liebling. Ich küsse Dich noch einmal zum Abschied. L.J. [Israilewitsch] bereitet eine Überraschung für Dich vor – im Moment ist es noch ein Geheimnis.

Lew schrieb am selben Tag an Sweta:

Meine reizende Sweta, sogar das Wetter ist heute aus der Fassung geraten. Der Wind peitscht, und am Morgen hat es gehagelt; alles ist so düster und elend. Ich warte auf meinen Namensvetter – vielleicht kommt er morgen früh. Und natürlich mache ich mir Sorgen … Heute habe ich bis 9 Uhr ein wenig mit Gleb [Wassiljew] geplaudert. Wir tranken Tee. Alle waren bei Strelkow, und als er hinausging, legte ich *[Herbsttag]** in einen Glasrahmen, hängte ihn über Strelkows Bett und setzte mich dann darunter, um Dir Glück zu wünschen …

Nikolai [Lilejew] wollte heute Abend kommen. Oleg [Popow] wird wahrscheinlich ein bisschen später auftauchen, aber ich möchte allein sein.

Lew wartete mit Spannung auf die Nachricht, dass Sweta erfolgreich zurückgekehrt war. Es bestand ein beträchtliches Risiko, dass sie unterwegs verhaftet wurde. »Meine reizende, herrliche Sweta«, schrieb er zwei Tage später, »bis heute, den 3. Oktober, habe ich noch nichts von Dir gehört. Oh, wie schrecklich es ist. Und ich kann einfach an nichts anderes denken.«

Kurz darauf traf der Brief mit den beiden Fotos von Sweta ein, der von Lew Israilewitsch vorbereiteten »Überraschung«.

* Die Reproduktion eines berühmten Landschaftsbildes von Isaak Lewitan, die Sweta als Geschenk mitgebracht hatte.

Meine süße, meine wunderbare Sweta … endlich! Gott sei Dank ist alles in Ordnung. Überhaupt danke ich jedem Einzelnen herzlich. Als ich Dein Schreiben las, erriet ich sofort, was für eine Überraschung Du im Sinn hattest, aber sie schien kein bisschen weniger unerwartet und freudig zu sein, als sie ankam. Du wirst in zehn Jahren die Gleiche (in einem Sessel) sein wie heute. Aber Du bist immer in jeder Hinsicht großartig …

Meine wahrhaft unglaublich schöne Sweta – alle schicken Dir Grüße, doch ich weiß nicht, was ich Dir schicken soll. Ich möchte nur an Dich denken, über Dich schreiben. Ich vermeide sämtliche Gespräche außer dem einen oder anderen mit Ljubka [Terlezki], und Lesen interessiert mich nicht … Dauernd betrachte ich *Herbsttag* und kann mich nicht davon losreißen … Meine Süße und Sanfte, ich drücke Deine Pfoten.

Am 5. Oktober war Sweta wieder in Moskau. Sie schickte Lew Israilewitsch kein Telegramm wie geplant, denn ein früheres war von jemandem auf dem Postamt in Koschwa abgefangen worden

und »sofort zum Eigentum aller Eingeborenen geworden« (was bedeutet, dass der Inhalt womöglich dem MWD übermittelt wurde). Doch zwei Tage später schickte sie Lew einen Bericht über ihre Heimreise:

> Für 250 Rubel konnte ich einen Platz in einem Direktzug ergattern. Dein Namensvetter besorgte mir die Fahrkarte und begleitete mich zum Zug. Ich machte zum Andenken [ein Foto] von dem Häuschen Deines Namensvetters, in dem ich drei Nächte verbrachte. Zuerst schickte der Schaffner mich in ein fast leeres Abteil, aber ich war kaum eingeschlafen, als er vorschlug, ich solle die Plätze mit einem Mann wechseln, der sich in weiblicher Gesellschaft wiedergefunden hatte, und ich war gern dazu bereit. Ich setzte mich zu drei netten Mädchen – Fototechnikerinnen für eine Luftkartografie-Expedition. Sie waren an der Endstation [Workuta] eingestiegen und fuhren die gesamte Strecke nach Moskau. Es gab absolut nichts zu tun – ich hatte nicht daran gedacht, ein Buch für die Rückreise mitzunehmen –, wes-

halb ich während der ganzen Fahrt schlief … Ich wachte nicht einmal bei der Ankunft des Zuges auf.

Am Morgen des 5. (um 4.30 Uhr) traf ich zu Hause ein, machte ein Nickerchen und spielte eine Weile mit Alik. Dann ging ich in die Banja und kochte das Mittagessen. Mama hatte an diesem Tag wieder 39 Grad Fieber …

Moskau bereitete mir einen düsteren Empfang – kalt und regnerisch (aber nicht hoffnungslos). Die täglichen Sorgen haben nun nicht mehr mit Brot, sondern mit Kartoffeln zu tun, die in den Läden schwer zu finden sind und auf dem Markt bereits 7 Rubel kosten (früher waren es 3). Alle hamstern … Zucker ist zusammen mit Gebäck und Brötchen verschwunden. Es ist deprimierend. Die Bäume haben ihre Blätter fast verloren, und an den Marktständen gibt es keine Blumen. Also, Ljowa, mein Lieber, ich verabschiede mich fürs Erste. Mit meiner ganzen Liebe. Alle, die ich hier habe besuchen können, lassen Dich grüßen. Sweta.

Grüße und Dank an alle dort.

(oben) Lew und Swetlana im Jahr 1936
(unten) Lew *(Dritter von links)* und Jewgeni Bukke *(Zweiter von links)* im Jahr 1936

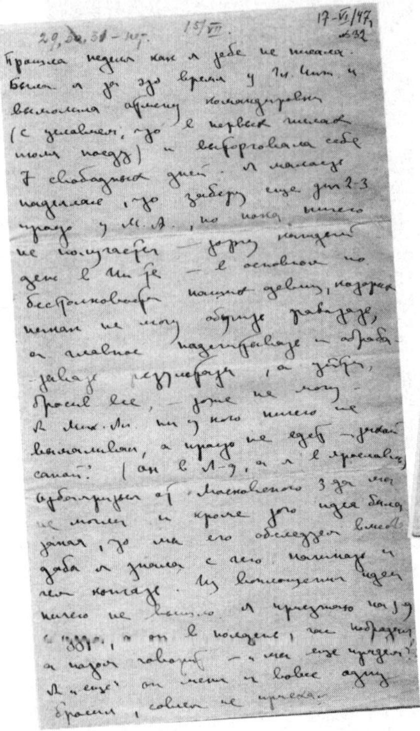

17-VII-47, № 32

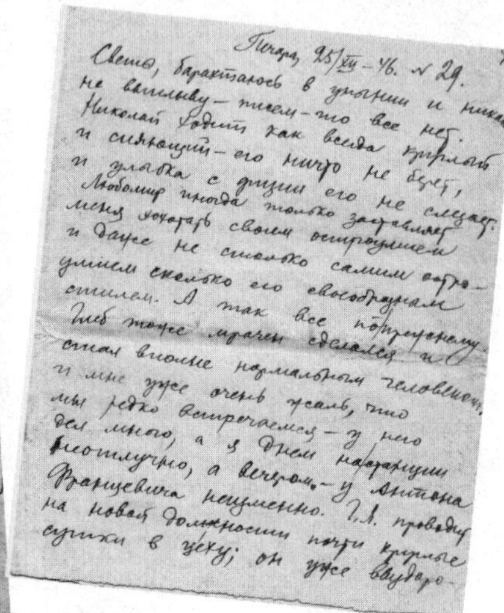

Печора, 25/XII–46. № 29.

Света, барахтаюсь в унынии и никак не выплыву — писем-то все нет. Николай ходит как всегда хмурый и сияющий — его ничто не берет, и улыбка с физии его не слезает. Любомир иногда только задавливает меня сахаром своим отпущением и даже не столько самим сахаром, сколько его своеобразным стилем. А так все по-прежнему. Глеб тоже мрачен сделался и стал вполне нормальным человеком. И мне уже очень жаль, что мы редко встречаемся — у него дел много, а днем на работе неотлучно, а вечером — у Антона Францевича неизменно. Г.Л. проводит на новой должности почти круглые сутки в цеху; он уже выздоро-

Swetlanas Briefe zur Linken, Lews zur Rechten

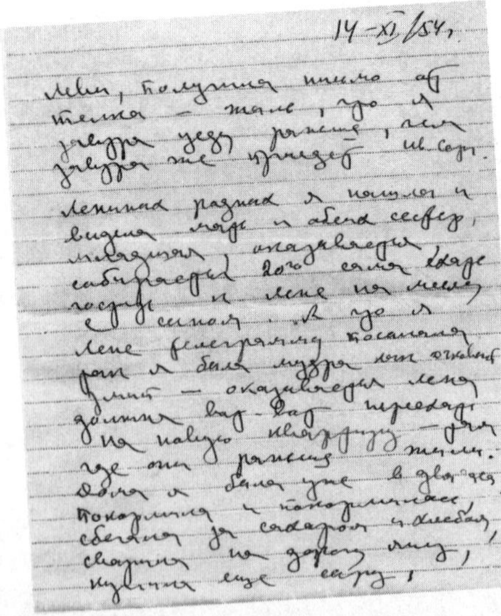

14-XI-54,

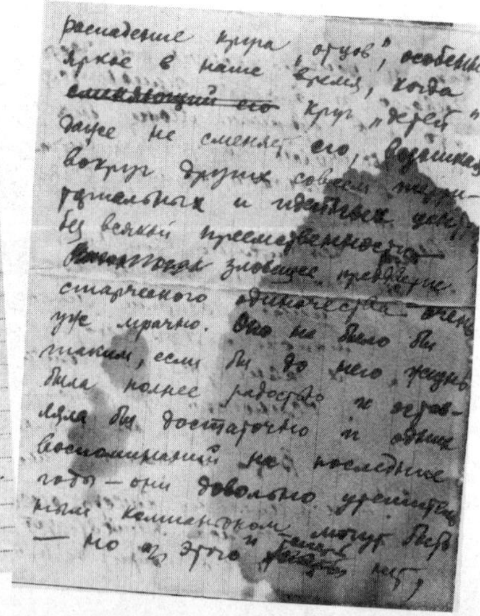

распадение круга „отцов", особенно яркое в наше время, когда ~~сменяющий его~~ круг „детей" даже не сменяет его, возникая вокруг других совсем незначительных и идейных дел, без всякой преемственности — ~~[illegible]~~ зловещее предвестие старческого одиночества — очень уже мрачно. Оно не было бы таким, если бы до него жизнь была полнее радостью и оставляла бы достаточно и светлых воспоминаний на последние годы — они довольно угнетены нашим командиром и тем, что могут быть — но от этого деться некуда,

(oben) Die Industriezone des Holzkombinats im Jahr 1956
(unten) Eine Sicht auf den Fluss Petschora vom Holzkombinat

(Linke Seite oben) Das Clubhaus im Holzkombinat
(Linke Seite unten) Holzkombinatsstraße

(Rechte Seite oben) Ein Konvoi außerhalb der 1. Kolonie (aus dem Gedächtnis gezeichnet von Boris Iwanow)
(Rechte Seite unten) Die Überreste des Holzkombinats, mit Wachturm, in den 1980er Jahren

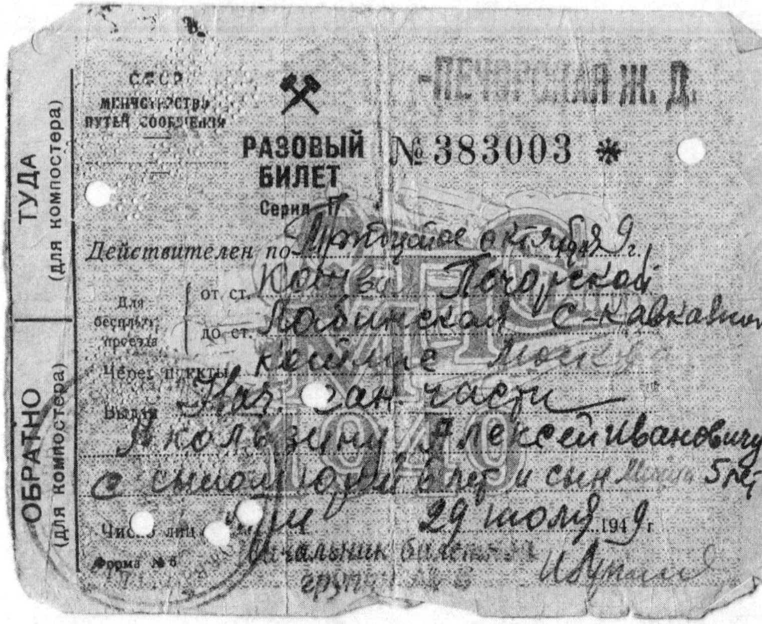

(oben) Eine Zugfahrkarte für die Petschora-Eisenbahn, 1949
(unten) Lews Stiefel aus Petschora und der Koffer, den er vor seiner Abfahrt aus dem Arbeitslager 1954 anfertigte

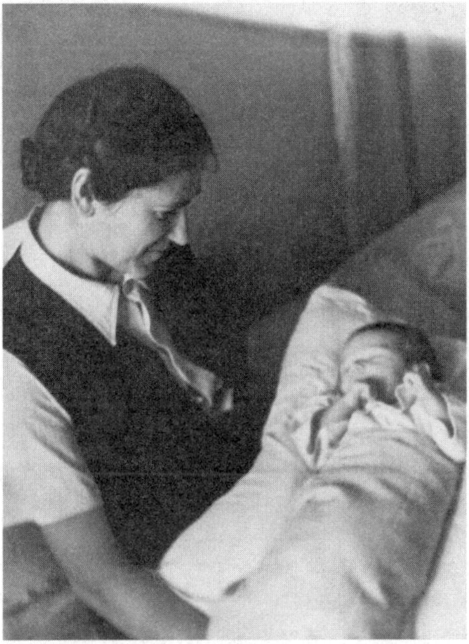

(links) Swetlana mit ihrer Tochter Anastasia im Jahr 1956

(unten) Lew mit seinen Kindern auf Nikitas Datscha

Swetlana und Lew, Moskau 2002

7

Kurz nach Swetas Abreise kehrte der Winter in Petschora ein. Für Lew waren die beiden Ereignisse miteinander verknüpft. »Heute Nacht fiel der erste Schnee«, schrieb er Sweta am 13. Oktober.

> Der Boden ist seit zwei Tagen gefroren, und alles ist plötzlich winterlich geworden. Ich habe nicht schreiben können … Natürlich ist nicht der Winter selbst dafür verantwortlich, sondern das Fehlen von Swet [»Licht«], das den Winter begleitet. Der Winter lähmt die Emotionen. Gedanken verlieren ihre Behendigkeit; Rastlosigkeit und Motivation schwächen sich ab. Die Zeit selbst scheint sich zu verlangsamen und in der weißen Fläche einzufrieren.

Lews Stimmung war durch Swetas Besuch gestiegen, doch nach ihrer Abfahrt war er trauriger als zuvor. Ihm war noch deutlicher geworden, was er so lange vermisst hatte und worauf er nun wieder verzichten musste. »Swetinka«, schrieb er sechs Tage nach ihrer Abreise, »je mehr ich an Dich denke, desto mehr vergesse ich Dein Gesicht. Ich kann mir Deinen Anblick nicht mehr ausmalen – ich sehe nur kleine Stücke von Dir. Am liebsten würde ich weinen.« Selbstmitleid war Lew fremd, aber er quälte sich offenkundig. »Gut, das reicht«, fuhr er fort. »Ich höre jetzt auf zu winseln, obwohl ich eigentlich nichts anderes als Deinen Namen schreiben möchte: Sweta in all seinen grammatischen Formen, förmlich und vertraulich. Irgendwie werde ich es überstehen.«

Drei Wochen später zeigte sich Lew noch immer schicksalsergeben, nachdem er alle Hoffnung auf seine Freilassung hatte fahren lassen.

> Du hast mich einmal gefragt, ob es leichter sei, mit oder ohne Hoffnung zu leben. Ich kann mir überhaupt keine Hoffnung machen, aber ich fühle mich ruhig ohne sie. Ein bisschen Logik und Beobachtung lassen keinen Platz für Träumereien. Ich weiß nicht, warum ich das gerade geschrieben habe, doch da es der Fall ist, werde ich es stehen lassen. Es ist nicht genau das, was ich verspüre oder wie ich mich fühle, aber im Moment kann ich nichts zur Gänze übermitteln. Dafür muss man nämlich denken, und es ist viel besser, nicht zu denken.

Dann jedoch verschickte er einen weiteren Brief mit Überlegungen über das Glück – ein Gefühl, das er wiederentdeckt hatte, als Sweta bei ihm war. Seine Gedanken wurden ausgelöst durch die Nachricht, dass Onkel Nikita und dessen Frau Jelisaweta durch einen Besuch ihres Sohnes Andrej, der Armeeurlaub hatte, enttäuscht worden seien:

> Es ist eine alte Weisheit, dass Menschen selten in der Lage sind, das zu nutzen, was sie haben, und noch seltener, dass sie fähig sind, ihr eigenes Glück wahrzunehmen. Manchmal ist es notwendig, sich selbst von außen zu betrachten und sich – bewusst, nicht intuitiv – Bericht darüber zu erstatten, was Sache ist. Zu sagen, das, was ich empfinde, ist Glück – mehr, als ich es je hatte, so dass jede Änderung wahrscheinlich nur eine Verschlechterung sein kann … Ich bin dem Schicksal und der Natur, Dir und mir selbst dankbar für das Glück, das mir gewährt wurde; dafür, dass ich fähig war, es in dem Moment zu sehen, und nicht erst, nachdem er vergangen war.

Lew richtete sich wieder im Alltag des Arbeitslagers ein. Anfang Dezember wechselte die Leitung des Kraftwerks. Der alte Chef Wladimir Alexandrowitsch, ein ehemaliger Häftling, wurde zu dem zentralen Kraftwerk im Ort versetzt. Sein Nachfolger war Boris Arwanitopulo, ebenfalls ein ehemaliger Häftling. Lew kam mit beiden Männern gut aus. Alexandrowitsch, ein Elektroingenieur mit einer vielversprechenden Karriere vor seiner Verhaftung im Jahr 1938, war ein starker Trinker, tieftraurig über den Tod einer Tochter und häufig voller Selbstmitleid angesichts des Verlusts seiner Karriere, nach Lews Meinung aber »gutmütig« und »kultiviert«. Alexandrowitsch wohnte mit seiner Frau Tamara in der Siedlung innerhalb der Industriezone. Er gehörte zu den freien Arbeitern, die Briefe für Lew hinein- und herausschmuggelten. Zuweilen gab er Lew Geld für Kleidung und Haushaltsgegenstände, die Sweta aus Moskau schickte. Als Alexandrowitsch zum Kraftwerk im Ort überwechselte, redete er Lew zu, mitzukommen, doch dieser lehnte das Angebot ab, denn »hier ist es sicherer für mich«, wie er Sweta erklärte. Er mochte den neuen Chef Arwanitopulo, der nach seiner Einschätzung »intelligent, sympathisch, nicht zu gebildet und vernünftig« war. Zu jenem Zeitpunkt schickten die Gulagbehörden Häftlinge in die abgelegene 4. Kolonie, die gerade in den nördlichen Wäldern eingerichtet worden war. Lew wollte auf keinen Fall für einen dieser Konvois ausgewählt werden, und er glaubte, auf seinem gegenwärtigen Posten weniger von einer Versetzung bedroht zu sein.

»Im Werk ist es zu einigen Änderungen gekommen«, schrieb er Sweta. »Man verlegt Leute zur 4. Kolonie, wo sie an der dorthin führenden Straße (15 Kilometer) Bäume abholzen und Bauarbeiten durchführen müssen. Hier treffen in immer größerer Zahl Frauen ein, um sie zu ersetzen. Sie werden der 3. Kolonie zugewiesen, und manche arbeiten bereits in den Werkstätten.« Es war lange her, seit er derart viele Frauen gesehen hatte – die Lager, in denen er während des Krieges gewesen war, hatten jeweils eigene Bereiche für weibliche Gefangene gehabt –, und die Tatsache, dass sie manuelle Arbeit leisten mussten, machte »einen beunruhigenden Eindruck« auf Lew. Seine Einstellung zu Frauen war immer noch von der Verehrung und romantischen Ritterlichkeit der Vorkriegsjahre geprägt. Die Gespräche mit diesen weiblichen Häftlingen bedrückten ihn noch mehr. »Viele der Frauen, die hier angekommen sind, reden voller Schrecken über die Orte, an denen sie vorher waren [andere Arbeitslager und Verbannungskolonien]«, berichtete er Sweta. »Die wenigen, die ohne Angst an diese Orte zurückdenken können, lösen ihrerseits beim Beobachter wenn nicht Furcht, so doch ein eindeutiges Unbehagen aus. Es ist ein derart betrüblicher Anblick.«

Auch Sweta fühlte sich nach ihrer Rückkehr aus Petschora entmutigt. Vielleicht litt sie unter den emotionalen Auswirkungen der Begegnung mit Lew – unter den Konsequenzen, vor denen er sie gewarnt hatte, als er sie fragte, ob es ihr ein Treffen nicht noch schwerer machen würde, »dort glücklich zu sein, wo andere glücklich sind«.

Sweta versuchte, mit der Trennung fertig zu werden, indem sie sich in ihre Arbeit stürzte, obwohl ihr Interesse daran begrenzt war. Sie inspizierte Fabriken in Tbilissi und Jerewan, war bei den Bezirkswahlen zum Moskauer Sowjet aktiv, hielt Reden auf Gewerkschaftskonferenzen, gab die Wandzeitung des Instituts heraus, übernahm die Ausbildung neuer Forscher, schrieb an ihrer Dissertation, übersetzte Artikel, besuchte Französisch- und Englischstunden, sang in einem Chor, übte Klavierspielen und organisierte einen Mathematikclub. Lew fiel es schwer, sich Sweta unter all diesen neuen Umständen vorzustellen. »Wenn ich an Dich denke«, schrieb er am 3. Februar 1948, »und ich denke in jeder freien Minute an Dich, sehe ich Dich nur in gewissen Situationen klar vor mir«:

> Wie Du, nachdem Du Dir etwas überlegt hast, plötzlich aufblickst, um zu antworten. Wie Du dasitzt, wenn Du mit jemandem sprichst. Wie Du schläfst (das ist etwas, das Du selbst Dir nicht einmal annähernd ausmalen kannst!). Wie Du Dein Haar flichtst (ein Geschick, das mir unbegreiflich ist). Aber ich kann mich kaum an Deine Stimme erinnern – nur gelegentlich an Dein Lachen und an bestimmte Wendungen und Deinen Tonfall. Die Furcht hindert meine Fantasie daran, Dich mit einer unvertrauten Umgebung zu verbinden – die Furcht, dass etwas nicht ganz richtig sein wird, nicht so wie in der Realität, sondern schlechter.

Sweta hatte eine Menge Nachrichten für Lew. Im Dezember hatte die Regierung den Rubel um neun Zehntel abgewertet und die

Rationierung beendet. Plötzlich beeilten sich alle, Waren noch mit dem alten Geld zu kaufen, was in sämtlichen Geschäften lange Schlangen verursachte, doch allmählich beruhigte sich die Lage. Für relativ wohlhabende Familien wie die Iwanows waren die neuen Konsummöglichkeiten aufregend. »Das Leben ohne Rationierung hat eine negative Seite: zahlreiche Versuchungen, ohne dass man sich zügeln muss«, schrieb Sweta am 24. Januar.

> Zuerst verschwenden die Menschen alles, dann wird ihnen klar, dass sie vorsichtiger sein müssen, doch nach der nächsten Lohnzahlung beginnt alles wieder von Neuem. Die Menschen haben ganz und gar aufgehört, Schwarzbrot zu essen (wir hatten 1 kg für drei Tage, und es dürfte noch ein paar Tage mehr vorhalten), und sie machen Jagd auf weiße Baguettes (4 Rubel das Stück; früher kosteten sie 1 Rubel 40 Kopeken) … Anfangs war es unmöglich, Gebäck zu ergattern, aber inzwischen ist unser Appetit gestillt … Die Späteinkaufsläden in unserer Gegend sind ein Gottesgeschenk. In unserem Gebäude gibt es ein Lebensmittelgeschäft, einen Feinkostladen am Kursker Bahnhof und ein Zentrosojus [Konsumgenossenschaftszentrale] am Pokrowski-Tor. Nach 22 Uhr ist nie jemand dort, und man kann problemlos Tee, Zucker und Butter etc. kaufen. Brot und Kartoffeln werden auch in den Kantinen von Behörden angeboten. Mama geht früh los, um Fleisch zu besorgen (vor allem aber, weil sie Qualität zu niedrigeren Preisen haben möchte). Nach Mehl und besonders nach Milch wird Schlange gestanden, weil sie im Vergleich zu allem anderen sehr billig ist: 4 Rubel der Liter … Außerdem kann ich Dir berichten, dass mein Gehalt seit Neujahr auf 1000 [Rubel] aufgerundet worden ist … Das häusliche Leben – Licht, Gas, Heizung – ist völlig in Ordnung, die Straßenbahnen etc. haben sich verbessert. In der Metro findet man neue Waggons, die dem Anschein nach mit Rotholz ausgekleidet sind; die Waggons sind nicht nur in der Mitte, sondern auch über den Sitzreihen beleuchtet und mit großen Fenstern versehen … Damit ist die Bekanntmachung beendet.

Sweta wollte Lew und seine Mithäftlinge an den neuen Verbesserungen teilhaben lassen, indem sie ihnen noch regelmäßiger Pakete schickte. Sie weigerte sich, auf seine Proteste einzugehen. »Wirklich, mein geliebter, närrischer Lew«, schrieb sie am 30. März, »wie kannst Du behaupten, dass Du bis nächstes Jahr nichts brauchst? Nur die gleichen trockenen Krusten … Glaubst Du tatsächlich, dass ich hier sitzen und köstlichen Tee mit Konfitüre trinken oder einen Keks knabbern und dazu Milch trinken kann, ohne daran zu denken, Dir etwas zu schicken?«

Lew erhob weiterhin dagegen Einwände, dass sie ihm Lebensmittel sandte, doch er bat um Medikamente für kranke Freunde und andere Häftlinge. Strelkow litt immer noch unter Magenschmerzen, die Lew sehr ausführlich beschrieb, damit Sweta eine Diagnose von ihrer Freundin Schura, einer Ärztin, stellen lassen und die geeigneten Mittel schicken konnte.

> Also, der Patient ist 49 Jahre alt, er hat ein im Allgemeinen fröhliches Gemüt und sieht jugendlich aus … Seit 1938 hat er einen Leistenbruch (so groß wie ein Gänseei). 1920 wurde ihm in die Brust geschossen. Man kann immer noch die 5 cm lange Eintrittswunde unter seiner rechten Brustwarze sowie die 4 cm lange Narbe der Austrittswunde dicht an seinem Rückgrat zwischen denselben Rippen sehen. Im Oktober 1947 begann er, unter regelmäßigen akuten Schmerzattacken im und um den Magen zu leiden – es handelt sich um einen Bereich von 2 bis 3 Fingern Breite auf der Höhe seiner 7. und 8. Rippe, der an der rechten Seite, ungefähr eine Handbreit von der Mitte, beginnt und sich nach links, 2 bis 3 Finger von der Mitte, erstreckt … Der Schmerz ist sehr stark, scharf und lästig und dauert 8 bis 14 Stunden, ohne wirklich je nachzulassen. Wenn er sich während einer Attacke auf den Rücken legt, wird der Schmerz schlimmer; wenn er sich krümmt und die Knie an die Brust zieht, geht der Schmerz zurück. Seine gewöhnliche Ernährung besteht (seit mehreren Jahren) aus frischem Schwarzbrot, dünner Suppe aus fein gemahlener Gerste, Perlgraupen oder Hafermehl und

Salz mit Wasser; aus ebenso wässriger Kascha, die genau die gleichen »Bestandteile«, allerdings viel weniger konzentriert, enthält; Tee und Kaffeeersatz entweder mit Zucker oder ohne. Von diesen Nahrungsmitteln löst nur frisches Brot eine Attacke aus … Es besteht wenig Aussicht, seine Kost zu ändern.

Sweta holte eine Diagnose von Schura ein, die Ärzte im Ersten Medizinischen Institut in Moskau konsultiert hatte und mit ihnen darin übereinstimmte, dass ein Leberproblem die wahrscheinlichste Erklärung sei. Sie schickte Strelkow eine Reihe Medikamente, ein paar Sonden, damit er Proben von seiner Gallenflüssigkeit entnehmen konnte, sowie Ernährungsratschläge. Auch versprach sie, ihm getrocknetes Weißbrot zukommen zu lassen.

Ljubomir Terlezki, Lews Kojengenosse, war ebenfalls krank. Als Folge seines achtjährigen Aufenthalts im Arbeitslager litt er an Skorbut und war psychisch gebrochen. »Ljubka ist trübsinnig und spricht kaum«, schrieb Lew an Sweta. »Er hat Angst vor Schönheit und will sie weder in der Natur noch in Büchern sehen, weil sie ihn an sein Zuhause erinnert.« Zur Bekämpfung des Skorbuts schickte Sweta Tütchen mit Vitamin-C-Pulver, und allmählich kam Terlezki wieder zu Kräften. Die lähmenden psychischen Auswirkungen des Lagerlebens waren jedoch weiterhin unübersehbar. »Mein Ljubka kehrt ganz langsam in die Zivilisation zurück«, meldete Lew.

Heute habe ich ihn gefragt, warum er immer so schreckliche Grimassen schneidet, wenn er jemandem die Hand schüttelt, und warum er andere so linkisch begrüßt. Mit etwas verlegener Miene entgegnete er, er habe sich in den letzten acht Jahren daran gewöhnt, dass niemand je Hallo oder Auf Wiedersehen sagt, sondern bloß Flüche murmelt und die Hände nur dazu benutzt, jemanden zu schlagen. Deshalb ist er nie sicher, ob jemand, der ihm die Hand zur Begrüßung hinhält, es aufrichtig meint. Er selbst streckt die Hand aus, als vollziehe er einen mittelalterlichen Akt der Ehrerbietung. »Aber ich ertappe mich dabei«, sagt er, »und manchmal gelingt es mir, nicht so furchtsam zu erscheinen.« Mit etwas Glück wird er Menschen in einem Jahr wieder normal begrüßen.

Im Mai 1948 kam Alexandrowitschs Frau Tamara, die gleichfalls erkrankt war, nach Moskau, um einen Arzt aufzusuchen. Sweta half ihr in der Hauptstadt und gab ihr vor ihrer Rückkehr nach Petschora einen Karton mit Medikamenten mit, die sie für Lews Freunde gesammelt hatte.

Indessen fühlte auch Sweta sich unwohl. Sie magerte ab, schlief schlecht, war reizbar und weinerlich – durchweg klare Anzeichen von Depression. Allerdings sprach niemand in der Sowjetunion über solche Dinge, denn Optimismus war obligatorisch, und wer Probleme hatte, sollte sich am Riemen reißen. Die Familie Iwanow war mit vielen Ärzten befreundet, und Sweta suchte etliche von ihnen auf. Alle nahmen an, dass das Ganze körperlich bedingt war. Sie untersuchten Swetas Blut, glaubten, eine Entzündung der Schilddrüse entdeckt zu haben, und schickten sie zu Endokrinologen, die Jod und Phenobarbital verschrieben, doch niemand erkundigte sich nach ihrem emotionalen Befinden. Sweta wusste nicht, was sie von den Meinungen der Ärzte halten sollte. Sie war unsicher, ob ihr physisch etwas fehlte. Sie wusste nur, dass sie sich unwohl fühlte und auch so aussah. An Lew schrieb sie:

> Die Endokrinologin sagte, sie sei überzeugt, dass sich meine Schilddrüsentätigkeit erhöht habe (Kopfschmerzen, Fieber, Herzstechen, Gewichtsverlust, Nervosität etc., etc., darunter irgendein seltsames Glänzen in meinen Augen – meiner Ansicht nach hat das nur mit dem Fieber zu tun). Ich wäre mit solch einer Diagnose zufrieden, denn ich kann Ungewissheit nicht leiden. Sie hat mir reine Jodtabletten verschrieben, die mit Jodsalz, Phenobarbital, Brom, Kampfer und Baldrianextrakt eingenommen werden sollen. All das muss ich 20 Tage fortsetzen, dann habe ich eine Pause von 10 Tagen, bevor ich die Medikamente weitere 20 Tage nehme und die Endokrinologin erneut aufsuche. Alles schön und gut, abgesehen davon, dass es zurzeit keinen

Baldrian gibt und ich deshalb nicht mit der Behandlung beginnen kann. Heute ging ich erneut zu unserem Arzt, gab ihm die Testergebnisse und erzählte ihm von meinem Besuch bei der Endokrinologin. Er war wirklich überrascht über meinen BSG-Wert*. Wahrscheinlich dachte er, all meine Unpässlichkeiten hätten nervliche Ursachen, aber Nervosität allein erhöht den BSG-Wert nicht. Über die Rezepte der Endokrinologin äußerte er sich recht herablassend: »Es wird Ihnen guttun, sie zu nehmen, aber meiner Ansicht nach ist das nicht das Wichtigste.« (Er sagte nicht, was sonst.) »Ich rate Ihnen, bis zum Sommer Lebertran zu nehmen.« (Und wenn das nicht hilft?) Ich kann keine Waage finden und deshalb nicht objektiv feststellen, ob ich wirklich weniger wiege oder ob mein Gewichtsverlust nur der subjektiven Meinung anderer entspricht. Mir scheint, dass ich nicht dünner als früher bin, und wenn ich dünner war, dann im letzten Sommer. Andererseits wirkt mein Gesicht verkniffen, was mir wirklich nicht steht und viele seufzen und ausrufen lässt: »Was fehlt dir denn?« Sowohl in meiner Gegenwart als auch hinter meinem Rücken spricht man darüber, wie ich vor meiner Reise nach Chromnik** (»ein faszinierendes Mädchen«) ausgesehen hätte und welchen Eindruck ich nun machte (womit natürlich angedeutet wird, dass ich alt und zottig, dass ich eine Greisin geworden sei).

Lew war der Einzige, mit dem sie über ihre Gefühle reden konnte. Im Februar 1948, ein paar Wochen nach ihrer Rückkehr aus Petschora, schrieb sie ihm:

Mein geliebter Ljowa, ich möchte so gern bei Dir sein, aber ich habe nicht einmal einen Brief von Dir bekommen. Ich versuche, zur Oberfläche vorzudringen und meinen Zorn zu unterdrücken. Die beiden Worte »kann nicht« sind wieder in meinem

* Blutsenkungsgeschwindigkeit.
** Das Institut bei Swerdlowsk, wo Sweta 1943 gearbeitet hatte.

Vokabular aufgetaucht. Ich kann es nicht ertragen, Menschen vor mir zu sehen, die nicht glücklich sind, wenn sie objektiv alles haben, was sie für ihr Glück brauchen. Ich kann kein Mitgefühl für sie aufbringen; ich kann nicht aufhören, bissig oder ungeduldig zu sein. Irina rief mich am Samstag an und lud mich ein, Lossinka zu besuchen, aber ich lehnte ab. Ich kann den Trost nicht annehmen, den Freunde spenden. Ich brauche alles oder nichts. Wieder einmal sind die Dinge schwarz oder weiß. Doch all die vielen Fälle von »kann nicht« lassen sich mit einem einzigen »Ich möchte« erklären. Alles in meinem Innern verhärtet sich, und ich kann nichts daran ändern. Deshalb reagiere ich abweisend auf Irinas Vorschlag, lege den Hörer auf und fange danach an zu weinen.

Die Briefe an Lew waren ein Ventil für ihre Depression. Er hatte Verständnis für ihre Stimmungen. »N.A. [Glebs Mutter] hat vor ein paar Tagen angerufen und wollte wissen, ob es mir gutgehe. Ich verbarg meinen Kummer und sagte, alles sei in Ordnung«, schrieb sie Lew am 2. März.

Aber in Wahrheit weiß nicht einmal ich, was ich in meiner verzweifelten Stimmung mit mir anfangen soll. Ljowa, mein Liebling, wenn ich manchmal scheußliche Briefe schreibe, so weiß ich doch, dass ich kein Recht dazu habe, aber mit wem sonst außer Dir kann ich denn weinen? Sobald ich Dir schreibe, lässt meine Spannung nach. Also noch einmal, Ljowa, sei nicht ärgerlich, wenn Du solch einen Brief erhältst. Ohnehin ist meine Laune, wenn Du ihn endlich erhältst, wahrscheinlich vergangen, und ich hüpfe vor Freude herum. Verstehst Du mich, mein Liebling? Ich beabsichtige nie, Dich durch meine Briefe zu verärgern oder Deinen Schmerz zu verschlimmern. Nun weine ich seit mehreren Tagen hintereinander, nicht nur bevor ich einschlafe, sondern auch wenn ich frühmorgens aufwache, vor dem Mittagessen und danach. Das Wichtigste, Ljowa, das Allerwichtigste – Du weißt ja selbst, was es ist …

> Ljowa, ich hoffe, dass wir uns nie schuldig voreinander fühlen und einander in wichtigen Dingen alles verzeihen werden und dass wir, wenn es unwichtig ist, versuchen, nicht zornig zu sein (obwohl gewöhnlich gerade diejenigen, die uns am nächsten stehen, am meisten zu erdulden haben).

Sweta wollte Lew nicht mit dem Gedanken belasten, dass ihre Depression irgendetwas mit seiner Inhaftierung zu tun haben könnte. Für ihn gab es schon genug zu bewältigen. Und ihr war klar, dass sie stark bleiben musste, um ihm durch die kommenden Jahre zu helfen. In vielen ihrer Briefe sprach sie von anderen Gründen für ihre Mutlosigkeit. »Eine Depression hat mich übermannt, und ich warte auf ihr Ende«, schrieb sie ihm. »Ich weiß nicht, warum der Januar so schwierig ist – vielleicht weil es (durch Mamas Geburtstag, Weihnachten und Neujahr) einmal der fröhlichste Monat war. Vielleicht weil ich mich schon seit vor der Jahreswende unwohl fühle. Ich werde gereizt und bin dauernd müde.« Dabei hatte ihre Depression nichts mit dem Geburtstag ihrer Mutter zu tun, sondern einzig und allein mit der Tatsache, dass Lew und sie voneinander getrennt waren, wie sie manchmal zwischen den Zeilen verriet:

> Nachdem ich alle möglichen Pillen geschluckt habe (in einem realen, nicht in einem übertragenen Sinn), habe ich vergessen, wie man weint (ich bin also vorbereitet, falls ich eine bittere Pille im übertragenen Sinn schlucken muss). In letzter Zeit schlafe ich schlecht, möglicherweise weil unser Zimmer so stickig ist – draußen ist es nachts kalt, und Papa hat Angst vor Durchzug, weshalb er die Fenster geschlossen hält. Aber mein Fensterchen öffnet sich sowieso nicht weit genug. Ich habe Dich mindestens fünfmal in meinen Träumen gesehen. Es könnte daran liegen, dass das Ende Deiner Haft realer wird oder näher rückt. Wahrscheinlich ist es Aberglaube, dass ich Dich jetzt nicht wiedersehen werde, sondern aus irgendeinem Grund bis zum Herbst warten muss, was ohnehin besser sein mag …

Ski- oder Schlittschuhfahren tat ihr gut. »Im Augenblick«, schrieb sie Lew am 10. März, »ist Skifahren das Einzige, was mir uneingeschränkt Freude macht – mehr als Literatur, Konzerte und sogar andere Menschen.«

> Es ist so schön im Wald, wenn die Sonne durch die Wolken lugt, so rein (in jedem Sinn des Wortes), dass man unwillkürlich denkt (und es dann unbeabsichtigt ausspricht): »Es ist schön, am Leben zu sein.« Ich weiß nicht, warum, aber der Schmerz lässt nach. Irgendeine Physiologie des Glücks.

Sweta wollte dem Wintersport mehr Zeit widmen, obwohl ihre Mutter ihr zuredete, daheim zu bleiben, da sie meinte, ihre Tochter sei nicht in der geeigneten körperlichen Verfassung. Nur Lew ermutigte sie, öfter das Haus zu verlassen und ihr normales Leben zu führen, um so ihre Depression zurückzudrängen. »Fahr irgendwohin«, riet er ihr am 15. April. »Neben Deiner physischen Gesundheit musst Du auch an Deinen inneren Zustand denken, der sich genauso sehr auf die Psyche auswirkt wie äußere Faktoren und mitunter die eigentliche Ursache sein dürfte.« In seiner Sorge um Swetas Gesundheit wandte er sich an seinen Onkel Nikita, der sie, wie er hoffte, im Auge behalten würde. »Es ist so schwierig für sie«, schrieb er ihm in jenem April, »und zwar in jeder Hinsicht, obwohl sie es nicht direkt zugibt.«

Sweta hatte einen kleinen Kreis von Freundinnen, denen sie sich anvertrauen konnte. Abgesehen von Irina Krause und Alexandra Tschernomordik verbrachte sie viel Zeit mit drei Frauen, die jeweils einen Mann und ein Kind verloren und doch einen Weg gefunden hatten, mit ihrem Leid zu leben. Dies weckte Swetas Mitgefühl und veranlasste sie, sich mit ihnen zu identifizieren. Die erste, Lidia Arkadjewna, arbeitete im selben Institut und war eine begeisterte Sportlerin und Bergsteigerin. Sie schürte Swetas Begeisterung für Skifahren und Schlittschuhlaufen. »Warum also habe ich mich Lidia zugewandt?«, schrieb Sweta am 25. Februar an Lew.

> Weil sie klug, scharfsinnig, lebhaft, stark ist und sich für eine Menge Dinge interessiert usw., usw. Sie ist eine wunderbare Skifahrerin und läuft oft Schlittschuh, dabei ist sie fast zehn Jahre älter als ich, ihr Mann fiel im Krieg, sie verlor ihren 14-jährigen Sohn vor einem Jahr (durch einen schrecklichen Verkehrsunfall*), und sie ist allein auf der Welt. Ich beobachte sie und versuche, von ihr zu lernen.

Die zweite, jüngere Freundin hieß Klara und war als technische Assistentin im Institut beschäftigt. Vor dem Krieg hatte man ihre Familie Repressionen ausgesetzt und Klara selbst im ersten Studienjahr vom Chemisch-Technischen Institut in Charkow verwiesen. Danach hatte sie mehrere Jahre in der Verbannung verbracht, wie sich aus einem Kommentar von Sweta schließen lässt: Sie erwähnt in einem ihrer Briefe, dass Klaras »übermäßige Vertrautheit mit der Geografie« die Wurzel ihrer Probleme sei. Trotz mehrerer Versuche, sie aus dem Institut hinauszudrängen, klammerte sich Klara an ihren Posten, so schlecht bezahlt er auch war. Sie hatte ebenfalls ein Kind verloren. Ihr Mann war in Petschora inhaftiert, und sie hatte ihn dort mehrere Male besucht, wobei sie von Tamara Alexandrowitsch untergebracht wurde. Lew hielt viel von Klara und verteidigte sie gegen Wladimir Alexandrowitschs Behauptungen, sie warte nur deshalb auf ihren Mann, weil er aus einer vermögenden Familie stamme. Andererseits waren Lews persönliche Eindrücke von ihr »zu oberflächlich«, als dass er gänzlich sicher sein konnte (»nett aussehend, fast langweilig, mit einer vampirhaften Maniküre und ebensolchen Ringen … wirkt sie relativ intelligent und kaum fähig zu so abgefeimter Berechnung«). Swetas Worte über Klara waren wie immer schonungslos und aufschlussreich:

> Ich kann mir vorstellen, dass Tamara mehr von Klara hält als von mir – wegen ihrer ausgeprägteren Weiblichkeit, ihrer Ord-

* Sein Magen wurde durch eine Eisenstange aufgerissen, die an der Seite eines vorbeifahrenden Lastwagens hervorragte.

nungsliebe, ihres Interesses an Komfort, Kleidung etc. Wahrscheinlich stehen sie sich auch deshalb nahe, weil beide Mütter sind und beide ein Kind verloren haben, während ich nur eine Strohbraut* bin. Das ist vermutlich der maßgebliche Unterschied, doch es fällt mir schwer, zu entscheiden, welcher schlimmer ist. Außerdem ist Klara liebevoll, und ich bin es nicht. Natürlich hat Klara sich manchmal bei ihr ausgeweint – im Gegensatz zu mir.

Hinzu kam Nina Semaschko, Lews und Swetas Kommilitonin aus der Physikalischen Fakultät, deren Mann Andrej im Krieg gefallen und deren neugeborener Sohn später ebenfalls gestorben war. Während Sweta den Tod von Ninas Sohn in einem Brief an Lew beschrieb, rührte sie auch ihren eigenen Kummer an:

> Es ist immer schwer, jemanden zu beerdigen, doch noch etwas ganz anderes, wenn es sich um einen kleinen und jungen Menschen handelt. Ein Außenstehender nimmt ein Kind nur in der Gegenwart wahr – aber für die Mutter erstreckt sich diese Gegenwart zurück in die Vergangenheit und umschließt alles in der Zukunft. Damit meine ich nicht nur die neun Monate des Wartens und die elf Monate des Stillens, sondern auch, lange vorher, den Wunsch oder den Widerwillen (oder die Besorgnis, ob es überhaupt möglich ist). Ich weiß nicht, ob ich mich klar ausdrücke, aber diese Zukunft ist alles, umfasst sämtliche Pläne und Träume, bis hin zu dem Wunsch, Enkel zu haben. Folglich reißt [der Tod eines Kindes] einen so großen Brocken aus dem »Alles« heraus, dass nichts mehr da zu sein scheint, das die Lücke füllen könnte. Zum Glück ist die Welt so beschaffen, dass der Schmerz mit der Zeit nachlässt … Nina ist jung genug – und sie hat die Freiheit –, zu entscheiden, ob ein weiteres Kind die Leere füllen kann, aber nun ist nicht der richtige Zeitpunkt, mit ihr darüber zu sprechen. Im Moment sagt sie nur, dass es für

* Eine Braut, die ihren Bräutigam verloren hat *(solomennaja newesta)*. In der russischen Folklore wurde Stroh als symbolisches Zahlungsmittel beim Abschluss eines Vertrags benutzt.

einen Menschen, der vom Pech verfolgt wird, sinnlos sei, nach irgendetwas, schon gar nicht nach Glück, zu streben.

Sweta sehnte sich nach einem Kind. Sie war dreißig Jahre alt und wusste, dass Lew in frühestens acht Jahren entlassen werden oder vielleicht gar nicht zurückkehren würde. Das hatte sie möglicherweise mit den Worten gemeint, sie warte darauf, »dass mein Leben weitergeht«. Nach der Reise nach Petschora hatte sie keinen Zweifel daran, dass ihre Zukunft – ihr »Alles« – mit Lew verknüpft war. Die beiden hatten jedoch beschlossen, kein Kind zu haben, solange er sich in Haft befand. Jahre später sinnierte Lew über dieses Thema:

> Ich wollte ihre Zukunft nicht mit meiner Gegenwart oder Zukunft belasten. Ich wollte nicht, dass sie sich aus Liebe zu mir aufopferte, sich mit meinem Schicksal verband. Deshalb war ich dagegen, dass wir uns durch Kinder aneinanderfesselten. Niemand wusste, was geschehen würde, solange Stalin am Leben war – und ich erwartete nichts Gutes. Ich konnte es nicht verantworten, Sweta in einer solchen Situation ein Kind aufzubürden, denn ich würde nicht nur unfähig sein, ihr zu helfen, sondern sie und das Kind vielleicht sogar einem schrecklichen Dasein aussetzen. In Stalins Zeit konnten aus Arbeitslagern entlassene Häftlinge, »Volksfeinde« wie ich, kein normales Leben führen. Sie wurden häufig erneut verhaftet oder in die Verbannung geschickt ... Ich wollte Sweta und ihre Familie nicht mit den schrecklichen Schwierigkeiten und dem Elend belasten, die unvermeidlich gewesen wären, wenn wir ein Kind gehabt hätten. Aber Sweta wünschte sich ein Kind.

Sweta konzentrierte all ihre mütterlichen Instinkte auf Alik, Jaras Sohn. Ihre Briefe enthielten regelmäßige Berichte über ihren Neffen, den sie offenkundig anbetete. »Ljowa«, schrieb sie, »Alik wird sieben, nicht acht, und wir haben seinen Geburtstag am Sonntag gefeiert.«

Heute hat Lena [Aliks Mutter] ihn mitgebracht, und wir haben uns Obraszows *Gestiefelten Kater* angesehen. Das Stück gefiel ihm, weil es so kurz war, doch obwohl er begreift, dass die Tiere nicht echt sind (schließlich ist er selbst ein ziemlich guter Schauspieler), glaubte er doch, dass Menschen in die Marionetten hineinschlüpfen (oder sie sich anziehen). Also bemerkte er nicht, dass die Marionetten dafür zu klein waren. Übrigens hat er schon wirkliche Theater besucht, zum Beispiel das Kindertheater, wo die *Erzählungen* gezeigt wurden. Erinnerst Du Dich an *Das Katzenhaus* und *Meister Bockowitsch*?* Ich glaube, wir haben sie gesehen, als wir das letzte Mal zusammen waren, unsere allerletzte Fahrt ins Kino nicht mitgerechnet – ich weiß nicht mehr, wie der Film hieß. Alik ist beträchtlich gewachsen und deshalb dünner geworden, aber er ist keineswegs mager. Sein körperlicher Mut und seine Selbstbeherrschung verbessern sich allmählich … [Er] erhält A's für Russisch und Rechnen, doch B's für Leibesübung. Wie ich Dir schon geschrieben habe, versteht er vollauf, dass $\frac{1}{7}$ weniger als $\frac{1}{5}$ ist, und nun hat Lera [aus seiner Schule] ihm beigebracht, Brüche (nicht zu schwierige) von ganzen Zahlen abzuziehen. Jetzt fängt er auch an, sich für Technik zu interessieren. Dauernd versucht er, Dinge auseinanderzunehmen und hineinzuklettern oder sie wieder zusammenzusetzen. Für seinen Ordnungssinn ist er nicht bekannt, aber ich habe keine Ahnung, wie man ein Kind »erziehen« muss.

Swetas Mutter Anastasia hatte ihr tatsächlich vorgeschlagen, als Kindergärtnerin zu arbeiten. Sie zweifelte an ihren eigenen Fähigkeiten als Wissenschaftlerin, und ihre Mutter meinte, sie würde glücklicher sein, wenn sie mehr Zeit mit kleinen Kindern verbrachte. Lew unterstützte den Gedanken, doch Sweta entschied sich letztlich dagegen, weil es ihr an Erfahrung als Mutter fehle und sie nicht wisse, »wie Kinder heranwachsen«.

* Aufführungen im Zentralen Kindertheater, die auf Verserzählungen des sowjetischen Kinderdichters Samuil Marschak basierten.

Trotzdem war Sweta entzückt, wenn Alik sich bei ihr aufhielt. Seine Ungezogenheit erinnerte sie an ihre eigene Kindheit.

Alik ist imstande, mich um 6 Uhr zu wecken (natürlich nachdem er selbst sich gut ausgeschlafen hat). Er macht gern Krach, vergisst, sich die Hände zu waschen, spielt fröhlich mit einem Fahrrad, das die meiste Zeit auf dem Kopf steht, und klettert in voller Bekleidung in den Waschbottich mit der Seifenlauge. Ich weiß nicht, ob ich besorgt und wütend wäre, hätte ich selbst mich als Kind artig verhalten, aber ich erinnere mich nur zu gut daran, wie wir unsere Wohnung nutzten: Alle Stühle wurden umgestoßen, und wir krochen unter den Betten und Tischen herum. Und niemand brüllte mich an – nicht einmal als ich herumhüpfte und mir den Zahn am Kopfende des Bettes abbrach oder mir den Kopf am Heizkörper zerschrammte (Jara wurde manchmal gescholten, ich jedoch nicht). Weißt Du, ich bin eine ziemlich schlechte Ratgeberin und Tagesmutter, denn ich verlasse mich auf die Vererbung und den natürlichen Lauf der Dinge, weil ich es einfach nicht für möglich halte, dass etwas wirklich Schlimmes aus etwas so Kleinem und Prächtigem erwächst. Am bedauerlichsten ist jedoch, dass ich als Tagesmutter eine »Theoretikerin« bin, weit entfernt von praktischer Erfahrung.

Zufällig spielte auch Lew damals die Rolle eines »Beraters und Kinderhüters«. Am 5. Oktober, dem Tag, als Sweta aus Petschora nach Moskau zurückkehrte, hatte Lew eine Besucherin empfangen.

Ein kleines Mädchen kam ins Kraftwerk, und ich fragte: »Bist du hier, um uns zu besuchen?« »Ja.« »Gut, dann los.« Sie betrachtete Nikolai Bogdanow [einen Mechaniker im Kraftwerk] argwöhnisch und wollte dann von mir wissen: »Warum bist du denn nicht schmutzig?« Daraufhin zerrte sie mich an meinem Gürtel durch den Generatorraum und wollte wissen, ob die Maschinen sich ausruhten und warum überall so viele Uhren seien und ob es Licht gebe, wenn die Hochöfen nicht beheizt würden.

> Wir freundeten uns rasch an, und ich erfuhr, dass sie Tamara Kowalenko heißt, aus der Region Winniza hierhergekommen ist und dass ihr Vater im Stall arbeitet.

Tamara war elf Jahre alt. Sie hatte eine ältere Schwester namens Lida und einen jüngeren Bruder namens Tolik (Anatoli). Es waren zerlumpte Kinder ohne Schuhe, vernachlässigt von ihrer Mutter, die als Wäscherin arbeitete, und stets hungrig, weil ihr Vater den größten Teil des Haushaltseinkommens für Wodka ausgab. Die Kowalenkos gehörten zu den 500 »Sonderaussiedlern« im Holzkombinat, von denen viele in den Baracken der 1. Kolonie knapp außerhalb der Gefängniszone wohnten. Kinder wie Tamara durften jedoch frei im Arbeitslager herumlaufen. Sie wurden nie von den Wärtern angehalten oder durchsucht, so dass sie Botengänge für die Häftlinge machen konnten, die ihnen Süßigkeiten oder Geld gaben oder für sie Holzspielzeug in den Werkstätten anfertigten. Die Ortskinder suchten häufig nach Spielzeug am Rand der Gefängniszone, wo Häftlinge solche Gegenstände manchmal über den Zaun warfen. Diese anonymen Geschenke waren in vielen Wohnungen in der Umgebung des Arbeitslagers zu finden. Sie erinnerten an die Sehnsucht der Insassen nach den eigenen Kindern und trugen ihnen menschliches Mitgefühl ein.

Tamara begann, Lew jeden Tag zu besuchen. Er gewann sie lieb, gab ihr Essen und lehrte sie lesen und rechnen. »Heute wurde ich wieder als Vater angeworben«, schrieb er Sweta am 25. Oktober.

> Ich traf zu meiner Schicht ein, und plötzlich erschien Tamara mit ihrer Schwester und ihrem kleinen Bruder. Ich habe Tamara schon erwähnt – sie ist 11 Jahre alt und von unendlicher Aufrichtigkeit und Zuneigung erfüllt. Jedenfalls, als sie mich gesehen hatte, ließ sie plötzlich ihre kleine Familie stehen (ihre Schwester ist 14 und ihr Bruder 6 Jahre alt), forderte die beiden auf, ohne sie nach Hause zu gehen, und lief auf mich zu. Sie warf die Arme um mich – ich weiß nicht, wie sie das schaffte – und verkündete, sie habe mich sehr vermisst. Zweimal sei sie bereits

vorbeigekommen, habe aber nicht auf mich warten können, doch nun werde sie bei mir bleiben, bis die Pfeife ertönte (bei Schichtende um 17 Uhr). Ich hörte, dass sie nun in die Schule, in die zweite Klasse, gehe. Also sind ihre Eltern anscheinend zur Vernunft gekommen. Sie zog ein altes rotes Seidenband hervor, knüpfte eine Schleife und sagte bedauernd, sie habe nur eines. Sweta, wenn es möglich ist, steck noch ein paar Bänder in ein Bücherpäckchen – und auch einige Kinderbücher.

Bald wurde er auch von Lida besucht. »Sie ist älter und … benimmt sich erwachsener. Die beiden sind die Töchter von drei Elektrikern und einem Maschinisten geworden, aber sie scheinen mich für ihren ›Haupt-Papa‹ zu halten.« Dank Lews Unterricht erhielten die Mädchen bessere Noten in der Schule, doch dann stahl Tamara mehrere billige Schmuckstücke von einem der Häftlinge. Lida brachte die Objekte zurück, aber Lew war desillusioniert. »Ich habe den Glauben an mich verloren«, schrieb er Sweta. »Du brauchst mir keine weiteren Bänder zu schicken. Tamara wird nicht mehr ins Werk kommen.«

Gleichzeitig las Lew eifrig sämtliche Bücher über Elektrotechnik, die er finden konnte, um die Funktionsweise des Kraftwerks zu verbessern, denn dessen schlechte Auslastung bremste die Produktion des Holzkombinats. Ohne ausreichenden Strom mussten die Werkstätten oft geschlossen werden (im Mai 1948 hatte man berechnet, dass die Maschinen für fast ein Viertel der Arbeitszeit außer Betrieb waren). Die Häftlinge saßen den ganzen Tag herum, rauchten und spielten Karten, bis der Strom wieder eingeschaltet wurde; danach mussten sie rund um die Uhr arbeiten, um den Produktionsplan zu erfüllen. »Unsere Arbeit hat keinen Rhythmus«, klagte einer der Parteiführer des Holzkombinats auf einer Versammlung am 12. Mai. »Wir taumeln von einem Chaos zum nächsten, um den Plan erfüllen zu können.«

Lew äußerte sich sehr kritisch über das unberechenbare Arbeitssystem im Holzkombinat. Seiner Meinung nach wurde das Werk von »Idioten« geleitet, und er erwähnte häufig die »Dummheiten«

der Bosse, deren Entschlossenheit, die Produktivität um jeden Preis zu erhöhen, immer wieder zu mechanischen Pannen, Unfällen, Feuern und allgemeinem Chaos führte – sämtlich Faktoren, welche die Planerfüllung noch mehr erschwerten. Am 12. Mai zum Beispiel beschrieb Lew die fortlaufenden Reparaturen im Kraftwerk:

> Was für ein schreckliches Durcheinander bei der Verlegung der neuen Betonfußböden. Wir mussten einen großen Teil der Drecksarbeit übernehmen: die Schaltung der Motorpumpe ersetzen, die die elektrische Abteilung fürchterlich ausgeführt hatte, neue Unterbrecher installieren und so weiter. Die Fußbodenarbeit wird deshalb so schluderig erledigt, weil keiner der Bosse, die sie beaufsichtigen, das geringste Interesse daran hat. Sie brauchen schließlich mit keiner Bestrafung zu rechnen, wenn die Sache misslingt. Enorme Mengen an Arbeit, Material, Zeit und Energie werden hier schlicht verschwendet – nichts wird zuverlässig erledigt. Dinge, deren Herstellung 10 Jahre gedauert hat, werden nach einem Jahr aufgegeben; Installationen, die provisorisch sein sollten, werden für jahrelangen Gebrauch überholt und nur äußerlich so hergerichtet, als erfüllten sie den Plan. Alles wird nachlässig abgewickelt – es sei denn, jemand wie Strelkow, der sich über jedes Detail Gedanken macht, hat die Leitung. Aber er ist einer von tausend, und selbst er ist nicht immer in der Lage, etwas an der Dummheit und Stagnation zu ändern, die so wesentliche Teile des Systems sind.

Lews Bemühungen, die Funktionsweise des Kraftwerks zu verbessern, waren ganz und gar freiwilliger Art. Er hatte keine politischen Motive – im Gegensatz zu Strelkow, einem Altbolschewiken, der an das System glaubte und versuchte, es effektiver zu machen. Beide aber waren von ihrem Wesen her gewissenhaft, interessierten sich für ihre Arbeit und waren stolz auf die Ergebnisse. »Ich bin nicht in der Lage, ruhig in einem Raum zu sitzen, wenn die Uhr dort falsch tickt«, schrieb Lew an Sweta. »Ich kann mich nicht entspannen, wenn der Abstand zwischen dem ›Ticktack‹ und dem ›Tacktick‹

unregelmäßig ist. Wenn ich unsere Elektriker, sogar die besten, bei der Arbeit beobachte, denke ich mir, welch eine Qual sie erleiden würden, wäre ich ihr Vorgesetzter.« Und die Elektriker hätten ihm zugestimmt.

> Gestern bemerkte einer unserer Techniker, dass ich immer etwas zu tun finde. »Lew«, sagte er, »du ohne Arbeit, das ist das Gleiche wie ein Trottel ohne einen Klaps« (also ohne eine Ohrfeige). Es ist ein derber, aber zutreffender Vergleich: Ein Mann läuft herum, sucht nach einer konstruktiven Arbeit und ist zufrieden, wenn er sie gefunden hat; ein anderer lungert herum, steckt die Nase in Dinge, die ihn nichts angehen, stört all seine Kollegen, fängt sich schließlich eine Ohrfeige ein und tut, nachdem er seine Lektion gelernt haben sollte, trotzdem nichts.

Lews Bemühungen im Werk hatten indes nicht nur mit seiner Gewissenhaftigkeit zu tun. Sie beruhten auch auf seiner Selbstachtung und dem Wunsch, während seiner Haft etwas Positives zu vollbringen, und vielleicht auch auf der Erkenntnis, dass er in diesen Jahren wenigstens einige neue Fertigkeiten erlernen musste, damit die Zeit nicht völlig verschwendet war und er das Lager mit der richtigen Geisteshaltung verließ, um sein Leben neu aufzubauen. (Im Rückblick auf seine Gefängnisjahre war Lew immer stolz darauf, dass es ihm gelungen war, die Kapazität des Kraftwerks zu erhöhen, bis es das Holzkombinat mit ausreichend Strom versorgen konnte.) Außerdem musste er sich ablenken, negative, selbstzerstörerische Gedanken unterdrücken und sich in der Arbeit verlieren, damit die Tage rascher vergingen – eine Überlebensstrategie, auf die viele Häftlinge zurückgriffen.*

Auch Selbstschutz spielte eine Rolle. Dadurch, dass er sich im Kraftwerk nützlich machte, konnte er sich seine privilegierte Position bewahren und die Gefahr verringern, mit einem Konvoi fort-

* Dies ist eines der Hauptthemen von Alexander Solschenizyns Roman *Ein Tag im Leben des Iwan Denissowitsch*.

geschickt – sein größter Albtraum – oder wieder einem Schlepperteam zugeteilt zu werden. Zudem hegte er die Hoffnung, seine Haftzeit zu verkürzen. Am 1. Mai 1948 wurde ein neues Punktesystem für die »Hilfstätigkeiten« (einschließlich des Kraftwerks) im Holzkombinat eingeführt: Tage, an denen ein Häftling zwischen 100 und 150 Prozent seiner Produktionsnorm erfüllte, wurden fortan als 1,25 Tage gezählt; zwischen 150 und 200 Prozent galten als 1,5 Tage, zwischen 200 und 275 Prozent als zwei Tage und über 275 Prozent hinausgehende Leistungen als drei Tage. »Wir könnten uns also in jeder Schicht einen Vierteltag verdienen«, schrieb Lew an Sweta, »was 6,5 Tage pro Monat oder über 2 ½ Monate pro Jahr bedeutet. Daneben besteht die Möglichkeit, zusätzliche Punkte für eine besonders herausragende Beurteilung durch den Chef der Anlagen zu bekommen oder sämtliche Punkte durch eine schlechte Beurteilung zu verlieren … Es ist eine Art Lotterie.«

Das Risiko, mit einem Konvoi fortgebracht zu werden, war im Jahr 1948 sehr hoch, als die 4. Kolonie eingerichtet und mit Insassen aus dem Holzkombinat aufgefüllt wurde. Gleichzeitig verlegte man qualifizierte Häftlinge in die 3. Kolonie (sie bestand hauptsächlich aus Kriminellen und Arbeitern, die gegen die Lagervorschriften verstoßen hatten), wo die Arbeitsdisziplin gänzlich zusammengebrochen war, kaum ein Drittel der Produktionsziele erreicht wurde und wo es zu Aufruhr wegen der elenden Lebensbedingungen kam. Im Sommer 1948 ermutigte eine Reihe von erfolgreichen individuellen Fluchtversuchen und sogar Massenausbrüchen aus der 3. Kolonie etliche Häftlinge der 2. Kolonie, ihren eigenen Ausbruch zu planen. Die Nachricht, dass mehrere Flüchtlinge aus der 3. im Wald erschossen worden waren, konnte sie ebenso wenig abschrecken wie die Tatsache, dass andere zurückgekehrt waren, weil sie die Mücken nicht ertragen konnten.*

* In *White Nights*, der Schilderung seiner Haft im Gulag Petschora von 1940 bis 1942, zitiert Menachem Begin, der später Ministerpräsident von Israel werden sollte, einen Mitgefangenen, der behauptete, die »Nordfliegen« von Petschora seien noch schlimmer als gewöhnliche Mücken: »Sie bewachen die Häftlinge besser als alle *strelki* [Wärter] mit ihren Gewehren. Wie? Einmal brach ein Häftling aus dem Lager aus und rannte davon. Die *strelki* schossen hinter ihm her, machten sich auf die Suche und

Gerüchten zufolge sollte ein »großes Häftlingskontingent« in die Lager Nordsibiriens verlegt werden, um die Unruhe einzudämmen, wie Lew Sweta am 24. Juni mitteilte. Er bat sie, keine Päckchen zu schicken, solange er die Situation nicht geklärt habe, zumal er damit rechnete, dass die Politischen, also auch er selbst, als Erste für einen Konvoi ausgewählt werden würden, möglicherweise »innerhalb der nächsten Tage«. Am 25. Juni riet er Sweta, keine weitere Reise nach Petschora zu planen, und bat sie, ihm über Alexandrowitsch zu schreiben, falls er fortgeschickt wurde.

> Tja, Swetischtsche, hier sind ein paar Instruktionen angesichts kommender Ereignisse: Brich in Deinem Urlaub nicht zu einer Reise auf. Denk nur daran, hierherzukommen, falls eine Dienstreise keine besonderen Anstrengungen erfordert – immer vorausgesetzt, dass überhaupt eine stattfindet. Ab übermorgen werden die Erfolgschancen auf praktisch null sinken. Anscheinend sollen alle, die nach dem schwersten Artikel [58] verurteilt worden sind – außer denen, die »allgemeine« Arbeit verrichten –, von ihren Posten entlassen und in die 3. Kolonie (am Fluss) umgesiedelt werden, die nun ein »verstärktes Regime« erhalten soll.* Es wird ganz unmöglich für Dich sein, auch nur kurze Zeit in der Industriezone (wo wir im Moment arbeiten) unterzukommen. Es könnte nur dann geschehen, wenn eine

hetzten ihm Bluthunde auf die Spur – vergebens. Der Mann war verschwunden … Drei Tage später kehrte der Entflohene freiwillig zurück … Er war nicht wiederzuerkennen. Man steckte ihn in die Einzelhaft, doch er schwor, er werde nie wieder einen Fluchtversuch unternehmen. Die Nordfliegen hätten ihn eine Lektion gelehrt.« (Begin, *White Nights*, S. 160 f.)

* Wahrscheinlich dachte Lew an die Lager mit »Sonderregime« *(Ossobyje lagerja)*, von denen im Frühjahr 1948 zehn eingerichtet wurden, um die »gefährlichsten« politischen Häftlinge (»Spione, Diversanten, Terroristen, Trotzkisten, Rechtsabweichler, Menschewiken, Sozialrevolutionäre, Anarchisten, Nationalisten, weißgardistische Emigranten und Mitglieder anderer antisowjetischer Organisationen«) zu isolieren. Die Lager mit »Sonderregime« befanden sich in den unwirtlichsten Regionen des Landes, mehrere sogar knapp unterhalb oder oberhalb des Polarkreises (Inta, Workuta, Norilsk und Kolyma). Häftlingen wurden Nummern auf die Haut gebrannt, sie trugen gestreifte Anzüge, und ihnen war »nur minimaler Kontakt zur Außenwelt gestattet« (Applebaum, *Gulag*, S. 490).

individuelle Ausnahme gemacht wird. Aber ich wiederhole: Die Wahrscheinlichkeit ist praktisch null – diesmal wird es viel schwieriger werden … Am besten wäre es, wenn Du gar nicht erst versuchst, mich zu besuchen. Hörst Du mir zu, Swete? Tu, was ich Dir sage. Akzeptiere dies als meine endgültige Entscheidung … Einverstanden, Swet? So ist es eben. Was die Zukunft anbelangt, sollten wir später darüber sprechen, denn zurzeit können wir nur vermuten, was geschehen wird … Für den Fall, dass Du sie benötigst, werde ich Dir in ein paar Tagen eine neue Adresse schicken, wenn »Sch[aba]« [Alexandrowitsch] eine neue Stelle bekommt. Aber benutz sie nicht zu oft. Vorläufig wird sie funktionieren. Noch etwas, Swetischtsche. Du darfst diesen Brief nicht aufbewahren – deshalb hat er keine Nummer. Und lass mich wissen, ob Du ihn erhalten hast – schreib einfach, der vom 25. ist eingetroffen.

Sweta folgte Lews Anweisungen nicht. Seine Briefe waren kostbar, und sie bewahrte jeden einzelnen auf. Auch ließ sie ihren Plan, ihn zu besuchen, nicht fallen.

Lew und Sweta hatten seit April eine zweite Reise erwogen. Diesmal war sie viel besorgter als zuvor. Ursprünglich beabsichtigte sie, im Sommer aufzubrechen. Zydsik, Swetas Chef, ermutigte sie und riet ihr, mehr Urlaubstage zu nehmen als im Vorjahr. »Gestern fragte M.A. [Zydsik], wann ich nach Kirow fahren wolle«, hatte sie Lew am 16. April geschrieben.

Ich erwiderte, dass ich Urlaub im August beantragt und mich außerdem für eine planmäßige Inspektion der Reifenfabrik in Kirow im selben Monat angemeldet hätte. Er aber sagte: »Fahr im Juli, wenn es wärmer ist, und bleib dort eine Weile ›sitzen‹, damit du nicht alles genauso abzuwickeln brauchst wie im letzten Jahr.« So ist die Lage. Aber ich habe nun viel mehr Angst als beim letzten Mal. Irgendwie war ich damals eher auf einen Misserfolg vorbereitet und ein bisschen emotionslos. Aber nun kann ich kaum nachdenken.

Ende Mai wurden Swetas Pläne gefährdet, im Anschluss an eine Inspektion in Kirow nach Norden weiterzureisen. Da fällige Zahlungen von Partnerorganisationen ausblieben, drohte das Institut, Fabrikinspektionen durch Wissenschaftler zu verschieben. »Falls die Dienstreisen für den ganzen Sommer ausgesetzt werden«, schrieb Sweta, »werde ich meinen Urlaub im Juli nehmen und mich damit zufriedengeben müssen. Es ist nicht das, was ich mir wünsche. Ich bin zu auffällig im Institut, als dass meine Abwesenheit unbemerkt bleiben würde. Man wird mich also fragen, wo ich gewesen bin und was ich gesehen habe.« Lew dagegen war der Meinung, Sweta solle Zydsiks Rat folgen, da sie auf seine Hilfe bei der Vertuschung ihrer Reise angewiesen war. Auch fürchtete er, dass es »sich als schwierig erweisen könnte«, später als im Juli zu fahren. Am 8. Juni hatte er Sweta geschrieben, sie solle einen Brief mit ihren detaillierten Plänen für die Reise an Tamara Alexandrowitsch schicken, die angeboten hatte, sie bei ihrer Ankunft in Petschora in Empfang zu nehmen.

Nun jedoch kursierten die Gerüchte über einen Konvoi nach Sibirien, und Lew, der damit rechnete, in die 3. Kolonie verlegt zu werden, forderte Sweta am 25. Juni auf, sämtliche Pläne fallenzulassen. Wie sich herausstellte, änderte sich die Situation einen Tag nachdem er die betreffende Nachricht abgeschickt hatte, nämlich am 27. Juni, erneut. »Die letzte Entscheidung der wankelmütigen hiesigen (oder nicht so hiesigen) Behörden sieht vor, dass alles so bleibt, wie es war, oder fast so, wie es war, jedenfalls für den nächsten Monat, denn die Erfüllung des Plans könnte schwer beeinträchtigt werden, wenn die beabsichtigte Reform (erinnerst Du Dich an meinen Brief vom 25. Juni?) in die Praxis umgesetzt wird«, schrieb Lew. Ein Häftlingskonvoi sei gerade aus Sibirien, »wohin sie uns eigentlich nach der 3. Kolonie hatten verlegen wollen«, in der 2. Kolonie eingetroffen. Dadurch habe die Entscheidung, die Verschickung von Gefangenen hinauszuzögern, »einige Glaubwürdigkeit« erhalten. »Es kann sein«, mutmaßte Lew, »dass sie die ›Unzuverlässigen‹ mit den am schwersten wiegenden Artikeln hier konzentrieren werden. Sweta, der Rat aus meinem Brief vom 25.

gilt weiterhin. Dieses Stück Papier ist nur für die sofortige Lektüre gedacht. Ich schreibe bald wieder, aber dies muss ich unverzüglich abschicken.«

Am 1. Juli bestätigte Lew, dass die 2. Kolonie zu einem Lager mit »verstärktem Regime« für die politischen Häftlinge werden würde. Insassen mit leichteren Strafen nach den sogenannten allgemeinen Artikeln (Diebstahl, Mord, Hooliganismus, unerlaubtes Entfernen vom Arbeitsplatz und so weiter) würden in der 3. Kolonie bleiben, wo erträglichere Bedingungen herrschen sollten. »Anscheinend werden uns [den politischen Gefangenen der 2. Kolonie] dadurch keine zusätzlichen Beschränkungen auferlegt«, fügte Lew hinzu, »doch die freien Arbeiter, die gegenwärtig innerhalb der Industriezone wohnen, werden verschwinden, ebenso wie die kleinen Produktionseinheiten, in denen freie Arbeiter und Sonderaussiedler beschäftigt sind.« Die Entfernung der freien Arbeiter aus der Industriezone würde es unmöglich machen, die Arrangements vom Vorjahr zu wiederholen, als sich Sweta und Lew bei den Alexandrowskis getroffen hatten.

Lew hatte recht, was die Straffung der Sicherheitsmaßnahmen innerhalb der Industriezone betraf, obgleich die Gerüchte über die bevorstehende Verlegung der freien Arbeiter nicht ganz zutrafen. Die Gulagleiter des Holzkombinats hatten tatsächlich beschlossen, wachsamer zu sein und die Kontakte zwischen freien Arbeitern und Häftlingen zu unterbinden. Auf einer geschlossenen Parteiversammlung am 12. Mai waren sie übereinstimmend der Ansicht gewesen, dass diese Kontakte für viele Verstöße gegen die Sicherheit verantwortlich seien, darunter das Schmuggeln von Briefen, der Wodkaschwarzmarkt und das illegale Eindringen von unautorisierten Besuchern ins Gefangenenlager. Sie hatten erwogen, die freien Arbeiter aus der Industriezone zu entfernen, diese Option jedoch am Ende als unpraktisch verworfen, weil dann neue Behausungen außerhalb der Zone gebaut werden müssten. Stattdessen kam man überein, die Siedlung, in der die freien Arbeiter wohnten, stärker von der übrigen Industriezone zu trennen, indem ein neuer Stacheldraht mit einem Wachhäuschen errichtet wurde.

Unterdessen hielt Sweta an ihren Plänen fest, in jenem Sommer nach Petschora zu reisen. »Die Sache ist entschieden«, teilte sie Lew am 25. Juni mit, gerade als er ihr schrieb, sie solle auf den Besuch verzichten. »Ich werde nach Kirow fahren und dann meine Reise sofort, wie im letzten Jahr, verlängern und dort, wo ich wirklich sein möchte, so viel Zeit wie möglich verbringen.« Vier Tage später erfuhr sie vom Chefbuchhalter des Instituts, dass bis mindestens Ende August kein Geld für Dienstreisen verfügbar sei. Daraufhin stellte sie einen neuen Urlaubsantrag für Juli, um in jenem Monat nach Petschora zu fahren. Sie erwartete, am 10. Juli abzureisen, und hatte bereits an Lew Israilewitsch geschrieben, um ihn über ihre Ankunft zu unterrichten. Zydsik genehmigte den Urlaub, empfahl Sweta aber, trotzdem nach Kirow zu fahren (was sie akzeptierte), um ihre tatsächlichen Pläne zu kaschieren.

Am 8. Juli erhielt Sweta Lews Brief über die strengeren Sicherheitsmaßnahmen sowie seine Warnung, die Reise nicht anzutreten. Sie erklärte sich bereit, nichts zu tun, bis er weitere Nachrichten sandte. Jemand musste das Labor in den Sommermonaten leiten, und sie würde im August, während Zydsik im Urlaub war, in Moskau bleiben. Im September beabsichtigte sie dann, entweder nach Petschora oder, falls das unmöglich war, nach Pereslawl-Salesski, 100 Kilometer nordöstlich von Moskau, zu fahren, wo sie ihren Bruder Jaroslaw für ein oder zwei Wochen auf seiner Datscha besuchen würde.

Derweil bekam Lew die verschärften Sicherheitskontrollen zu spüren. »Nach und nach werden hier alle möglichen neuen, strikten Vorschriften eingeführt«, schrieb er Sweta am 7. Juli, »obwohl sie bis jetzt noch keine ernsthaften Unannehmlichkeiten mit sich bringen.« Er hatte seit zehn Tagen keine Briefe von Sweta erhalten und wusste nicht, ob dies eine Folge der neuen Maßnahmen war. »Alles ist veränderlich – ein kurzes Schütteln, und die Farben wechseln wie in einem Kaleidoskop.«

Am nächsten Tag nahm Lew Kontakt mit Lew Israilewitsch auf. Er rief ihn aus dem Kraftwerk an, wo es für Brandfälle ein Telefon gab, und erfuhr, dass Sweta ihre Reise nicht abgesagt hatte. Die Sicherheitsmaßnahmen wurden zügig vorangetrieben. Mitte Juli verlegte man die »Sonderaussiedler« aus der Industriezone, um Platz für einen neuen Konvoi politischer Häftlinge zu schaffen, was Lew in seiner Meinung bestärkte, dass das Holzkombinat in ein Lager mit Sonderregime umgewandelt werden sollte. Am 21. Juli warnte er Sweta erneut, dass es zu schwierig sei, für jenen Sommer ein Treffen zu planen. »Vielleicht wird 1949 ein besseres Jahr«, schrieb er. »Es scheint, dass das sogenannte verstärkte Regime hier spätestens nächste Woche in Kraft tritt.«

Sweta hatte zwar beschlossen, ihren Urlaub hinauszuzögern, doch ihre Mutter überredete sie, eine Pause einzulegen und sich ab Mitte Juli der Familie ihres Bruders in Pereslawl-Salesski anzuschließen. Deren Holzsommerhäuschen hatte einen Obstgarten und lag an einem friedlichen, von einem Kiefernwald umgebenen See. Es war ein schöner, ruhiger Ort. Sie suchten Pilze und fuhren mit einem Boot auf dem See umher. Sweta schlief ausgiebig, aber ohne Lew fand sie keine geistige Erholung. »Mein Liebling Lew«, schrieb sie am 23. Juli,

> eine Woche ist bereits vergangen, und ich habe nichts zu Papier bringen können. Dafür habe ich mich ausgeschlafen und Sonnenbäder genommen; alle sagen, ich hätte mich ein bisschen entspannt. Ich benehme mich vernünftig und weine nicht. Zwar versuche ich, nicht an Dich zu denken, aber ich habe Träume, in denen ich Dich in einem Dunst vor mir sehe. Ich behalte mich fest im Griff, um nicht über Deine Briefe und ihren Inhalt, über das, was möglich und was unmöglich ist, nachzudenken. Hier geht es mir nicht schlecht, aber das sagt mein Kopf, nicht mein Herz. Ich bin unfähig, mich am See, am Wald oder an der Luft mit meinem ganzen Wesen zu erfreuen. Mein Körper lockert sich, nicht jedoch meine Seele.

Am 31. Juli traf Swetas Mutter aus Moskau ein und brachte drei Briefe mit. Sweta konnte ihre Aufregung kaum zügeln, als sie die Umschläge öffnete. Aber ihre Hoffnung schlug in Enttäuschung um, als sie den kurzen letzten Brief der drei las, in dem Lew eine Begegnung für jenes Jahr ausschloss und vernünftigerweise, doch fast beiläufig erklärte: »Vielleicht wird 1949 ein besseres Jahr.« Sweta war wütend – über alles und jeden –, und sie ließ ihren Zorn an Lew aus. Sie konnte nicht verstehen, wie er so bereitwillig ein ganzes Jahr abwarten wollte, obwohl sie sich dermaßen danach sehnte, ihn zu besuchen. In ihrer Verzweiflung schalt sie Lew, weil er zu glauben schien, er könne sie ohne jegliche Gewissheit, dass sie ihn sehen werde, in Reserve halten. »Ich würde gern erfahren, Lew«, schrieb sie am 2. August, »ob Du Dir vorstellen kannst, dass es besser für mich gewesen wäre, wenn es nicht so viele ›Wenn nurs‹ gegeben hätte. Das brauchst Du nicht zu beantworten, denn es ist keine Frage, sondern ein Tadel.« Erst am 9. August konnte sie sich gefasster äußern:

> Ich habe seit einer Woche nicht geschrieben, weil meine Seele keine Ruhe und keinen Frieden gefunden hatte (und noch nicht gefunden hat). Als Mama zu uns nach Pereslawl kam und mir Deine Briefe übergab, geriet ich wieder völlig aus der Fassung (woraus keineswegs zu schließen ist, dass Du sie nicht hättest schreiben sollen). Ich ärgerte mich über all die vernünftigen Erwachsenen, die mir davon abgeraten hatten, nach Petschora zu fahren, und über Mama, die mich zwang, Urlaub zu nehmen (obwohl sie völlig recht hatte), am meisten aber natürlich über mich selbst, weil ich mit 30 Jahren die Dinge selbst entscheiden sollte. Ich ärgerte mich darüber, dass ich mich nicht beeilt hatte, Dich früher zu treffen, dass ich nicht sofort nach Hause gehastet und ins Institut gegangen war, um meine Dienstreise genehmigen zu lassen, als dies noch möglich war. Nun ist es zu spät. Und ich koche vor Wut und weiß nicht, was ich tun soll.

Beunruhigt darüber, dass ihr früherer »Tadel« als grausam angesehen werden konnte, machte sie den Sinn ihrer Worte nun deutlicher: »In meinem letzten Brief habe ich Dich gescholten, damit Du niemals auf den Gedanken kommst, dass mein Leben ohne Dich besser sein könnte. Vorsichtshalber wiederhole ich diese Worte jetzt, falls Du den Brief nicht bekommen hast.«

Sweta lechzte danach, Lew zu besuchen. Wenn sie Lews Ratschlag befolgte, würde ein weiteres Jahr vergehen, bevor sie ihn wiedersah. 1949 würde sie 32 Jahre alt sein. Wie viel länger konnte sie noch darauf warten, dass ihr Leben »weiterging«? Wann würde sie endlich ein Kind haben? Sie kannte den Preis ihrer Verbindung mit Lew (er hatte sie oftmals davor gewarnt): die wachsende Möglichkeit, dass sie nie Mutter werden würde.

Sweta hatte die Frage von gemeinsamen Kindern in beiden »Tadel«-Briefen angeschnitten. Sie schilderte Lew ein Gespräch mit Onkel Nikita, in dem er behauptete, niemand habe »das Recht, Leben zu spenden«. Ohnehin hätten Menschen aus egoistischen Gründen Kinder und dächten dabei nur an sich selbst. Sweta hatte entgegnet, »neues Leben bringe die Möglichkeit von mehr Güte in einer Welt mit sich, die sie benötige«. Ihrer Meinung nach war Nikita verbittert, denn »er fühlt sich seinem Sohn gegenüber schuldig, weil er ihn gezeugt hat, denn er hat nicht dafür sorgen können, dass der Junge ein unbeschwerteres und glücklicheres Leben führen konnte«. Die Lösung bestand laut Sweta darin, mehr als nur ein Kind zu haben. Hätte Nikita ein weiteres Kind gehabt,

> ein jüngeres oder, noch besser, ein älteres, so gäbe es inzwischen ein paar Enkelkinder, um die er sich kümmern und die seinem Leben einen Sinn verleihen könnten, womit er gar nicht erst auf solche Gedanken gekommen wäre. Vielleicht macht das Geschlecht hier viel aus. Für eine Frau ist das Leben bereits erfüllt, wenn sie geliebt und Kinder gehabt hat. Für jede (oder fast jede) Frau ist das der Mittelpunkt ihres Lebens, egal wie viele andere Interessen sie im öffentlichen Leben, bei der Arbeit etc. haben mag.

Nach Moskau zurückgekehrt, beschloss Sweta erneut, nach Petschora zu reisen, und zwar vor Ende des Sommers. Natalia Arkadjewna würde am 18. August dorthin aufbrechen, um ihren Sohn Gleb zu besuchen. Die beiden sprachen ab, dass Sweta ihre Institutsleitung irgendwie bewegen würde, die Mittel für eine Inspektionsreise nach Kirow kurz danach freizugeben. Natalia sollte ein Telegramm in das Postamt in Kirow schicken, um Sweta mitzuteilen, ob ein zweiter Versuch, das Arbeitslager zu besuchen, machbar sei. Die Zeit wurde knapp, doch die Risiken, ohne ausreichende Vorbereitung zu fahren, waren hoch. »Einerseits werden die Chancen mit jedem Tag geringer«, schrieb Sweta am 13. August, »aber andererseits ist es unmöglich, zu reisen, ohne die erforderlichen Vorkehrungen getroffen zu haben – und die Vorkehrungen zu treffen ist sehr mühsam.«

> Es scheint also am klügsten zu sein, abzuwarten, bis N.A. eintrifft – dann kann sie mir ein Telegramm schicken ... Sie reist am 18. ab, so dass sie es wahrscheinlich frühestens am 19. aufgeben kann, was bedeutet, dass ich bis zum 20. in Kirow sein muss. Ich habe Angst, einen Moment länger zu warten. Leider kann ich den goldenen Mittelweg nicht finden. Vielleicht wäre es besser, zusammen mit ihr zu fahren, aber dann könnte es ein Problem beim Besorgen der Fahrkarten geben. Wenn ich nichts von ihr höre, werde ich es einfach auf eigene Faust riskieren und am 22. oder 23. eintreffen. Ich werde Dir natürlich ein Telegramm aus Kirow schicken, doch das wird Dich möglicherweise nicht rechtzeitig erreichen. Es wäre schön, eines Tages eine Begegnung ohne all diese Pläne organisieren zu können. Laut dem neuen Fahrplan (für dieses Jahr) laufen Züge nicht mehr nachts ein, sondern zwischen 10 und 11 Uhr morgens, wie I[wan Lilejew, Nikolais Vater] bestätigt, aber damit sind wohl keine großen Schwierigkeiten verbunden. Wenn mich niemand abholen kann, werde ich an ihrem Arbeitsplatz nach ihnen Ausschau halten (mit leichtem Gepäck und ohne Hinweis darauf, dass ich gerade erst angekommen bin), statt direkt ihre Wohnung anzusteuern.*

* Sweta bezieht sich hier auf die Kontaktaufnahme mit den ungenannten freiwilligen Arbeitern, die sie in der Siedlung innerhalb der Industriezone aufnehmen werden, nämlich mit Boris Arwanitopulo (dem Leiter des Elektrokraftwerks im Holzkombinat) und seiner Frau Vera.

Ich glaube, das wäre angemessener. Es macht mich so nervös, dass ich mich falsch verhalten könnte. In meiner Dummheit habe ich während des Urlaubs seinen [Arwanitopulos] Namen und Vatersnamen vergessen (obwohl ich mich an die Initialen erinnere), und ich kann die nötigen Einzelheiten auch nicht in den Briefen nachlesen, da ich sie verloren habe. Ich weiß, dass ich den Brief mit den wichtigsten Details irgendwo zur Seite gelegt habe, damit er jederzeit zur Hand sein würde, aber wo ist das »irgendwo«? Nun werde ich sämtliche Briefe noch einmal durchsehen müssen. Ich setze immer noch einige Hoffnung auf den Namensvetter [Lew Israilewitsch]. Außerdem habe ich ihm geschrieben, damit er an jenen Tagen und zu jenen Zeiten nirgendwo hingeht. Schließlich weiß er, wie wenig ich mich bei Euch auskenne. Um das Schicksal nicht herauszufordern, nenne ich niemandem meine Reisedaten und Fahrplanzeiten. Ich hoffe, es zu überlisten und vorbeizuschlüpfen, obwohl wir ein Schaltjahr haben. Dieselbe Furcht veranlasst mich, absolut nichts mitzubringen … Ich habe drei Bitten: 1. Schick mir sofort ein Telegramm. 2. Versteh meines. 3. Triff Dich mit mir.

Fünf Tage später hatte Sweta Moskau immer noch nicht verlassen. Es war nicht leicht, die Zugfahrkarten zu besorgen (nicht ungewöhnlich in der Sowjetunion, wo die Menschen tagelang an Fahrkartenschaltern Schlange standen). »Gott weiß, wann ich abreise«, schrieb sie Lew am 18. August:

Seit drei Monaten gibt es keinen separaten Schalter mehr für Personen, die Dienstreisen machen wollen. Wenn man Glück hat, bekommt man eine Fahrkarte innerhalb von ein oder zwei Tagen am Vorverkaufsschalter, weil sie sich dort die Namen der Wartenden notieren, damit die Schlange am folgenden Tag unverändert wiederhergestellt werden kann … Aber meiner eigenen Dummheit wegen haben wir bereits zwei Tage für nichts verschwendet. Ich stellte mich in die Schlange, fuhr dann zur Arbeit und wurde von Jara abgelöst, dann Jara von Mama, aber die Karten gingen aus, bevor sie das Fenster erreichte. Da sie nicht ahnte, dass sie ihren Platz in der Schlange bestätigen lassen musste, kehrte sie einfach nach Hause zurück. Sie war wütend über sich selbst und stellte sich am nächsten Morgen ganz früh in die Schlange, doch als ich eintraf, um sie abzulösen, stellte sich heraus, dass sie einem Polizisten Glauben geschenkt hatte, der ihr versicherte, alle Karten für Züge in Richtung Gorki würden an einem anderen Schalter verkauft. Kurz gesagt, sie stand in der falschen Schlange, und ich hatte keine Zeit, neu zu beginnen, weil ich dringend im Institut erwartet wurde …

Am Ende gelang es Swetas Mutter trotz weiterer Verwirrung, ihr eine Fahrkarte für den 21. zu beschaffen. Diese war nur für sechs Tage gültig, womit Sweta gerade genug Zeit hatte, sowohl ihre Arbeit in der Fabrik in Kirow zu erledigen als auch nach Petschora zu reisen, obwohl es auf des Messers Schneide stehen würde. Nun musste sie sich entscheiden, ob sie vor oder nach ihrem Aufenthalt in Petschora einen Stopp in Kirow einlegen würde. Sie beschloss, zuerst in Kirow auszusteigen. Dadurch konnte sie etwaige Telegramme von Natalia Arkadjewna im Postamt abholen und Zydsik mitteilen, dass sich ihre Rückkehr verzögern würde. »Es ist schade, dass ich in Kirow haltmachen muss«, ließ sie Lew wissen, »aber ich werde weniger ängstlich sein, wenn das erledigt ist.«

Sweta verließ Moskau am 21. August. In Kirow gab sie ein Telegramm auf, das Lew am folgenden Tag erhielt. Doch abweichend von ihren Instruktionen antwortete er nicht, weil er glaubte, sie nicht mehr rechtzeitig erreichen zu können. Stattdessen wartete er auf ihre Ankunft. Sein Freund und Vorgesetzter Boris Arwanitopulo, der Sweta abholen und unterbringen wollte, ging am 23. zum Bahnhof. Er sah den Zug einfahren und suchte unter den Passagieren, die an ihm vorbei zur Bahnhofshalle strebten, eine schmale junge Frau mit Zöpfen und einem Rucksack. Vergeblich. Am 24. kam er abermals zum Bahnhof, doch sie war auch an jenem Tag nicht im Zug. Jedes Mal, wenn Boris ohne Sweta wieder im Lager erschien, geriet Lew außer sich vor Sorge. »Ach, mein Liebling Sweta«, schrieb er am 24. »Ich sitze hier und frage mich, ob Du kommst oder nicht. Und wenn nicht, dann wird es allein meine Schuld sein, weil ich auf N. A.* gehört und kein Telegramm nach K[irow] geschickt habe. Ich kann an nichts anderes denken. Vielleicht ist Dir etwas zugestoßen.«

Tatsächlich war Sweta in Schwierigkeiten geraten. Zwischen Kirow und Kotlas hatte man einige Waggons im hinteren Zugteil abgekoppelt, nachdem ein Defekt an den Rädern festgestellt worden war. Die betroffenen Passagiere stürzten alle los, um noch Plätze in den vorderen Waggons zu finden. Auch Sweta schnappte ihre Sachen und erreichte den vorderen Abschnitt des Zuges im letzten Moment, bevor sich die Lokomotive in Bewegung setzte. Was aus den Passagieren wurde, die weniger flink waren, wusste sie nicht. Größere Gefahren standen ihr bevor. In Kotlas setzte sie sich außerhalb des Bahnhofs auf ihren Rucksack, um keine Aufmerksamkeit zu erregen und auf den Zug nach Petschora zu warten. Sie trug Zivilkleidung, nicht die Militäruniform, die ihr auf ihrer ersten Reise geholfen hatte. Wahrscheinlich dachte Sweta deshalb, es sei sicherer, sich nicht in der Bahnhofshalle aufzuhalten. Plötzlich kam ein Polizist auf sie zu. Er hätte ihre Papiere verlangen und sie nach ihrem Reiseziel fragen können, was sie in größte Not gebracht hätte, doch er erwies sich als freundlich und war nur auf ihre Sicherheit bedacht. Er warnte sie vor Dieben und sagte, es sei weniger gefährlich, in der Halle auf den Zug zu warten.

Am 25. traf Sweta endlich in Petschora ein. Arwanitopulo holte sie am Bahnhof ab und brachte sie zu seiner Wohnung knapp außerhalb der Umzäunung des Holzkombinats. Die Familie hatte ein Telefon, da Boris für den Fall eines Feuers im Kraftwerk immer auf Abruf bereitstehen musste. Lew wiederum hatte während seiner Schichten Zugang zu dem Telefon im Kraftwerk, wo Sweta ihn anrief. Die Verbindung wurde in der Zentrale von Maria Alexandrowskaja hergestellt, der Frau, die Lew und Sweta im Vorjahr beherbergt hatte. Lew teilte Sweta mit, dass jemand die Wärter über ihre Pläne, das Arbeitslager illegal zu betreten, informiert habe

* Natalia Arkadjewna muss Lew geraten haben, kein Telegramm aufzugeben.

und dass man darauf lauere, sie zu verhaften. Anscheinend waren jedoch nicht alle Wärter so feindselig, denn einer musste Lew vor der Bedrohung gewarnt haben. Dieser hatte einen der Lagerräume im Untergeschoss des Kraftwerks in eine »konspirative Behausung« umgewandelt, wo Sweta sich mit ihm zusammen aufhalten konnte, wenn sie es ins Lager schaffte.

Da Sweta entschlossen war, sich mit Lew zu treffen, aber keine Verhaftung riskieren wollte, wandte sie sich an das Hauptquartier der Gulagverwaltung. Es befand sich in dem großen weißen, neoklassischen Gebäude, an dem sie im Jahr zuvor mit Lew Israilewitsch auf dem Weg zum Holzkombinat vorbeigekommen war. Dort beabsichtigte sie eine offizielle Genehmigung für den Besuch bei Lew zu beantragen. Es war ein mutiges Unterfangen, denn die MWD-Funktionäre wussten höchstwahrscheinlich Bescheid über ihr illegales Eindringen im Jahr 1947 und hatten nun womöglich ihre Verhaftung angeordnet. Sweta stieg die Treppe zum zweiten Stock hinauf, wo sie die Tür zum Büro von A. I. Borowizki, dem Leiter des Arbeitslagers, am Ende eines breiten Korridors mit Holzfußboden und großen Fenstern vorfand. Durch die Fenster war der Schornstein des Kraftwerks im Holzkombinat zu sehen. Borowizkis geräumiges Büro schmückten von Häftlingen angefertigte Gipsreliefs, die nördliche Waldszenen, Baustellen und Eisenbahnen zeigten. Borowizki war nicht anwesend, und Sweta, erschöpft nach ihrer langen Reise aus Moskau, musste sich gedulden. »Ich wartete den ganzen Tag auf den Verwaltungschef und saß am späten Abend immer noch da«, erinnerte sie sich.

Wie alle Gulagbosse arbeitete Borowizki nachts – genau wie Stalin. Die Uhren in jedem Büro waren auf Moskauer Zeit gestellt. Kein höherer Funktionär konnte sich erlauben zu schlafen, wenn das MWD aus der Hauptstadt anrief. Irgendwann erschien Borowizki und empfing Sweta in seinem Amtszimmer, wo er zwischen seinem Schreibtisch und einem großen Safe saß. Der Verwaltungschef gab sich höflich und liebenswürdig, genehmigte Swetas Antrag, ohne zu zögern, und unterzeichnete einen Befehl, den er ihr, während er sie hinausbegleitete, in die Hand drückte. »Ich dankte ihm überschwänglich«, berichtete Sweta. Aber sobald sie auf der Straße war, betrachtete sie die Anweisung genauer. »Im hellen Licht einer Straßenlaterne oder vielleicht eines Suchscheinwerfers las ich das Dokument: ›Erlaubnis zu einem Treffen von 20 Minuten Länge unter militärischer Bewachung.‹«

Die Begegnung fand am folgenden Tag in dem Wachhäuschen am Eingang zum Barackenblock für die Häftlinge der 2. Kolonie statt. Der diensthabende Wärter zeigte sich verständnisvoller als sein Vorgesetzter. Er führte Lew und Sweta in eine vom Hauptraum abgetrennte Nische, in der ein Tisch und eine Bank standen. Die Nische hatte sogar eine Tür, die geöffnet blieb, aber der Wärter blieb draußen. Auf dem Tisch lag ein Meldebuch, in das der Wachmann Besucher eintragen sollte. Sweta waren zwanzig Minuten zugestanden worden, doch der Wärter notierte ihre Ankunftszeit nicht. Falls sich jemand nach ihr erkundigte, konnte er behaupten, sie sei gerade erst eingetroffen und er habe die Zeit noch nicht eingetragen. Auf diese Weise hatten Lew und Sweta die Möglichkeit, an jenem Tag mehrere Stunden miteinander zu verbringen. Vor seinem Schichtende forderte der Wärter sie auf, am folgenden Mittag, wenn er erneut Dienst haben würde, wiederzukommen. Beide erschienen zur festgesetzten Zeit und saßen den ganzen Nachmittag über auf der Bank in der Nische. Währenddessen kamen und gingen Häftlinge und Wärter, knapp außer Sicht hinter der Nischentür. Ihre gemeinsame Zeit war einerseits länger, als sie hatten erwarten können, und andererseits hoffnungslos unzureichend.

Sweta verließ Petschora am 30. August. Lews treuer Freund Stanislaw Jachowitsch brachte sie zum Bahnhof, half ihr, eine Fahrkarte zu kaufen, und begleitete sie zum Zug nach Moskau. »Mein Liebling Lew«, schrieb sie auf der Fahrt nach Kotlas, »ein zweiter Tag ohne Dich ist bereits vergangen.«

> Mein Waggon ist gemischter Art (oben schläft man, unten sitzt man), was bedeutet, dass die Leute öfter kommen und gehen [als in einem Schlafwagen]. Dafür reisen alle in meinem Abteil die gesamte Stecke nach Kotlas, wo der Zug fünf Stunden Halt

machen soll. Kotlas ist ein mieser Ort und der schmutzigste an der ganzen Strecke. Ich werde schlafen. Es ist eine kalte Nacht, aber ich habe ein Wollunterhemd an. Außerdem habe ich mich in eine Decke eingewickelt, so dass ich nicht frieren werde … Die Wälder sind schon nicht mehr so schlammig, sondern auf jene herbstliche Weise schön … Auf dem Platz unter mir sind ein paar Kinder: ein 10-jähriges Mädchen, ein Mädchen und ein Junge von 5 und ein weiteres Mädchen von 3 Jahren. Sie gehören zu drei Schwestern, deren Ehemänner sämtlich gefallen sind und die nun als Familie zusammenleben. Die Kinder sind lieb. Also dann, Ljowa, das ist alles für den Augenblick. Pass auf Dich auf, und Grüße an die Übrigen.

Erst am Abend des 4. September kam sie zu Hause an und fand ihre Eltern in Panik vor (die beiden hatten keines der Telegramme erhalten, die sie wie versprochen abgeschickt hatte, um sie wissen zu lassen, dass es ihr gutging). An jenem Abend schrieb Sweta an Lew:

Mein lieber, lieber Ljowa – endlich bin ich zu Hause. Ich hatte Dir einen weiteren Brief aus Gorki schicken wollen, doch die Zeit reichte nicht. Ich habe Dir von unterwegs zweimal geschrieben – zuerst von irgendeinem Bahnhof und dann aus Kirow. Der Regen sorgte dafür, dass alle Seitenstraßen in Kirow unbefahrbar wurden, aber es war nur Lehmschlamm, kein Sumpfboden wie in Kotlas. Der Zug von Kirow nach Gorki war uralt, doch an meiner Koje gab es nichts auszusetzen, und die Passagiere waren nett, weshalb ich in guter Stimmung eintraf. Den Platz unter mir hatten eine Mutter und Großmutter mit einem dreijährigen Jungen belegt, der noch nicht gehen und sprechen kann. Die Ärzte sagen, er brauche nicht behandelt zu werden und werde spätestens mit sechs Jahren – Ruhe und Frieden, Pflege und Fürsorge vorausgesetzt – völlig gesund sein. Der Junge sieht wunderschön aus – große Augen mit langen, dichten, geschwungenen Wimpern – und ist so liebevoll … In meinem Abteil war noch eine andere Frau, ebenfalls Moskauerin. Sie hatte zehn Jahre auf ihren Mann gewartet [auf seine Rückkehr aus einem Arbeitslager] und war seinetwegen nach Kirow gezogen, nur um festzustellen, dass er eine andere geheiratet hatte … Für sie war die Welt leer geworden.

Wir trafen mit fast drei Stunden Verspätung in Moskau ein. Um 20 Uhr war ich zu Hause, und Mama kam mir auf der Treppe entgegen … Jetzt ist es 21 Uhr und draußen stockdunkel. Nun denn, mein Liebling, ich verabschiede mich vorläufig. Erinnere Dich an alles. Ich hoffe, Deine Seele wird Frieden finden und Dein Herz wird nicht durch zu viele Gedanken aufgewühlt werden. Aber falls Dir etwas Übles durch den Kopf geht, schreib mir sofort, und ich werde versuchen, Abhilfe zu schaffen. Die besten Wünsche und Grüße an alle.

Sweta fühlte sich stets zu Menschen hingezogen, die jemanden verloren hatten, doch dies war ihre erste Begegnung mit einer Frau, deren Mann im Arbeitslager eine andere gefunden hatte. Die Geschichte der Moskauerin war nicht ungewöhnlich. Viele Paare wurden durch zehnjährige Haftstrafen auseinandergerissen: Manche Frauen verleugneten ihre Männer im Gulag, wollten nicht auf sie warten oder hielten sie für tot, so dass sie ein neues Leben mit einem anderen begannen. Umgekehrt setzten sich etliche Ehemänner für eine Scheidung ein, um ihre Frauen und Kinder vor einer Diskriminierung als »Angehörige eines Volksfeinds« zu bewahren, oder sie sagten sich von ihren Ehepartnerinnen los und heirateten Frauen aus den Lagern, die mehr Verständnis für ihre Leidenszeit hatten.

Diesmal besserte sich Swetas Stimmung durch die Reise nach Petschora. »Heute habe ich mich im Spiegel angeschaut«, schrieb sie Lew am Tag nach ihrer Rückkehr. »Ich sehe viel besser aus als nach meiner Ankunft aus Pereslawl[-Salesski].« Drei Tage später fühlte sie sich »glückselig und nett gegenüber allen«. Sogar nach drei Wochen war die Wirkung der Reise noch spürbar. »Ich bin von Glück erfüllt«, schrieb sie Lew. »Nicht genug damit, dass ich nicht mehr weine, ertappte ich mich vor ein paar Tagen sogar dabei, dass ich in der Straßenbahn lächelte.«

Lew dagegen konnte an nichts anderes als an Sweta denken. »Mein Liebling, meine schöne Sweta«, brachte er am 4. September zu Papier, als er noch nicht erfahren hatte, ob sie heil zurückgekehrt war. »Ich weiß nicht, wie ich meinen Zustand beschreiben soll. ›Sehnsuchtsvoll‹ trifft es nicht genau, denn da ist auch Sorge. All meine Gedanken sind Dir gewidmet, und ich sehe nur Dich vor mir, nicht in ganzer Gestalt, sondern nur Deine Augen, Deine Augenbrauen und Dein graues Kleid.« Fünf Tage später, als er immer noch nichts von Sweta gehört hatte, gratulierte er ihr zum Geburtstag, aber seine Stimmung war gedrückt:

> Mein Liebling Sweta, morgen ist Dein Geburtstag. Es ist so schwierig für mich, Dir etwas zu wünschen, mein Liebling, denn es gibt eine mächtige Kluft zwischen dem, was ich für Dich ersehne, und dem, was heute und in Zukunft möglich ist. Also müssen meine Wünsche klingen wie die Schwärmereien eines Fantasten, denen niemand Glauben schenkt. Wenn dieser Brief bis morgen bei Dir sein könnte, würde ich ihn nicht schreiben. Ich möchte Dich an diesem Tag nicht durch sinnlose Hinweise auf unsere Situation beunruhigen. Sweta, Sweta, wäre das Schicksal nur großzügiger gewesen, würde es doch nur auf uns herablächeln … Ich weiß nicht, was in der Zukunft geschehen und wie sie aussehen wird, aber ich möchte gern glauben, dass wir eine Zukunft haben werden. Ist es wirklich zu viel, daran zu glauben? … Pass auf Dich auf, Swet. Bleib gesund, Swetinka.

Am 22. September, drei Wochen nach Swetas Abreise, hatte Lew immer noch nichts von Sweta gehört. Andere Häftlinge erhielten Briefe aus Moskau, die nur ein paar Tage vorher abgeschickt worden waren, doch für Lew war keiner dabei. Er war außer sich vor Sorge:

> Mein Liebling Swetinka, von Dir ist kein Brief gekommen. Gott weiß, was ich mir vorstelle, während ich diese Zeilen zu Papier bringe. Es ist mir nicht peinlich, ein 32-jähriger Einfaltspinsel

zu sein, der gleichzeitig klingt wie ein lächerlich sentimentaler 16-Jähriger und eine ängstliche, ruhelose alte Mutter. Das Einzige, was ich fürchte, ist, Dich zu belästigen und Dich durch meine Wehklagen zu erzürnen, weil alles in Ordnung ist und die Verzögerung nur mit der Post zu tun hat. Ist das der Grund?

Endlich, am 23., traf ein Brief ein.

> Ich stellte mir die wüstesten Dinge vor und war in einer ganz unerträglichen Verfassung, als plötzlich ein Mann erschien, den ich kaum kenne, und mir einen Brief reichte, und sobald ich Deine Handschrift sah, vergaß ich, ihm zu danken. Swetik, Du bist mein – meine liebe, wunderbare Swetlaninka. Das einzige Problem ist, dass ich Dich mir nicht ausmalen kann, wenn ich Deine Briefe lese. Es gibt zwei Swetas – die eine, die mit den Augen gesehen wird, die andere, die in Deinen Briefen auftaucht. Wenn ich mir diese andere Sweta wünsche, rufe ich mir Wendungen, die Du geschrieben hast, ins Gedächtnis, aber sie kommen ohne Stimme zu mir und sind nicht mit Deinem Äußeren verknüpft. Wenn ich Dich sehen will, dann fällt es mir ohne Deine Briefe leichter. Daraus folgt jedoch nicht, dass ein Leben ohne Deine Briefe leichter für mich ist, Sweta, mein Liebling.

Allmählich kehrte Lew in den Alltag zurück. Ein neuer Winter begann, und das Arbeitslager war wiederum nicht vorbereitet. Viele Gebäude hatten zerbrochene Fenster und Löcher im Dach, und es gab nicht genug Heizkörper und Glühbirnen für die Baracken der 2. Kolonie. In der Verwaltung wurde davon gesprochen, das gesamte Holzkombinat neu zu verkabeln, doch nichts geschah. Im November, nachdem der Fluss zugefroren war, begann die jährliche Säuberungsaktion im Arbeitslager, und man zündete gewaltige Feuer aus Abfallholz auf dem Eis an.

Lew wurde von Reparaturen im Kraftwerk in Anspruch genommen. »Die Tage vergehen sehr rasch«, ließ er Sweta wissen, »und abends schlafe ich sofort ein, weil ich den ganzen Tag im Werk herumlaufe und meine Arbeiten erledige. Ljubka – Gott sei Dank ist er noch hier – und ich haben gemeinsam eines der Paneele installiert, und zum ersten Mal seit der Eröffnung des Werks funktioniert die neu eingebaute Ausrüstung problemlos.«

Lew war beunruhigt wegen Gerüchten über einen neuen Konvoi zu den nördlichsten Lagern mit »Sonderregime«. Als die Liste der für jenen Konvoi bestimmten Häftlinge schließlich bekannt gegeben wurde, stand sein engster Freund und Kojennachbar Ljubka Terlezki darauf. Am 2. November schickte man ihn nach Inta, einem der härtesten Bergwerkslager im Gulag, 180 Kilometer nördlich von Petschora an der Eisenbahnstrecke nach Workuta. Es war eine Katastrophe für Lew, der Ljubka wie einen Bruder liebte und sich wegen seiner Jugend und körperlichen Schwäche um ihn sorgte. »Heute Abend haben sie Ljubka nun doch weggeschickt. Schurken, sie sind alle Schurken«, schrieb er spät an jenem Abend voller Verzweiflung an Sweta. Besonders enttäuscht war Lew darüber, dass Arwanitopulo nichts zum Schutz von Terlezki unternommen hatte, der doch so hart für ihn im Kraftwerk geschuftet hatte, während der neue Chef der Elektrogruppe, Alexander Semjonow, der Terlezki kaum kannte, »alles in seinen Kräften Stehende versucht« hatte, um ihn zu retten. »Wenn er nur ein wenig mehr Handlungsfreiheit gehabt hätte«, schrieb Lew, »wäre es ihm vielleicht möglich gewesen, eine Lösung zu finden. Das Ganze stinkt zum Himmel.«

Lew fürchtete, dass sein Freund den Konvoi nicht überleben würde. »Ljubka war nach der anstrengenden Arbeit ziemlich krank geworden, mit seinen Nerven am Ende und hatte abgenommen«, erläuterte Lew am 3. November. »Eine Reise unter den gegenwärtigen Frostbedingungen ist schwierig genug, sogar für die Stärkeren, aber bei seinem Zustand rechne ich mit dem Schlimmsten ... Ich hatte nicht geglaubt, jemandem so nahestehen zu können. Meinst Du, dass er die nächsten 11 Monate überleben wird?«*

Das Überleben im Gulag hing weitgehend von der Unterstützung durch Freunde ab, und Lew hielt Ljubka für seinen einzigen

* Der Rest von Terlezkis zehnjähriger Haftstrafe, als man ihn nach Inta verlegte.

wirklich engen Freund im Arbeitslager, wie er Sweta am 9. November erklärte:

> Ich bin nie fähig gewesen, mich bei jemandem auszuweinen, außer bei Dir, aber durch Ljubkas Anwesenheit fiel es mir leichter, schwierige Momente zu ertragen. Ich weihte ihn nie in irgendetwas ein, wenn mein Elend eine private Ursache hatte, und überhaupt schloss unsere Freundschaft keinerlei Sentimentalitäten ein. Aber sogar ein Streit mit ihm verschaffte mir eine gewisse Erleichterung, genau wie Gespräche über beliebige Dinge, triviale Dinge ... Ljubka, Ljubka, wenn ich nur wüsste, ob Du noch lebst, wenn Du nur bis zum Tag Deiner Entlassung durchhalten kannst. Sweta, ich habe ihm Deine Adresse genannt, damit er sie sich einprägt – Du hast doch nichts dagegen? Nur für den Fall, dass es sein einziger Kontakt ist, obwohl er vielleicht nicht einmal versuchen wird zu schreiben – das sähe ihm ähnlich.

Am 3. Dezember begann Lew einen Brief an Ljubka.

> Also, mein Freund, sei nicht wütend, wenn ich Dir schreibe. Ich weiß nicht einmal, ob oder wann der Brief abgeschickt wird. Es handelt sich natürlich um kläglichen Egoismus meinerseits – ich kann den Wunsch nicht unterdrücken, einer lebenden Seele ein paar Worte zu sagen, wenn auch nur brieflich, da es hier keine lebende Seele gibt. Vielleicht wäre es besser für Dich, keine Briefe zu bekommen – ich kenne Dich ja. Aber wenn Du es aushältst, dann wird dieser keinen Schaden anrichten.
>
> Ljubka, egal, wie schlimm es dort ist, denk bloß an eines: Es wäre einfach närrisch, 8½ Jahre lang durchzuhalten, nur um im 9. aufzugeben, ob sich die Dinge nach dem 9. für Dich nun verbessern werden oder nicht.

Lew schilderte detailliert alles, was in dem Monat seit Ljubkas Abreise im Kraftwerk geschehen war. Die Nachrichten füllten zwölf Seiten. Dann schloss er:

> Ljubka, eigentlich wollte ich dies gar nicht erwähnen, aber es wäre wirklich unsinnig, es zu verschweigen: nämlich, dass Du vermisst wirst. S. schreibt, dass sie Dir gern die Hand schütteln würde. Betrachte diesen Händedruck als vollzogen, zusammen mit meinem, und erinnere Dich an ihre Adresse: 8, 17, SAI, Kasarm, M. Behalte sie für den Empfang von Päckchen im Gedächtnis. Und hab keine Angst, wenn ein Päckchen eintrifft, denn ich habe nur um Vitamine für Deinen Skorbut gebeten, und sie kosten so gut wie nichts. Vor allem bleib am Leben, mein Junge.

Der Brief wurde nie abgeschickt, da Lew nicht wusste, wie er ihn zu Terlezki nach Inta befördern lassen konnte. Er konnte nicht einmal sicher sein, dass Ljubka überhaupt dort war.

8

Mein Liebling Sweta, es ist schon Zeit, Dir ein glückliches neues Jahr zu wünschen. Ich glaube, in diesem Jahr sollte ich die einfachsten Dinge für Dich erhoffen, und Du solltest versuchen, das Gleiche für Dich selbst zu tun … Wünsche von Menschen, die einem nahestehen, brauchen nicht besonders erfolgreich zu sein – und überhaupt ist Glück unglaublich vage und passt vielleicht gar nicht in unsere Realität … Ich möchte, dass Du häufiger lächelst, öfter singst oder etwas vor Dich hin summst und dass Du die Augen ein wenig zusammenkneifst, wie Du es tust, wenn Du etwas lustig findest, oder dass Du sie, mit einem leichten Stirnrunzeln, weit öffnest, weil Du etwas siehst, das Dich glücklich macht. Ich möchte, dass all dieses Mienenspiel häufiger auf Deinem Gesicht zu sehen ist … Und Swetin, mein Liebling, mein Schatz – um mit diesen einfachen Dingen fortzufahren –, bitte vernachlässige nicht die Pflege Deiner Zöpfe beziehungsweise, falls Du sie abschneidest, die Deiner zerzausten Locken – das ist Nummer eins. Zweitens, versuch, Deine Sonntage nicht vergehen zu lassen, ohne Dich eine Weile von häuslichen und beruflichen Pflichten zu entfernen; fahr Ski, Schlittschuh oder mit dem Boot oder mach schlicht einen Ausflug … Liebste Sweta, bleib gesund – letzten Endes gibt es keine andere Möglichkeit, Dir mitzuteilen, was ich Dir wünsche. Hier sollte irgendein Superlativ stehen, um das Verb, nicht das Adjektiv zu verstärken.

Sweta hatte Anfang 1949 etliche Pflichten und Sorgen zu bewältigen. Sie steckte bis zum Hals in Verwaltungsaufgaben, weil sie Bauarbeiten und Renovierungen im Institut organisieren musste, damit ihr Labor in den vierten Stock verlegt werden konnte. Gleichzeitig leitete sie neue Forschungen über die Kompression von Gummi, kämpfte für mehr Mittel vom Ministerium und verfasste Prognosen für den Fünfjahresplan. Die Arbeit gefiel ihr nicht. »Es macht mir nicht die geringste Freude«, schrieb sie. Der wachsende Stress ließ sie fürchten, wegen eines Fehlers oder »weil ich etwas zulasse, das nicht zugelassen werden sollte«, in Schwierigkeiten zu geraten.

Damals, auf dem Höhepunkt des Kalten Krieges, waren sowjetische Naturwissenschaftler wachsendem Druck durch den Staat ausgesetzt. Man kritisierte und entließ Physiker, weil sie »sich dem Westen gebeugt« hätten oder weil sie die »idealistische« Philosophie der Quantenmechanik vertraten, die erneut, wie bereits in den dreißiger Jahren, als unvereinbar mit dem dialektischen Materialismus, der »wissenschaftlichen« Grundlage des Marxismus-Leninismus, attackiert wurde. Manche fielen deshalb »Säuberungen« zum Opfer, weil sie »Kosmopoliten« (d. h. Juden) waren und damit einer »antipatriotischen Gruppe« angehörten, der man vorwarf, die sowjetische Kunst und Wissenschaft im ideologischen Kampf gegen den Westen zu untergraben. Mindestens zwei von Swetas Kollegen im Institut (Witali Epschtein und Lasar Winnizki) wurden während der »antikosmopolitischen« Kampagne, die im Januar 1949 begann, aus Moskau ausgewiesen, und viele andere sowjetisch-jüdische Wissenschaftler verloren ihre Posten in der Welt der Forschungsinstitute, in der sich Sweta bewegte.

Lew war beunruhigt über den Tribut, den all das Swetas Gesundheit und seelischer Verfassung abforderte. Sie nahm Lebertran und Phenobarbitol, »um meine Nerven zu beruhigen«, wie sie Lew erklärte, »und um nicht aus der Haut zu fahren und alle anzufauchen«. Die Barbiturate schienen eine positive Wirkung zu haben. »Diese Tabletten helfen mir«, schrieb sie Lew.

> Erstens wahre ich irgendwie die Fassung, weine nicht, sondern lache (vielleicht lache ich, um nicht zu weinen), und zweitens nehme ich nicht mehr ab, obwohl mein Appetit noch nicht zurückgekehrt ist (als ich in der Fabrik gewogen wurde, war ich 56 kg schwer), und alle sind sich darin einig, dass ich allmählich besser aussehe.

Obwohl Sweta sich nicht rühmte, attraktiv zu sein, waren andere gegensätzlicher Meinung. Auf einer Party bei Nina Semaschko wurde sie am späten Abend in ein Gespräch mit einer kleinen Gruppe von Freunden verwickelt, darunter

> Pawel, ein Bekannter (kein sehr enger), mit dem ich zum ersten Mal seit 13 Jahren plötzlich einen gemeinsamen Nenner fand. Ich muss zugeben, dass ich mir dies niemals gestattet hätte, wäre ich völlig nüchtern gewesen – die Unterhaltung drehte sich um Menschlichkeit, Glück, Arbeit und andere erhabene Themen. Ich traf um 3 Uhr morgens zu Hause ein. Und derselbe Pawel (ebenfalls weit vom Zustand der Nüchternheit entfernt) machte mir auf dem Heimweg Vorwürfe, weil ich früher ein doppeltes Spiel gespielt hätte. Obwohl ich mit Dir zusammen sei, hätte ich ihm alle möglichen Dinge erzählt. Dabei kann ich mich beim besten Willen nicht erinnern, je mehr als zwei Worte mit ihm gewechselt zu haben. Ich dachte immer, er sei in Ninka vernarrt und ich sei ihm gleichgültig. Falls ich ihm gegenüber wirklich jemals eine Bemerkung gemacht habe, dann wahrscheinlich nur, um die Notwendigkeit oder Möglichkeit eines ernsten Gesprächs mit ihm zu vermeiden.

Pawel war nicht der einzige Mann, der Interesse an Sweta zeigte. Bei Kriegsende hatte sich eine weitere Episode ereignet, die sie Lew 1948 schilderte. Sie erwähnte den Vorfall nur im Zusammenhang mit einer Auseinandersetzung, die sie mit ihrer Jugendfreundin Irina Krause über eine gemeinsame Freundin und deren Affäre mit einem verheirateten Mann gehabt hatte. Sweta verurteilte das Verhalten der Frau, weil es auf einer Lüge basiere, und dadurch sei sie an einen jungen Mann erinnert worden, der

> plante, sich zu verheiraten, als ich plötzlich auftauchte. Eine Woche vor der Trauung führten wir ein Gespräch. Er sagte, er habe nie eine bessere Frau als mich getroffen, seine Verlobte könne keinem Vergleich mit mir standhalten, und er leide schrecklich.

Ich erwiderte, dass ich auf Dich wartete (das Ganze spielte sich 1945 ab), und fragte ihn, weshalb er es so eilig habe zu heiraten, wenn sie nicht die beste Partnerin für ihn sei. Er solle auf eine andere warten. Das hielt er jedoch für sinnlos: Wen man auch auswähle, eines Tages werde man bestimmt jemand Besserem begegnen, und um moralisch zu sein, müsse man, wenn man seine Entscheidung einmal getroffen habe, die Augen schließen und dürfe keinen anderen mehr anschauen. Und da er bereits versprochen habe, sie zu heiraten, sei es eine beschlossene Sache. Ich sagte, das sei respektlos ihr gegenüber. Eine derart blinde Moral kann ich nicht akzeptieren. Ich verzichte auf die Art Moral, die einen hinter sich herschleppt und Zwang anwendet. Hat diese Ansicht vielleicht mit meiner Jugend und Torheit zu tun?

Möglicherweise auch damit, dass sie in einer glücklichen Lage war: Sie wusste, dass sie den Mann hatte, den sie wirklich liebte, selbst wenn sie noch nicht zusammenleben konnten.

Lew stimmte ihr zu. Er brauchte Sweta mit niemandem zu vergleichen, weil er nur sie liebte.

Was die »beste Person« und das Verschließen der Augen vor der Zukunft betrifft – natürlich ist es falsch und unmöglich, so zu leben. Objektiv gesehen muss es andere geben, die besser sind, denn die Welt ist größer als [dieser eine Mensch], aber darum geht es nicht. Sondern darum, was dies für »mich«, das heißt für »ihn«, bedeutet. (Also, es fällt mir leichter, in der ersten Person zu philosophieren, deshalb benutze ich nun »ich« und »Du«.) Entscheidend ist, dass Du die Beste bist – nicht weil dies objektiv zutrifft, sondern weil Du für mich die Beste bist und ich keine andere brauche, nicht einmal die Königin von Saba, denn ich liebe Dich mit all Deinen Eigenheiten. Sogar Deine Fehler sind mir teuer, und Deine Vorzüge sind eine Quelle der Freude. Am Beginn [einer Beziehung] leiten sich die Gefühle natürlich von angenehmen Eigenschaften her, aber dann sind diese zweitrangig … Enttäuschung spielt oft eine Rolle, ebenso wie äußere

Umstände – der Verlust der Anziehungskraft und so weiter. Aber wenn man jemanden seit Langem, nicht erst seit einem Monat oder einem Jahr, sondern viele Jahre hindurch gut kennt, dann schrumpft diese Gefahr zu einem Nichts – so kommt es mir jedenfalls vor. Wie rot wir werden und wie viele graue Haare wir haben, wird unwesentlich. Die Vernunft hilft bei alledem wenig, meine schon gar nicht. Ich liebe Dich, und das ist alles. Und für wie lange? Gut, es scheint für immer zu sein. Das zumindest ist mein Eindruck. Früher, als wir getrennt waren, schien es weniger gewiss zu sein, aber nun glaube, glaube, glaube ich. Was kann ich sonst noch sagen?

Lew meinte, dass jemand, der auch nur daran dachte, »jemand Besseres« zu finden, jegliche »emotionale Fähigkeit« verloren habe. Als er von »Vernunft« sprach, bezog er sich auf das »hohlherzige Denken«, das solche Berechnungen möglich mache, und auf Wladimir Majakowskis letztes Gedicht, das eine Zeile über »schändlichen Wohlverstand« enthielt:

Liebt mich? liebt mich nicht?
Händeringend, rätselratend
knacke ich meine Knöchel,
mit Fingern um mich werfend –
so schenkt man dem Maiwind,
mit Kamille orakelnd,
Kronblätter, die Zufallsblume entnervend,
Haarschnitt und Bartschur, gebt preis mein Ergrauen! Der
Jahre Silbergeläut, sei nicht schüchtern!
Nie in Ewigkeit kommt mir (will hoffend drauf bauen)
schändlichen Wohlverstands
schales Ernüchtern …

Sweta sehnte sich nach Lew. »Aus irgendeinem Grund habe ich Dich die ganze Woche in meinen Träumen gesehen«, schrieb sie ihm am 5. März. »Das machte mich durchaus nicht glücklich, denn obwohl ich Dich sehen konnte, vermochte ich Dich nicht zu berühren (Alik sagt das Gleiche über Gott, dessen Existenz er anscheinend für vorstellbar hält), und Du bewegtest Dich dauernd von mir weg.« Lew träumte ebenfalls von ihr. Er konnte Swetas Stimme hören, sie selbst jedoch nicht wahrnehmen. Oder er hatte einen Brief vor Augen, den sie geschickt hatte, ohne ihn berühren oder öffnen zu können. Außerdem erschien sie nicht nur in seinen Träumen, »sondern auch in der Realität, unerbittlich, und es wird wirklich schlimm«.

Lew ging ständig mit Sweta um. Während seiner Schicht dachte er häufig an sie und führte im Geist Gespräche mit ihr. Die Versuche seiner Schichtkollegen, mit ihm zu reden, irritierten ihn. »Nikolai [Lilejew] musste zur Nachtschicht überwechseln«, teilte er Sweta mit, »und ich bin von der Notwendigkeit befreit, über meine Gedanken Rechenschaft abzulegen (›Was denkst du gerade, Lew?‹ – was für eine dumme Frage!).«

Anfang 1949 war Lew mit Reparaturen im Kraftwerk beschäftigt. Im vorherigen Herbst hatte er eine Dampfheizung für das Triebwerk entworfen, aber als sie nach Neujahr geliefert wurde, stimmten die Maße nicht, so dass sie zur Reparatur in der Hauptwerkstatt geschickt werden musste. Am 18. Januar hatte er den ersten arbeitsfreien Tag seit mehr als einem halben Jahr. »Es wird mehr freie Tage geben«, schrieb er Sweta, »obwohl sie für mich nicht viel Gutes an sich haben.«

Nach Terlezkis Abreise fand Lew wenig Trost bei seinen Freunden. Er wurde unabhängiger und wollte niemanden an sich heranlassen. »Ich bin während der Arbeit gern allein«, schrieb er am 19. Januar. »Natürlich kommen Leute, um mit mir zu sprechen, aber das stört mich nicht, solange man mir nicht das unangenehme Gefühl vermittelt, ihre Freundschaft oder Güte dadurch zurückzahlen zu müssen, dass ich mich ihnen anvertraue. Denn dazu bin ich gegenüber Nikolai [Lilejew] oder jedem anderen, der sich für meinen Freund hält, ganz und gar nicht fähig.« Lew fühlte sich durch das lockere Gerede in der Baracke abgestoßen, in der er sich ohne Terlezki noch isolierter vorkam als zuvor. »Heute war ein idiotischer Tag«, schrieb er Sweta am 20. Januar. »In der Baracke werden so viele dumme, wilde Dinge getan, so viele Witze gemacht und Streiche gespielt, dass ich mich unweigerlich ärgere und mich frage, wie es möglich ist, dass ein Mann wie A.A. [Semjonow]*, der einen normalen Verstand hat, sich darauf einlässt, erst recht wenn diese Streiche auf Kosten irgendeines Anwesenden gehen.« Er konnte sich den anderen Häftlingen nicht anschließen, wenn sie begannen herumzualbern. Ihn irritierten die Trinkerei und die Gesänge seiner Mithäftlinge und sogar ihr lautes Dominospiel nach der Arbeit. Während Lew auf seinem Bett lag und Tolstois *Anna Karenina* zu lesen versuchte, schlugen seine Mithäftlinge um ihn herum über die Stränge. Ab und zu jedoch schloss er sich ihnen an. »Die Männer in unserer Baracke haben heute viel Spaß«, ließ er Sweta am 25. Januar wissen. »Dafür gibt es keinen besonderen Grund. Der Fußboden und die Fenster beben von ihren Tänzen und dem Klang ihrer Gitarren, und überraschenderweise erwies sich Alexandrowitsch als der beste Musiker. Ich ziehe den Hut vor ihm!«

Drei Wochen später wurde an Strelkows 50. Geburtstag eine ruhigere Party gefeiert. Lew erschien mit Lilejew im Labor, um mit Strelkow Tee zu trinken. »Es war ein trauriger Tag«, schrieb Lew, »und ich konnte es nicht über mich bringen, ihm zum Geburtstag zu gratulieren. Natürlich wusste er, warum wir gekommen waren, er sagte aber nichts.« Strelkow litt noch immer unter Skorbut und unter zunehmend akuten Gallensteinattacken. Die Ärzte in der Krankenstation, denen das Fachwissen für die erforderliche schwierige Operation fehlte, konnten nichts unternehmen. Lew hatte Mitleid mit Strelkow, wie er Sweta erklärte:

> Niemand hat so viel wie er für die Produktion des Holzkombinats getan, und dafür hat ihm nie jemand gedankt, sondern die Leute, die von seiner Arbeit profitiert haben, versuchen, dies zu verschweigen, um nicht preisgeben zu müssen, dass ihre eigene Tätigkeit von anderen für sie erledigt wird. Die hiesigen

* Semjonow, der Chef der Elektrogruppe, war ein politischer Häftling, den man 1944 zu zehn Jahren verurteilt hatte.

> Bosse heben keinen Finger, um ihm zu helfen – mit Ausnahme der individuellen Ration, die er ohnehin erhalten sollte, weil er krank ist.

Eine noch traurigere Feier fand am 17. April statt. Dies war der 25. Geburtstag von Strelkows Tochter Walja, die zusammen mit seiner Frau, ihrem Mann und ihrem Sohn, den Strelkow nie gesehen hatte, in Moskau wohnte.

> Erst 25! Und wenn G. J. [Strelkow] das Ende seiner Haft erlebt, wird sie 37 – noch keine 40! – Jahre alt sein. Aber wird es je zu einer solchen Begegnung kommen? Es ist wirklich schwierig für ihn, und manchmal, wenn ich mich von ihm verabschiede, könnte ich angesichts seines Unglücks und seiner kläglichen Situation in Tränen ausbrechen … Es geht so weit, dass ich vor lauter Ohnmacht und Entrüstung über alles, was ihm angetan worden ist, mit dem Kopf gegen die Wand rennen und mit den Zähnen knirschen möchte. Er ist ein wunderbarer Mensch, obwohl wir uns häufig streiten (auf zivilisierte Weise natürlich).

Der Frühling kam 1949 spät nach Petschora. Im Mai schneite es, und warme Tage stellten sich erst Mitte Juni ein. Der lange, kalte Winter erhöhte die Belastung für alle. Da der Fluss noch zugefroren war, konnten keine Baumstämme zum Kombinat befördert werden. Der Strom fiel oft aus, weil das Kraftwerk nicht genug Holz zum Verbrennen hatte. In der Sägemühle und in den Werkstätten standen darum auch die Maschinen still, weshalb sich die Arbeiter mit Handwerkszeug behelfen mussten. Das Holzkombinat blieb weit hinter dem Plan zurück, woraufhin die Gulagbehörden die Lebensmittellieferungen reduzierten. Den ganzen Winter hindurch herrschte chronischer Mangel an warmer Kleidung, Stiefeln und Handschuhen für die Häftlinge. Viele erkrankten, da sie gezwungenermaßen länger bei Temperaturen unter dem Gefrierpunkt arbeiteten, um das Produktionsdefizit wettzumachen. In der 2. Kolonie, der Lew angehörte, war, so schätzte man, einer von zehn Häftlingen im ersten Quartal 1949 arbeitsunfähig, doch nur ein Prozent pro Tag durfte offiziell krankgeschrieben werden.

Lew machte sich Sorgen um Konstantin Rykalow, einen politischen Häftling und Holzhacker im Kraftwerk. Dieser einst massige Mann war in seiner Jugend Boxer gewesen, doch die Mühsal des Lagers hatte ihn ausgezehrt, und er war schließlich von einer akuten Tuberkulose heimgesucht worden, die ihm das Atmen erschwerte. Lew mochte Rykalow gern. Laut seiner Beschreibung für Sweta war er »ein gebildeter Mann, kräftig, ehrlich bis an die Grenze der Pedanterie und, trotz der zwei Jahre, die er hier verbracht hat, ein unverbesserlicher Wahrheitssucher«. Lew besuchte Rykalow in der Krankenstation:

> Er war angekleidet, ruhte sich auf dem Korridor aus und klagte darüber, dass er, um in Bewegung zu bleiben, Holz gehackt habe, doch rasch ermüdet sei. »Aber wo ist denn deine Axt?«, frage ich. Und er antwortet: »Ich bin auf einen wirklich schlimmen Knorren im Holz gestoßen und habe ein bisschen stärker zugeschlagen. Dabei ist der Axtgriff abgebrochen – sie werden einen neuen machen.«

Rykalow bemühte sich, wieder zu Kräften zu kommen, und hoffte, mit Lews und Semjonows Hilfe Elektriker im Kraftwerk zu werden. Zuweilen schaute er in der Mittagspause bei Lew vorbei:

> Beschämt von seinem Vorwurf, ich würde mich nicht mehr bei ihm blicken lassen, stattete ich ihm vor zwei oder drei Tagen einen Besuch ab, und wir verbrachten den Abend damit, Tee zu trinken. Ich hörte mir seine Erinnerungen an, die von einem Päckchen Fotos begleitet wurden, und obwohl mir alles ein wenig fremd war, tat es mir nicht um die Zeit leid – erstens, weil er unzweifelhaft ein sympathischer, herzensguter Bursche ist, der interessante Vorlieben und Fertigkeiten hat und Gelassenheit ausstrahlt; und zweitens, weil er sich hier einsam fühlt und ich weiß, dass es ihm leichtfällt, mit mir zu reden. Dadurch verspürt

er eine gewisse Linderung, und ich fühle mich gut, weil ich jemandem geholfen habe. Das ist meine jetzige Analyse, doch zu jenem Zeitpunkt habe ich mich einfach wohlgefühlt.

Rykalow wurde Heizer im Kesselraum der Trocknungsanlage, doch er war der Schwerarbeit nicht gewachsen und zog sich eine ernste Rückenverletzung zu (der ehemalige Boxer hatte seine eigenen körperlichen Fähigkeiten überschätzt). Man verweigerte ihm die Aufnahme in die Krankenstation und steckte ihn in den Straftrakt, nachdem er beim Rauchen an einem nicht dafür ausgewiesenen Ort ertappt worden war. Dort erhielt er nur Wasser und Brot, wurde noch schwächer und musste auf Geheiß eines Arztes entlassen werden. Man brachte ihn innerhalb der Station in einen Sonderbereich für Tuberkulosekranke und ließ ihn leichtere Arbeit in der Industriezone verrichten.

Während Lew Rykalow in der Krankenstation besuchte, fiel ihm die Freundlichkeit einer der Schwestern auf, die »keine Einheimische zu sein scheint, sondern wegen ihrer Herkunft oder Verwandtschaft hier ist«. In den Krankenstationen von Petschora arbeiteten etliche verurteilte Mediziner. Am 20. April erwähnte Lew eine Ärztin namens Nina Grin, die im Sanitätsbereich des Übergangslagers tätig sei:

> eine Frau in den Vierzigern, die in den Fünfzigern sein wird, wenn sie ihre Dienstreise hierher [d. h. ihre Haftzeit] beendet. Aber sie dürfte in Wirklichkeit Grinjowskaja heißen. Wenn die Patienten sie bitten, ihnen etwas vorzulesen, greift sic zu *Purpursegel* oder zu *Wogengleiter*.* Alle Patienten lieben sie.

Wie Lew anscheinend erraten hatte, war Nina die Witwe des Schriftstellers Alexander Grin (bzw. Grinjowski), dessen romantische Meeresabenteuer, die Lew damals leidenschaftlich gern las, von

* Romane des russischen Schriftstellers Alexander Grin (1880–1932), dessen wirklicher Name Grinjowski war.

der grimmigen Realität des Gulag nicht weiter hätten entfernt sein können. Nach dem Tod ihres Mannes im Jahr 1932 hatte Nina sich als medizinische Assistentin ausbilden lassen und in Feodossia auf der Krim gearbeitet. Während des Krieges schickten die Deutschen sie in ein Konzentrationslager bei Breslau, und 1945 verurteilten die Sowjets sie wegen Kollaboration mit dem Feind zu zehn Jahren in Petschora.

Eine weitere medizinisch Tätige im Übergangslager war Swetlana Tuchatschewskaja, die Tochter von Marschall Tuchatschewski, der 1937 in einem Geheimprozess als Spion verurteilt und dann erschossen worden war. Nach der Verhaftung ihres Vaters wurde Swetlana mit ihrer Mutter und ihren Geschwistern nach Astrachan gesandt, und als man auch ihre Mutter inhaftiert hatte, in einem Waisenhaus untergebracht, wo sie bis 1941 blieb. Im Chaos der ersten Kriegstage floh sie aus dem Waisenhaus, wurde jedoch vom NKWD aufgespürt und im Anschluss zu fünf Jahren in Petschora verurteilt. Eine ebenfalls von den Repressionen betroffene deutsche Ärztin namens Agata Rempel strich Swetlana von der Häftlingsliste und versteckte sie in der Krankenstation. Die Ärztin wusste, dass die schöne, damals 24-jährige Swetlana, die Tochter eines berühmten Sowjetmarschalls, niemals überleben würde, wenn sie sich allein unter den Häftlingen behaupten musste. Die junge Frau arbeitete in der Krankenstation und wohnte in verschiedenen Häusern im Ort, wo freiwillige Arbeiter sie aufnahmen und verbargen.

Am 2. Juli kamen die Parteiführer des Holzkombinats zusammen, um einen MWD-Erlass (Nr. 10190) zu diskutieren, der die strengere Isolierung der Häftlinge vorsah. Nichts war zur Umsetzung des Erlasses unternommen worden, seit man ihn im März 1947 verabschiedet hatte. Es gab keine systematischen Durchsuchungen der Häftlinge und ihrer Baracken, weshalb alle möglichen Dinge in die Gefängniszone hinein- und aus ihr herausgeschmuggelt wurden. Auch die Industriezone und die Siedlung der freien Arbeiter waren nicht ordnungsgemäß voneinander getrennt. Die Aufseher an der Hauptwache nahmen Bestechungsgelder, um Güter und Personen durchzulassen. Viele machten auf dem Schwarzmarkt gemeinsame

Sache mit den Insassen. Zum Beispiel fertigte ein Häftling namens Ljaschuk, der als Schneider ausgebildet war, Kleidungsstücke für etliche Wärter an; ein anderer, ein Koch namens Kosarinow, bereitete Mahlzeiten für sie zu. Man betrieb sogar einen Schwarzmarkt für »Regierungsgeheimnisse« (offizielle Dokumente), die aus dem MWD-Hauptquartier innerhalb der Siedlung gestohlen und an die Häftlinge verkauft wurden. Einige gelangten so in den Besitz ihrer Personalakten und fälschten die Artikel, nach denen sie verurteilt worden waren, oder änderten ihr Entlassungsdatum.

Die Parteiversammlung führte zu einem neuen Passierscheinsystem, strikteren Besuchskontrollen, häufigeren Durchsuchungen der Baracken, dem Verbot von Militäruniformen (die noch von einigen Häftlingen getragen wurden), dem Ende der Verteilung von Trockenrationen (die bei Fluchtversuchen nützlich waren), der Reparatur der Stacheldrahtumzäunung (die mehrere Löcher aufwies), der Rodung der Büsche zwischen dem Zaun und der Windmühle (von wo Äxte, Zangen, Sägen und andere Geräte aus den Büschen in die Barackenzone geworfen worden waren), der verstärkten Bemannung der Wachtürme (von denen drei seit mehreren Monaten unbesetzt gewesen waren) und schließlich, nach einem Jahr Diskussion, der Errichtung eines Zaunes und einer neuen Wache zwischen der Siedlung und der Industriezone.

»Was dieses Jahr aus dem Besuch wird, weiß ich einfach nicht«, schrieb Lew an Sweta. »Die neuen Maßnahmen bieten keinen Trost.« Erneut aber war Sweta entschlossen, sich nicht von der Reise abhalten zu lassen. »Die Entscheidung war auch im letzten Jahr wenig plausibel, aber Sieger werden nie verurteilt.* Bis jetzt bin ich mit der Situation fertig geworden, doch nicht immer ist das Glück dem Tüchtigen hold.«

In diesem Jahr kam es zu zusätzlichen Komplikationen. Das Institut konnte es sich nicht leisten, Sweta lediglich nach Kirow auf

* Sweta zitiert einen berühmten Satz Katharinas der Großen *(»Pobeditelei ne sudjat«)*, den sie angeblich 1773 aussprach, als General Suworow vor ein Militärgericht gestellt wurde, nachdem er entgegen den Befehlen von Feldmarschall Rumjanzew eine türkische Festung an der Donau erobert hatte.

Dienstreise zu schicken. Zydsik wollte jedoch nicht einen ganzen Monat auf sie verzichten, indem er sie »entlang der ganzen Strecke« die Fabriken in Omsk, Swerdlowsk und Kirow inspizieren ließ. Dies hätte zwar die Kosten gerechtfertigt, zugleich aber die Planerfüllung des Instituts gefährdet, denn Sweta wurde für die Leitung der neuesten Forschungsprojekte im Labor benötigt. Am 4. Juli gelang es ihr, sich eine Dienstreise nach Omsk und Swerdlowsk zu sichern, von wo aus sie nach Petschora weiterzufahren hoffte. Allerdings herrschte immer noch Ungewissheit, denn eine Kollegin, die die Inspektion in Kirow vornehmen sollte, ließ sich viel Zeit, und Sweta konnte nicht abreisen, bevor die andere nicht zurückkehrte.

Drei Wochen später war die Kollegin noch immer nicht nach Kirow aufgebrochen, und Sweta fand sich nun damit ab, Lew im Herbst, »der uns bisher immer Glück gebracht hat«, in einer Urlaubswoche zu besuchen. Lew hatte sie gewarnt, dass die Treffen infolge der strafferen Vorschriften auf »30 Minuten bis zwei Stunden mit der üblichen ›Beilage‹ [Code für: in Anwesenheit eines Wärters]« beschränkt seien. Litwinenkos Mutter habe es im Juni trotz der Zahlung von Bestechungsgeldern nur geschafft, dreimal drei Stunden ohne Aufsicht mit Nikolai zu verbringen. Lilejews Vater sei nicht erfolgreicher gewesen und habe lediglich zwei Treffen von gleicher Länge durchgesetzt. In einem Brief, der für den Fall, dass er den Behörden in die Hände fiel, verschlüsselt war, bat Sweta Lew, er solle ihr genauer schreiben, wie riskant oder erfolgversprechend es sei, die Wärter mit Wodka (»Vitamin C«)* oder Geld (»Vitamin D«) zu bestechen, um mehr Zeit oder Ungestörtheit herauszuschlagen. »Ehefrauen sind interessanter für mich als Mütter«, schrieb Sweta, womit sie ihren Wunsch unterstrich, mit Lew allein zu sein, »aber andererseits beschäftigt mich die praktische Frage, wo Begegnungen stattfinden können.« In seiner gleichermaßen verschlüsselten Antwort warnte Lew sie, ihre Erwartung, durch Bestechungsgelder viel ausrichten zu können, nicht zu hoch zu schrauben:

* Das russische Wort für Wodka beginnt mit dem dritten Buchstaben des kyrillischen Alphabets.

Vermutlich hast Du bereits vor ungefähr drei Tagen Informationen von I. S. [Lilejews Vater] über alle technischen Fragen erhalten und eingesehen, dass sogar optimale Bedingungen kaum Erfolgschancen bieten. Fermentierung mit Hilfe von Präparat D oder seiner organischen Entsprechung [Alkohol] ist wenig hilfreich. Jedenfalls kann sie an den Einzelheiten von Raum und Zeit [wie lange ein Treffen dauern und wo es stattfinden würde] nichts ändern und höchstens die Zahl der Zutaten verringern [den Wärter bewegen, das Zimmer zu verlassen], doch selbst das gelingt nicht immer. So ist die Situation. Die Statistik zeigt, dass Du recht hast: Frauen sind weniger an ihren Ehemännern interessiert als Mütter an ihren Söhnen. Laut örtlichen Informationen ist das Verhältnis des Ersteren zum Letzteren gleich null, weshalb keine spezifischen Angaben für den ersten Fall vorliegen. Aber es ist unwahrscheinlich, dass er sich von dem zweiten unterscheidet.

Sweta ließ sich weder durch die Hindernisse noch durch die Wahrscheinlichkeit abschrecken, dass sie Lew nur für ein paar Stunden, wenn überhaupt, sehen würde. »Es mag möglich sein, sich einen ›interessanteren‹ Urlaub vorzustellen«, teilte sie Lew mit, »aber ich werde zu keiner ›Entspannung‹ imstande sein, solange ich nicht ein Treffen mit Dir hinter mir habe.«

Ich frage mich, warum andere die Kürze so sehr fürchten und lieber nichts als nur ein wenig haben möchten, während ich finde, dass drei Stunden besser sind als überhaupt nichts. Ist es vielleicht Verbitterung? Ich glaube, ich kann selbst entscheiden, ob etwas für mich besser ist als nichts. Und für Dich ebenfalls. Was fällt Dir leichter, Ljowa? Schließlich werden wir eine Möglichkeit haben, einander zu sehen, nicht wahr? Und einander zu berühren – uns zu vergewissern, dass wir in der Realität und nicht bloß in Briefen existieren. Das ist bestimmt besser als nichts. Aber vielleicht maße ich mir zu viel an, wenn ich diese Frage für Dich entscheide.

Lew entgegnete:

> Es spielt keine Rolle, wie lange unsere Begegnung dauert, wenn wir einander nur sehen können. Das steht hier nicht in Frage. Dadurch wird es für mich nicht schmerzlicher, später wieder auf Dich zu warten. Und selbst wenn es schmerzt, wird es besser sein, weil die Gewissheit besteht, dass es nicht nur *war*, sondern immer noch *ist* und auch in Zukunft sein mag – aber jedenfalls *ist es*. Und wenn ich dies nie erwähne, dann deshalb, weil ich es für egoistisch halte, für eine Form des indirekten Drucks, während es überhaupt nicht erwähnt werden sollte. Keine Rede, dass ich nicht an Dich glauben würde, Sweta, also sei bitte nicht zornig.

Im August ergab sich für Sweta eine Möglichkeit, nach Uchta zu reisen, einem vom Gulag dominierten Industriestädtchen unweit von Ischma an der Eisenbahnstrecke zwischen Kotlas und Petschora. Die Fabrikleitung hatte das Institut um Expertenhilfe in ihrem Labor gebeten, und Zydsik hatte Sweta diese Aufgabe zugewiesen. Er hatte keine Ahnung, wo Uchta lag, denn als er ihr mitteilte, sie müsse dorthin statt nach Omsk reisen, hatte er sich entschuldigt, weil er ihre Pläne, Lew in Petschora aufzusuchen, verdorben habe. »Ich fragte Michail Alexandrowitsch, ob er wisse, wo Uchta liegt«, erinnerte sich Sweta. »Es sei kaum 250 Kilometer von Petschora entfernt, und ich könne mir nichts Idealeres vorstellen, solange er damit einverstanden sei, dass ich mit zwei oder drei Tagen Verspätung von meiner Dienstreise zurückkehren würde.« Sie brach am 30. August mit dem Zug nach Uchta auf. Dort verbrachte sie mindestens eine Woche und quartierte sich in einem Dorf unweit der Fabrik ein. Nachdem sie ihre Arbeit erledigt hatte, schlugen die Fabrikfunktionäre ihr vor, nach Moskau zurückzufliegen – eine Maschine sollte in Kürze vom Flugplatz Uchta starten –, doch Sweta erklärte, sie wolle lieber mit dem Zug reisen. »Sie brachten mich mit dem Auto zum Bahnhof [in Ischma]«, erinnerte sich Sweta später, »und ich redete ihnen nach Kräften zu, dass sie nicht zu warten brauchten, bis ich einstieg. Zum Glück trafen der Zug nach Moskau und der aus Moskau nach Petschora fast gleichzeitig in Ischma ein.« Als Swetas Gastgeber verschwunden waren, kaufte sie eine Fahrkarte für den nach Norden fahrenden Zug und stieg ein.

In Petschora wurde Sweta wieder von Boris Arwanitopulo und seiner Frau Vera aufgenommen, bei denen sie schon im Vorjahr gewohnt hatte. Sie hielt sich vom 9. bis 12. September in Petschora auf, konnte diesmal aber viel weniger Zeit – wahrscheinlich nicht mehr als ein, zwei Stunden – mit Lew verbringen, und das in Gegenwart eines Wärters entweder in der Hauptwache oder dem kleineren Häuschen, in dem sie sich ein Jahr zuvor getroffen hatten. Wie Lew gewarnt hatte, war es infolge der verschärften Sicherheitsmaßnahmen im Grunde unmöglich, mehr Zeit herauszuholen, selbst wenn man ein Schmiergeld zahlte. Dennoch schöpften beide durch die kurze Begegnung neuen Mut – so war die Trennung der kommenden Monate weniger schwer zu ertragen –, und allein das schon rechtfertigte Swetas Reise. Um diese kurze Zeit mit Lew zu verbringen, hatte sie eine Eisenbahnfahrt von 4340 Kilometer Länge auf sich genommen.

Sweta verließ die Arwanitopulos am frühen Morgen des 12. September. Folgenden Brief schickte sie an jenem Abend auf der Rückreise nach Moskau vom Bahnhof Tobys ab, nicht weit südlich von Uchta:

> Mein Liebling Lew, die Reise verläuft glatt.
> Übermittle Schaba [Alexandrowitsch] meinen Dank.* Gestern Abend bin ich nirgendwohin gegangen, sondern habe mich nur umgezogen, meine Sachen gepackt und mich um 22 Uhr hingelegt. Vera weckte mich um 4 – es wurde bereits hell. Keiner saß am Schalter, und ich konnte mir erst eine Fahrkarte besorgen, als ein verspäteter nördlicher Zug einfuhr und Chaos ausbrach – jeder musste eine Fahrkarte kaufen oder eine in Petschora abstempeln lassen. Ich gab Boris 125 für die Beförderung

* Er muss Sweta während ihres Besuches geholfen haben.

und Vera 50. Sie weigerte sich natürlich, nahm das Geld dann jedoch bereitwillig an. Ich versprach, ihr ein Muster für einen modischen Glockenrock zu schicken, und sie plant immer noch, mir genug Rubel für einen Pelzmantel zu senden. Ich versuchte, sie zu überreden, ihn lieber selbst zu kaufen, wenn sie im Urlaub ist. Aber in erster Linie hoffe ich, dass sie nicht in der Lage sein wird, das Geld zu sparen …

In Koschwa habe ich Lew Jak. [Israilewitsch] getroffen … Ich finde, dass er sich nicht verändert hat …

Bei der Durchfahrt durch Uchta und Ischma hatte ich geradezu das Gefühl, in meiner Heimatstadt zu sein – so vertraut erschienen sie mir. Das Dorf war großenteils vom Zug aus zu sehen, doch die Fabrik liegt hinter dem Hügel. Die Sonne geht bereits unter, und man hat uns einen Halt von 30 Minuten versprochen. Also werde ich Dir diesen Brief schicken können.

Pass auf Dich auf, mein Schatz.

Es scheint ein seltsam alltäglicher Brief zu sein, wenn man bedenkt, dass sie ihn nach einer intensiven Begegnung mit dem Mann, den sie liebte, geschrieben hatte – als habe sie ihre Gefühle auf der langen Heimreise zügeln müssen. »Wir sind bis Kotlas gekommen«, meldete sie am 14. September in ihrem »zweiten Brief von unterwegs«. »Die Nacht ist problemlos vergangen … Sie machen sich nicht die Mühe, die Passagiere systematisch zu kontrollieren, sondern gehen in den Waggons auf und ab, um uns selektiv zu überprüfen.«

Lew dagegen drückte sich viel lyrischer aus. »Mein Liebling Sweta«, schrieb er am 16. September,

Du bist immer noch überall bei mir. Wenn mir etwas Schönes einfällt – eine Melodie oder ein Vers von Puschkin oder Burns oder ein Gemälde –, denke ich stets an Dich und habe Dein Gesicht und Deine Augen vor mir, und mir ist leichter ums Herz, wenn ich mich an Dein Lächeln erinnere. Ich weiß nicht, ob es gut ist, darauf einzugehen – ich sollte es für mich selbst und nicht für Dich schreiben, aber ich kann nicht anders. Sweta,

> meine Swet, meine liebe Sweta. Wenn ich eine Melodie höre, von der ich weiß, dass sie Dir gefällt, scheine ich ihr zusammen mit Dir zu lauschen, und ich werde ruhiger und bin besser in der Lage, die Dinge zu ertragen. Ich werde freundlicher anderen gegenüber. Meine Sweta, wie wunderbar ist es, dass *es Dich gibt*, dass ich immer und in allem – in Dichtung oder Prosa, in der Musik und sogar in meinen Schaltplänen – nur Dich sehe.

Zwölf Tage nach ihrer Abreise tauchte Sweta wieder in Lews Träumen auf, »doch nun habe ich Dich ohne Gesichtszüge und überhaupt ohne Gesicht vor mir, weiß aber trotzdem, dass Du es bist«. Mehrere Nächte hindurch quälten ihn Albträume, aber dann hatte er dreimal hintereinander den äußerst lebhaften Traum, den er bereits seit 1945 aus dem SMERSCH-Gefängnis in Weimar kannte: den Traum von Sweta in einem weißen Kleid.

Ein paar Wochen später las Lew Turgenews *Adelsnest*, einen Roman über eine Liebe, die von den Umständen und der Vergänglichkeit, wenn nicht der Unerreichbarkeit, des Glücks durchkreuzt wird. Lew konzentrierte sich bis spät in die Nacht hinein auf das Buch und teilte Sweta dann seine Eindrücke mit:

> Ich begriff, dass das Schrecklichste im Leben völlige Hoffnungslosigkeit ist … Jedes »Vielleicht« durchzustreichen und den Kampf aufzugeben, wenn man noch genug Kraft dafür hat, ist die schlimmste Form des Selbstmords. Es ist fast unerträglich, dies an anderen zu beobachten. Unbegründete Hoffnung – Erlösung für die im Geist und Verstand Schwachen – verärgert mich. Aber der Verlust der Hoffnung bedeutet die Lähmung – oder gar den Tod – der Seele. Sweta, lass uns hoffen, solange wir noch die Kraft dazu haben.

9

»1950 – ein halbes Jahrhundert neigt sich dem Ende zu«, schrieb Lew Sweta am 8. Januar. Mit dem Beginn des neuen Jahres rechnete er nach. In zwei Wochen würde er 33 Jahre alt werden.

> Mir scheint, dass die Hälfte meines Lebens vergangen ist – womit ich einverstanden bin, wenn es wirklich nur die Hälfte war. Wie viele der übrigen Jahre werde ich nicht als vollgültig mitzählen können, weil ich zu alt bin? Diese Berechnungen haben nur dann einen Sinn, falls es keine »Wenns« gibt, denn jedes einzelne könnte meinem persönlichen Kalender im Nu ein Ende machen.

Einstweilen musste er sich darauf konzentrieren, die Kälte zu überleben: »Beißender Frost setzt ein. Gestern waren es minus 47 und vorgestern minus 49 Grad. Heute hat es ein bisschen auf minus 36 Grad ›getaut‹, aber die Temperatur fällt schon wieder.«

Die Zahl der Gulag-Insassen erreichte in den frühen 1950er Jahren ihren Höchststand. Nach der amtlichen Statistik befanden sich in den Arbeitslagern und -kolonien des Gulagsystems damals 2 561 351 Häftlinge, eine Million mehr als im Jahr 1945. Obwohl dies nur zwei Prozent der Arbeitskräfte des Landes ausmachte, war der tatsächliche Beitrag des Gulag zur Sowjetwirtschaft weitaus bedeutsamer. Gulag-Arbeiter spielten eine besonders wichtige Rolle bei der Förderung von Edelmetallen in kalten, entlegenen Regionen, wo es sehr teuer, wenn nicht unmöglich war, freies Personal zu beschäftigen. Daneben wirkte der Gulag vorrangig an den großen Bauprojekten der späten 1940er und frühen 1950er Jahre mit, die – zumindest offiziell – zu Symbolen der Nachkriegsleistungen des Sowjetsystems werden sollten: am Wolga-Don-Kanal, an der Baikal-Amur- und der Transpolar-Eisenbahn, am Ausbau der Moskauer Metro sowie an dem gewaltigen neuen Komplex der Moskauer Universität auf den Leninhügeln, einem der sieben Zuckerbäckergebäude (»Stalins Kathedralen«) im bombastischen »sowjetischen Empire-Stil«, die damals in der Hauptstadt in die Höhe schossen.

Sweta war beeindruckt von der neuen Universität, deren Hauptgebäude, das bei Weitem höchste der Stadt, von fast jedem Punkt im Moskauer Zentrum zu sehen war. »Sie gleicht einer ganzen Ortschaft, die nachts erleuchtet ist, und die Umrisse des Hauptgebäudes treten wirklich schön hervor«, schrieb sie Lew. Ob Sweta wusste, dass der neue Gebäudekomplex von Gulag-Arbeitskräften errichtet worden war, ist zweifelhaft. Sie brachte die gleiche naive Begeisterung für viele der anderen großen Bauprojekte des Kommunismus zum Ausdruck, die sämtlich von Häftlingen verwirklicht wurden. Auch Lew imponierte das Propagandabild dieser riesigen Baustellen. Im Clubhaus des Holzkombinats, in dem manchmal Filme gezeigt wurden, sah er einen Dokumentarstreifen über den Wolga-Don-Kanal, und »die ganze Stunde lang«, schrieb er Sweta später,

> dachte und fühlte ich nichts anderes als Stolz und Bewunderung für die Kraft des menschlichen Geistes und die systematische, harmonische Umwandlung Tausender von Ideen in ein greifbares Wunder. Der Film hatte natürlich zahlreiche Mängel, vor allem ließ er eine gewisse Hast und Zusammenhanglosigkeit erkennen, und trotzdem machte er einen enormen Eindruck.

Wie war das möglich? Lew wusste schließlich, dass Gulag-Arbeiter für den Wolga-Don-Kanal eingesetzt wurden, denn einer seiner Mithäftlinge, Alexander Semjonow, der Leiter der Elektrogruppe, hatte sich als Ingenieur zu der Baustelle versetzen lassen. Außerdem mussten sich Lews politische Ansichten seit seiner Verhaftung durch SMERSCH im Jahr 1945 gewandelt haben. Er hegte keine Illusionen mehr über den Kommunismus und die sowjetische Gerechtigkeit. Trotzdem glaubte er immer noch stolz an die progressive Kraft der sowjetischen Wissenschaft und Technik, sogar innerhalb des Gulag. Seine eigenen gewissenhaften Bemühungen, die Funktionsweise des Kraftwerks zu verbessern, waren kennzeichnend für diesen Glauben.

Der Gulag bildete einen gigantischen Archipel aus Arbeitslagern und Bauplätzen, Bergwerken und Eisenbahnbaustellen – eine Sklavenwirtschaft, die einen Schatten über die gesamte Sowjetunion warf, obwohl tatsächlich nur wenige etwas von ihrer Existenz mitten im Land ahnten. In den Nachkriegsjahren kam es zu einer allmählichen Verschmelzung zwischen der Gulag- und der Zivilwirtschaft. Alljährlich wurde ungefähr eine halbe Million Gulag-Arbeiter für den Zivilsektor abgestellt, hauptsächlich im Baugewerbe oder wo immer die Zivilministerien über Personalmangel klagten; etwa die gleiche Zahl von »Freien« leistete bezahlte Arbeit für die Gulag-Industrien. Man sah sich zunehmend genötigt, sogar den Zwangsarbeitern materielle Anreize zu bieten, um sie zu motivieren. Die Bevölkerung der Lager war widerspenstiger und weniger kontrollierbar geworden, was sich in der Nachkriegszeit auf den Zustrom von Rote-Armee-Soldaten, ausländischen Kriegsgefangenen sowie ukrainischen und baltischen »Nationalisten«, die das Sowjetregime ablehnten, zurückführen ließ. Diese Häftlinge hatten keine Angst vor Gewalt. Und wenn sie nicht entlohnt wurden, waren sie nicht geneigt, ihre Planziele zu erfüllen.

Im Jahr 1950 wurde das Nord-Petschora-Eisenbahnlager unter der Bezeichnung Petschorlag (Petschora-Arbeitslager) umorganisiert und damit beauftragt, einen zweiten Schienenstrang zwischen Kotlas und Workuta zu bauen. Die provisorische Einzelspur, die so hastig in den Kriegsjahren verlegt worden war, konnte weder den massiven Anstieg der Kohleproduktion im Workutabecken noch die Anforderungen von Petschora bewältigen, das durch die Fertigung des Holzkombinats zu einem wichtigen Industriezentrum geworden war.

Der Bau eines zweiten Schienenstrangs war eine Herausforderung für die Petschorlag-Bosse. Schwere körperliche Arbeit musste geleistet werden, um den Wald zu roden, Dämme zu graben, die Schwellen und Schienen vorzubereiten und zu verlegen. Man würde Tausende von neuen Häftlingen in den Arbeitslagern und -kolonien an der Strecke benötigen. Die Produktivität des Holzkombinats musste erheblich verbessert werden, um den erhöhten Bedarf an Schwellen, Baracken und anderen Baukomponenten zu befriedigen. Die Gulagleitung stand unter enormem Druck, da die Bahnlinie innerhalb eines Jahres fertiggestellt sein sollte. Ohne neue Anreize hatte sie jedoch keine Aussicht, den Bau in weniger als zwei oder gar drei Jahren abzuschließen, denn die Häftlinge waren einfach zu demoralisiert.

Auf einer Reihe von Versammlungen im Januar 1950, bei denen man darüber diskutierte, warum das Holzkombinat den Plan im Vorjahr nicht erfüllt hatte, wurden die üblichen Gründe genannt: Knappheit an Rohstoffen und Energie, schlechte Organisation, mangelnde Fachkenntnis bei den Häftlingen usw. In erster Linie jedoch verwiesen die Funktionäre auf die »alarmierend gestiegene Zahl von Fällen, in denen Häftlinge ihre Normen nicht erfüllen«, und auf »die zunehmende Arbeitsverweigerung der Häftlinge«.

Um den Eisenbahnbau zu beschleunigen, führten die Gulagbehörden ein neues System materieller Anreize ein, darunter die Zahlung von Löhnen. Der Vorschlag, Häftlinge zu bezahlen, ging auf einen Regierungserlass vom November 1948 zurück. Durch den Erlass wurde einigen ausgewählten Lagern gestattet, »Geldprämien« von bis zu 30 Prozent der Löhne, die Arbeiter in den entsprechenden Sektoren der Zivilwirtschaft erhielten, zu verteilen. Seit dem Frühjahr 1950 wurden diese Prämien überall im Gulag (mit Ausnahme der Sonderregime-Lager) gezahlt.

Das Lohnsystem galt ab dem 1. Mai auch für das Holzkombinat. Ungelernte Arbeiter bezogen 90 Rubel im Monat, Facharbeiter das Doppelte.* Nach den neuen Regeln würde das Holzkombinat einen Gewinn erwirtschaften müssen, um weiterhin Geld und Nachschub von der Gulagverwaltung in Moskau zu erhalten. Niemand war sicher, ob der geplante Produktivitätsanstieg ausreichen würde, um

* Zum Vergleich: 1950 erhielten freiwillige Arbeiter im Holzkombinat durchschnittlich etwa 800 Rubel und Verwaltungspersonal etwa 1200 Rubel monatlich (GU NARK, f. 173, op. 1, d. 1, l. 2).

sowohl die Löhne der Häftlinge als auch die Kosten ihres Lebensmittelminimums, das weiterhin garantiert wurde, zu decken. Sogar die Leiter des Holzkombinats hatten Zweifel, trotz der Anschlagbretter, die sie überall – im Clubhaus, in den Werkstätten und Baracken – aufstellen ließen, um für den Plan zu werben. In der 11. Kolonie, einem der abgelegensten Waldlager, wo man das Lohnsystem bereits ausprobiert hatte, war es zu einem Produktivitätszuwachs gekommen, der jedoch nicht ausreichte, um die Kosten wettzumachen, da etliche Häftlinge immer noch nicht zügiger arbeiteten als zuvor. Für die Insassen war das Geldsystem vor allem mit zwei Problemen verbunden: Sie konnten kaum verhindern, dass die Wärter ihre Löhne stahlen oder sie in Form von Bestechungsgeldern für sich abzweigten; und im Übrigen gab es nicht viel zu kaufen. Der Kiosk in der entlegenen Kolonie hatte ein paar Dosen Wurstfleisch, einige Lutschbonbons und kaum etwas anderes anzubieten. Allerdings konnte man Wodka und Tabak mühelos auf dem Schwarzmarkt erwerben.

Trotzdem war Lew froh darüber, Geld zu verdienen. Dadurch konnte er die Schulden begleichen, die er seiner Meinung nach bei seinen Tanten, seinem Onkel Nikita und anderen Verwandten aufgrund der vielen Pakete angehäuft hatte, und er fühlte sich nicht mehr so wie das hilflose »Kind, das andere Leute füttern müssen«. Dabei sei es doch vielmehr seine Pflicht, diese Personen »zu versorgen«, wie er in seinen frühen Briefen an Sweta erklärt hatte. Im Juli schickte er Tante Olga etwas Geld. »Sie drohen, uns in Kapitalisten zu verwandeln, indem sie zu einer ordentlichen Buchführung übergehen«, berichtete er Sweta freudig. Später im selben Jahr ließ er ihr 200 Rubel zukommen, die er gespart hatte und die sie Tante Katja für einen kurzen Sanatoriumsaufenthalt übergeben sollte.

Ein weiteres Zugeständnis machte die Führung des Holzkombinats den Häftlingen in einem Erlass vom Frühjahr 1950, der ihnen gestattete, eigene Gemüseparzellen anzulegen. Lew und seine Freunde in der Elektrogruppe organisierten eine »Kolchose«, in der sie Kopfsalat, Rettich, Erbsen, Rüben und Brombeeren, die alle reichlich Vitamine lieferten, anbauten. Strelkow, dem »Kolchos-

Strelkow und Lew (hintere Reihe) mit Lilejew (links) und Litwinenko außerhalb des Labors

vorsitzenden«, bereitete diese Arbeit ein »väterliches Vergnügen«, schrieb Lew an Sweta, »und es machte ihm Spaß, uns zuzuhören, wenn wir den Gemüsegarten und seine Kochkunst lobten«. Er installierte sogar Lichter, um die Ernte im Dunkeln zu schützen, doch Lew war skeptisch und meinte, dass sich Diebstähle auf diese Weise »um bestenfalls 1 Prozent« verringern ließen. Strelkow und seine »Landarbeiter« züchteten auch Kapuzinerkresse und Astern unter Glas sowie Kaninchen im Keller des Kraftwerks. Sie fertigten elektrische Heizgeräte für die Ställe an und konnten später schmackhaften Kanincheneintopf kochen. »Wir haben mit Verzug begonnen, ein wenig im Gemüsegarten zu arbeiten«, schrieb Lew Mitte Oktober.

> Die Ausbeute ist gering und nicht sehr lohnend, aber erfreulich, besonders für G.J. [Strelkow]. Einige Tomaten reifen noch auf seiner Fensterbank, und sonst bestehen unsere Vorräte nur noch aus Kartoffeln (die übrigens im Moment nicht knapp sind). All die anderen Früchte der Erde sind aufgegessen worden. Wir hatten sogar Rhabarber und Spinat – Westeuropa auf Komi-Boden.

Nikolka [Litwinenko] tut das alles sehr gut. Er ist zur Kaninchenzucht übergegangen – ein Verbot besteht nicht –, und nun lebt eine Gruppe sechs langohriger Seelen, die N. zu einem Eintopf verarbeiten will, im Keller des Werks ... Ich bin nicht an der Unternehmung beteiligt, sondern beobachte die Geschöpfe nur mit großem Vergnügen. Gegenstand unserer Aufmerksamkeit ist im Moment unser Kater Mitka (nicht der bei G. J., sondern der in unserer Baracke). Er hat sich irgendeine Krankheit zugezogen, die sich vor allem auf seine Augen auswirkt und sie tränen lässt ... Da wir keinen Tierarzt haben, behandeln wir ihn selbst, flößen ihm Vitamin C ein und waschen seine Augen mit Borsäure. Er hat Fürsorge verdient, denn er ist ein vorzüglicher Mäusejäger, sein Benehmen ist tadellos, und er hat einen wunderbaren Charakter.

Noch andere kleine Verbesserungen fanden im Holzkombinat statt. Größere Baracken wurden für die Häftlinge gebaut, und in der Siedlung gab es ein neues, allen Insassen zugängliches Clubhaus mit einer Bibliothek, einem Rundfunkgerät, das auf die nationalen Sender eingestellt war, einer Tischtennisplatte und einer Ecke zum Karten- und Dominospielen. Neben dem Wachhaus wurden ein Postamt und ein kleiner Laden eröffnet, wo Häftlinge Brot und manchmal sogar Butter, Wurst, Zucker, Wodka, Tabak und Kleidungsstoff kaufen konnten. Allerdings waren die Lieferungen unzuverlässig (einmal hatte der Laden 600 Meter Handtuchstoff, doch nichts Wärmeres anzubieten). »Welchen Sinn hat es, mir Zucker zu schicken, da ich ihn doch hier kaufen kann. Zahnpasta und Seife – alles ist nun vorhanden«, teilte Lew Sweta mit. Mit Hilfe der freiwilligen Arbeiter konnte er auch die wachsende Zahl von Läden im Hauptort nutzen, wo es eine etwas größere Auswahl an Lebensmittelkonserven, Trockenfisch und gelegentlich auch an Gemüse, Tee und Kaffeewürfeln* gab.

Petschora selbst entwickelte sich rasch, was neue Arbeits- und

* Kleine Würfel aus Pulverkaffee, gemischt mit Trockenmilch und Zucker.

Fünf Häftlinge der Petschorlag-Fußballmannschaft

Unterhaltungsmöglichkeiten für die Häftlinge mit sich brachte. Im Jahr 1949 eröffnete man einen Kulturpalast im Zentrum. Ausschließlich von Häftlingen errichtet, enthielt das klassische, mit Säulen versehene Gebäude ein Auditorium, dessen Möbel sämtlich von den Tischlern des Holzkombinats hergestellt worden waren. Die hier gezeigten Filme wurden separat für die freiwilligen Arbeiter und für die Lagerinsassen (die unter Bewachung zum Palast marschierten) vorgeführt. Man besaß ein eigenes Orchester und, seit 1951, eine aus Häftlingen bestehende Theatertruppe. Die Gulagbosse konnten sich mit diesen »Leibeigenentheatern« und »Leibeigenenorchestern« schmücken, und sie feilschten miteinander um die besten Musiker und Schauspieler. Verschiedene Fußballmannschaften (für Eisenbahnarbeiter, Schiffbauer und das Personal des Holzkombinats) wurden aus Häftlingen und freiwilligen Arbeitern zusammengestellt. Diese Teams traten zu ihren Spielen in dem neuen Stadion neben dem Kulturpalast an. Wenn es zu einem bedeutenderen Match zwischen einer Mannschaft aus Petschora und Besuchern aus einem anderen Gulag-Ort kam, ließ man Häftlinge, wiederum unter Bewachung, zum Stadion marschieren, damit sie ihr Team anfeuerten.

All diesen Entwicklungen lag der Gedanke zugrunde, wonach der Gulag als eine Parallelgesellschaft zur sowjetischen funktionieren sollte, in der die Häftlinge durch Propaganda und kulturelle Aktivitäten umerzogen und zu Sowjetbürgern »umgeschmiedet« würden. Die Vorstellung, Häftlinge durch Arbeit zu besseren Menschen zu machen, war von zentraler Bedeutung für die Gulag-Gründungsideologie in den frühen 1930er Jahren gewesen. Im weiteren Verlauf jenes Jahrzehnts geriet dies jedoch weitgehend in Vergessenheit, denn die maximale Ausbeutung und Bestrafung von »Volksfeinden« wurde zum Hauptzweck der Lager. Seit dem Ende der 1940er Jahre aber, als die Gulagführung nach Wegen suchte, wie sie die Häftlinge motivieren könnte, kehrte man wieder zu der ursprünglichen Idee zurück. Im Holzkombinat führte die Partei ein Programm ein, durch das man den Insassen industrielle Fertigkeiten beibringen wollte. Im Jahr 1950 wurde eine »Ausbildungsanlage« am Standort der kurz zuvor stillgelegten 1. Kolonie in der Straße des 8. März organisiert. Dort konnten »verdiente« Häftlinge in ihrer Arbeitszeit Geodäsie, Topografie, Eisenbahnbau und Ingenieurwesen studieren. Die Dozenten waren ausnahmslos ehemalige Insassen.

Lew wurde nicht dafür ausgewählt, hatte aber ohnehin bereits begonnen, eine kleine Gruppe von Arbeitern im Kraftwerk informell zu unterrichten, darunter einen 23-jährigen Heizer in Mathematik und einen 30-jährigen Monteur, den er eine Art Ingenieurlehrgang absolvieren ließ. Er eignete sich gut für die Lehrerrolle, denn er war verständnisvoll, umgänglich und weithin beliebt, weshalb viele bei ihm praktischen Rat einholten. Anderen zu helfen entsprach außerdem seinem Bedürfnis, einen höheren Zweck im Lager zu finden.

Lew war sich seiner privilegierten Stellung im Lager überaus bewusst und fühlte sich stark verpflichtet, weniger begünstigten Häftlingen zu helfen. Seit achtzehn Monaten hatte er in Briefen an die MWD-Behörden nach der Adresse seines armen Freundes Ter-

Terlezki im sibirischen Exil mit Irina Jewgenjewna Preobraschenskaja, der Tochter des bolschewistischen Ökonomen Jewgeni Preobraschenski

lezki gefragt. Im Juli erfuhr er endlich, dass man Terlezki aus dem Sonderlager Imta entlassen hatte und dass er in einem kleinen Dorf in der sibirischen Region Krasnojarsk im Exil lebte. Lew schickte ihm einen Brief und eine Überweisung, doch das Geld kam mit einem kurzen Vermerk, wonach »finanzielle Unterstützung nicht erforderlich ist«, wieder zurück. In Lews Augen war diese Weigerung, seine Hilfe zu akzeptieren, typisch für Terlezkis Stolz. »Also ist er zweifellos noch am Leben, wahrscheinlich gesund und so dickköpfig wie immer«, schrieb Lew an Sweta. »Er tut mir wirklich leid, und ich nehme es ihm überhaupt nicht übel, dass er nicht antwortet. Wenn ich sicher sein könnte, dass meine Briefe ihm keinen Schmerz bereiten, würde ich ihm weiterhin auch ohne Reaktion seinerseits schreiben. Ach, Ljubka, du Narr! Trotz seines herausragenden Intellekts benimmt er sich manchmal wie ein Kind.«

Lew machte sich nicht weniger Sorgen um Oleg Popow, den jungen Halbletten in der Elektrogruppe. Im Februar 1948 war Popow in die 3. Kolonie verlegt worden und zwei Monate später zurückgekehrt, offensichtlich traumatisiert durch seine Erfahrungen in dem strengen Regime der Strafkolonie, wo er in einem Schlepperteam eingesetzt worden war. »Seine Hände sind von Frostbeulen bedeckt, er hat stark abgenommen, und seine Augen haben einen seltsamen Blick«, bemerkte Lew. Er war beunruhigt darüber, wie sehr sich sein Freund verändert hatte. »Nachdem Oleg mich besucht hatte, konnte ich an nichts anderes denken«, schrieb er Sweta. »Mein Gewissen macht mir aus zwei Gründen zu schaffen: weil ich vielleicht teilweise für sein Schicksal verantwortlich bin* und weil meine eigene Lage unvergleichlich besser ist als seine.«

Im April 1948 wurde Oleg zu einem benachbarten Übergangslager gebracht, wo man Häftlinge zu einem Konvoi zusammenstellte. Bevor dieser aufbrach, schrieb Lew an Oleg und teilte ihm Swetas Adresse mit. Zehn Monate lang ließ Oleg nichts von sich hören, doch dann schrieb er an Sweta. Er befand sich in einem Sonderlager in Kosju, 100 Kilometer nordöstlich von Petschora an der Eisenbahnlinie nach Workuta, wo er in einem Steinbruch arbeitete. Die Lagerbedingungen waren schlimm, er hatte sich die Hand verletzt und wollte, dass Sweta ihm Bücher schickte. Lew, der sich große Sorgen um ihn machte, sammelte Geld bei den anderen Häftlingen und gab Päckchen für Oleg auf. Auch Sweta sandte Oleg verschiedene Dinge. Dann erhielt sie auf einmal Briefe mit der Bitte um das eine oder andere, das sie ihm bereits hatte zukommen lassen; manche waren in einem seltsamen Englisch verfasst und wiesen eine fehlerhafte Adresse auf. Wie sich herausstellte, zwangen die anderen Häftlinge Oleg, Päckchen anzufordern, die sie dann für sich behielten. Er hatte versucht, den Betrug zu verhindern, indem er die Adresse abänderte.

* Lew hatte keinen Grund zu dieser Annahme, fühlte sich aber dennoch schuldig, weil er selbst nicht in die 3. Kolonie geschickt worden war.

Sobald Lew Geld zu verdienen begann, sparte er so viel wie möglich für Oleg. Im Februar überwies er ihm 150 Rubel, die Oleg »für Brot ausgab«. Sweta war beunruhigt über die Nachricht, denn es sei sonderbar, wenn auch möglich, dass »er so viel Geld nur für Brot aufwenden durfte«. Da sie argwöhnte, dass er weiterhin von den anderen Häftlingen drangsaliert wurde, hielt sie die Päckchen in den nächsten Monaten zurück und schickte ihm nur kleine Geldbeträge. Lew erfuhr jedoch von einem anderen Häftling, der Oleg gesehen hatte, dass dieser buchstäblich von Brot besessen sei. Nachdem er im Steinbruch unter Hunger und Erschöpfung gelitten hatte, gab er nun jeden verfügbaren Rubel am Kiosk in Kosju für Lebensmittel aus. Daraufhin schickte Sweta ihm nicht nur Geld für den Brotkauf, sondern auch erneut Päckchen. »Ich habe drei Briefe von Oleg bekommen«, schrieb sie Lew am 19. Juli.

> Er ist etwas besserer Stimmung, und mein Paket ist eingetroffen. Allerdings darf er kein Geld annehmen, bevor der Kiosk nicht wieder aufgefüllt ist – im Moment sind die Regale leer … Ich sehe ein, dass ich den Inhalt seiner Päckchen schlecht geplant habe. Um den Weg des geringsten Widerstands zu gehen, habe ich ihm Kascha geschickt (er hatte um entweder Schwarzbrotrinden oder um die billigste Kascha gebeten), doch es ist völlig unklar, wie er sie kochen soll. Ich hätte ein paar Rinden trocknen müssen. Am Sonntag habe ich noch ein Paket mit fein gemahlener Gerste sowie Nudeln und Cornflakes auf den Weg gebracht. Außerdem legte ich ein kurzes Schreiben sowie 25 Rubel bei. Ich hätte nie gedacht, dass das möglich ist, aber alle, die regelmäßig Päckchen verschicken, sagen, dass es geht (fast 100 Rubel seien erlaubt), und Oleg schrieb, dies sei eine zuverlässigere Methode.

Unterdessen machte Lew sich noch Sorgen um Rykalow, der sich unverändert in der Krankenstation für Tuberkulosekranke befand. »Es sieht nicht gut aus«, ließ Lew Sweta wissen. »Er fühlt sich entmutigt … und ist geschwächt. Zurzeit ist es sehr schwierig, Zutritt zur Krankenstation zu bekommen, aber ich werde mich bemühen, ihn zu besuchen. Noch ein solcher Fall, und ich werde zum Fatalisten – es ist einfach erstaunlich, wie viel Pech all die Leute haben, die ich mag.« Im Jahr 1949 hatte man die Krankenstation nach einer Reihe von Ausbrüchen mit einem Stacheldrahtzaun umgeben und den Zugang eingeschränkt. Lew machte den Wärtern weis, dass er die elektrische Verkabelung auf der Station überprüfen müsse – eine Lüge, die ihn in größte Schwierigkeiten hätte bringen können –, und so gelang es ihm, Rykalow mehrere Male zu besuchen. Der frühere Boxer war schwer krank. »Ich dachte, es sei das Ende«, schrieb er Lew später. »Die Krankheit hatte mich in die Knie gezwungen, und ich dachte, dass mich niemand mehr brauchte.« Doch Lews Besuche munterten ihn auf.

Lew wandte sich an Rykalows Schwester in Moskau, und sie schickte Pakete mit frischen Lebensmitteln und Medikamenten, die Lew ihm auf die Station brachte. Rykalow war inzwischen so niedergeschlagen, dass er meinte, sein neunjähriger Sohn wolle ihn nicht mehr sehen. Sein Gesicht hatte sich durch Gelbsucht verfärbt, und er hatte Angst, in einem so schwachen Zustand heimzukehren. Lew brachte ihn jedoch dazu, solche Gedanken zu überwinden. »Ich habe ihm hartnäckig zugeredet – und das mit Erfolg –, er solle einsehen, dass sein Sohn ihn braucht, in welcher Verfassung er auch sein mag«, erklärte er Sweta. »Das bedeutet, dass er um jeden Preis durchhalten muss. (Übrigens wäre ich niemals in der Lage, mich selbst zu dieser Reaktion zu bewegen.)«

Daneben tat Lew sein Möglichstes, um Strelkow zu helfen. Im Januar verschlechterte sich dessen Gesundheit plötzlich durch »stechende Schmerzen in der Blase«, wie Lew in einem Brief an Sweta schrieb, der viel über die Behandlung von Kranken im Gulag verriet:

> Sein Zustand ist wirklich sehr schlecht. Bei dem gegenwärtigen System der medizinischen Fürsorge ist es jedoch fast unmöglich, effektiv betreut zu werden. »Sprechstunden«, die jedem offenstehen, werden in der Regel von jemandem abgehalten, der keine höhere Ausbildung als ein Feldscher [ungelernter Landarzt oder

Wundarzt] hat, und seine Methoden und Therapien sind auf dem gleichen Niveau wie in Tschechows Erzählungen. Die sogenannte Sanitätskommission – welche die »allgemeine Aufsicht« führt – ist ein Witz. Zwei Ärzte widmen sich ungefähr 200 Personen pro Stunde im Windhundverfahren … wobei sie die Patienten hauptsächlich nach deren Aussehen einschätzen. Die Kommission hat keinen Anreiz, irgendetwas zu ändern, und die meisten Einheimischen haben wahrscheinlich nie etwas anderes erlebt … Die Menschen werden nur durch die Abwehrkräfte ihres Körpers gerettet. Ein Detail von G. J.s [Strelkows] »Untersuchung« zeigt, wie aufmerksam die Sanitätskommission ist: Nachdem er über Herzprobleme geklagt hatte, begann eine Frau, sein Herz »abzuhören«. Sie vergaß jedoch, ihm zu sagen, er soll nicht atmen, und führte gleichzeitig ein Gespräch mit einer Kollegin. 15 Sekunden später fiel ihr plötzlich etwas anderes ein, weshalb sie ihn aufforderte, sich anzuziehen und hinauszugehen.

Im Prinzip sollen Spezialisten (Urologen, Neuropathologen etc.) von Zeit zu Zeit Patienten in der Krankenstation empfangen, doch viele hier warten bereits seit Jahren und werden nur unter außergewöhnlichen Umständen in die Station überwiesen. Einer unserer Techniker klagt seit mehr als einem Jahr über Magenschmerzen, aber man verschrieb ihm ein »Allheilmittel«, nämlich einen heißen Ziegel, bis wir ihn vor einem Monat in die Krankenstation bringen mussten, wo er zurzeit darauf wartet, ob er vor oder nach einer Operation wegen Krebs im fortgeschrittenen Stadium sterben wird …

Die Behandlung in der Krankenstation ist nur insofern nützlich, als sie, wie die Ärzte genau wissen, eine kurze Ruhepause ermöglicht und weil sie der Isolierung von Infektionen dient. In der Station beschränkt man sich auf diese beiden Aufgaben, es sei denn, eine Operation wird erforderlich. Dann schickt man die Patienten in die chirurgische Klinik. Sie ist besser als die allgemeine Klinik und verfügt über erfahrenes Personal, doch man kommt erst dann in den Genuss ihrer Vorzüge, wenn die körperliche Unversehrtheit bereits Schaden genommen hat.

Für G. J. wäre es vielleicht am günstigsten, in dieser Klinik behandelt zu werden … Aber das ist nahezu unmöglich, wenn man nicht wegen einer Operation überwiesen wird. G. J. hat nicht viel »Einfluss« auf die Mediziner, obwohl er ihnen enorme Dienste geleistet hat (indem er zum Beispiel ihre Apotheke mit destilliertem Wasser versorgte, das sie sonst aus 5 Kilometer Entfernung hätten herbeiholen müssen, oder indem er Spekula anfertigte). Doch wie jeder anständige Mensch versteht er sich nicht darauf, sie an diese Dienste zu erinnern, und sie sind sehr vergesslich, zumal sie sich nicht um das Unglück anderer scheren.

Es ist wirklich deprimierend, sich G. J. anzusehen. Er ist im vergangenen Jahr stark gealtert. Wenn er in diesem Jahr nicht behandelt wird und wenn Du Walja [Strelkows Tochter] begegnest, dann rate ihr, ihrer Absicht [ihn zu besuchen] im Sommer entschlossener nachzugehen. Sonst wird sie vielleicht keine Möglichkeit mehr haben, ihren Vater wiederzusehen. Und empfiehl ihr, nicht auf seine Einwände (wenn er welche erhebt) zu achten. Obwohl er es nie erwähnt, hofft er insgeheim immer noch, dass sie hierherkommt, und wenn sie es nicht tut, wird er wirklich erschüttert sein. Versuch also, mit ihr darüber zu reden, Swetka.

Sweta suchte Walja auf und wollte sie bewegen, zu ihrem Vater zu reisen, aber Strelkows Frau und die übrige Familie lehnten den Gedanken ab. »[Waljas Mutter] traf ein, als ich gerade aufbrechen wollte«, schrieb sie Lew.

Ihr Gesicht ließ keine Emotion erkennen, sie stellte keine einzige Frage und erwiderte meinen Gruß nur vage. Ich glaube, sie lehnte mich ab, weil ich Walja auf den falschen Weg bringe, indem ich ihr rate, nicht weitere 12 Jahre [auf einen Besuch bei Strelkow] zu warten, zusätzlich zu den 13 Jahren, die bereits verloren sind. G. J. war früher nicht damit einverstanden, aber er muss überzeugt werden, dass es am besten ist, wenn sie ihn bald besucht. Freilich, selbst wenn G. J. seine Zustimmung gäbe und

Walja reisen wollte, so wären doch ihre sämtlichen Verwandten dagegen (mit Ausnahme einer Tante, die in Sibirien wohnt).

Walja fuhr nicht nach Petschora. Ohne Medikamente und ohne eine angemessene Behandlung seiner Gallensteine wurde Strelkow schwer krank. Die einzige Linderung verschaffte ihm eine Blaulichttherapielampe, obwohl Lew bezweifelte, dass sie viel bewirkte.

Sweta half Lew, mit all dem Leid fertig zu werden. Sie schickte ihm Geld, Nahrung und Medikamente. Womöglich gerade wegen dieser Bemühungen, Menschen in einer schlechteren Situation als ihrer eigenen beizustehen, war sie besser in der Lage, ihr eigenes Leben nüchterner zu betrachten. »Ich weine nicht mehr«, schrieb sie Lew am 25. März, »und gehe Menschen nicht aus dem Weg. Sie irritieren mich nicht mehr so sehr wie früher.«

Allerdings war sie verärgert, als Tante Olga, die behauptete, sterbenskrank zu sein, sie zu sich rief. Sweta fand sie in ihrer Kommunalwohnung vor, wo sie »in ihrem Zimmer herumspazierte – was bedeutet, dass sie noch nicht im Sterben liegt«. Möglicherweise war es der Kontrast zu Strelkows und Rykalows echten Qualen, der Sweta die Geduld verlieren ließ. »Ich bin keine Christin«, schrieb sie Lew später, »und ich kann Theatralik im realen Leben nicht ertragen.«

Ich schüttete Mama mein Herz aus. Sie verstand meinen Ärger, meinte jedoch, dass Olgas Theatralik eine menschliche Schwäche sei. Was kann ich tun, wenn ich ein so strenger Mensch bin? Ich versprach, Olga während der Feiertage zu besuchen. Dann, um 6 Uhr morgens, als ich bis zu den Ellbogen im Abwaschen, Aufräumen und in allgemeiner Hausarbeit steckte, tauchte plötzlich Serg. Nik. [»Onkel Serjoscha«] auf – offenbar hatte irgendeine Nachbarin [von Olga] ihn benachrichtigt. Diesmal eilte ich nicht sofort zu ihr, sondern wartete bis nach dem Mittagessen. Anscheinend hatte sie sich am Vortag recht gut gefühlt und beschlossen, ein bisschen zu bügeln und zu nähen, wonach sie wieder unter Herzbeschwerden litt. Aber als ich eintraf, fand ich sie ganz munter vor (nach ihrer Redseligkeit zu urteilen). In diesem Moment fuhr ich sie ein wenig an – wenn sie so krank sei, solle sie sich hinlegen und keine unnötigen Dinge tun. Und sie solle nicht dauernd jammern, sondern daran denken, dass sie nicht die schrecklichste und furchtbarste Krankheit habe, denn Tausende stürben an Krebs und Gott weiß welchen Gebrechen, wobei sie viel mehr litten.

Da Sweta einiges über die materiellen Bedingungen im Gulag wusste und eine Menge über die Opfer, zu denen Menschen aus Liebe bereit sind, war sie zudem aufgebracht über manche ihrer Freundinnen, die alles besaßen, was sie sich wünschten, ohne dennoch Freude zu finden oder auch nur ihr glückliches Geschick wahrzunehmen. Mitte Mai fuhr sie eines Tages zu ihrer alten Freundin Nina Semaschko, die gerade mit ihrem Mann und ihrem kleinen Sohn umgezogen war. Drei Jahre zuvor hatten sie ihr Söhnchen verloren, aber inzwischen erging es ihnen besser, zumindest in materieller Hinsicht:

> Ich rechnete damit, sozusagen vier Wände, ein paar Personen, die ich kannte, und mehrere vertraute Gegenstände (alte Möbelstücke) zu sehen, doch das Zimmer war voll von neu gekauften Dingen: einem Kleiderschrank, einem Bücherschrank, einem Geschirrschrank, zwei Ess-Klapptischen, einem Schreibtisch, einer Frisierkommode mit einer Marmoroberfläche und fünf Spiegeln, einem Küchentisch, zwei Sofas – und fast hätte ich das Doppelbett aus Holz vergessen. Das ist schön, und ich sollte froh darüber sein, dass sich das Leben der Menschen zu verbessern beginnt, aber der Gedanke, dass all das für uns und unser Glück notwendig sein soll, machte mich schwermütig. Menschen, die früher aus einem Topf tranken, haben sich eine Teekanne zugelegt – eine Kleinigkeit, über die man sich freuen kann. Hier aber haben sie eine ganze Wohnung gekauft und sind doch alles andere als glücklich. Gewiss, alles ist auf Kredit erworben worden, was die Freude ein wenig dämpft, aber sei's drum. Ich traf um

halb zehn ein. Nina wurde gerade mit dem Putzen fertig und schlug mir vor, das Badezimmer zu benutzen (das sehr angenehm mit einer Dusche ausgestattet ist). Ich stimmte zu. Oleg traf um 10 Uhr ein, als ich mir das Haar trocknete und Nina in die Wanne gestiegen war. Den ganzen Abend hindurch machte er spöttische Bemerkungen. Nina bat ihn um etwas (zum Beispiel darum, den Abfall hinauszubringen), und Oleg erwiderte dann »morgen« oder »Wofür habe ich denn eine Frau?«. Solche Dinge. Das machte mich traurig.

Swetas eigene Neuanschaffung war eine Kamera, die ihr ermöglichen sollte, Lew Fotos zu schicken. »Dank ihnen«, schrieb er, »habe ich das Gefühl, geradezu an Deiner Seite zu sein.« Lew gefiel es, Bilder von Sweta zu erhalten, er interessierte sich aber auch für die technischen Aspekte der Kamera:

> Gestern erhielt ich ein paar Briefe und ein Foto. Es ist technisch mangelhaft, wofür man gewiss die Kamera verantwortlich machen kann, aber Du siehst trotzdem wirklich hübsch aus, Sweta, und es gefällt mir sehr. Auf der Grundlage dieser Meinung und der Deiner Mutter (aber natürlich nicht Deiner eigenen!) kannst Du also den Kopf hoch tragen (laut einigen Männern hier siehst Du [auf dem Foto] viel älter aus als in Wirklichkeit). Aus dem Foto geht hervor, dass Tante O. gesund genug ist, um die juristischen Schwierigkeiten mit der Datscha zu bewältigen. Sie sah auf dem letzten, das Du mir geschickt hast, erheblich schlechter aus. Das Gegenteil muss über Tante Katja gesagt werden – auf dem Foto, das im vorletzten Monat aufgenommen wurde, wirkte sie lebhafter und jünger, und ihr Gesichtsausdruck war natürlicher. Es wäre schade, wenn das neueste Bild lebensnaher sein sollte. Wie schön, dass Du nun eine eigene Kamera besitzt. Welche Blende, was für eine Linse und welche Tiefenschärfe hat sie?

Es gab Grund zu der Hoffnung, dass die Intimität der Fotos bald realer werden könnte. Eine der Verbesserungen des Holzkombinats

Sweta mit Lews Tanten Olga (links) und Katja (rechts)

bestand darin, dass 1950 ein »Haus der Begegnungen« *(Dom swidani)* errichtet wurde, wo sich Häftlinge – sofern sie die offizielle Genehmigung dazu erhielten – mit Besuchern treffen durften. Neben der Wache am Eingang zur 2. Kolonie gelegen, war das Haus kaum mehr als eine Blockhütte mit einem einzigen Zimmer, in dem sich ein Bett, ein Tisch, ein paar Stühle und eine kleine Küche befanden. Immerhin aber war es ein privater Ort, an dem ein Häftling ohne Aufsicht mit seiner Frau zusammenkommen und die Nacht mit ihr verbringen konnte.

Ende Juni wurde im Holzkombinat ein Erlass über die im Haus der Begegnungen gültigen Vorschriften angeschlagen: Häftlinge dürften sich dort mit beliebigen Besuchern treffen, es brauchten keine Ehefrauen oder Verwandten zu sein. Auf Antrag bei der Hauptverwaltung des Arbeitslagers werde man jedem Besucher eine vom Status und Benehmen des Häftlings abhängige Frist gewähren.

Sweta war entschlossen, diese Gelegenheit nicht zu verpassen, selbst wenn sie dafür von einem Ende der Sowjetunion zum anderen fahren musste. Ende August würde sie eine Urlaubsreise in den Kaukasus unternehmen. Ihr Plan sah vor, nach Jerewan, Tbilissi und Batumi zu fahren und anschließend einige Zeit in den georgischen Bergen zu verbringen. Nun aber beschloss sie, die Reise abzukürzen, um vor ihrer Rückkehr nach Moskau Lew besuchen zu können. »Mein Urlaub endet am 23. [September]«, schrieb sie ihm am 13. August,

> der 24. ist ein Feiertag, und dann muss ich mit allen Mitteln sechs weitere Tage ergattern (ohne Bezahlung aus »familiären Gründen«, »zu einem Studienurlaub« oder wozu auch immer). Der 1. ist wieder ein Sonntag, und am 2. werde ich zurück am Arbeitsplatz sein. Ich habe beschlossen, Dich um jeden Preis zu besuchen (es sei denn, etwas Außergewöhnliches kommt dazwischen), und wenn es irgendein Problem gibt, werde ich es unterwegs bewältigen. Das ist mir lieber, als noch mehr Zeit im Kaukasus zu verschwenden, was meine Reise zu Dir gefährden könnte. Verstehst Du, Ljowa? Ich habe immer noch Angst vor Aufschub und Verzögerungen.

Sweta verließ Moskau am 26. August. Wie sie mit Zydsik vereinbart hatte, schickte sie ihm ein Telegramm aus Batumi, in dem sie ihm mitteilte, sie könne ihre Rückreise nach Moskau erst sechs Tage später antreten. Von Batumi aus kaufte sie eine Fahrkarte direkt nach Petschora. Dann reiste sie zunächst nach Moskau, wo sie zu Hause wärmere Kleidung, eine Wolldecke und ein Bettlaken einpackte, um danach den Zug in Richtung Norden nach Petschora zu nehmen. Von Batumi aus hatte sie 4200 Kilometer per Bahn zurückgelegt, um mit Lew zusammen sein zu können.

Diesmal hatte Sweta die Erlaubnis, drei Tage mit Lew im Haus der Begegnungen zu verbringen, was ihr wie ein unglaublicher Luxus vorgekommen sein muss. Vom Bahnhof ging sie direkt zur Hauptverwaltung des Petschorlag – es war dasselbe weiße Gebäude, das sie im Vorjahr aufgesucht hatte –, um das erforderliche Dokument zu holen. Anscheinend kam sie am 26. September an, denn an jenem Tag schrieb Lew an Nikita, er habe »S. getroffen«. Das Laken und die Decke, die sie aus Moskau mitgebracht hatte, waren offenbar für das Bett im Haus der Begegnungen bestimmt. Sweta erinnerte sich später, dass Lew keine Minute von ihrer Seite wich. Er brauchte seine Schichten nicht abzuleisten, was Häftlingen, die Besucher hatten, normalerweise nicht erspart blieb, denn die Funktionäre, mit denen er gut auskam, erlaubten ihm, bei Sweta zu bleiben. Dies waren traumhafte Tage für die beiden. Zum ersten Mal genossen sie das schlichte Glück – das so lange unerreichbar zu sein schien –, als Mann und Frau zusammenzuleben.

Sweta reiste am 28. September ab. Vermutlich noch während sie am Bahnhof von Petschora auf den Zug wartete, schrieb sie einen Brief an Lew. Wie üblich war das Schreiben voll von alltäglichen Details, als müsse sie sich von den schrecklichen Emotionen ablenken, die sie nach dem Abschied von ihm empfand.

> Leb wohl, Ljowa.
>
> Ich habe mir problemlos eine Fahrkarte besorgen können, allerdings nur für einen Schlafplatz in einem gemischten Abteil.
>
> Ich war im Haus der Mädchen und konnte mit Lida und Nelli [Kowalenko] sprechen. Wie sich zeigt, haben sie bereits dunkelblaue Bänder, aber sie freuten sich sehr über die roten. Um sicherzugehen, habe ich mir notiert, dass weder Nelli noch Tolja [Tolik] irgendwelche Lehrbücher hat. Und Lida geht zurzeit nicht in die Schule, sondern passt auf das Kind einer anderen Familie auf. Sie plant, mit ihrer Schwester Tamara nach Dnepropetrowsk zu reisen, um dort eine technische Schule zu besuchen. Ich billigte den Plan und gab ihnen meine Adresse.
>
> Ich werde Dir eine Beschreibung meiner Reise schicken. Aber vorläufig habe ich keine Energie mehr und höre daher auf zu schreiben.
>
> Versuch, vorsichtig zu sein, Ljowa, und Grüße an alle.

Früh am Morgen des 1. Oktober, eines Sonntags, war sie wieder in Moskau, und am folgenden Tag kehrte sie an die Arbeit zurück. Niemand fragte sie, wo sie gewesen war.

Lew schrieb ihr am 29. September. Er wollte ihr mitteilen, dass sie einen großen Eindruck auf seine Freunde gemacht hatte, die ins

Haus der Begegnungen gekommen waren, um sie kennenzulernen oder um sich für die Päckchen und Medikamente, die sie ihnen geschickt hatte, zu bedanken:

> Mein Liebling Sweta, jegliche Wärme ist mit Dir verschwunden. Gestern Abend war die Luft schon fast herbstlich, und über Nacht fiel Schnee, der sich jedoch bis zum Morgen in Matsch verwandelte.
>
> Ich habe viele für Dich gedachte Komplimente erhalten. Eines lautete folgendermaßen:
>
> »Wie das Mädchen reden kann! Sie könnte mit den Toten sprechen!« (In dem Sinne, dass Du die Toten wiedererweckst – nicht zu verwechseln mit »jemanden totreden«.) I. S. [Baschun, ein altgedienter Mechaniker im Kraftwerk] lässt sich sonst nicht auf Gespräche mit Fremden ein, aber er sagt, es sei ihm leichtgefallen, mit Dir zu reden. Und N. L[itwinenko] traf vor zwei Abenden ein bisschen erstaunt ein. Er habe erwartet, einer imposanten Frau zu begegnen, »jedenfalls viel imposanter als Du« (das heißt als ich), aber wie sich herausstellt (Gott und Du mögen mir meinen Mut verzeihen, das zu sagen), »ist sie bloß ein zierliches Mädchen«. Nun denn, das kannst Du auslegen, wie Du willst. Ich war natürlich sehr zufrieden! Dank Euch, Ihr intelligenten Leute!

Während Lew und Sweta in den folgenden Wochen zu ihrem normalen Tagesablauf zurückkehrten, begannen sie einen Austausch darüber, wie sie die vier Jahre bis zu seiner Entlassung gestalten sollten. Sweta machte den Anfang und umriss ihr »ideales Leben« für den kommenden Winter, das viel Ski- und Schlittschuhfahren, Schwimmen und Musik vorsah. »Ich kann mich nicht entscheiden«, schrieb sie am 14. Oktober, »ob es schlimm ist, an Dinge zu denken, die allein dem Vergnügen dienen, und davon zu träumen, einfach so in den Tag hineinzuleben.«

> Denn im Augenblick wünsche ich mir wirklich nichts so sehr, wie für unser Leben in der Zukunft gesund zu sein. Die Umstände werden bestimmt nicht leicht werden, und ich werde Stärke und Widerstandskraft benötigen. Vielleicht ist das bloß eine Entschuldigung für Faulheit. Gewöhnlich sind mir Ausflüge, die einen Zweck haben (Pilze- und Beerensuchen oder Wanderungen mit einem klaren Ziel) lieber als planloses Umherstreifen. Nun jedoch habe ich nur ein einziges Ziel: auf Dich zu warten. Das Wort »warten« ist zu passiv: Kummer verbraucht meine Energie und hält mich von einem normalen Leben ab. Eben fällt mir ein Satz ein, den Du einmal gesagt hast: »Ich würde ohne Dich nirgendwohin gehen.« Das stimmt, Ljowa. Aber ich möchte, dass die Welt, auch wenn ich kein Teil von ihr bin, für Dich gut und interessant ist. Das wird ein entscheidender Sieg für mich sein, denn dann brauche ich mir keine Sorgen mehr um Dich zu machen. Es ist nicht gut, sich nur auf einen einzigen Menschen zu verlassen (das Gleiche, als hätte man nur ein einziges Kind).

Lew antwortete mit einem seiner leidenschaftlichsten Briefe, den er in den ersten drei Novembertagen schrieb.

> Ich stimme Dir zu, dass die Welt, egal wer ihr angehört, ein guter und interessanter Ort ist, jedoch nur im allgemeinsten Sinne. Nichts davon ist nämlich wahr, sofern es Dich betrifft, Sweta. Swet, die Welt ist fraglos gut, aber sie ist so viel schöner, wenn sie von Dir erleuchtet wird, dass ich sie mir nicht und niemals ohne die Helligkeit ansehen möchte, die Du ihr verleihst.* Möchtest Du wirklich, dass ich die Welt im Dunkeln oder bestenfalls im Halbdunkel erlebe, nachdem Du fortgegangen bist? »Es ist nicht gut, sich nur auf einen einzigen Menschen zu verlassen«? Sweta, Sweta, wenn nicht Du jene Worte geschrieben hättest, wenn Deine unendliche Selbstlosigkeit (es gibt kein an-

* Erneut verbindet Lew den Namen »Sweta« mit dem russischen Wort für »Licht« *(swet)*.

deres Wort dafür) nicht wäre, wenn ich jenen Brief von jemand anders erhalten hätte, dann hätte ich nicht mehr geschrieben. Während ich also mit der allgemeinen Theorie einverstanden bin, ist sie doch nur ein Beispiel für ein fehlerhaftes Denken.

»Das wird ein entscheidender Sieg für mich sein, denn dann brauche ich mir keine Sorgen mehr um Dich zu machen.« Hättest Du dies nur im Konditional geschrieben, Sweta.

Es kann nicht geschehen, und zwar deshalb nicht, weil es das Ende von allem bedeuten würde, was in mir noch menschlich ist. Es wäre ein moralischer Selbstmord, kein Sieg. Wessen Sieg und über wen? Deiner, über Dich selbst? Einen Sieg über Dich selbst zu beanspruchen wäre unsinnig, und niemand und nichts kann Dich in meinem Innern besiegen – aus Gründen des Alters, des Temperaments und unserer gemeinsamen, vom Schicksal geplagten Vergangenheit. Und warum solltest Du versuchen, mich in einen derart hohlen »Sieg« hineinzumanövrieren? Das ist grausam, nicht gütig. Ist in den letzten tausend Jahren von Menschen, die ein Herz und eine Seele haben, wirklich so wenig gesagt, geschrieben und gesungen worden? Swetloje, solchen falschen Trost brauche ich nicht. Allen Ernstes, Du wärest besser beraten, den Winter einfach mit Skifahren, am Schwimmbecken und auf dem Lande zu verbringen und Dich um Dich selbst zu kümmern.

Sweta erwiderte:

Mein Liebling Lew, ich habe Deinen Brief vom 1.–3. November gestern erhalten. Ljowa, ich habe mich nicht korrekt ausgedrückt, und ich weiß noch immer nicht, wie ich am besten sagen kann, was ich meine. Gott bewahre, dass ich mir wünschte, jemand (oder etwas) solle mich in Deinem Innern besiegen. Als ich vom Sieg schrieb, meinte ich unseren eigenen. Nicht den Sieg über uns, sondern den Sieg über alles Grausame, dem wir uns stellen mussten, über die Bürden, die uns stolpern ließen und uns Schmerz bereiteten. Ich möchte nicht, dass der Schmerz Dich auch nur für eine Sekunde all das Gute auf der Welt vergessen lässt: die Erde und die Sonne und das Wasser und, am allerwichtigsten, die Menschen und die Beziehungen. Ich möchte nicht, dass diese Freude nachlässt, und ich möchte, dass wir noch lange jung sind. Das Denken – jegliches Denken – hat nichts damit zu tun. Ljowa, wenn die Welt bereits erleuchtet ist, dann hoffe ich, dass sie so hell bleibt, ungeachtet der physikalischen Gesetze und der Entfernung von der Lichtquelle. Und in Wirklichkeit gibt es keine Entfernung, denn die Quelle ist Deine Einstellung zu anderen, was bedeutet, dass sie immer in Dir ist … Trotzdem habe ich damit recht, dass man sich nicht nur auf einen einzigen Menschen verlassen soll, Ljowa. Das Leben sollte so entschieden gelebt werden, dass nicht einmal der größte Kummer diese Einstellung ändern kann, solange es keine kleinmütige Einstellung von unten, sondern eine weise, fast tolstojanische Einstellung von oben ist. In diesem Fall ist sie alles andere als die Vernichtung dessen, was menschlich ist; im Gegenteil, sie macht uns zu Menschen. Es frustriert mich, dass ich mich nicht besser ausdrücken kann. Vielleicht solltest Du diesen Brief zerreißen. Ich empfinde Mitleid mit jemandem, der seine Lebensfreude beim Zusammenprall mit dieser Einstellung einbüßt (vielleicht nicht nur Mitleid, sondern auch Liebe), aber ich habe den größten Respekt vor denjenigen, die auf den Beinen bleiben (wenn sie es nicht aus leichtfertiger Prahlerei, sondern durch Willenskraft, Intelligenz und Charakterstärke tun) … Ich erscheine anderen mutiger, als ich es bin, aber ich versuche, mich nicht unterkriegen zu lassen, und ich glaube, so sollte es sein. Oh, ich geb's auf, ich kann es nicht. Ich wollte einen netten, humorvollen, fröhlichen Brief schreiben und Dich wissen lassen, dass Deine Worte Musik in meinen Ohren sind, aber stattdessen bin ich ärgerlich über mich selbst geworden und könnte wegen meines unverständlichen Gemurmels beinahe in Tränen ausbrechen. Ach ja, was lässt sich über das Wetter sagen? Nur, dass es fürchterlich ist.

10

»Mein Liebling Sweta, das neue Jahr ist eine Fortsetzung des alten«, schrieb Lew am 4. Januar. »Wir haben den Silvesterabend ruhig und bescheiden in der Baracke verbracht, wo dank Ljoscha [Anissimow] ein zottiger Weihnachtsbaum stand, der dank kollektiver Anstrengungen recht ansehnlich geschmückt war.« Während 1950 zu Ende ging, dachte Lew darüber nach, dass er nun ein Jahr weniger bis zu seiner Entlassung vor sich hatte.

Vorläufig jedoch musste er mit den Januartemperaturen von minus 40 Grad und kälter fertig werden, wobei er kaum etwas anderes als Sweta im Sinn hatte. »Mein Liebling«, begann er am 13. Januar,

> den Brief von gestern habe ich Dir immer noch nicht geschickt, aber das Papier zieht mich bereits wieder an – aus keinem besonderen Grund, nur um Deinen Namen irgendwo niederschreiben zu können. In meinem Kopf ist kein Platz mehr für ihn, denn dort wiederhole ich ihn unaufhörlich in jeder Intonation und in jeder zulässigen und unzulässigen grammatischen Form … Ich versuche, mich mit mehr Arbeit zu beschäftigen, um nicht dauernd an Euer Gnaden zu denken, und es gelingt mir ziemlich gut – na, siehst Du.

Tatsächlich hatte Lew viel Arbeit im Kraftwerk. Zwei deutsche »Reparationsgeneratoren«* waren unerwartet in Petschora aufgetaucht, »wahrscheinlich auf dem Weg irgendwo anders hin«, mutmaßte Lew. Er war daran beteiligt, eine der Maschinen einzubauen, um die Kraftwerksleistung im Holzkombinat zu erhöhen. Der zweite

* Ein Teil der Beschlagnahme von Industriegütern durch die sowjetischen Besatzungstruppen in Deutschland. Dies war von den Alliierten auf der Konferenz von Jalta im Februar 1945 abgesprochen worden und diente als Reparation für den Schaden, den der deutsche Einmarsch in die Sowjetunion angerichtet hatte.

Generator wurde in das Kraftwerk im Ort montiert. Die sich rasch entwickelnden Industrien von Petschora benötigten dringend mehr Strom. Vor 1951 hatte das Holzkombinat den Bedarf des Ortes weitgehend gedeckt, obwohl es selbst zusätzliche Elektrizität aus Tscheljabinsk erwarb, da das Kraftwerk in Petschora für die Nachfrage zu klein war. Es kam zu häufigen Auseinandersetzungen um Energie zwischen der Ortschaft (wo die Gulagchefs ständige Heizung und Beleuchtung für den Komfort ihrer Unterkünfte verlangten) und dem Holzkombinat (wo Treibstoff zur Erfüllung des Produktionsplans benötigt wurde). Die Ankunft der deutschen Generatoren würde das Lager der Notwendigkeit entheben, »den Ort zu versorgen«, wie Lew Sweta am 7. April erklärte, »weshalb es weniger Konflikte geben wird, denn ohne die neuen Maschinen wären Stromausfälle unvermeidlich«.

Nach einem Unfall musste das Kraftwerk im Januar jedoch für dreiwöchige Reparaturen geschlossen werden, wodurch das Holzkombinat im ersten Quartal hinter dem Plan zurückblieb. In hitzigen Diskussionen machten die Leiter des Arbeitslagers einander für die Versäumnisse verantwortlich, die ihnen allen den Zorn des MWD in Moskau einbringen konnten. Als die Energieversorgung endlich wiederhergestellt war, fuhr man die Produktion hoch in dem verzweifelten Versuch, die verlorene Zeit aufzuholen, doch dies führte nur zu weiteren Unfällen und Stilllegungen. Am 9. Mai meldete der »Sicherheitsoffizier« des Holzkombinats nicht weniger als 29 »schwere Unfälle« – mit 36 Todesopfern – seit Jahresbeginn. Wie er schrieb, würden die Sicherheitsvorschriften ignoriert, und überall herrsche »Chaos«. Ein Dutzend Arbeiter kam in der 5. Kolonie um, als ein Lastwagen, der siebzig Männer zur Arbeit brachte, auf dem Eis ins Schleudern geriet und umkippte. Zwei Männer in der 3. Kolonie wurden von Balken zermalmt, die von einem Eisenbahnwaggon herunterrutschten. »Wir leben und arbeiten genau wie immer«, meinte Lew am 10. Juni sarkastisch.

Für viele unserer Onkel [MWD-Funktionäre] ist das Bauprojekt eine Art Spiel. Die Kontrolleure kommen einmal pro Woche aus ihren Büros hervor, treffen mit ihren Autos ein (eine Fahrt von einem Kilometer), spazieren umher und brüllen: »Warum zum Teufel seid ihr so langsam? Nichts wird hier geschafft!« So ähnlich äußern sie sich, wenn auch mit einer saftigeren Wortwahl. Niemand gibt irgendeine praktische Anweisung – etwa, wie genau man die Dinge beschleunigen könnte. Die Onkel von etwas niedrigerem Rang stehen herum, setzen eine interessierte Miene auf und geben hin und wieder hilfreiche Kommentare von sich, die zu verschwommen sind, um angewendet werden zu können, und deshalb sinnlos erscheinen. Keiner der technischen Leiter macht sich die Mühe, über die Ursache der Probleme nachzudenken (die leider nicht zu behebende Hauptursache ist die, dass sie sich das Projekt nicht gründlich überlegten, als sie es hätten tun sollen), und alle sind offenbar der Meinung, dass nur schon die Tatsache ihres Besuchs uns die notwendige Anleitung und Unterstützung verschafft hat. Ach, diese Taugenichtse!

Sieben dieser »Taugenichtse« wurden im April entlassen und später verhaftet, nachdem sie im Rahmen einer MWD-Sonderermittlung des massenhaften Diebstahls und Betrugs für schuldig befunden worden waren. Sie hatten 8000 Meter Tauwerk, 200 Kilo Tomaten, 7 Kisten Butter, 6 Kisten Würste und 57 Matratzen gestohlen und privat weiterverkauft. Als Reaktion auf den Skandal beschlossen die Parteiführer des Holzkombinats, wachsamer zu sein.

Eines der ersten Opfer der neuen Kampagne war Boris Arwanitopulo, der Chef des Kraftwerks, bei dem Sweta während ihrer Besuche in den Jahren 1948 und 1949 gewohnt hatte. Arwanitopulo war wiederholt mit den Behörden aneinandergeraten. Im März 1950 hatten die Parteiführer des Holzkombinats ihm einen »stengen Verweis« *(strogi wygowor)* erteilt, weil »er sich von den Pflichten der Verwaltung distanzierte«, das heißt weil er sich mit den Häftlingen verbrüderte und manchmal mit ihnen betrank. Arwanitopulo wurde im folgenden Jahr sechs weitere Male gerügt – einmal wegen »Unterbringung unautorisierter Personen« in seiner Wohnung (möglicherweise ein Hinweis auf Sweta); ein andermal, im Januar 1951, wurde er für den Unfall im Kraftwerk verantwortlich gemacht. Nun wurde ihm »Diebstahl sozialistischen Eigentums« vorgeworfen: Er hatte in der Möbelwerkstatt gegen Geld einen Kleiderschrank für seine Frau Vera herstellen lassen und versucht, ihn aus der Industriezone hinauszuschmuggeln, indem er einen der Wärter mit 300 Rubeln bestach. Es gab Forderungen, ihn hinauszuwerfen und vor das Volksgericht zu stellen. Der Parteivorsitzende und stellvertretende Direktor des Holzkombinats, Sotikow Serditow, schickte dem MWD in Moskau eine förmliche Anzeige, und Arwanitopulo wurde entlassen. Er wohnte weiterhin mit seiner Familie in Petschora und suchte in anderen Orten nach Arbeit – allerdings vergeblich, da sein Ruf geschädigt war. Lew tat all das leid. »Es ist eine Katastrophe«, schrieb er Sweta. »Vera kann ihre beiden Kinder nicht angemessen ernähren und aufziehen. Gewiss, sie hat eine Ausbildung – sie ist Köchin –, aber wie sie die Lage bewältigen soll, ist nicht klar (obwohl es zu früh erscheint, darüber zu sprechen) ... Boris hält sich wacker, aber Vera (deren Habgier alles ausgelöst hat) weint die ganze Zeit.«

Arwanitopulo war nicht der einzige Verwaltungsangehörige, der enge Beziehungen zu den Häftlingen unterhielt. Wladimir Nowikow, der Produktionsleiter, konnte häufig beim Dominospiel in den Baracken beobachtet werden, und Iwan Serpunin, der Chefökonom, zählte viele Insassen zu seinen Freunden. Ein Foto der Verwaltungsangehörigen etwa aus der Zeit zeigt eine bunt gemischte Gruppe von MWD- und Parteifunktionären, freiwilligen Arbeitern und Häftlingen. Auffällig an dem Bild ist, wie gelöst alle aussehen. Trotz ihrer unterschiedlichen Ränge im Gulagsystem sitzen oder stehen sie keineswegs hierarchisch angeordnet, und wenig deutet auf Spannungen unter ihnen hin. Der MWD-Direktor des Holzkombinats macht einen unbekümmerten Eindruck in der Mitte der Gruppe, während Häftlinge zu seinen Füßen sitzen und zusammengedrängt hinter ihm stehen.

Von 1951 an wurden die Sicherheitsmaßnahmen im Lager immer laxer gehandhabt. Ob es an der wachsenden Vermischung zwischen Funktionären und Häftlingen, den zahlreicheren Beste-

Die Verwaltung des Holzkombinats, 1950. Nowikow (Zweiter von rechts), Serpunin (Zweiter von links) und der MWD-Direktor des Holzkombinats, Boris Popow (Dritter von links), sitzen in der Mittelreihe. Die drei Männer rechts in der ersten Reihe und die sechs in der Mitte der hinteren Reihe sind Häftlinge.

chungsmöglichkeiten oder an der massiven Erhöhung des Wodkanachschubs lag, ist schwer zu ermitteln. Zweifellos aber spielten all diese Faktoren eine Rolle. Auf einer Parteiversammlung am 6. Juni 1951 räumte der Befehlshaber der Wärter, Iwan Kowaltschuk, ein, dass es in den vorangegangenen drei Monaten 27 erfolgreiche Fluchtversuche durch einzelne Gefangene oder ganze Gruppen gegeben habe. In manchen Fällen hätten die Wärter, bestochen mit einem Liter Wodka pro Mann, sogar bei der Flucht Hilfestellung geleistet. Einige Häftlinge entkamen, indem sie auf Eisenbahnwaggons sprangen, die gerade die Industriezone verließen; andere spazierten einfach durchs Tor, während die Wärter betrunken waren, oder wurden vom Personal nicht zurückgehalten, weil sie es mit Messern, Sägen und Rasiermessern bedrohten.

Die Aufsicht war besonders mangelhaft in Lews 2. Kolonie. Kowaltschuk hatte eine Verschwörung von vierzig Häftlingen aufgedeckt, die eine gemeinsame Flucht planten. Obwohl die Wärter darüber unterrichtet waren, hatten sie nichts zur Bestrafung der Verschwörer unternommen. Obendrein streikte auch noch ein großer Teil der Häftlinge. Sie erschienen nicht zum Appell, sondern blieben in ihren Baracken und spielten Karten. Die Wärter, hauptsächlich Bauernjungen, »von denen viele dem MWD ebenfalls feindlich gegenüberstehen«, wie Kowaltschuk klagte, konnten sie nicht einschüchtern. Und wenn die Aufseher nicht mit den Häftlingen sympathisierten, so hatten sie jedenfalls nichts gegen Bargeldangebote, ein Glas Wodka oder sexuelle Vergünstigungen durch weibliche Gefangene einzuwenden.

Am 25. April diskutierten die Parteiführer des Holzkombinats über einen Aufstand, der in der 2. Kolonie stattfinden sollte: Mehrere Häftlinge planten, am 1. Mai ein Feuer in den Werkstätten anzuzünden, um eine Massenflucht zu ermöglichen, in der Annahme, dass die Wärter am Maifeiertag alle betrunken sein würden. Die Parteiführer kümmerten sich nun selbst um die Sicherheit, wobei sie sich einredeten, dass der Aufstand politischen Charakter habe und mit dem Kalten Krieg verknüpft sei. »Unsere Feinde im Lager erwarten einen neuen Krieg«, erklärte einer von ihnen. »Sie verfolgen die internationalen Ereignisse und freuen sich darüber, Verbündete im Ausland zu haben.« Am 1. Mai wurden alle Parteiangehörigen im Lager mobilisiert (25 Vollmitglieder und 20 Komsomolzen), mit Waffen ausgerüstet und in den Werkstätten innerhalb der Industriezone postiert. Für die Gefangenen war der 1. Mai ein normaler Arbeitstag, und er verstrich ohne besondere Vorfälle. Wahrscheinlich hatten sie die verschärften Sicherheitsmaßnahmen bemerkt und beschlossen, den Aufstand abzublasen. Wie sie jedoch erwartet hatten, betranken sich viele Wärter, und am Abend kam es zu einer Schlägerei unter ihnen im Clubhaus.

Sweta marschierte am 1. Mai zusammen mit ihren Kollegen vom Institut durch die Straßen Moskaus zum Roten Platz. »Es hat uns viel Spaß gemacht«, schrieb sie Lew. Alle seien vom strömenden Regen »durchnässt« worden.

> Die Menschen sangen: »Begießt euch mit kaltem Wasser, wenn ihr gesund sein wollt«, und: »Werdet so hart wie Stahl.«* Ich ging um 14.30 Uhr über den Roten Platz, doch um 14.45 Uhr, als ich auf der Marosseika war, goss es so sehr, dass die Demonstration abgebrochen werden musste. Ich stapfte durch knöchelhohes Wasser nach Hause (meine Schuhe sind immer noch nicht völlig trocken). Die Menschen sagten lachend, dass die Zehenlöcher in ihren Sandalen dazu gedacht seien, das Wasser ablaufen zu lassen. Über einem Teil der Stadt brach ein Hagelsturm aus. Große Hagelkörner bedeckten den Boden am Institut und blieben drei oder vier Stunden liegen.

Was ging Sweta durch den Kopf, als sie an jenem Nachmittag auf dem Roten Platz an Stalin vorbeimarschierte? Blickte sie überhaupt zu den Sowjetführern hinüber, die auf dem Lenin-Mausoleum standen und den Massen zuwinkten? Dachte sie je über Stalin nach? Oder über das System, das ihr Lew weggenommen hatte? In Swetas Briefen ist sehr selten von Politik die Rede. Sie hält, so viel wird deutlich, wenig von der Bürokratie und deren klischeehafter Prosa, und sie verachtet den »Diamat« (dialektischer Materialismus), den sie im Institut studieren muss. Die Säuberungen in der wissenschaftlichen Welt und die »antikosmopolitische« Kampagne gegen die Juden beunruhigen sie, und sie ist misstrauisch den MWD-Agenten gegenüber, die sie von Zeit zu Zeit mit Fragen nach Lew belästigen (da das MWD mindestens eines von Swetas Telegrammen während ihrer Reisen nach Petschora abgefangen hatte, war sie bestimmt unter Beobachtung gestellt worden). Andererseits nimmt Sweta aktiv am politischen und öffentlichen Leben teil: Sie opfert Zeit für den Wahlkampf im Bezirkssowjet; sie repräsentiert ihr Institut auf Gewerkschaftskonferenzen; sie ist Mitglied der Kommunistischen Partei und schreibt Berichte für Parteiversammlungen im Institut. Von jemandem, der wie sie an militärisch wichtigen Forschungen beteiligt war, wurde natürlich erwartet, dass er seine

* Beide Zeilen stammen aus Liedern populärer Sowjetfilme der 1940er Jahre.

Loyalität durch derartige politische Tätigkeit unter Beweis stellte. Andernfalls hätte sie Aufmerksamkeit auf sich gelenkt. Aber nach ihren Briefen zu urteilen, erledigte Sweta ihre Parteipflichten genauso gewissenhaft wie ihre Forschungsarbeit: In ihrer beruflichen Identität gab es keine Trennung zwischen den beiden Bereichen. All ihren Zweifeln zum Trotz war sie vom sozialistischen Ideal des Fortschritts durch Wissenschaft und Technik überzeugt, einschließlich der Propagandabotschaft der großen Bauprojekte des Kommunismus, die von Gulag-Arbeitern errichtet wurden.

Wie Millionen Sowjetbürger existierte Sweta in einer zwiespältigen Welt des Glaubens und des Zweifels. In ihrem öffentlichen Leben diente sie als Funktionärin des Sowjetsystems, und ihre Forschung über die Reifenproduktion war bedeutsam für den militärisch-industriellen Komplex, der unter anderem auf der Ausbeutung von Häftlingen wie Lew beruhte. In ihrem Privatleben und in emotionaler Hinsicht hingegen identifizierte sie sich ganz und gar mit ebendiesen Häftlingen und versuchte, deren Leid zu mindern, indem sie ihnen Geld, Lebensmittel und Medikamente schickte. Die Spannung zwischen diesen beiden Bewusstseinsebenen muss sie doch sehr belastet haben. Ungefähr eine Woche bevor sie an den Maifeiern auf dem Roten Platz teilnahm, hatte Sweta von Lew geträumt. Der Traum verstörte sie, denn sie sah ein präzises Bild seiner schrecklichen Umstände im Arbeitslager vor sich. »Ljowa«, schrieb sie am 23. April, »Gewissensbisse und Kummer nagen an mir.«

> Ob es daran lag, dass ich gestern erschöpft war oder auf der falschen Seite schlief, weiß ich nicht, aber bis zum Morgen träumte ich, ich hätte Dich unter den heutigen Bedingungen besucht, und in meinem Traum war alles so real – all die Menschen, Gesten und Worte. Sie waren nicht bloß vertraut, sondern exakt so, wie ich sie erlebt hatte. Ich erwachte mit einer entsetzlichen Sehnsucht.

Swetas Unruhe hatte vielleicht mit der Tatsache zu tun, dass sie ihre Pläne, Lew in jenem Jahr zu besuchen, vorläufig aufgegeben hatte.

Am 2. April hatte Lew sie gewarnt, dass er sich an den Wolga-Don-Kanal versetzen lassen wolle, um auf der fast fertigen Baustelle als Elektriker zu arbeiten:

> Ich möchte in die Fußstapfen des Bartes [Alexander Semjonow, der erfolgreich eine Verlegung an den Wolga-Don-Kanal beantragt hatte] treten. Für: 1. Ich werde mir die Verringerung meines Strafmaßes um ein Jahr verdienen. 2. Die Arbeit wird interessanter sein, was mein Gehirn benötigt. 3. Es ist im Süden. Wider: 1. Die Bauphase steht kurz vor ihrem Ende. 2. Was würde dann mit mir geschehen? Wohin würde man mich schicken? 3. Die Reise. Insgesamt kann die dortige Umgebung nicht ungünstiger für meine Gesundheit sein als die hiesige. Aber Fragen anderer Art treiben mich um – ob wir in der Lage sein werden, uns in diesem Jahr zu treffen, und mein Widerwille, G. J. [Strelkow] hier allein zurückzulassen.

Ihm lag daran, dass Sweta seinen Plan billigte. »Das letzte Wort gehört Dir«, schrieb er drei Tage später. Lew war »sehr erfreut«, als sie ihm »grünes Licht« gab. Andererseits wurden dadurch ihre Sommerpläne für ein Treffen gefährdet. Am 25. April riet er Sweta, jeden Gedanken an »Sonderexpeditionen« nach Norden zurückzustellen, bis er von den Behörden gehört habe. »Solche Entscheidungen können sich monatelang hinziehen«, warnte er. »Also hat es keinen Zweck, auf eine Nachricht zu warten.«

> Falls etwas geschieht, werde ich Dir per Telegramm Bescheid geben – oder, besser gesagt, jemand anders wird es tun, denn ich werde keine Zeit haben. Gewöhnlich ist es von der Benachrichtigung bis zur Abfahrt eine Frage von Stunden, nicht von Tagen. Dank Deiner Hartnäckigkeit [was die Verschickung von Paketen anging] ... habe ich einigen Ballast – einen vollen Kleiderschrank – angesammelt, den ich Ant. Mich. [Juschkewitsch, ein Mithäftling und Invalide] geben oder Dir vorher zurücksenden werde, entweder mit Hilfe der Litwinenkos oder auf irgend-

einem anderen Weg. Vielleicht – und mit Deinem Einverständnis – wäre es am besten, Oleg damit »neu zu beliefern«. Ich werde mich bemühen, ein paar Bücher mitzunehmen, wenn das möglich erscheint. Und ich werde darum bitten, mir die übrigen (natürlich nicht alle, sondern nur die wichtigsten) weiterzuleiten – entweder direkt oder über Dich. Organisiere keine Sonderexpeditionen, Swet, tu nur das, was für Dich am günstigsten ist, denn es ist wirklich schwierig, die Entwicklung abzusehen. Hoffen wir das Beste.

Da Lew eine Versetzung nach Süden ins Auge fasste, wollte Sweta sich im Sommer einer Wandergruppe bei einem Campingurlaub im sibirischen Tuwa anschließen. Sie freute sich auf die Ferien, fürchtete jedoch, keine Zeit zu einem Besuch bei Lew zu haben. »Mein Gewissen macht mir zu schaffen«, gestand sie am 22. Juni. »Warum drängt es mich, nach Tuwa zu fahren, obwohl ich mit Dir zusammen sein muss?« Die Sibirienreise würde einen Monat dauern und ihren gesamten Urlaub in Anspruch nehmen, während Ferien im Kaukasus, wo sie im Vorjahr gewesen war, ihr am Ende Zeit lassen würden, nach Petschora zu fahren. Eine Woche später wurde der Campingurlaub gestrichen, was Sweta die Möglichkeit bot, Lew zu besuchen, der inzwischen erfahren hatte, dass »keine Arbeiter am Wolga-Don-Kanal benötigt« wurden – und auch nicht auf den anderen Baustellen, etwa der des Chakowka-Wasserkraftwerks in der Ukraine, wohin Lew sich ebenfalls gern hätte verlegen lassen. Sweta teilte seine Enttäuschung, freute sich jedoch andererseits darüber, dass sie ihn nun besuchen konnte. Am Abend des 29. Juni schrieb sie:

Ljowa, ich möchte wirklich schlafen gehen, aber noch dringender möchte ich Dir mitteilen, dass sich mein Schicksal entschieden hat, allerdings nicht im Einklang mit Deinem Vorschlag – diese Möglichkeit kam mir nicht einmal in den Sinn. Ich fahre nicht nach Tuwa, das steht fest, und ich bin erleichtert, weil ich Dir näher sein werde.

Lew war aufrichtig enttäuscht darüber, dass sie auf ihren Urlaub verzichtete. »Glaub nicht, ich sei froh darüber, dass Du nicht nach Tuwa reist«, erwiderte er am 7. Juli.

> Es mag einen Abend gegeben haben, an dem ich ein bisschen bedrückt war, nachdem ich von Deinen Plänen für Tuwa erfuhr – das räume ich ein. Aber dann war es genau das Gegenteil: Ich wünschte mir immer, dass Du Dir den Urlaub nimmst, und schämte mich, dass ich jemals anders darüber gedacht hatte.

Nun fuhr Sweta mit ihren Plänen für Petschora fort. Sie würde Mitte August eintreffen, nach einer Reise in den Kaukasus, wo sie, wie 1950, eine Verlängerung ihres Urlaubs um vier Tage bekäme, so dass sie vor ihrer Rückkehr nach Moskau nach Petschora fahren könnte. »Mein Liebling Lew«, schrieb sie am 15. Juli,

> gestern habe ich die Genehmigung vom Direktor für vier zusätzliche Tage erhalten. Wenn also nichts dazwischenkommt, müsste alles bestens ablaufen. Die Fahrkarte gilt für sieben Tage. Ich werde am 9. und 10. daheim sein, was bedeutet, dass ich am 13. oder 14. bei Dir und am 20. wieder an meinem Arbeitsplatz bin.

Sweta traf am 15. August in Petschora ein und wurde anscheinend von den Arwanitopulos aufgenommen, wo sie folgende Mitteilung von Lew erhielt:

> Willkommen, Sweta. Obwohl wir einander beglückwünschen, könnte dieses Treffen weniger erfreulich sein als das letzte. Vor allem lassen sie seit fast einem Monat nur Begegnungen im zentralen Wachhaus zu und nicht in der Wache der Kolonie, also nicht »bei uns« wie im letzten Jahr und nicht so wie bei I. S. [Lilejew, Nikolais Vater] und Litw[inenko]. Damit ist es unwahrscheinlich, dass wir alles sagen können, was wir möchten – wegen der Anwesenheitspflicht eines von ihnen [eines Wärters]. Deshalb ist es umso vernünftiger, nicht mehr als ein Treffen zu

> beantragen, zumal Deine Zeit so beschränkt ist und Du am 20., wie erwähnt, zurück sein musst … Vielleicht solltest Du B.G. [Arwanitopulo] mitnehmen. Er könnte dabei helfen, das Treffen in unser Wachhäuschen verlegen und es, da es nur dieses eine geben wird, möglicherweise auf mehr als zwei Stunden verlängern zu lassen. Aber ich habe keine große Hoffnung, da man die Restriktionen nun im Allgemeinen weiter verschärft hat. Und Du wirst keine einzige Person mehr kennen, die sie auszuführen hat. Also, Sweta, bereite Dich auf das Schlimmste vor und versuch, nicht vor ihnen die Fassung zu verlieren. Achte nicht auf sie. Jedenfalls wirst Du die Möglichkeit haben, mir von Deiner Reise zu erzählen und auch von meinen Tanten, Onkel N., J.A. [Tante Katja] und A[lexander Iwanow] und all den anderen, darunter Alik …

Lew hatte Spielsachen hergestellt, die Sweta vor Beginn des Schuljahres am 1. September als Geschenke für die Kinder von Angehörigen und Freunden mitnehmen sollte:

> Übrigens, zu den drei Kleinigkeiten – Du könntest sie Alka zum Beginn des Schuljahres (oder wann immer der beste Zeitpunkt ist), Alenka [Semaschko, Ninas elfjährige Tochter] zu ihrem Geburtstag und die dritte einer Person Deiner Wahl geben (oder als Reserve mitnehmen, falls Du unterwegs eine verlierst). Leider sehen sie nur gut gefertigt aus, und in Wirklichkeit fühle ich mich befangen, falls sie jemandem gezeigt werden, der den Unterschied erkennt. Obwohl Du ohne meine Erklärungen nichts bemerken wirst, hat jede genug Makel, um niemals von der Qualitätskontrolle akzeptiert zu werden. Immerhin eignen sie sich als Spielzeug für Kinder. Du darfst sie aber nur unter der Bedingung verschenken, dass die Empfänger nicht weinen, wenn sie verlorengehen.

Sweta muss es gelungen sein, sich mehr als einmal mit Lew zu treffen, denn sie hielt sich noch in Petschora auf (wenn auch offenbar nicht mehr bei den Arwanitopulos), als sie folgende Zeilen am 17. August erhielt:

> Guten Morgen, Swetlyje.
> Vergiss nicht, bei B.G. [Arwanitopulo] vorbeizuschauen, während er zu Hause ist – ein Höflichkeitsbesuch (unter anderem). Ich habe gestern vergessen, eine Bitte von K.S.* weiterzugeben: Wenn es Kondensmilch in den Ortsgeschäften gibt und Du Zeit hast, dort vorbeizugehen, würdest Du dann ungefähr vier Dosen kaufen und sie mitbringen, wenn Du mich besuchst? Ich frage deshalb, weil es schwierig für ihn ist, Dir die Nachricht auf einem anderen Weg zu übermitteln. Vielleicht könntest Du auch Viktor bitten, sie zu besorgen, und dann brauchst Du sie nur hierher mitzubringen.
> Aber es spielt keine Rolle, wenn Du nicht dazu kommst.
> Nun, Sweta, das ist für den Augenblick alles. L.

Später am selben Tag bekam Sweta eine Notiz, in der Lew ein für jenen Abend arrangiertes Treffen bestätigte: »Also dann, Sweta – nach 7. (Sie führen um 7 eine Kontrolle durch.) Du könntest um 7 eintreffen und warten. Ich hoffe, alles klappt.«

Am folgenden Morgen reiste Sweta ab. Lew hatte ihr einen Strauß auf der Parzelle angepflanzter Blumen für die Heimfahrt überreicht. Drei Tage später war sie wieder in Moskau:

> Nun bin ich zu Hause, Ljowa. Die Leute im Zug waren nett, obwohl wir uns zusammendrängen mussten – na ja, je mehr, desto lustiger –, und irgendwie schafften wir es alle, ein bisschen zu schlafen … Wir trafen gegen 1 Uhr morgens ein. Ich lief nach Hause, um zu duschen, aß eine Mahlzeit und war vor 4 Uhr eingeschlafen. Um 8 stand ich auf, aber seitdem bin ich noch nicht richtig wach und werde mich bald wieder hinlegen. Ich

* Konon Sidorowitsch Tkatschenko, einer von Lews Mithäftlingen, ein Ingenieur und Strelkows Laborassistent, der dafür verantwortlich war, die korrekte chemische Zusammensetzung des Wassers im Boilersystem des E-Werks aufrechtzuerhalten.

habe zwei Deiner neuesten Briefe und einen weiteren von Oleg vorgefunden, einen Schrei aus der Tiefe, der an Dich gerichtet ist … Natürlich hatte kein Einziger im Zug Blumen bei sich. Ich nahm meine bis nach Hause mit, obwohl ich sie unterwegs nicht in Wasser stellen konnte. Sie mussten teils in der Gepäckablage und teils auf dem Boden direkt unter dem Sitz verstaut werden … Schön, Ljowa, das ist es vorläufig. Pass auf Dich auf.

Am Tag nach ihrer Abreise schrieb Lew:

Meine liebe Swetin, es kommt mir ohne Dich immer so viel öder vor, wenn ich zu dieser unchristlichen Zeit aufstehen muss. Gerade habe ich angefangen, die Verteilungsanlagen umzustellen, und ich kann Dich überall hören und sehen. Heute war eine Menge Arbeit zu erledigen, und ich tat alles wie im Schlaf. Morgen habe ich allein Dienst, so dass es mir schwerfallen wird, zu schreiben, und noch schwerer, nicht an Dich zu denken. Aber trotzdem fühle ich mich gut, mein Liebling.

Wie zuvor fasste Lew durch Swetas Besuch neuen Mut. »In den letzten Tagen bin ich wohlauf«, schrieb er am 23. August, »die Arbeit ist leicht, und ich lasse mich durch nichts aufregen. Und wenn ich doch ab und zu knurre, dann nur der Form halber und nicht aus Ärger.«

Sweta dagegen empfand nach ihrer Rückkehr eine gewisse Leere. »Es ist genau eine Woche her, dass ich daheim eintraf, und genauso lange seit meinem letzten Brief an Dich«, schrieb sie am 28. August.

Das Moskauer Klima setzt mir übel zu. Erstens ist es überall stickig – im Kino, bei der Arbeit, in der U-Bahn, im Zug, in der Straßenbahn. Zweitens möchte ich nur noch schlafen. Drittens ist mein Kopf irgendwie leer. Es dürfte unwahrscheinlich sein, dass das Klima daran schuld ist. Die Schuld hat, wenn nicht der Kopf selbst, dann die Tatsache, dass ich ihn mit unmöglichen Fragen quäle. Sogar auf der Rückfahrt im Zug nagte Unsicher-

> heit an mir: Was sollte ich tun – entschieden »nein« sagen [zu einem neuen Forschungsprojekt im Institut] und meiner »wissenschaftlichen« Karriere ein Ende setzen? Oder sollte ich die Kraft aufbringen, es durchzuführen? Ich weiß, dass ich es versuchen muss, aber ich sehe keine realistische Chance … Daher laufe ich jeden Tag mit Kopfschmerzen und voller Apathie herum, was die Arbeit im Labor angeht.

Sweta war so verzagt, dass sie sogar daran dachte, das Fotografieren aufzugeben. »Was für eine arme Person Du bist, Sweta«, lautete Lews Reaktion am 12. September. »Dauernd suchst Du nach etwas Neuem, für das Du Dich tadeln kannst.«

> Ich habe natürlich keines der neueren Ergebnisse gesehen, und vielleicht sind sie tatsächlich schlecht. Aber auch wenn sie gut sein sollten, wirst Du immer noch nicht zufrieden sein – Du wirst behaupten, es sei ein Zufallstreffer und die nächsten Fotos würden bestimmt wieder misslingen. Trotz allem hoffe ich, dass Du das Fotografieren nicht vernachlässigen wirst und dass ich ein paar Muster Deiner Arbeit erhalten werde. Am liebsten hätte ich Bilder, auf denen Du im Passiv bist [fotografiert wirst] – diejenigen, die Du am wenigsten gebrauchen kannst. Wie Du siehst, steht mein Egoismus im Gegensatz zu Deinen eigenen Interessen [die Fotos zu machen], aber Deine anderen Werke gefallen mir auch. Du kannst mir unbesorgt Bilder schicken – ich werde sie niemandem zeigen, selbst wenn sie gelungen sind … Ich möchte sie nur für mich haben.

In jenem Herbst war Sweta sehr beschäftigt – sie schrieb Berichte für den Allunions-Normungsausschuss (der die Qualität von Produktionsgütern überwachte), inspizierte Fabriken in Leningrad und schloss sich Freiwilligenteams an, die halfen, die Ernte auf Kolchosen im Moskauer Gebiet einzubringen. Ihre Verwaltungspflichten nahmen weiter zu, als Zydsik in den ersten Monaten des Jahres 1952 ins Krankenhaus eingeliefert wurde. Sweta erlitt einen schweren Nesselausschlag und konnte kaum einen Schreibstift halten. »Ausschlag ist gar keine Hautkrankheit«, schrieb sie Lew. »Er ist schmerzhaft und unangenehm … Der einzige Trost ist, dass es sich nicht um Krebs, nicht um Tuberkulose, nicht um etc., etc. handelt.«

Wieder wurde sie von einer Depression übermannt. Auf Anraten ihrer Mutter suchte sie einen Homöopathen auf, der ihr Anacardium verschrieb, das weithin gegen Gedächtnisverlust und Reizbarkeit verwendet wird. »Es scheint zu wirken«, teilte sie Lew mit. »Jeder im Institut kennt mich, aber jeden Herbst habe ich Mühe, mir die Namen der neuen Mädchen zu merken … und dauernd beschimpfe ich andere.« Auch Lew konnte Swetas Zorn nicht immer entgehen. Am 19. März hatte er einen Brief von Onkel Nikita erwähnt, der ihm schrieb, dass der Gedanke an Lew und dessen Tugenden sein einziger Trost sei und dass er sich nichts anderes wünsche, als mit Lew zusammen zu sein. »Ich weiß nicht, wie ich antworten soll, ohne den Eindruck falscher Bescheidenheit zu vermitteln«, hatte Lew behauptet. Sweta erwiderte am 26. März:

> Ich wünschte, jemand würde Dir eine ordentliche Tracht Prügel verpassen, Lew! Meiner Ansicht nach wäre es besser, N.K. gegenüber nicht auf das Thema einzugehen. Erstens würde er Deinen Worten keinen Glauben schenken, und zweitens, selbst wenn er es täte – warum hältst Du es für notwendig? Damit keine Lügen im Raum stehen? Es ist durchaus nicht erwiesen, dass die Wahrheit immer die beste Lösung ist. Um Deiner eigenen Eitelkeit willen (»Oh, sieh mal, wie ehrlich ich bin«) würdest Du jemanden zwingen, sein Ideal aufzugeben, das heißt, Du würdest einem anderen Kummer bereiten. Jetzt enttäuscht zu sein, damit man später nicht enttäuscht ist – eine wunderbare Logik! Erst recht, da Du gar nicht weißt, ob es später tatsächlich schlimmer sein wird. Manchmal verspüre auch ich den Drang, die Illusionen anderer zunichtezumachen. Aber das ist nur der Fall, wenn ich schlechter Laune bin; sonst halte ich es für besser, den Kindern ihren Spaß zu lassen. Wirklich, Ljowa, ich meine es ernst … Außerdem werden Deine Schwächen nicht einfach

dadurch weniger, dass Du sie zählst. Ich spreche nicht von Dir, Ljowa, sondern ganz allgemein und wahrscheinlich eher für mich selbst … Du bist ein guter Mensch, Lew. Was mich anbelangt, könnte ich ausführlich darüber schreiben, dass ich kein guter Mensch bin (aber dann denke ich mir, dass dies aus vielen meiner Briefe hervorgeht und dass es sich nicht lohnt, einen eigenen Brief auf das Thema zu verschwenden).

Unterdessen hatte Lew Mühe, seinen sechsten Winter in Petschora zu überleben. Wieder einmal war man im Arbeitslager nicht auf die eisigen Temperaturen vorbereitet. Es kam zu Stromausfällen, und viele Baracken in Lews Kolonie mussten dringend repariert werden. Häftlinge siechten nach einer Grippe- und Skorbutepidemie, für die es keine Medikamente oder notwendige Vitamine gab, in der Krankenstation dahin. Die Ärzte waren der Situation nicht gewachsen. Zwischen 120 und 130 Häftlinge (ungefähr 10 Prozent aller Insassen des Holzkombinats) meldeten sich täglich im Januar 1952 krank. Lew besuchte eine Reihe seiner Bettnachbarn aus der Baracke in der Klinik. »Wir haben nicht genug Nahrungsmittel und Ascorbinsäure«, berichtete er Sweta. »Deshalb sind die Leute sehr geschwächt.« Auch Hepatitis war weit verbreitet. Konon Tkatschenko erkrankte an einer bösartigen Variante und verbrachte acht Monate in der Klinik. »Er ist kaum noch zu erkennen – nur gelbe Haut und Knochen«, schrieb Lew an Sweta, die Tkatschenko die Kondensmilch besorgt hatte. »Er kann sich kaum bewegen oder sprechen.« Auch Strelkow wurde von Hepatitis ereilt – eine zusätzliche Komplikation zu den Gallensteinen und der Leberkrankheit, die ihn in den vergangenen Jahren so mitgenommen hatten –, doch er erholte sich allmählich, indem er das auf der »Kolchose« angebaute Gemüse verzehrte. 1952 lebte Strelkow von einer Kost aus Grünkohl* und Pflanzenöl.

Jedes Jahr am 8. März beglückwünschte Lew Sweta zum Internationalen Tag der Frau. 1952 sandte er seine Grüße erst am

* Grünkohl galt als Heilmittel für Leberleiden, Hepatitis und Magengeschwüre.

12. März, aber sein Brief war dafür von ganz besonderer Art. Alle wichtigen Personen in seinem Leben waren Frauen gewesen: seine Großmutter, seine Tanten und Sweta, an die er sich nun voller Ehrerbietung und Dankbarkeit wandte:

> Swetlaja, mein Liebling, ich habe Dir meine Glückwünsche zum 8. März noch nicht geschickt, obwohl niemand die Ehre mehr verdient als Du. Wahrscheinlich hindert Dich Deine Bescheidenheit daran, einzugestehen, dass zu diesem Anlass überhaupt eine besondere Ehrbezeugung angebracht ist. Ich dagegen bin in dieser Hinsicht völlig unbefangen und kann ohne Furcht vor Widerspruch bekennen, wie froh ich bin, dass das weibliche Geschlecht auf dieser Erde existiert. Ich habe die höchste Achtung vor Euch allen, eine höhere als vor den Menschen im Allgemeinen. Es ist wirklich schwer, dieses Gefühl in Worte zu fassen, wenn einem die Begabung fehlt, denn das Ergebnis klingt zwangsläufig nach leerer Rhetorik, aber ich möchte trotzdem einen Versuch machen, sogar nach Nekrassow.* Denn in meinem Leben, von meiner frühesten Kindheit an, sind die guten Menschen, denen ich so viel verdanke, Frauen gewesen. Ich werde immer noch von der Gewissheit geplagt, dass ich nie in der Lage sein werde, meine Schuld nicht nur bei denen zu begleichen, die sich meiner – wie meine Großmutter – ohne Rücksicht auf sich selbst annahmen, sondern auch bei denen, die mir als Vorbilder an Menschlichkeit dienten, indem sie in allen Prüfungen des Lebens Güte mit Stärke, in ihrer Wahrnehmung der Realität stille Weisheit mit lebhaftem Humor und Unermüdlichkeit bei der Arbeit mit ständiger Warmherzigkeit verbanden.
>
> In meinem Leben hat es so viele Frauen gegeben, deren Qua-

* Gemeint ist der russische Dichter Nikolai Nekrassow (1821–1878). Lew bezieht sich auf dessen Poem »Russische Frauen«, in dem zwei Fürstinnen, Maria Wolkonskaja und Jekaterina Trubezkaja, gepriesen werden. Sie waren ihren Männern in die Verbannung nach Sibirien gefolgt, wohin man diese wegen ihrer Teilnahme am Dekabristenaufstand von 1825 geschickt hatte. Lew stellt eine Parallele zwischen Sweta und den beiden berühmteren Heldinnen her.

litäten ich bewundere, dass kein negatives Beispiel, ob ich es selbst beobachtete oder nur von ihm hörte, meine Auffassung ändern könnte. Es stimmt, dass es für jeden guten Menschen auf der Welt mehrere schlechte gibt, doch dieser eine Mensch hat so viel Großartiges an sich, dass es all das Schlechte in den anderen wettmacht. Ich kann an jene Frauen – meine Großmutter Lidia Konstantinowna, ihre Schwester, Tante Lisa, Jelis[aweta] Al[exandrowna] [Onkel Nikitas Frau], Tante Lelja und viele andere – nicht ohne die tiefste Verehrung denken. Wie viel Kummer Lidia Konstantinowna ertrug, wie viele Missgeschicke, die sie hätten erdrücken und ihre seelische Kraft hätten zerstören können. Wie viel innere Stärke muss sie aufgebracht haben, um nicht der Verzweiflung zu erliegen, um großzügig und mit sich im Reinen zu bleiben, wobei sie einen klaren Kopf bewahrte und jene weiterhin unterstützte, denen die Kraft fehlte, solchen Schwierigkeiten ohne Hilfe standzuhalten. Wie viele solche Frauen es gibt!

Frauen wie meine Großmutter. Und wie viel Finsternis gäbe es auf der Welt, wenn sie nicht existierten! Sweta, muss ich Dir wirklich sagen, dass ich in Dir all die Vorzüge der besten Frauen erkenne, denen ich je begegnet bin?

Mein Liebling, meine teure Sweta.

Vom Frühjahr 1952 an ging die Bevölkerung des Holzkombinats zurück. Gefangene, deren Haftzeit ablief, wurden in beträchtlicher Zahl entlassen, und es kam nicht mehr zu Massenverhaftungen, durch die sie ersetzt wurden. Dabei handelte es sich um ein landesweites Phänomen: Der Gulag wurde nach und nach geschlossen. Eine Folge dieser Entlassungen war es, dass sich das Netz von Freunden und Verwandten, das die verbleibenden Häftlinge mit Helfern in der Außenwelt verband, größer und wichtiger wurde. Nachdem sie sich wieder in die Gesellschaft eingegliedert hatten, konnten ehemalige Gefangene den Lagerinsassen zur Seite stehen. Diese inoffiziellen Netzwerke waren insbesondere für die vielen Häftlinge bedeutsam, die keine Angehörigen, kein Zuhause und keinen

Arbeitsplatz hatten, zu denen sie nach ihrer Freilassung zurückkehren konnten. Ehemalige Häftlinge durften gewöhnlich nicht in den größeren Städten wohnen, weil man fürchtete, sie könnten die Bevölkerung durch ihre Unzufriedenheit demoralisieren. Entsprechend waren sie auf Verwandte und Freunde angewiesen, die einen Wohnort für sie finden und sie während der Arbeitssuche finanziell unterstützen mussten.

Im März 1952 hatte Rykalow seine achtjährige Haftstrafe abgesessen und fuhr nach Moskau. Dort hielt seine Schwester einen »Familienrat« ab, um zu entscheiden, wo er wohnen und wie er leben sollte. Seine Gesundheit war angegriffen, denn er hatte sich nicht völlig von der Tuberkulose erholt. Lew bat Sweta, ihm zu helfen:

> Er hat nur eine Lunge, und auch die ist nicht vollständig. Er bewegt sich mühsam, gerät rasch außer Atem und fühlt sich sehr schwach. Er überlegt, nach Kirgistan zu ziehen (obwohl er seine Zweifel wegen des dortigen Klimas hat) oder vielleicht nach Nordkasachstan. Seine persönlichen Angelegenheiten, abgesehen von der Beziehung zu seiner Mutter und seinen Schwestern, machen ihn nicht sehr glücklich. Er hat mir die Einzelheiten nicht erklärt – die Zeit war knapp, und ein Telefonat begünstigt nicht unbedingt Offenheit –, aber er hat versprochen zu schreiben. Wenn er Zeit hat, möchte er bei Dir vorbeischauen. Ich habe ihm gesagt, er solle sich nicht extra anstrengen, denn jeder Kilometer kommt ihn teuer zu stehen. Aber ich habe ihm in Deinem Namen versprochen, dass Du ihn, wenn Du Dich gut genug fühlst, Deinerseits besuchen wirst.

Zehn Tage später hatte Sweta noch nichts von Rykalow gehört. Er war verschwunden. »Vielleicht ist es zu früh«, schrieb sie Lew am 26. März. »Morgen oder übermorgen werde ich versuchen, ihn zu finden … Ich glaube, seine Schwester heißt Marusja. Die Wohnungsnummer werde ich erraten müssen, aber auf jeden Fall erinnere ich mich an das Gebäude und das Treppenhaus.«

Anissimow wurde als Nächster entlassen. »Ljoschka hat seine

Entlassungspapiere erhalten«, schrieb Lew am 5. März. »Ohne ihn wird es langweilig sein. Von all unseren Zeitgenossen hier ist er der Einzige – nach Ljubka [Terlezki] –, mit dem ich wirklich interessante Gespräche führen kann.« Anissimow stammte ebenfalls aus Moskau.

> Wenn es ihm gelingt, seine Schüchternheit zu überwinden, wird er Dich auf der Durchreise [zu seinem Ansiedlungsort jenseits von Moskau] zum Tee besuchen. Er ist ein feiner Kerl, wie ich Dir schon oft geschrieben habe, offen und vernünftig, doch gegenüber Menschen, die er nicht kennt, wird er sehr scheu und zurückhaltend. Er trinkt gern Tee mit Himbeermarmelade (das sage ich Dir im Vertrauen).

Anissimow reiste am 12. März ab. Lew befürchtete, dass es ihm zu unangenehm sein könnte, Sweta in der schäbigen Kleidung eines gerade entlassenen Häftlings zu besuchen. Anissimow traf am 16. März in Moskau ein und schrieb Sweta vom Jaroslawler Bahnhof, dass er nicht zu ihr fahren könne, da er Grippe und Magenschmerzen habe. Sweta hatte Marmelade für ihn hergestellt. »Wäre mir klar gewesen, dass er am Bahnhof saß, hätte ich mich selbst zu ihm aufgemacht«, kommentierte sie. »Vielleicht schafft er es, vorbeizukommen, wenn es ein bisschen wärmer ist.« Die Marmelade blieb auf der Anrichte stehen, doch Anissimow ließ sich nicht blicken. Fünf Monate später gab er Lew eine Erklärung: »Ich erreichte den Bahnhof, setzte mich anderthalb Stunden lang auf eine Bank, nahm Abschied [von Moskau] und fuhr weiter.« Anissimow war als Ingenieur ausgebildet worden, doch als ehemaliger Häftling konnte er in einer Fabrik bestenfalls einen ständigen Arbeitsplatz als Monteur finden. Stattdessen suchte er nach Gelegenheitsarbeit als Mechaniker.

Während sich der Häftlingsexodus verstärkte, zeigte das Arbeitslager allmählich Auflösungserscheinungen. »Mehr und mehr Leute verlassen uns«, schrieb Lew an Sweta. »Wegen des Rohstoffmangels ist die Rentabilität des Holzkombinats gesunken, und das Personal muss reduziert werden. Leider sind es die schlechten Arbeiter, die noch hier sind.« Überall war es das Gleiche: fehlende Arbeitskräfte, Ineffizienz, sinkende Produktivität und steigende Ausgaben, hauptsächlich für die Bewachung der Häftlinge, die umso aufsässiger wurden, je mehr sie schuften mussten. Die Wirtschaftlichkeit des Gulagsystems war nicht mehr plausibel. 1953 gab das MWD schließlich zweimal so viel für den Unterhalt des Gulag aus, wie es an Einnahmen durch dessen Produktion bezog. Mehrere hohe MWD-Funktionäre stellten die Effektivität von Zwangsarbeit ernsthaft in Frage. Man redete sogar davon, Bereiche des Gulag abzubauen und den Häftlingen einen ähnlichen Status wie den Zivilarbeitern zu geben. Da aber Stalin fest hinter dem Gulagsystem stand, wurde keiner dieser Gedanken ernsthaft zur Diskussion gestellt.

Der Verfall des Gulagsystems war im Holzkombinat deutlich sichtbar. Das Parteiarchiv von 1952 wird beherrscht von Diskussionen über Verschwendung und Ineffizienz, Diebstähle, Aufstände und Arbeitsverweigerung von Häftlingen, die keinen Lohn erhalten hatten. In der ersten Hälfte des Jahres 1952 waren über 5000 Arbeitstage verlorengegangen und nur 60 Prozent des Plans erfüllt worden. Die Verwaltung reagierte damit, dass sie die Gefangenen zu noch schwererer Arbeit nötigte, ihre Schichten auf 14 Stunden verlängerte und sie auch bei Krankheit einsetzte. Die Folge waren lediglich noch mehr Unruhen, Streiks und Bummelstreiks sowie weitere Verluste von leistungsfähigen Männern. Dreimal in den ersten sechs Monaten des Jahres 1952 gab es Versuche zu einer Gruppenflucht aus dem Holzkombinat (zwei davon erfolgreich).

Auch äußere Anzeichen des Verfalls waren unverkennbar. Seit Jahren hatte man wenig unternommen, um das Arbeitslager von Holzresten, Borke, Sägemehl, Ziegeln und Tauwerk zu säubern, die sich um die Sägemühle und die Werkstätten aufhäuften. Manches davon landete im Winter in den Lagerfeuern auf dem zugefrorenen Fluss, der Rest aber blieb einfach liegen und bildete eine Brandgefahr. In seinen ersten Jahren im Arbeitslager hatte Lew noch das eine oder andere Beispiel von Schönheit in seiner Umgebung zur Kenntnis genommen, doch dies war 1952 nicht mehr der Fall. »Objektiv gesehen«, schrieb er, »ist in unserer Gegend wenig Schönheit übrig geblieben – man hat alles zugebaut, durch Abfallhaufen verunstaltet und abgehackt. Im Sommer gibt es keine Blumen und Beeren mehr wie vor drei Jahren, und nicht einmal das Gras ist zu sehen. Nur noch der Himmel ist geblieben.«

Seit seiner Ankunft in Petschora hatte Lew zum Himmel aufgeblickt. Dies war seine einzige Fluchtmöglichkeit aus dem Lager. Er war überwältigt von der Schönheit der Nordlichter und der schieren Weite des Sternenmeers. »Die Natur hat dieses karge Komi-Land mit einem wunderbaren, nicht nur farbenprächtigen, sondern atemberaubenden Himmel gesegnet!«, schrieb er Sweta am 12. August.

> Anhaltende Sonnenuntergänge, die sich zu einem noch längeren Zwielicht mit so magischen Farben und Effekten ausdehnen, dass es unmöglich ist, sich von ihnen loszureißen – du stehst mit zurückgeworfenem Kopf da, bis dir die Zähne in der Kälte klappern (der Herbst ist schon zu spüren). Heute hatten wir einen bewölkten und elend grauen Tag. Aber am Abend wandelten sich die trüben östlichen Wolken plötzlich zu einem so starken, undurchsichtigen Blau, dass wahrscheinlich sogar das ruhige Blau der kaukasischen Berge neidisch geworden wäre. Dann, nach einer halben Stunde, fand die Sonne, die bereits am Horizont zurückwich, urplötzlich einen schmalen Spalt in der Mitte der Sturmwolken und drängte sich mit einem derart lebhaften orangefarbenen Lodern hindurch, dass alle Kiefern auf ihrem Weg plötzlich zu glühen begannen – nicht mit einer roten, sondern einer bleichen, gelbgrünen Wärme. So etwas habe ich noch nie gesehen – es waren keine Bäume mehr, sondern strahlende Silhouetten vor einer leuchtenden Flamme. Und der Rauch des Schornsteins, der zwischen ihnen umherwirbelte, erfüllt von den zartesten Tönen und den farblosen, gläsernen Wellen der Luft, schien sie zum Leben zu erwecken. Die Sterne sind aus ihrem Sommerschlaf aufgetaucht,* und auch dafür bin ich dankbar.

* Die Weißen Nächte des Nordens ließen die Sterne unsichtbar werden.

Der Himmel war das Einzige auf der Welt, bei dessen Anblick er sich vorstellen konnte, dass auch Sweta es betrachtete. Er blickte zu ihm hoch, wenn er sich nach ihr sehnte.

1952 wurde im Kraftwerk ein neuer Ziegelschornstein gebaut. Nach der Fertigstellung fiel den Lagerchefs auf, dass sie vergessen hatten, seine Höhe zu verzeichnen, und so forderten sie Freiwillige auf, mit einem Messseil an die Spitze zu klettern. Lew und Sergej Skatow, einer der Heizer des Kraftwerks, stiegen an den kleinen, in die Ziegel eingelassenen Eisengriffen hinauf und setzten sich auf den schmalen Schornsteinrand. Sie waren fast 40 Meter vom Boden entfernt und schauten nach Süden über den Fluss und die Kiefernwälder hinweg, die sich in Richtung Moskau erstreckten, so weit das Auge reichte. Zum ersten Mal seit nahezu sieben Jahren erhaschte Lew einen Blick auf die Welt jenseits des Arbeitslagers. Er schilderte die Episode:

> Ich wollte herausfinden, was draußen war, um das Lager herum, wie und wohin der Strom floss und was jenseits von ihm lag. Wir blieben eine Zeitlang sitzen und kletterten dann hinunter. Kaum hatte ich die Füße wieder auf die Erde gesetzt, verspürte ich einen stechenden Schmerz im Rücken. Es war ein Hexenschuss, und ich brach zusammen. Wäre das ein paar Momente früher passiert, wäre es aus mit mir gewesen.

Bei allem gegenseitigen Vertrauen und Bemühen war Lews und Swetas Beziehung doch bei jeder Störung der Routine oder der Kommunikation enormen Belastungen ausgesetzt. 1952 war das erste Jahr seit 1947, in dem Sweta Lew nicht in Petschora besuchen konnte. Sie hatte geplant, im Juni am Ende einer Dienstreise nach Omsk und Kirow zu ihm zu fahren, war jedoch nach Moskau zurückgekehrt, weil ihr Nesselausschlag behandelt werden musste. Sie verlegte die Reise auf den September, doch ihre Mutter Anastasia erkrankte, und Sweta musste sich um sie kümmern. »Mama geht es noch nicht besser«, schrieb sie Lew am 19. Juli. »Wenn niemand auf sie aufpasst und sie zum Essen nötigt, wird sie nichts zu sich nehmen und schwächer werden. Vorerst wird es schwierig für mich werden, wegzufahren, und später sollte jemand mit Mama eine Erholungsreise machen.« Lew antwortete am 6. August:

> Ich glaube wirklich, Du solltest Deine Reise nach Norden dieses Jahr absagen. Selbst wenn Du bei bester Gesundheit wärst, würde die Sache anstrengender als sonst werden, da Deine Zeit in diesem Jahr stark beansprucht wird und Du Dich auf keinen Fall um alles kümmern kannst. Du musst Deine Mutter pflegen und mit ihr irgendwohin fahren, Du musst Dich selbst erholen und versuchen, Deinen Urlaub mit dem von Irina [Krause] zu koordinieren. Und es ist kompliziert, Deinen und M.A.'s [Zydsiks] Urlaub bei der Arbeit unter einen Hut zu bringen. Sweta, vielleicht können wir irgendwie bis zum Ende des Jahres ausharren?

Sweta verbrachte den Sommer damit, ihre Mutter zu verschiedenen Sprechstunden und in mehrere Krankenhäuser zu begleiten. Im August wurde bei Anastasia spinale Osteoarthritis diagnostiziert. Sie weinte unablässig und konnte nachts nicht schlafen. Dann, im September, hieß es, sie habe Tb. Anastasia legte sich, wie sie glaubte, aufs Sterbebett und überließ es Sweta, sie und ihren Vater Alexander zu versorgen, der an einer unerkannten Leberkrankheit litt. »Papa hat stark abgenommen (4 Kilo in diesem Sommer)«, schrieb Sweta am 28. September, »und er hat Schmerzen in der Seite.« Von Juli bis Oktober hetzte Sweta sich ab: Sie kümmerte sich nach der Arbeit um ihre Eltern, eilte zwischen der Wohnung und dem Krankenhaus, wo ihr Vater Tests unterzogen wurde, hin und her und kaufte für die Familie ein. Spät am Abend, wenn sie erschöpft und in Tränen aufgelöst war, schrieb sie an Lew. Ihre Briefe lasen sich wie Krankenberichte.

Sogar im Oktober hoffte sie noch, Lew besuchen zu können, doch er riet ihr erneut ab. »Es wird Dir bestimmt schwerfallen, wegzufahren«, schrieb er am 20. Oktober, »wenn Du wegen Deiner Mutter unsicher bist … Es wäre am besten, zu warten, bis es ihr besser geht, und dann einen richtigen Urlaub zu machen: zum

Beispiel Ski zu fahren, was Dir helfen wird, Dich zu entspannen. Nimm Deine Urlaubstage auf keinen Fall, um hierherzukommen. Alles in diesem Jahr ist gegen uns – Deine Gesundheit und die Deiner Mutter und die Jahreszeit.« Vier Tage später berichtete er Tante Katja über seine Besorgnis: »Sweta schrieb, dass Du versprochen hattest, sie am Sonntag zu besuchen, jedoch nicht erschienen bist. Sie fürchtete, dass Du krank sein könntest, aber sie war nicht in der Lage, selbst zu Dir zu fahren, weil ihre Mutter ans Bett gefesselt ist. Die Situation bei ihnen zu Hause ist sehr schwierig.«

Im November nahm Sweta endlich Urlaub, blieb jedoch ausschließlich daheim, um ihre Mutter zu pflegen. »Mein Urlaub geht sehr schnell vorbei«, schrieb sie Lew am 8. November. »Eine Woche – ein Viertel – ist bereits verstrichen. Das ist schlimm. Mama gewöhnt sich daran, mich um sich zu haben. Gestern klagte sie, ich hätte sie vergessen, weil ich eine Zeitlang fort war. Und heute, als sie aufwachte, bat sie mich, nirgendwohin zu gehen. Sie ist wie ein kleines Kind.«

Je länger Lew ohne Sweta auskommen musste, desto häufiger sah er sie in seinen Träumen. »Ich habe mich verrechnet, Sweta«, schrieb er am 24. Dezember, »heute ist kein Brief von Dir eingetroffen. Ich habe wieder angefangen, von Dir zu träumen, sehr oft, aber das macht mir keine Freude, denn die Gefühle, die meine Träume begleiten, sind so deprimierend, und ich kann sie nicht abschütteln, nachdem ich aufwache.« Drei Tage später schrieb er erneut:

> Wenn ich meine Bücher und Papiere beiseitelege, die Augen schließe und alle Gedanken an Kraftfelder, Zentrifugalregler und kohärente Rotationen verbanne, sehe ich Dich vor mir, und zwar so deutlich, dass mir die Kehle trocken wird. Und ich möchte Deine Hände nehmen und weinen, mein Gesicht in ihnen vergraben und wehklagen, weil Du so weit weg bist. Ich sehe Deine rote Strickjacke (die Du gar nicht mehr hast), eine Haarsträhne, die sich an Deiner Wange gelöst hat, die Fleckchen in Deinen Augen und Deine feuchten Lider. Ich sehe jede Einzelheit der Linien an Deinen Handflächen, die auf Deinem Schoß

ruhen. Ich möchte Dir immer wieder sagen, dass es keinen besseren Menschen als Dich gibt, dass ein einziger Gedanke an Dich alles für mich verblassen, alles andere trivial und belanglos erscheinen lässt.

Lew verbrachte einen weiteren Silvesterabend mit der üblichen Gruppe von Freunden in Strelkows Labor. Am 2. Januar berichtete er Sweta:

> Die Fröste sind hier die ganze Woche gnadenlos gewesen, von minus 42 bis runter auf minus 47 Grad, und die Werkstätten sind nicht in Betrieb. Es ist unmöglich, sich ohne Handschuhe draußen länger als eine oder zwei Minuten aufzuhalten. Die Spatzen drohen zu erfrieren. Einer wärmt sich in unserer Baracke auf und ist nun seit zwei Tagen hier. Er ist ein munterer kleiner Bursche. Wir feierten das neue Jahr mit G.J. [Strelkow], nur zu dritt, denn Tall N. [Litwinenko] ist noch in der Krankenstation und K. [Tkatschenko] hatte Angst vor der Kälte und kam nicht. Walja schickte G.J. eine schöne Pfeife, Tabak und eine Mütze. Ich freute mich genauso sehr für ihn wie er für sich selbst. Es hat ihn wirklich aufgeheitert.

Lew hatte seit drei Wochen keinen Brief von Sweta erhalten, und seine Träume wurden noch sehnsüchtiger. »Swetloje, es ist so trostlos ohne Deine Briefe«, schrieb er am 6. Januar.

> Drei Nächte hintereinander habe ich Dich im Traum gesehen. Ich träumte, dass wir irgendwelche Geräte in Deinem Institut ablieferten und dass Du kamst, um sie entgegenzunehmen. Aber ich war einfach nicht fähig, etwas zu Dir zu sagen, und dann konnte ich Dich nicht finden, weil Du anscheinend schon fortgegangen warst. Nur Deine Unterschrift blieb auf dem Lieferschein zurück. Und dann stellte sich heraus, dass es nicht einmal Deine Unterschrift war.

Eine weitere Woche verging ohne einen Brief von Sweta. Am 10. Januar fragte Lew:

> Swetka, warum schreibst Du mir nicht? Es gibt so viele Dinge, die ich mir einbilde, wenn Deine Briefe nicht mehr kommen – oh, so viele –, und die rationalste Logik, zu der ich in seltenen Momenten noch fähig zu sein scheine, kann die unlogischsten Vermutungen nicht widerlegen, zumal nicht alles im Leben logisch ist. Nicht viel ist nötig – nur zwei Zeilen …

Und drei Tage später:

> Die Post trifft morgen ein. Nun warte ich auf diese Tage mit einem gewissen Maß an Verzweiflung, während ich früher nach einem von ihnen immer dachte: Schön, das ist in Ordnung, der heutige Tag geht zu Ende, aber vielleicht kommt morgen ein Brief.

Lews schlimmste Befürchtung war, dass Sweta ihn im Stich gelassen hatte. In Wirklichkeit war sie auf einer Dienstreise nach Swerdlowsk und Omsk gewesen, die infolge von Problemen in den Reifenfabriken länger gedauert hatte als erwartet. Sweta war von der Arbeit so sehr in Anspruch genommen worden, dass sie nicht einmal Zeit gefunden hatte, Lew eine kurze Notiz zu schicken. Schließlich meldete sie sich nach ihrer Rückkehr am 18. Januar:

> Ich weiß nicht, warum, aber es fällt mir überhaupt nicht leicht, 2 Zeilen zu schreiben. Im Gegenteil, es ist weniger mühsam, einen ausführlichen Brief zu verfassen, obwohl ich länger dazu brauche. Meine Dienstreise sollte insgesamt 7 Tage dauern (5 davon allein für die Fahrt), aber das habe ich Dir wahrscheinlich schon mitgeteilt. Und obwohl ich dachte, dass wir uns wegen einer Woche keine Sorgen zu machen brauchten, nahm ich trotzdem Umschläge und Papier mit, um Dir schreiben zu können, doch aus irgendeinem Grund bot sich keine Gelegenheit

dazu … Wie so oft beschließt man, etwas am folgenden Tag zu tun, aber wenn »morgen« beginnt, hat man auf einmal sogar noch mehr zu tun und sagt sich dann, dass man es in 3 oder 4 Tagen erledigen wird … Das Einzige, was mich tröstete, war der Gedanke, dass Du nicht böse auf mich sein würdest, solange Du mich liebst. Das ist einer der Vorzüge der Liebe: Man darf dumme Dinge tun. Trotzdem tut es mir leid. Ich habe mir so viel Mühe gegeben, nichts verkehrt zu machen … Als ich nach Hause kam und Deine Briefe las, wollte ich nur noch weinen, aber dazu fehlten mir der Ort und die Zeit.

Lew antwortete am 27. Januar:

Mein teurer Liebling Swetloje, verzeih mir – erneut. Ich weiß selbst, dass die Sache mit den Briefen nur auf meine Albernheit zurückzuführen ist. Meine liebe Swet, mein Schatz, ich habe den Kopf verloren. Ich wusste einfach nicht, was ich mit mir anfangen oder was ich überhaupt tun sollte. Klar war mir bloß, dass es keinen Zweck hatte, zu heulen oder wütend zu werden, aber da war eben noch alles andere: die Sorge um Dich, die Furcht, dass Du mich vielleicht nicht mehr liebst, meine Sehnsucht nach Dir, noch mehr Sorge, dann Eifersucht, Wut über mich selbst wegen meiner eigenen Dummheit, der Wunsch, Dir gegenüber alles zu beklagen. Nichts davon wollte sich meiner Selbstbeherrschung fügen, bis ich fast der Verzweiflung nahe war … Ich schäme mich, es zu schreiben, Sweta, aber ich dachte – vergib mir, meine liebe Swet –, dass es möglicherweise nicht der Zeitmangel war, der Dich daran hinderte, zur Feder zu greifen. Aber Swetka, Swetinka, ich wusste überhaupt nichts: Ich wusste nicht, wie lange Du plantest, fort zu sein. Wahrscheinlich vergaßt Du, Deine Daten zu erwähnen, und ich konnte nur schlussfolgern, dass die Reise im Dezember enden sollte, denn das war damals – 1952 – vorgesehen gewesen. Und ich wusste nichts von den Problemen in Swerdlowsk noch von der Situation in O[msk]. Im Prinzip hätte ich all das selbstverständlich erahnen können, und es gelang mir auch in meinen vernünftigeren Momenten, aber was kann ich tun, wenn es so wenige von ihnen gibt?

Sweta, mein Liebling, es schmerzt mich, dass ich Dich beinahe zu Tränen getrieben habe, doch das lässt sich jetzt nicht mehr ändern, sosehr ich mir auch wünschte, dass ich mich besser benommen hätte.

Ich erhielt Deinen Brief (datiert auf den 18.) vor einer Stunde, gerade als ich zur Arbeit aufbrach. Sweta, ich werde Dir später über alles andere schreiben, obwohl es zurzeit nicht viel Neues gibt. Mein Liebling Sweta. Wir werden versuchen, alles zwischen uns in Ordnung zu bringen, nicht wahr?

11

Stalin starb am 5. März 1953. Er hatte einen Schlaganfall erlitten und vor seinem Tod fünf Tage lang bewusstlos im Bett gelegen. Seine Krankheit wurde von der Sowjetpresse erst am 4. März gemeldet. »Wie unerwartet die Nachricht war«, schrieb Lew Sweta zwei Tage später. »Bei solchen Gelegenheiten wird die Ohnmacht der modernen Medizin mit tragischer Gewissheit deutlich. Erst wenn bedeutende Personen betroffen sind, wird die Illusion, dass es möglich sei, die menschliche Gesundheit ein wenig länger zu erhalten, als von der Natur vorgesehen, ganz und gar entlarvt.«

Stalins Tod wurde der Öffentlichkeit am 6. März bekannt gegeben. Bis zum Begräbnis, drei Tage später, war der Leichnam in der Säulenhalle des Gewerkschaftshauses nicht weit vom Roten Platz aufgebahrt. Riesige Menschenmengen kamen, um ihm die letzte Ehre zu erweisen. Im Zentrum der Hauptstadt wimmelte es von tränenüberströmten Trauernden, die aus allen Landesteilen nach Moskau gereist waren. Hunderte wurden im Gedränge erdrückt. Stalins Tod war ein emotionaler Schock für das Land, denn seit fast dreißig Jahren – den traumatischsten der russischen Geschichte – hatte das Sowjetvolk in seinem Schatten gelebt. Stalin war der moralische Bezugspunkt der Menschen: ihr Lehrer, väterlicher Beschützer, ihr nationaler Führer und Erlöser vor dem Feind, ihr Garant von Recht und Ordnung (»Immerhin gibt es ja Stalin«, pflegte Lews Tante Olga zu sagen, wenn sich irgendeine Ungerechtigkeit ereignet hatte). Der Kummer der Bürger war eine natürliche Reaktion auf die Desorientierung, die sie bei seinem Tod empfinden mussten, fast ungeachtet ihrer eigenen Erfahrung unter seiner Herrschaft. Sogar nicht wenige von Stalins Opfern waren betrübt über seinen Tod.

Wie alle anderen erfuhren Lew und Sweta die Nachricht am 6. März aus dem Radio. Keiner von beiden konnte seinen wahren Gefühlen Ausdruck verleihen, befanden sie sich doch in einem Zustand des ängstlichen Schocks und der Aufregung. »Stalins Tod war so überraschend«, schrieb Lew am 8. März, »dass es anfangs schwerfiel, ihn für wahr zu halten. Es war das gleiche Gefühl wie in den ersten Kriegstagen.« Mehr hatte er über die denkwürdige Nachricht nicht zu sagen, obwohl er gehofft haben muss, dass sie zu einer politischen Neubewertung der Arbeitslager und möglicherweise zu seiner vorzeitigen Entlassung führen würde. Auch Sweta war vorsichtig in ihren Äußerungen, wenngleich sie nicht ihre Freude darüber verbergen konnte, dass sie in diesem womöglich einschneidenden Moment durch das Radio mit Lew vereint worden war. »So etwas wie in der letzten Woche hat es in Moskau noch nie gegeben«, teilte sie Lew am 11. März mit. »Und oftmals dachte ich, wie schön es ist, dass das Radio erfunden wurde, wodurch die Menschen dieselben Nachrichten zur selben Zeit hören können. Und es ist gut, dass wir Zeitungen haben. Ich werde versuchen, Dir irgendwann noch mehr dazu zu sagen, aber nicht jetzt, denn ich muss darüber nachdenken, wie ich meine Gefühle in ein paar klare Worte fassen kann.«

Die einzigen Orte, an denen man die Kunde von Stalins Tod mit unverhüllter Freude aufnahm, waren die Arbeitslager und -kolonien des Gulag. Natürlich gab es Ausnahmen, Lager, in denen die Wachsamkeit der Behörden oder die Anwesenheit von Spitzeln die Häftlinge daran hinderte, ihr Glück zur Schau zu tragen, doch im Allgemeinen wurde die Nachricht von Stalins Ende mit spontanem Jubel begrüßt. »Niemand weinte um Stalin«, erinnerte sich Lew. Die Häftlinge hegten keinen Zweifel daran, dass Stalin schuld an ihrem Elend war, und sie scheuten sich nicht, ihre Verachtung für ihn auszudrücken, wenn sie sich sicher fühlten. Lew schilderte einen Vorfall vom Oktober 1952, als die Insassen seiner Baracke einer Rundfunksendung über die Ergebnisse der Wahl zum Präsidium des Zentralkomitees lauschten. Die Stimmen, welche die Kandidaten erhalten hatten, wurden der Reihe nach verlesen, und jedes Mal fügte der Sprecher hinzu: »*Sa Stalina! Sa Stalina!*« (»Für Stalin!«) Einige Häftlinge begannen stattdessen zu rufen: »*Sastawili! Sastawili!*« (»Sie sind gezwungen worden!«), was bedeuten sollte, dass die Wahl manipuliert war. Schließlich machten alle mit und lachten spöttisch.

Unter den Häftlingen ging die Erwartung um, dass sie nach Stalins Tod entlassen werden würden. Am 27. März verkündete die Regierung eine Amnestie für Personen, die zu weniger als fünf Jahren verurteilt worden waren oder die wegen Wirtschaftsverbrechen einsaßen, für Männer über 55, für Frauen über fünfzig und für Häftlinge mit unheilbaren Krankheiten – ein Dekret, das in den folgenden Monaten die Entlassung von etwa einer Million Gefangenen nach sich zog. Im Holzkombinat wurde die Lagerbevölkerung im Jahr 1953 durch die Amnestie halbiert (von 1263 auf 627). Die Mehrzahl der Entlassenen waren Kriminelle, die nun zu randalieren anfingen, Läden plünderten, Häuser ausraubten, Frauen vergewaltigten und überall im Ort Terror verbreiteten. »Manche unserer Leute sind schon draußen und laufen ungehindert in Petschora herum«, schrieb Lew am 10. April.

> Sie nutzen jede Möglichkeit, zu rauben und zu stehlen. Die unangenehmsten Typen verlassen uns – Makarow, ein gut aussehender Kerl mit einem Bart … Er hat 8 Jahre wegen Raubüberfalls abgesessen. Auch Kolja Neschinski geht – er erhielt 1947, als er bereits im Lager war, zehn Jahre wegen Diebstahls von 6 kg Kascha. Letztes Jahr stahl er dann 300 Rubel von einem der Männer und klaute nach und nach alles, was er an sich bringen konnte, von N. und seinen anderen Nachbarn. Trotz alledem kann man ihn nur wegen der Dummheit und Ungerechtigkeit seiner ersten Verurteilung bemitleiden, ohne die er vielleicht kein Dieb geworden wäre.

Lew hoffte, dass man die Amnestie auf »Politische« ausweiten würde. Einige der Techniker im Kraftwerk waren vom MWD ermutigt worden, ihre Entlassung zu beantragen. Alle waren aufgrund von Artikel 58–11 (Zugehörigkeit zu einer antisowjetischen Organisation) verurteilt worden, der nicht so schwer wog wie Lews Paragraf, aber immerhin genug Ähnlichkeit damit aufwies, um Lew davon träumen zu lassen, dass sich die Amnestie auch auf ihn erstrecken würde. Bald wurde er enttäuscht. »Wie sich zeigte«, schrieb er

Sweta am 14. April, »war alles ein Irrtum der hiesigen Wärter, und es wird keine Ausweitung der Amnestie geben ... Was für ein grausamer Irrtum – die Männer hatten sich bereits darauf eingestellt, und ihre Angehörigen rechneten mit ihrer Entlassung.«

Der Rückgang der Gefängnisbevölkerung hatte einen chronischen Arbeitskräftemangel im Holzkombinat zur Folge. Ohne eine ausreichende Zahl von Häftlingen, die das Holz fällten und transportierten, sank der Nachschub an Brennstoff und Rohmaterial drastisch. Die Verwaltung des Arbeitslagers, die im Mai 1953 vom Gulag auf das Verkehrsministerium übergegangen war, versuchte den Personalmangel dadurch wettzumachen, dass sie frisch entlassene Häftlinge in Petschora zurückhielt. Zu diesem Zweck wandten die MWD-Funktionäre, welche die Entlassungen überwachten, unterschiedliche Strategien an: Sie verweigerten den Männern die Reisepapiere oder das Geld für die Bahnfahrkarten oder versicherten ihnen, dass sie nirgendwo anders eine Beschäftigung finden würden, und boten ihnen Anreize dafür, als Lohnarbeiter am Ort zu bleiben. Manchen versprach man eine Ausbildung, damit sie die durch die Amnestie freigelassenen Facharbeiter und Handwerker ersetzen konnten. Ende 1953 wurden 224 frühere Häftlinge des Holzkombinats als Fahrer, Tischler, Maschinisten, Mechaniker und Elektriker geschult (Lew war daran beteiligt, einige von ihnen auf die Schichtarbeit im Kraftwerk vorzubereiten). Doch trotz dieser Bemühungen verzeichnete das Holzkombinat einen dramatischen Rückgang der Produktivität. Der Plan wurde nicht erfüllt, Löhne und Rationen wurden gesenkt, und freie Arbeiter verschwanden, um in anderen Arbeitslagern (wo ähnliche Probleme auftraten) nach besseren Bedingungen zu suchen. »Hier in Petschora sind allgemeine Kürzungen an der Tagesordnung«, schrieb Lew an Sweta, »und die Leute wissen nicht, was sie mit sich anfangen sollen, schon gar nicht jene, die einen Regenschirm im Gepäck haben [d.h. frühere Häftlinge].«*

* Lew und Sweta benutzten mit Regen assoziierte Bezeichnungen wie »Regenschirm« und »Mackintosh« für den Gulag.

Die Arbeitssuche nach der Heimkehr gestaltete sich für die gerade entlassenen Gefangenen tatsächlich schwierig. Sowjetfunktionäre verhielten sich im Allgemeinen misstrauisch gegenüber ehemaligen Häftlingen, und viele Arbeitgeber sahen in ihnen weiterhin potenzielle Unruhestifter und »Volksfeinde«. Das Problem der Arbeitslosigkeit war so drückend, dass manche Ehemalige ins Lager zurückkehrten. Ihnen blieb kaum eine Wahl, wenn sie keine Angehörigen oder Freunde hatten, die ihnen auf die Beine halfen. Nur im Lager konnten sie sicher sein, eine Beschäftigung zu finden: als freie oder halb freie Arbeiter (die einen Lohn erhielten, die Siedlung aber nicht verlassen durften). Im Juli 1953 waren im Holzkombinat über hundert Exhäftlinge als halb freie Arbeiter tätig, und Ende 1954 zählte man gar 459. Viele wohnten in den Baracken der früheren 1. Kolonie knapp außerhalb des Zaunes der Industriezone. Man zahlte ihnen ungefähr 200 Rubel im Monat – den Mindestlohn ohne »nördliche Zulage«, mit der freie Arbeiter in die Arktis gelockt wurden –, doch sie erhielten das Geld nur, wenn sie sich zweimal pro Woche bei der Verwaltung des Arbeitslagers meldeten. Einer dieser gebundenen Arbeiter war Pawel Bannikow, ein Häftling aus Lews Baracke, der ins Holzkombinat zurückkehrte, nachdem er im Moskauer Gebiet keine Stelle gefunden hatte. »[Bannikow] ist seit vier Tagen wieder bei uns«, schrieb Lew an Sweta. »Er betrachtet dies als Zwischenstation und denkt daran, im Herbst anderswo nach einem besseren Posten Ausschau zu halten. Er schilderte mir seine Eindrücke von Moskau, die interessant waren, weil sie einerseits die Erinnerung an einzelne Dinge weckten, die einem im Rückblick teuer sind, und weil sie andererseits Neues beschrieben.«

Bannikow hatte Sweta besucht. Sie brachte viele Häftlinge unter, die nach der Entlassung aus Petschora in Moskau ankamen. Lew gab ihnen Swetas Adresse und bat sie, den Männern in der Hauptstadt zu helfen. »Liebling Swetloje«, schrieb er am 12. Juni, »Konon Sidorowitsch [Tkatschenko] hat es Dir vielleicht mitgeteilt – andernfalls habe ich es bestimmt getan –, dass Witali Iwanowitsch Kusora bei Dir vorbeikommen würde. Hier ist er also: sehr ordentlich und dazu bescheiden. Ich weiß nicht, ob sich seine Pläne in Moskau verwirklichen lassen. Vielleicht braucht er für ein oder zwei Nächte Quartier. Es ist lästig, ich weiß, besonders im Moment, aber das hier wird nicht viel länger so weitergehen, höchstens anderthalb Jahre.« Es muss frustrierend für Sweta gewesen sein, diese Fremden aus dem Lager aufzunehmen, während Lew noch 18 Monate auf das Ende seiner Haftzeit warten musste. Sie hatte ihn seit zwei Jahren nicht gesehen – die längste Trennung seit ihrer Wiederbegegnung von 1946.

Es waren nicht nur Häftlinge, die auf dem Fußboden der Iwanows schliefen. Viele der freien Arbeiter, die Lew und Sweta geholfen hatten, wurden von ihr einquartiert, wenn sie nach Moskau kamen. Unter den lockereren Bedingungen nach Stalins Tod war es in der Regel leichter, Reisen zu machen, und die Löhne dieser Arbeiter hatten sich durch »nördliche Zulagen« (als Anreiz, im Lager zu bleiben) beträchtlich erhöht. Stanislaw Jachowitsch, der polnische Mechaniker im Kraftwerk, der Briefe für Lew in die Industriezone hinein- und aus ihr herausgeschmuggelt hatte, wollte nach einem Urlaub auf der Krim seine Rückfahrt nach Petschora durch einen Aufenthalt in Moskau unterbrechen. »Er würde gern bei Euch für 8 Stunden des Tages Nutzen aus einer Matratze und 2 Quadratmeter Fußboden ziehen«, kündigte Lew an. »Er wird Dich rechtzeitig per Postkarte informieren, wann er eintrifft. Falls Du ihn vergessen hast – er ist leicht an seinem Schielauge und seiner polnischen Aussprache des Buchstaben ›L‹ (›Waus‹ statt ›Laus‹) zu erkennen.«

Lew Israilewitsch, der Sweta auf ihrer ersten Reise nach Petschora in die Gefängniszone geschmuggelt hatte, war einer von mehreren Besuchern im Juni 1953. In jenem Monat beherbergte Sweta auch die Baschuns. Iwan Baschun war ein erfahrener Mechaniker im Kraftwerk, der ebenfalls den Briefkurier für Lew gespielt hatte. Das provinzielle Benehmen des Paares ging Sweta auf die Nerven – sie bemühte sich nicht, ihr Missfallen zu verbergen –, doch sie tat ihr Bestes, um die beiden zu unterhalten. »Nina und Iw[an] sind eine Woche lang bei mir gewesen«, schrieb Sweta Lew am 3. Juli.

Ich habe ihnen gesagt, dass ich ihnen eine 3 minus für ihr Auftreten in Moskau geben würde, aber, ganz ehrlich, es hätte die schlechteste Note sein müssen. Sie sind außer in den Geschäften nirgendwo gewesen. Wenn ich sie nicht zum [Lenin-]Mausoleum und zur Universität begleitet hätte, hätten sie überhaupt nichts gesehen. Nichts machte einen Eindruck auf sie – weder die Metro noch die hohen Gebäude, weder der Ausblick auf die Stadt von den Lenin-Hügeln noch das Bolschoi-Theater. Ich war völlig ratlos und erschöpft durch meine Anstrengungen, sie bei Laune zu halten. Sie kauften nichts, abgesehen von ein paar Einkaufstaschen und einem Geschenk für Slawik, denn sie sind überzeugt, dass alles, was man in Moskau bekommt, auch in Kotlas verfügbar ist, und was sie dort nicht hätten, sei auch hier nicht zu finden.

Für die in Petschora verbliebenen Häftlinge kam es nach Stalins Tod zu einigen Verbesserungen. Da ihre Zahl in der Gefängniszone zurückging, waren die Unterkünfte weniger beengt. 1953 baute man neue Baracken mit Einzelbetten statt der doppelreihigen Etagenbetten, die bei Lews Ankunft im Jahr 1946 die Norm gewesen waren. Es gab mehr kulturelle Aktivitäten für die Häftlinge: Sie konnten im Clubhaus regelmäßig Filme, Theaterstücke und Konzerte besuchen; ab und zu traten dort auch Bands zu Tanzveranstaltungen auf; der Kulturpalast sowie das Fußballstadion, beide außerhalb des Holzkombinats im Ort selbst, standen den Häftlingen häufiger offen. (Der Zivilsektor von Petschora entwickelte sich zu einer eigenen Ortschaft mit 25 000 Einwohnern, mit Läden und Marktständen, einem Restaurant, einer mit Lastwagen betriebenen Buslinie und einem Rundfunksender, der auf den Straßen über Lautsprecher zu hören war.) Auch der separate Sender für die Häftlinge im Holzkombinat wurde verbessert: Zum ersten Mal konnte man in den Baracken landesweiten Übertragungen lauschen. Die Häftlinge durften mehr Briefe schreiben, und die Zensoren schenkten diesen weniger Aufmerksamkeit als zuvor.

Im Januar 1954 veröffentlichten die Behörden des Holzkombinats an den Anschlagbrettern ein neues Gesetz des Obersten

Sowjets, wonach es den Wärtern verboten war, Gewalt gegen die Häftlinge anzuwenden. Außerdem sollten Klagen von Häftlingen über ein solches Verhalten zu Gerichtsverfahren führen: Für schuldig befundene Wärter müssten, so hieß es, mit einer Gefängnisstrafe und in extremen Fällen sogar mit dem Todesurteil rechnen. Zuvor hatte es immer wieder Situationen gegeben, in denen Häftlinge von Wärtern getötet oder verprügelt worden waren – manchmal aus Rache für eine angebliche Beleidigung oder weil Letztere sich herausgefordert fühlten, häufiger einfach nur, weil es ihnen Spaß machte –, aber kein Täter hatte je mehr als einen »strengen Verweis« oder einen Lohnabzug erhalten. Das neue Gesetz hatte zur Folge, dass sich die Behandlung der Häftlinge radikal verbesserte. Die Zahl der Wärter ging jedenfalls drastisch zurück, denn Arbeitslager wurden geschlossen, allmählich eingestellt oder in spezielle Wirtschaftszonen mit nominell freien Arbeitskräften umgewandelt.

Diese humanere Atmosphäre trug jedoch nicht dazu bei, Lews anhaltende Probleme mit seinem Chef, dem Kraftwerkleiter Ilja Scherman, zu lösen. Der ungehobelte, kaum des Lesens und Schreibens kundige Mann war in den Rang eines MWD-Ingenieurleutnants aufgestiegen, obwohl er fast nichts von Technik verstand. Lew beschrieb ihn als »kleinkarierte Person, die an allem etwas auszusetzen hat … und jeden verdächtigt«. Scherman führte sämtliche Rückschläge im Kraftwerk auf Sabotage zurück. Gewöhnlich versuchte er dann, Lew, den er von Anfang an nicht hatte leiden können, die Schuld zuzuschieben. Er schikanierte Lew, erteilte ihm Befehle, die sich nicht ausführen ließen, und drohte mehrere Male, ihn als einfachen Arbeiter mit einem Konvoi in ein anderes Lager zu schicken. Dies war Lews schlimmste Befürchtung.

Strelkow schaltete sich ein, um Lew zu retten. Im Juni 1953 sollte sein Laborassistent Tkatschenko entlassen werden, so dass ein Ersatz nötig wurde. Tkatschenko, ein Ingenieur und Chemiker, hatte die Aufgabe, die Wasserqualität im Dampfkesselsystem des Kraftwerks zu kontrollieren. Es war eine sehr verantwortungsvolle Position, denn falsche Berechnungen konnten schwere Unfälle zur Folge haben. Lew hatte während seines Studiums als chemischer

Assistent gearbeitet und war daher der Aufgabe gewachsen, die, ein weiterer Vorteil, der Abteilung für technische Kontrolle (ATK) unterstand, einem höheren Gremium außerhalb von Schermans Einflussbereich. Mit Strelkows Genehmigung begann Tkatschenko nun, Lew einzuarbeiten. »Bevor er geht«, schrieb Lew Sweta am 13. April, »hat K. S. [Tkatschenko] vor, einen Teil seiner Weisheit über die Kontrolle der Wasserzufuhr an mich weiterzugeben. Vom heutigen Abend an werde ich seine Notizen und seine ganze Fachliteratur lesen. Dann hat er versprochen, mir die etwas praktischeren Dinge beizubringen.« Am 1. Juni übernahm Lew den neuen Posten. Obwohl er weiterhin im Kraftwerk arbeitete, wo Scherman den Befehl führte, schützte ihn seine neue Funktion als Wasserchemiker, dank der er Strelkow und der ATK unterstellt war, vor der Verschickung mit einem Konvoi. Lew schrieb Sweta am 9. Juni:

> Ich fühle mich sehr ruhig, verglichen mit dem letzten Monat, und auch viel besser als im letzten Jahr, trotz der gewaltigen Arbeitslast. Nikolai [Lilejew] dachte aus irgendeinem Grund, dass es schwierig sein würde, für G. J. [Strelkow] zu arbeiten, besonders in meinem Fall. Diese Ansicht teilte ich nie, und allein schon der Gedanke kommt mir seltsam vor. Jedenfalls habe ich den Eindruck, dass ein ernstes Missverständnis zwischen G. J. und mir, unter welchen Umständen auch immer, unmöglich wäre. Frühere Auseinandersetzungen zwischen uns waren manchmal lautstark, aber nie schwerwiegend und immer nur einem Mangel an Intelligenz meinerseits geschuldet. Ich glaube, dass meine Erkenntnis dieser Sachlage mir helfen wird, mich zu beherrschen, obgleich mein Respekt vor G. J., der seitdem mit jedem Tag gestiegen ist, dafür ohnehin ausreichen sollte.

Mochte Lew durch die Arbeit für Strelkow weniger angespannt sein, so ließ er 1953/54 gleichwohl Anzeichen wachsender Gereiztheit über seine anderen Freunde und fast all seine Mitbewohner in der Gefängnisbaracke erkennen. Nach so vielen Jahren des Eingepferchtseins war es kein Wunder, dass die Häftlinge reizbar wurden und aneinandergerieten. Sogar die besten Freundschaften litten unter der Belastung.

Lews Beziehung zu Nikolai Lilejew, seinem ältesten Freund im Arbeitslager, verschlechterte sich gegen Ende 1952. Sie waren sieben Jahre vorher mit demselben Konvoi in Petschora eingetroffen, und Lew hatte eine sehr hohe Meinung von Lilejews Freundlichkeit, Ehrlichkeit und Mut. Bei mindestens zwei Gelegenheiten hatte dieser außerordentliche Courage bewiesen: einmal, als er ein in Panik durch das Lager preschendes Pferd stoppte, und erneut, als er Strelkow das Leben rettete, indem er drei bewaffnete Verbrecher davonjagte (sie hatten Rache für einen früheren Vorfall nehmen wollen, bei dem Strelkow sein Labor vor ihnen verteidigt hatte). Doch trotz seiner Sympathie für Lilejew und seinem Repekt vor ihm – oder vielleicht genau deswegen – brachte Lew häufiger Ärger über ihn zum Ausdruck als über jeden anderen. Er beklagte sich über Lilejews »kindliche Art«, seine »oberflächlichen Lebensansichten« und seinen »Mangel an Takt«, besonders in der Unterkunft. »N. macht mich mit jedem Tag wütender«, schrieb Lew am 24. Dezember an Sweta.

> Es scheint, dass wir einander schlicht überdrüssig sind. Ich finde wirklich nichts, worüber ich mit ihm sprechen könnte. Er interessiert sich nicht für die praktischen Probleme der Produktion, ist gleichgültig gegenüber allen – auch elektrischen – Maschinen, ob in praktischer oder theoretischer Hinsicht; sogar in seiner Mathematik ist er in Verzug geraten, während er all seine Zeit mit Tischtennis, Schach oder Deutschstunden mit Vadim verbringt. Kein Zweifel, dass Sprachen nützlich sind, doch für Vadim, genau wie für N., wären Elektrotechnik und Mathematik nützlicher. Deshalb kommen mir Nikolkas Unterrichtsstunden wie reiner Müßiggang vor, und ich muss an mich halten, um ihm das nicht ins Gesicht zu sagen. Wenn es keinen G.J. [Strelkow], Iwan [Waljawin]* oder A.M. [Juschkewitsch] gäbe,

* Iwan Waljawin, Lews Bettnachbar in der Baracke. Er studierte 1950 am Schiffbauinstitut von Odessa, als man ihn verhaftete und zu zehn Jahren in Petschora verurteilte.

Lilejew (links) und Lew, 1949

> würde ich es immer noch zehnmal interessanter finden, mich mit irgendeinem Maschinisten oder sonst wem zu unterhalten, der das Leben mit offenen Augen betrachtet, als mit N.

Lew war unfair und allzu kritisch. Was war denn dagegen einzuwenden, dass ein Häftling Entspannung im Schach- oder Tischtennisspiel suchte oder dass er sich mit der deutschen Sprache statt mit Mathematik beschäftigte? Lews Strenge und Ernsthaftigkeit waren mit dem Ärger über seine Mithäftlinge gewachsen. Alles an ihnen erbitterte ihn: ihr nächtliches Gestammel im Schlaf, ihr Herdeninstinkt, ihre Streiche und ihr Lärm, ihre endlosen Dominospiele, ihr sentimentales Schwelgen in Erinnerungen und die »übermäßige Zärtlichkeit« mehrerer Gefangener, die er besonders »abstoßend« fand. Lew war angewidert von den Gefühlen der Zuneigung, die sich zwischen Männern im Arbeitslager unvermeidlich entwickelten. Er war derlei zuvor nie begegnet, und es verstörte ihn. »Was das Familienideal betrifft«, schrieb er Sweta, scheint es mir in einer Freundschaft zwischen Männern wirklich unangebracht zu sein. Dann ist es meiner Meinung nach nicht nur falsch, sondern eine Abnormalität, die für mich abstoßend, wenn nicht gar ekelhaft ist. Ich bin sicher, dass meine Freundschaft mit Andrjuschka [Semaschko], Schenka [Bukke], Nat [Grigorow] und Waska Gussew [sämtlich Vorkriegskommilitonen von Lew] aufrichtig und solide war – von der Art, ohne die jeder von uns das Leben schwerer gefunden hätte. Alles, was einen von uns berührte, wurde von den anderen nachempfunden, und jeder freute sich stets für den anderen – aber nach außen hin wurde dies höchstens durch einen Händedruck deutlich gemacht.

Lew war indes nicht bloß irritiert, sondern regelrecht schockiert über die allmähliche Degeneration des menschlichen Charakters in seiner Umgebung. Menschen, die einst anständig gewesen waren, verrohten, wurden egoistisch, niederträchtig, verhärtet und gefühllos. »Bei den Menschen hier findet eine unvermeidliche psychische Entwicklung statt«, schrieb er Onkel Nikita. »Ihr Ausmaß hängt vom Einzelnen ab, aber die allgemeine Richtung geht dahin, dass sämtliche Gefühle abstumpfen … So werden schließlich Eigenschaften und Handlungen hingenommen, die früher nicht akzeptabel gewesen wären.«

Das Erste, was Lew auffiel, war der Zusammenbruch der Kameradschaft. »Die endlose gegenseitige Feindschaft, die hier alle menschlichen Beziehungen erstickt, überrascht mich«, schrieb er Sweta.

Nirgends gibt es eine Spur von Solidarität unter Freunden oder wenigstens am Arbeitsplatz. Jeder misstraut dem anderen und versucht, ihn auszunutzen. Jeder ist wachsam und liegt auf der Lauer. Anscheinend existieren immer noch kleine Gruppen von Arbeitern, die durch gemeinsame Interessen zu einer Art Freundschaft vereinigt werden, doch diese Verbindung wird durch das Misstrauen, das an allen Beziehungen nagt, leicht zerbrochen.

Wer Geschäften nachging, war unweigerlich ein Dieb:

> Wenn ich die Menschen um mich herum beobachte, empört es mich wieder einmal, dass jeder neue Bekannte, der energisch und scharfsinnig ist, auf Geld aus zu sein scheint und nicht einmal vor Diebstahl zurückschreckt, dessen Ausmaß nur von der jeweiligen Gelegenheit abhängt. Ist er Schuster, hat er bestimmt Leder gestohlen und weiterverkauft, und die über ihm stehen, sind daran beteiligt gewesen. Wenn er Elektriker ist, hat er sich nebenbei auf ähnliche Weise Geld verdient. Und über die Fahrer brauchen wir gar nicht erst zu reden.

Das Arbeitslager habe ihn gelehrt, »dass in 999 von 1000 Fällen die allgemeinen Prinzipien des Anstands den durchschnittlichen Häftling im Überlebenskampf entweder in den Hunger oder in den Tod treiben«.

Lew machte sich Sorgen wegen der Veränderungen, die ihm an ihm selbst auffielen. »Wieder werde ich überwältigt von der Furcht, die ich überwunden geglaubt hatte«, schrieb er Sweta. »Dass man im Lauf der Zeit wirklich zu einem wilden und tückischen Tier wird, das auch noch stumpfsinnig ist, weshalb ein Scherz einen nicht lächeln lässt und man nicht einmal fähig ist, Ludmilla oder Tanjuschka eine Geschichte zu erzählen.«

Was für ein Vater konnte er nach all den Jahren im Arbeitslager sein? Lew dachte gründlich über diese Frage nach. Durch seine Erfahrung hatte sich seine Ansicht darüber, wie Kinder zu erziehen seien, geändert. Er war kein gewalttätiger Mann, doch manchmal war er gezwungen gewesen, sich zu verteidigen. Nach einem solchen Vorfall hatte er Sweta geschrieben, im Lager sei ihm die Bedeutung der Körperkraft bewusst geworden. Er selbst hatte versucht, seine Kraft durch Gewichtheben zu steigern (die Hanteln stellte er aus den Radachsen von Eisenbahnwaggons her). Körperliche Stärke sei besonders wichtig für Kinder, denn sie wüchsen in einer grausamen Welt auf:

Körperkraft ist die höchste Notwendigkeit im Leben. Eltern, die ihre Kinder nicht zu physischer Entwicklung veranlassen, ob diese nun wollen oder nicht, sollten bestraft werden. Auf jeden Fall muss sie in einem viel höheren Umfang gefördert werden, als in den Schulen vorgesehen. Es ist ein Verbrechen, dass Nikolai Lilejew, der fast doppelt so groß ist wie ich, mich nicht im Gewichtheben übertreffen kann und dass in einem Kampf nur seine Körpergröße irgendeinen Vorteil brächte. Bei seinem Anblick würde man eigentlich glauben, er könne *gorodki* [eine Art Kegelspiel] mit Telegrafenmasten spielen.

Lews Erfahrung hatte ihn auch gelehrt, dass Kinder zum Überleben praktische Fertigkeiten benötigten:

Wozu taugt jemand, der wie ich eine Universitäts- oder sonstige Hochschulausbildung absolviert hat? Dieser Mensch, wenn er nicht am Institut bleibt und kein Lehrer wird, verfügt erst über das Rohmaterial, um sich zu einem künftigen Praktiker zu entwickeln, obwohl das Rohmaterial selbst nicht schlecht ist. Mir scheint, dass Kinder die Schule nicht länger als 7 Jahre besuchen sollten. Dann sollten sie 3–4 Jahre in einer Berufsschule – für Bauwesen, Elektrotechnik, Fahrzeugwesen, Mechanik etc. – und danach 1–2 Jahre in einer Lehre verbringen, um praktische Erfahrung zu sammeln. Solch eine Ausbildung, die intensive Kenntnisse auf einem Fachgebiet fördert, wird ihnen helfen, mit schwierigen Situationen fertig zu werden … Die Planung für solche Krisenfälle ist auch in unseren glänzenden Zeiten wichtig – nach Beispielen braucht man nicht lange zu suchen. Um ein Kind zu erziehen, muss man bereit sein, es für alle möglichen Dinge zu bestrafen, etwa wenn seine Freunde es schlagen und es nicht zurückschlägt. Noch strenger muss es bestraft werden, wenn es sich auch dann nicht zur Wehr setzen will … Und all das gilt auch für das weibliche Geschlecht, mit Ausnahme der Schlägereien natürlich.

Lew hatte miterlebt, wie viele Häftlinge ihre positiven Charakterzüge einbüßten und gehässig, gewalttätig, alkoholabhängig oder wahnsinnig wurden. Psychologisch gesehen, gab es nichts Beunruhigenderes für einen Häftling, als den Verfall eines anderen zu beobachten, nicht zuletzt wegen der beängstigenden Möglichkeiten für ihn selbst. Dies erklärt Lews recht schroffe Reaktion auf die Wandlungen des Halbletten Oleg Popow, der ihm so sympathisch gewesen war, bevor er mit einem Konvoi in einen Steinbruch geschickt wurde und eine Brotmanie entwickelte. Lew und Sweta hatten Oleg weiterhin Päckchen geschickt. Sein Interesse an Literatur erschien ihnen als Zeichen der Hoffnung, und sie besprachen miteinander, welche Bücher ihm gefallen mochten. Oleg konnte sich aus dem Steinbruch nicht an Lew wenden (es war verboten, einem anderen Häftling zu schreiben), aber er durfte sich an Sweta wenden:

> Ich bin Dir sehr dankbar für all die Mühe, die Du Dir meinetwegen gemacht hast, für Deine Anstrengungen, Deine Aufmerksamkeit und Freundschaft. Ich kann nicht ausdrücken, was in meinem Herzen ist, und vielleicht sollten solche Gefühle verborgen bleiben. Manchmal meine ich, dass Lew sich sehr glücklich schätzen sollte, denn man findet nicht oft jemanden, der ein so guter Mensch ist wie Du.

Im Dezember 1952 schickte man Oleg zurück nach Petschora. Er meldete sich bei Lew aus einem der Waldlager. »Heute habe ich einen Brief bekommen«, ließ Lew Sweta wissen, »und Du wirst nie erraten, von wem. Von Oleg! Ich war unbeschreiblich froh. Er ist jetzt nur 3 Kilometer entfernt von hier und hat das Gefühl, aus der Hölle entlassen worden zu sein.«

Im Lauf des folgenden Jahres versuchte Lew, Oleg ins Holzkombinat verlegen zu lassen, indem er auf die dortigen Funktionäre einwirkte, und im Januar 1954 waren seine Bemühungen endlich erfolgreich. Oleg wurde einem Schlepperteam zugeteilt, das sich aus Häftlingen aus den baltischen Gebieten zusammensetzte. »Gestern hat Oleg uns besucht – nach sechsjähriger Not in der Wildnis«, schrieb Lew am 8. Januar. »Entgegen allen Erwartungen macht er einen positiven Eindruck – er scheint bei guter Gesundheit zu sein und wirkt jung. Allerdings sieht er ernster aus, und es gibt Anzeichen innerer Unruhe.« Innerhalb von Tagen schlug Lews Freude in Bestürzung um. »Je besser ich Oleg kennenlerne, desto weniger gefällt er mir«, klagte Lew am 24. Januar gegenüber Sweta.

> Ich komme zunehmend zu der Überzeugung, dass er absolut nichts mehr im Innern hat – keinerlei tief gehende Meinungen, Prinzipien oder Gefühle. Nur noch demonstrative »Originalität«. Ich setze Anführungszeichen, weil er in Wirklichkeit keine besitzt. Es ist lange her, dass er originell war. Er spricht nie im Klartext, sondern versucht unablässig, witzig zu sein … Nichts davon war früher zu beobachten, anscheinend weil sein Publikum in den letzten Jahren ihm abgewöhnt hat, sich subtiler zu tarnen … Es ist natürlich traurig, denn hier haben wir ein weiteres Beispiel dafür, warum ich von den Menschen enttäuscht bin – umso unerfreulicher, weil es nicht das erste ist. Nachdem ich Falschheit in einer Person bemerkt habe, finde ich sie nun in vielen.

Fünf Tage später bat er Sweta, die Verbindung zu Oleg abzubrechen. »Wir alle haben uns mit ihm zerstritten – nicht nur ich, sondern auch die beiden Nikolais. G. J. [Strelkow] mochte ihn nie besonders – und kann ihn nun überhaupt nicht mehr leiden.«

Verängstigt bei dem Gedanken, was mit ihm selbst geschehen mochte, wenn er noch viel länger im Arbeitslager blieb, hatte Lew häufige Albträume, in denen es ihm nicht gelang, aus Petschora wegzukommen: Stets war ihm irgendein Hindernis im Weg, so dass er nicht heimkehren und zu Sweta, dem Mittelpunkt seiner Hoffnungen, finden konnte.

Die beiden hatten einander seit zweieinhalb Jahren nicht gesehen, denn Sweta war 1952 und 1953 nicht in der Lage gewesen, nach Petschora zu reisen. Ihre Mutter lag mit Tuberkulose im Bett, ihr Vater war schwach und gebrechlich, und sie musste beide versorgen. Bei der Arbeit hatte sie Mühe, zusätzliche administrative Pflichten – infolge von Zydsiks Krankheit – zu bewältigen. »Alles drückt mich nieder, Ljowa«, schrieb sie im März 1953. »Ich kann mich zu Hause nicht ausruhen, aber ich kann auch nicht in irgendein Sanatorium oder in einen Ferienort fahren. Dort würde ich nur genauso weinen wie daheim.« Lew redete ihr zu, Urlaub zu machen – es bestand die Möglichkeit einer Campingreise in das Altaigebiet in Sibirien –, und er riet ihr, nicht nach Petschora zu kommen. Er erwartete, irgendwann im folgenden Jahr, möglicherweise im Juli 1954, entlassen zu werden. Allerdings mochte es, abhängig von der endgültigen MWD-Entscheidung, auch bis Dezember dauern. »Sweta«, hatte er im Juni 1953 geschrieben,

> Du darfst die Gelegenheit eines Urlaubs im Altai oder in Jerewan unter keinen Umständen ausschlagen ... Alle anderen Routen [das heißt nach Petschora] sind zu kompliziert. Wenn wir ein weiteres Jahr – oder höchstens anderthalb Jahre – warten müssen, dann sind wir dem gewachsen. Es ist nicht mehr so schlimm, Sweta.

In mancher Hinsicht war es Lew, der Sweta in diesen letzten zwölf oder mehr Trennungsmonaten unterstützte. Sie hatten die Rollen vertauscht. Trotz seiner Ängste wurde Lew stärker, da sich die Bedingungen im Arbeitslager verbesserten und das Datum seiner Entlassung näher rückte. Sweta dagegen war von den Anforderungen, die ihre Eltern und ihre Arbeit stellten, zunehmend erschöpft.

Anfang August fand Sweta sich zum ersten Mal in ihrem Leben im Krankenhaus wieder. Sie litt an einer Blutvergiftung und hohem Fieber. Nach ihrer Genesung folgte sie Lews Rat und machte einen Wanderurlaub im Altai. Im Anschluss daran wollte sie nach Petschora reisen, fühlte sich den Strapazen jedoch nicht gewachsen. Lew war ihretwegen besorgt.

Swetloje, dank unserem Postsystem und der Auslieferung Deines Telegramms war ich nicht so erschrocken, wie ich es nach Tante Katjas Brief über Deine Krankheit hätte sein sollen. Aus dem gleichen Grund versetzten Deine Mitteilungen aus dem Krankenhaus mich nicht in eine noch größere Panik. Trotzdem bin ich ein wenig beunruhigt, dass Du während Deiner Reisen einen Rückfall in diese unbegreifliche Krankheit erleiden könntest.

Es war qualvoll für ihn, sie so lange nicht sehen zu können, aber er fand im Warten einen paradoxen Trost:

Sweta, es drängt mich immer mehr, Dir alle möglichen unnötigen – und vielleicht sogar schmerzlichen – Dinge zu sagen, und ich versuche, den Mund zu halten. Darüber, wie schwierig es ist, Dein Gesicht so lange Zeit nur auf einem Foto zu sehen. Und darüber, dass die Schwierigkeit selbst eine Quelle der Freude ist. Und darüber, wie es mit jedem verstreichenden Jahr noch schwieriger und deshalb umso erfreulicher wird. Und darüber, wie Zeit und Entfernung folglich nicht nur fähig sind, das, was da ist, zu zerstören, sondern auch, es zu mehren.

Am 22. September, um die Zeit ihrer früheren Besuche in Petschora, bat er sie, sich nicht zu grämen, weil sie ein weiteres Jahr verpasste. Mittlerweile rechnete Lew damit, im November 1954 entlassen zu werden, und er forderte sie auf, stark zu sein:

Sweta, mein Liebling, Du darfst Dir keine Vorwürfe machen – setz Deine Zukunft, Dein Glück und Deine Gesundheit nicht aufs Spiel. Du darfst Dich nicht durch Fahrten, Dienstreisen, die Pflege Deiner Mutter und Deines Vaters, durch Haushaltspflichten und Deine eigenen Probleme aufreiben. Schon gar nicht, da die Schurken in unserer Verwaltung in diesem Jahr viermal dümmer, bürokratischer und bösartiger sind als sonst. Swetin, letzten Endes sind es nur noch 14 Monate – das ist nicht mehr so viel. Versuch, gesund zu bleiben, Sweta, und zermartere Dich nicht durch Zweifel und Sorgen.

Sweta erwiderte:

Natürlich, Lew, sind es nur noch 14 Monate, keine 14 Jahre. Und in meinen lichteren Momenten denke ich daran, aber wenn ich mich schlecht fühle, dann ist es wirklich schlimm. Man sollte sich nicht aufreiben, aber man sollte es schaffen, Dinge rasch, leicht, erfolgreich, ohne große Mühe zu erledigen. Und das ist mir nicht gelungen.

Vorläufig bestand ihre Hauptaufgabe darin, Pläne für Lews Entlassung zu schmieden und darüber nachzudenken, wie sie ein gemeinsames Leben aufbauen konnten. Lew würde seine Optionen erst dann erfahren, wenn er die Entlassungspapiere vom MWD erhielt – darin würde festgelegt werden, in welchen Städten er nicht wohnen durfte –, aber es war unwahrscheinlich, dass man ihm gestatten würde, nach Moskau zurückzukehren (frisch entlassenen Häftlingen war es fast immer untersagt, sich in weniger als 100 Kilometer Entfernung von einer der großen Städte niederzulassen). Je weiter entfernt von der Hauptstadt er unterkam, desto leichter würde es ihm fallen, eine Arbeit zu finden, bei der er seine wissenschaftlichen Qualifikationen nutzen konnte, desto schwerer würde es aber auch für Sweta sein, mit ihm zusammenzukommen, wenn sie ihre Eltern nicht in Moskau zurücklassen wollte.

Lew und Sweta hatten diese Fragen bereits 1949 besprochen. Damals hatte sie ihm vorgeschlagen, Poltawa in der Ukraine oder irgendeine andere Provinzstadt zu erwägen, wo er Arbeit als Lehrer finden und wo sie mit ihm zusammenleben konnte:

Ljowa, warum widerstrebt Dir die Vorstellung, als Lehrer zu arbeiten? Ich weiß nicht, wie es um Poltawa herum aussieht, aber meiner Meinung nach bieten die abgelegeneren Orte mehr Chancen. Natürlich, Ljowa, plane ich nicht, schon jetzt ernsthaft über solche Themen zu reden, da wir absolut nichts darüber wissen, wie sich die Dinge in einem halben Dutzend Jahren entwickeln werden.* Vielleicht wird alles genauso geblieben sein, vielleicht aber auch nicht, und vielleicht werden wir selbst uns verändert haben. Wenn es so geblieben ist, dann weißt Du, dass ich jegliche Möglichkeit akzeptiere – nur idealerweise mit Schnee.

Gegen Ende 1953 brachte Sweta nun Jaroslawl ins Spiel, das sie auf einer Dienstreise zur Inspektion einer Fabrik besucht hatte. Es war nur eine Nachtfahrt von Moskau entfernt – so dass sie ihre Eltern problemlos besuchen konnte –, und es besaß Industrien, in denen sie beide eine Beschäftigung finden konnten. Am 15. September schrieb sie Lew aus der Stadt an der nördlichen Wolga:

> Jaroslawl ist eine hübsche Stadt – nicht so ländlich wie Omsk. Es hat lange, gerade Straßen, eine annehmbare Zahl von Alleen und Gärten sowie zwei- bis dreistöckige Gebäude. Im Zentrum und in der Nähe der Fabrik gibt es auch vierstöckige Häuser. Die Menschen sind nicht allzu provinziell, zumindest habe ich im Theater keine lächerlichen Kleider und keine grell geschminkten Mädchen gesehen. Die Leute gehen nicht mit Stiefeln ins Theater und kauen keine Sonnenblumenkerne. Auch die Lebensmittelversorgung ist hier besser. Man findet zahlreiche Molkereiprodukte auf dem Markt und in den Läden (Käse, Hüttenkäse, saure Sahne und Sahne). Bei Fleisch sieht es nicht so gut aus, aber es gibt so viel Gemüse, wie man sich nur wünschen kann, und natürlich immer Kascha, Mehl, Zucker und Süßwaren etc. Man findet sogar mehrere Weinsorten (und nicht bloß einen einzigen Wermut wie in Omsk). Das Brot ist wirklich schmackhaft, und die Leute essen gut in den Kantinen.

Woronesch war eine denkbare Alternative. 400 Kilometer südlich von Moskau gelegen, war es doppelt so weit entfernt wie Jaroslawl,

* 1949 musste Lew noch sechs Jahre seiner Gefängnisstrafe ableisten.

besaß dafür aber einige Vorzüge, und Zydsik hatte es empfohlen. Sweta schrieb Lew am 10. Dezember:

> M.A. sagt, Woronesch sei besser als Jar-l, das Klima sei milder (dessen bin ich mir nicht sicher – die Sommer sind dort sehr heiß), immer wehe eine leichte Brise, und die Luft rieche nicht nach Gummi (die Fabriken befinden sich außerhalb des Zentrums) wie in Jaroslawl. Ich werde mir Woronesch im Frühling oder Sommer ansehen. Man braucht bis dorthin ungefähr 10 Stunden (ebenfalls eine Nachtfahrt). Papa gefiel Woronesch früher gut. Mama und er sprachen ernsthaft darüber, dorthin zu ziehen (vor dem Krieg).

»Ich habe viel Positives über Woronesch gehört«, antwortete Lew, »aber ich glaube, wir sollten – solange Deine Eltern noch nicht beschlossen haben, sich selbst dort niederzulassen – sicherstellen, dass es nicht länger als von morgens bis abends oder von abends bis morgens dauert, sie, das heißt Moskau, zu erreichen.« Er war pessimistisch, was die Möglichkeit des Zusammenlebens mit Sweta betraf, und er wollte sich nicht so weit entfernt ansiedeln, als dass es eine Last für sie wäre, zwischen ihm und ihren Eltern hin- und herzureisen.

Sweta erörterte den Gedanken, nach Woronesch zu ziehen, mit Verwandten und Freunden. »Also, Ljowa«, schrieb sie am 19. Januar,

> wen ich auch frage, ob Woronesch oder Jaroslawl besser sei – jeder antwortet, ohne eine Sekunde zu zögern: Woronesch. Erstens hat es eine Menge Bildungseinrichtungen, die eine Stadt unweigerlich prägen, und es besitzt auch mehr Kultur. Offenbar sind die Leute freundlicher als in Jaroslawl. Die Straßen sind schöner. Es ist wärmer. Ich weiß nicht, ob das Letztere ein Vorteil ist oder nicht. Immerhin scheinen die Winter dort trotzdem noch Winter zu sein. Ich fände es schade, wenn das nicht der Fall wäre. Ich liebe den Winter wirklich. Aber im Sommer dürfte es dort bestimmt sehr heiß sein.

Und die Nachteile: Es ist doppelt so weit weg, und obwohl es wiederaufgebaut worden ist [es wurde im Krieg stark zerstört], muss immer noch so viel repariert werden, dass es schwerer sein dürfte, eine Unterkunft zu finden. Allerdings ist jedem von hier [aus dem Institut], der einen Posten in der Fabrik erhielt, ein Zimmer und manchmal sogar eine Wohnung zugeteilt worden. Man hat dort einen höheren Bedarf an Ingenieuren und kümmert sich deshalb vermutlich besser um sie. Das ist freilich reine Spekulation.

Lew tendierte zu Jaroslawl – es war näher an Moskau –, aber sein Hauptanliegen bestand darin, niemandem zur Last zu fallen und sein Universitätsdiplom zurückzubekommen, damit er seine Karriere fortsetzen konnte. »Was die Möglichkeit betrifft, nach Jaroslawl zu ziehen«, schrieb er Sweta,

habe ich immer noch keine eindeutige Nachricht. Viele sind gezwungen worden, sich am Rand ähnlicher Städte niederzulassen. Andere wohnen aber auch in Orten wie Lwow. Es ist unklar, was den Unterschied bewirkt – die Willkür der Verantwortlichen oder persönliche Mittel, einschließlich der Fähigkeit, Vitamine zu nutzen [Bestechungsgelder zu zahlen]. Wie auch immer, ich glaube, es wird möglich sein, 10 bis 15 Kilometer von Jar[oslawl] entfernt zu wohnen. Ich kann bei Freunden von Nikolai [einem Häftling im Holzkombinat] unterkommen, wo ich meinen Koffer abstellen und ein paar Nächte verbringen werde, bis ich ein Eckchen für mich und irgendeine Arbeit finde. Apropos, ich will und werde keine Verwandten oder Freunde besuchen, bevor ich einen Arbeitsplatz und eine Bleibe habe. Ich kann mich nicht darauf verlassen, dass jemand mein Diplom ausfindig macht. Also ist es wohl am besten, wenn ich es mir selbst besorge, nachdem ich mich dort, wohin Gott mich schicken mag, orientiert habe. In der Zwischenzeit werde ich Arbeit als Monteur oder Ähnliches in irgendeinem Elektrowerk suchen. Dabei stelle ich keine Anforderungen, abgesehen von mindestens 500–600 Rubel im

Monat. Mit dem Diplom in der Hand werde ich einen besseren Posten – im selben Betrieb oder in derselben Abteilung – bekommen oder es anderswo versuchen können ... Diese »Übergangsperiode« könnte 6 bis 12 Monate dauern.

Lew hatte Sweta bereits gewarnt, dass er sie in dieser »Übergangsperiode« nur gelegentlich – und jeweils bloß ein paar Stunden – würde besuchen können. Es war unwahrscheinlich, dass seine Entlassungsbedingungen ihm gestatten würden, jeweils länger als 24 Stunden in Moskau zu verbringen, und wenn er eine Stelle in einer Provinzstadt fand, würde er, wie jeder andere in der Sowjetunion, sechs Tage pro Woche arbeiten müssen. Er hoffte jedoch, dass man ihm »irgendwann später«, wenn er sich sein Diplom beschafft und einen besseren Arbeitsplatz gefunden hatte, »endlich erlauben« würde »heimzukehren«. Bis dahin, darauf bestand Lew, sollte Sweta bei ihren Eltern bleiben. Nach all den Jahren des Wartens darauf, wieder mit ihr zusammen zu sein, hatte er gelernt, sich zu gedulden.

Mein Liebling Sweta, was ich nun schreiben werde, stützt sich nur auf meine vorläufigen Gedanken. Also gerate nicht aus der Fassung, wenn Du meinst, dass etwas nicht so ist, wie es sein sollte. Früher oder später, so oder so, werden wir eine nicht zu schlechte Lösung finden. Und wenn sie nicht hundertprozentig wunderbar ist – nun, dann lässt es sich nicht ändern. Es wird immer noch besser sein als das, was wir früher hatten oder jetzt haben. Sweta, natürlich musst Du in der Nähe Deiner Mama sein, und das nicht nur für den Fall, dass sich ihre Gesundheit oder die Deines Papas verschlechtert – ihr Zustand ist bereits schlimm genug, und wenn Du fortgehst, könnte er sich noch verschlimmern ... Was bedeutet, dass es im Grunde nur eine einzige Lösung gibt: Ich muss versuchen, so dicht wie möglich bei Dir Arbeit zu finden, damit wir, wenn wir schon nicht ständig zusammen sein können, wenigstens einen Tag von sieben miteinander verbringen. Das ist viel besser als die Situation der vergangenen 13 Jahre.

Lews Hoffnung wuchs durch das frühe Tauwetter des Jahres 1954. »Der Frühling ist jetzt seit drei Tagen bei uns«, schrieb er am 25. März. »Nach dem frisch gefallenen Schnee von vorgestern ist bereits alles grau und matschig, und unsere Füße sinken ständig ein.« In diesem Jahr war der Frühling für Lew verheißungsvoll, denn die Entlassung der Häftlinge beschleunigte sich, und er erwartete, irgendwann in den kommenden Monaten frei zu sein. Diese Aussicht brachte ihn dazu, des Öfteren Lyrik zu zitieren, vor allem Puschkin:

> In der Hoffnung auf Ruhm und Erfolg
> Blicke ich furchtlos in die Zukunft.

Auch Sweta wurde durch die Erwartung von Lews Rückkehr beflügelt. »Mein Liebling«, teilte sie ihm mit, »ich wollte Dir schreiben, wie gut ich mich in letzter Zeit fühle. Ich gehe freundlich mit allen um. Meine Stimmung ist so sehr gestiegen. Es kommt mir vor, als hättest Du mich heute Morgen, wie früher, auf dem Weg zur Straßenbahn begrüßt und als hätten wir später noch den ganzen Abend vor uns.«

Wo und wie würden sie sich endlich treffen? Sweta wollte Lew in den ersten Tagen ganz für sich allein haben. Dafür war sie bereit, überallhin zu reisen, sogar nach Petschora, um ihn abzuholen und mit ihm heimzukehren. »Ich kann mir vorstellen«, versicherte sie ihm, »dass ich irgendwann fähig sein werde, für ein oder zwei Monate von Dir fort zu sein, aber zurzeit will ich Dich nicht aus den Augen lassen, nicht einmal für eine Stunde.«

> Du musst mir sagen, ob ich Dich abholen soll. Wenn ja, dann werde ich später in der Lage sein, Dich all den Tanten jeweils mehrere Minuten lang zu überlassen … Es gibt keinen Grund für Dich, je wieder allein zu sein. Das könnte ich sicherstellen, indem ich überall hinter Dir herginge. Ich wäre wie ein Schatten, aber wenigstens bräuchte ich nicht zu befürchten, Dich wieder zu verlieren. Ich möchte nicht, dass unser erstes Treffen in Gegenwart anderer Menschen stattfindet, und dabei mache ich kei-

ne Ausnahme – nicht für Deine Tanten oder meine Eltern oder irgendwelche Freunde. Ich habe einen grässlichen Charakter.

Auch Lew wollte Sweta so schnell wie möglich wiedersehen. Er hoffte, von Petschora aus direkt nach Moskau fahren zu können, »und sei es nur für einen oder zwei Tage«, schrieb er am 10. Mai, »und nur, um Dich zu treffen«.

Was Lews Chancen auf eine dauerhaftere Rückkehr nach Moskau anging, war er pessimistisch. Um in Moskau zu wohnen, benötigte er einen »sauberen« Pass, den er nur bekommen würde, wenn man ihn nach seiner Entlassung offiziell rehabilitierte oder begnadigte, und auf beides hatte er wenig Aussicht. »Ich glaube nicht, wenn ich den Kern der Sache richtig verstehe, dass irgendwelche Bemühungen gegenwärtig etwas Positives hervorbringen würden«, hatte er Sweta am 11. April geschrieben. »Eine vollständige Rehabilitierung kommt nicht in Frage, und eine Begnadigung brächte für die Zukunft keinerlei Vorteil, solange frühere Urteile nicht aufgehoben werden.« Lew machte sich keine Illusionen, dass sein Verbrechen gegen den Staat durch eine Berufung für ungeschehen erklärt werden könnte. Selbst wenn sämtliche Tatsachen seines Verhaltens im Krieg bei der Verhandlung von 1945 berücksichtigt worden wären, hätte man ihn, wie er nun meinte, trotzdem verurteilt, wiewohl zu einer kürzeren Gefängnisstrafe, da er sich in den deutschen Lagern als Dolmetscher hatte einsetzen lassen. Der Hinweis auf seine Verurteilung würde nicht aus seinem Pass getilgt werden.

Dass Lew seine Teilschuld akzeptierte, war neu für sein Denken. In ihren früheren Erörterungen über eine Berufung (1946/47) hatte er diese Schuld nicht eingeräumt oder für seine Argumente gegen Swetas Vorschlag verwendet, um Aufhebung seines Urteils nachzusuchen. Vielleicht hatten die langen Jahre im Lager ihn derart zermürbt, dass er das ihm zugefügte Unrecht mittlerweile hinnahm. Jedenfalls hatten die Jahre ihn gelehrt, dass seine eigene Situation nichts Besonderes war. Es gab viele andere wie ihn. »Ich könnte eine Änderung meiner persönlichen Umstände beantragen, wenn ich etwa überzeugende Argumente dafür hätte, ein Kriegsheld gewesen zu sein oder wenigstens einen Orden verdient zu haben«, erklärte er Sweta am 10. Mai.

> Aber nicht einmal ich glaube das. Im Gegenteil, ich halte mich für schuldig – nur nicht in dem Maße, wie es [im Urteil] dargelegt ist. Wäre alles korrekt niedergeschrieben und in Betracht gezogen worden, hätte ich vielleicht 5 oder 3 [Jahre] – oder noch weniger – erhalten. Aber irgendetwas, »mit allen Konsequenzen«, wäre auf jeden Fall geblieben. Und deshalb ist es unmöglich, zu verlangen, dass etwas unternommen wird, als wäre nichts geschehen. Was sollte unternommen werden? Und auf welcher Grundlage? Gewiss, für viele Menschen ist es schwierig gewesen, doch das ist kein Anlass dafür, es allen leichter zu machen. Und wenn es für eine Person leichter gemacht wird, warum dann ausgerechnet für mich? An mir ist nichts Besonderes, das so etwas rechtfertigen würde. Weil ich interessantere und nützlichere Arbeit leisten kann? In Wirklichkeit meine ich, dass ich in meinem neuesten Beruf (Elektriker) nützlicher sein kann als durch wissenschaftliche Arbeit, geschweige denn durch wissenschaftliche Forschung. Heute werde ich niemals mehr zu einem wissenschaftlichen Forscher werden, doch zu einem brauchbaren Techniker – möglicherweise.

Inzwischen hatte Sweta sich damit abgefunden, dass Lew und sie nach seiner Entlassung aller Wahrscheinlichkeit nach getrennt leben würden. Dies war nach all den Jahren des Wartens schwer zu akzeptieren, aber sie musste sich um ihre Eltern kümmern. Das Beste, was sie beide sich ihrer Ansicht nach erhoffen konnten, war, dass Lew sich irgendwo unweit von Moskau niederlassen durfte, so dass sie ihn besuchen konnte. Am 2. Mai schrieb sie ihm:

> Seit Langem muss ich Dir nun wirklich einen ernsten Brief schreiben, und ich schiebe es immer wieder hinaus, weil ich mich dadurch sofort deprimiert fühle. Im tiefsten Innern glaube ich nämlich nicht, dass in 6 Monaten alles irgendwie geordnet sein

und unser gemeinsames Leben reibungslos verlaufen wird. Entweder wird Mama sich noch schlechter fühlen, oder Papa wird an etwas erkranken, oder die Haushälterin wird kündigen, oder es wird etwas anderes im globalen oder lokalen Maßstab geben, und ich werde nirgendwohin ziehen können, sondern Dich nur von Zeit zu Zeit besuchen. Ja, darauf muss ich mich vorbereiten. Also ist es vielleicht nicht einmal nötig, über meine Arbeit nachzudenken, sondern nur über unsere Nähe. Was ist die nächste Stadt? Kalinin vermutlich. Aber je näher es ist, desto schwieriger wird es für Dich sein, Arbeit zu finden. In Alexandrow zum Beispiel (sogar Vorortzüge fahren dorthin) ist es wegen der bereits allzu großen Zahl an diversen Spezialisten offenbar so gut wie unmöglich, einen Arbeitsplatz zu erhalten. Trotzdem sollten wir, wenn wir eines Tages wirklich zusammenleben werden, auch meine Arbeit im Kopf behalten … Im Moment brauchen wir noch nicht darüber nachzudenken, denn es gibt andere Dinge von dringenderem Interesse: Deine Ankunft und unseren Plan, so nahe wie möglich beieinander zu sein, absolut frei und nicht so sehr an die Arbeit gefesselt, dass Du nicht jederzeit hierherkommen könntest. Du musst hier einige Treffen arrangieren, um all den noch verbliebenen Abfall von den alten Regenschirmen wegzuräumen [um die vom Gulag herrührenden Beschränkungen aufzuheben]. Wenn das bedeutet, dass Du eine Zeitlang nicht arbeiten kannst, dann sei's drum. Du wärest nicht der erste Mensch auf der Welt, der ein paar Monate ohne eine Stelle lebt …

Lew war angetan von dem Gedanken an Kalinin (oder Twer, wie es früher geheißen hatte), eine Provinzstadt nicht weit nördlich von Moskau an der Eisenbahnstrecke nach Leningrad. Auch er hatte es als möglichen Wohnort nach Petschora in Erwägung gezogen, falls die Behörden dies zuließen. »Ich hätte Kalinin ebenfalls erwähnen sollen«, antwortete er Sweta am 10. Mai.

Ich weiß nicht, was ich dort vorfinden würde und ob die Verhältnisse die gleichen sind wie in Alexandrow. Aber müssen wir uns, da unsere Pläne noch so vorläufig sind, wirklich auf eine bestimmte Stadt konzentrieren? Solange sie einen Bahnhof hat, womit ich ein geeignetes Verkehrssystem meine, spielt alles andere eigentlich keine große Rolle. Was ließ Dich gerade an Kalinin denken? Jedenfalls werde ich versuchen, hier ein paar aus Twer stammende Männer zu finden und Nachforschungen anzustellen. Wahrscheinlich ist es ein guter Ort, und außerdem liegt es ja an der Wolga. Andererseits könnte es deshalb allzu bevölkert sein.

Sweta hatte den Namen Kalinin »fast beiläufig, wenn auch nicht ganz«, fallenlassen. Sie hatte gehört, dass man dort eine neue Reifenfabrik bauen werde, und hoffte, dass Lew und sie dort Arbeit finden könnten. »Die Stadt wächst rundum, und die elektrische Vorortbahn wird bald bis dorthin fahren (ohnehin liegt sie an einer guten Linie mit wenigstens sechs Fernzügen am Tag). Sie ist 167 Kilometer [von Moskau] entfernt, und die Fahrt dauert nur vier Stunden. Schurka [Alexandra Tschernomordik] war im letzten Sommer dort und sagt, dass ihr die Stadt gefallen hat.«

Gleichzeitig fand Sweta mehr über die Fabriken in Woronesch und Jaroslawl heraus. Die Reifenfabrik in Jaroslawl sagte ihr nicht zu, »weil sie so riesig war, dass Menschen sich darin verirren«. Das konnte sich jedoch als Vorteil erweisen, wenn Lew dort Arbeit fand, denn man würde ihn als früheren Häftling kaum zur Kenntnis nehmen, während er in Woronesch »stärker auffallen« würde. Andererseits hatte die Fabrik in Woronesch weniger Fachkräfte, so dass Lew dort leichter eine Stelle bekommen könnte. »Daheim fragte ich meine Eltern wie nebenbei, ob sie Lust hätten, nach W[oronesch] zu ziehen«, schrieb sie Lew am 1. Juni.

Papa fragte: »Wieso?«, und Mama erwiderte: »Nein.« Ich habe das Gespräch nicht fortgesetzt, weil ich keine Ahnung habe, wie ich solche persönlichen Angelegenheiten mit ihnen diskutieren soll. Und welchen Zweck hat es, sie durcheinanderzubringen? Die Entscheidung braucht nicht sofort getroffen zu werden, und wir alle müssen bis zu jenem »späteren Zeitpunkt« am Leben bleiben.

Sweta studierte die Zugfahrpläne und erstellte ein Verzeichnis von Städten, die fürs Erste in Frage kommen mochten, samt ihrer Entfernung von Moskau. »Das wär's«, schrieb sie unten auf die Liste. »Und was weiß ich über sie? Nichts. Aber überall gibt es Fabriken und Stromkraftwerke. Hiernach brauchen wir nur noch im Kaffeesatz zu lesen.« Dann legte sie die Alternativen dar:

Denkbare Möglichkeiten:

1.) Wenn der Radius kleiner als 100 ist, kann ich entweder hier leben und arbeiten und zu Dir fahren oder mit Dir zusammenwohnen und zur Arbeit und nach Hause [zu Swetas Eltern] fahren. Je geringer der Radius, desto bequemer wären beide Möglichkeiten.
2.) Wenn der Radius kleiner als 200, aber größer als 100 ist, können wir nur daran denken, dass ich hier wohne und arbeite und Dich bloß besuche.
3.) Bei einem Radius von mehr als 200 besteht diese Möglichkeit weiter, aber die Besuche würden natürlich weniger häufig stattfinden. Wenn ich meine Arbeit nicht aufgeben und mit Dir zusammenleben will, dann bietet Jar[oslawl] immer noch die beste Lösung. Dabei gibt es auch noch denkbare Teiloptionen: Entweder bleiben meine Eltern hier oder (Schurka hält dies für völlig machbar, aber ich glaube nicht, dass Mama einverstanden wäre) ich nehme sie mit. Dann könnte der Radius sogar noch größer sein. Wenn Papa allerdings nicht aufhören will zu arbeiten, dann sind wir wieder bei Jar[oslawl] oder Wor[onesch]. Wir haben uns so sehr an M[oskau] gewöhnt, dass ich nicht weiß, ob es sinnvoll ist, meine Eltern umziehen zu lassen … Die Ruhe und die sauberere Luft der Provinz wären viel besser für sie als all der Aufruhr und das Gerenne in Moskau. Aber die Versorgung mit Lebensmitteln und Medikamenten ist hier immer noch viel

besser (obwohl Schurka sagt, dass man überall Morphine hat) ... Die beste Variante für mich – für meine Gemütsruhe und damit es mich nicht zerreißt – wäre es eindeutig, wenn wir alle zusammenleben könnten. Sonst wird mein Nesselausschlag nie verschwinden und ich werde nie aufhören, andere anzufahren. Und auch finanziell wäre es leichter. Es ist allemal teurer, zwei Wohnungen zu unterhalten ... Ehrlich gesagt, ich weiß nicht, was ich will.

Sweta war hin- und hergerissen zwischen ihrer Pflicht, sich um ihre Eltern zu kümmern, und ihrem Wunsch, mit Lew zusammen zu sein. Der Konflikt wühlte sie auf und deprimierte sie. All die Besorgnis darüber, wo sie wohnen würden, konnte eine größere Furcht nur teilweise verdecken: Wie würde das Leben mit Lew sein? Seit fünfzehn Jahren hatte sie auf diesen Moment gewartet, doch nun, da es fast so weit war, wurde sie von Zweifeln geplagt:

Ich falle bereits kopfüber in ein Loch, wälze mich dann am Boden herum und denke, dass ich kein gutes Studium absolviert habe, dass ich eine schlechte Tochter bin, dass ich nicht gut arbeite. Das Einzige, was mir bleibt, ist das, was ich für mich selbst und denjenigen tue, der Gott genannt wird (und selbst das hätte jemand anders besser hinbekommen; und wenn ich in den Himmel eingelassen werde, dann nur Deinetwegen). Und wenn sich nun herausstellt (was sehr wahrscheinlich ist), dass ich auch eine schlechte Ehefrau – und ebenso schlechte Mutter – sein werde, dann bleibt mir nur, mich aufzuhängen. Ich werde nichts mehr essen und nicht mehr schlafen. Vielleicht überdeckt meine Furcht, Mama allein zu lassen, die Angst, dass ich mich nicht zur Ehefrau eigne. Ehrlich, ich bin in Panik.

Lew war ebenfalls nervös, doch seine Zweifel betrafen nicht Sweta:

Sweta, mein Liebling, es wird nicht den geringsten Grund geben, Dich aufzuhängen, Du albernes Geschöpf! Und es gibt jetzt auch keinen Grund, nichts mehr zu essen und nicht mehr zu schlafen. Was bedeutet »schlecht« in diesem oder jedem anderen Zusammenhang? In jeder Hinsicht wirst Du das sein, was Du bist, und was sonst brauche ich, brauchen wir? Wie kann es etwas geben, für das Du nicht geeignet bist? Egal, was aus Dir wird, Du wirst darin gut sein. Glaubst Du wirklich, dass irgendeine Fähigkeit, zum Beispiel die, eine Ehefrau zu sein, je das Allerwichtigste sein kann – dass ihr Fehlen die einzigartige, kostbare Sache verdrängt, die es ermöglicht, dass wir aufeinander warten wollen? ... Und Du darfst Deine Mutter nicht verlassen. Ich habe genauso viel Angst wie Du, um die Wahrheit zu sagen, Sweta, allerdings nicht Deinet-, sondern meinetwegen. Denn laut Freunden und ihren Erinnerungen an mich ist es schwierig, mit mir zu leben. Aber nicht deshalb möchte ich, dass Du bei Deiner Mutter bleibst, sondern weil ich meine, dass wir nie aufhören werden, uns Sorgen zu machen, wenn wir sie allein lassen. Und da ich mich Deiner Mutter gegenüber schon jetzt schuldig fühle (und das nicht nur in dieser Minute, sondern ständig), wie könnte ich es dann mit meinem Gewissen vereinbaren, wenn Du sie in Moskau zurückließest? Vorläufig fällt mir nichts anderes ein, als dass wir abwarten und – was eine Wohnung und einen Wohnort betrifft – versuchen, eine Situation zu schaffen, die für Deine Mutter annehmbar wäre und bei der wir endlich alle zusammenleben könnten. Worauf können wir denn sonst noch hoffen, da es weiterhin absolut keine Informationen gibt?

Lew hatte keine Ahnung, wann er entlassen werden würde. »Meine Abreise liegt noch im Dunkeln«, schrieb er am 4. Juni,

aber ich denke bereits daran, meine Bücher nach und nach heimzuschicken. Nur weiß ich nicht, wohin genau. Ich habe zwei Koffer, die mit allen möglichen Büchern gefüllt sind. Zuerst will ich versuchen, die Menge auf anderthalb Koffer zu verringern und sie in kleinen Päckchen zu versenden, da ich nicht weiß, wohin ich als Erstes gehen werde, und es wäre lästig, sie überall

> mit herumzuschleppen. Aber wenn ich sie in kleinen Päckchen verschicke, dann an wen? An Dich oder an Onkel Nikita?

Sechs Tage später bestand auch »nicht mehr Gewissheit über die Zukunft«. Über das Entlassungsverfahren lägen »keine amtlichen Erklärungen oder unterzeichneten Dokumente« vor, wie Lew Sweta mitteilte, »und diejenigen, die das Lager verlassen, durchlaufen heute eine andere offizielle Abfertigung als morgen«.

Während er so in der Luft hing, fasste Lew einen provisorischen Plan, um seine Chance zu verbessern, in einem Umkreis von weniger als 50 Kilometern um Moskau wohnen zu dürfen: Er wollte als Erstes zu Onkel Nikita nach Malachowka fahren und versuchen, sich sein Diplom zu beschaffen, was ihm, wie er meinte, helfen würde, einen besseren Arbeitsplatz und einen günstigeren Wohnort zu finden.

> Ich werde mich bemühen, mein Diplom von Onkel N.'s Wohnung aus aufzutreiben und dann Arbeit zu suchen. Und ich werde natürlich bei allen vorbeischauen, die mich erwarten. Ich gelobe mir selbst, meine Sturheit [darüber, nicht von anderen abhängen zu wollen] einen Monat lang zu beherrschen, und zwar aus dem vernünftigen Grund, dass jeder nach einem solchen Zeitraum der Mühsal das Recht hat, sich einen Monat freizunehmen. Und sollte er nicht im Lauf des folgenden Jahres sterben, wird er in der Lage sein, seine Schulden zu begleichen … Sollte am Ende oder gegen Ende des Monats klar werden, dass die Sache [das Beschaffen des Diploms für die Arbeitssuche bei Moskau] nicht funktioniert, dann werde ich nach K[alinin] oder zu irgendeinem anderen Ort reisen, der für uns beide geeignet zu sein scheint, und mich dort nach Arbeit und vier Wänden und einer Decke umsehen, wo ich Deinen Besuch in besseren Zeiten abwarten kann.

Am 7. Juni begab sich Swetas Vater in ein Sanatorium in Schirokoje, nicht weit von Kalinin, um sich dort den Sommer über zu erholen.

Am 1. Juli erlitt er einen Schlaganfall und zehn Tage später einen weiteren. Sweta eilte zu ihm. Ihr Vater war nicht gelähmt, aber sehr geschwächt und hatte Schwierigkeiten beim Sprechen. Swet schickte Lew ein Telegramm: »Papas Zustand durch sekundären Schlaganfall kompliziert. Nun langsame Verbesserung. Bleibe in Schirokoje.«

Lew rechnete in den nächsten Tagen mit seiner Entlassung. Nun, da der Moment nahte, verspürte er nichts von der Euphorie, die er vielleicht erwartet hatte. In mancher Hinsicht war er bekümmert über das Ende seiner Haft. Er hatte Freunde gewonnen, die er vermissen würde – Männer wie Strelkow, der krank war und den er nicht zurücklassen wollte, wie er Sweta in seinem letzten Brief aus dem Arbeitslager erklärte. Hätte er all seine Schreiben in den vergangenen acht Jahren durchnummeriert, wäre es der 647. Brief gewesen.

9. Juli 1954 Nr. 29

Swetloje, nach Deinem Telegramm habe ich Deinen Brief vom 29. erhalten. Ich hoffe, dass morgen noch etwas eintrifft. Wie geht es Alexander Alexejewitsch [Swetas Vater]? Und Deiner Mutter? Die vergangene Woche war wirklich anstrengend für mich – ich musste Strelkow helfen, »alte Schulden« in Form aller möglichen Bestellungen und Versprechen »zu bezahlen«. So seltsam es scheint, werde ich mich in einer Woche von alten Freunden verabschieden. Und – dies ist weniger seltsam – ich bedaure manches. Natürlich nur, was Menschen oder, besser gesagt, ihre Gesellschaft angeht, obgleich die Möglichkeit besteht, mit einigen erneut zusammenzukommen, wahrscheinlich recht bald. Nebenbei, Strelkow hat im Moment mehr Bewegungsfreiheit als wir Übrigen, wodurch sich seine Stimmung unverkennbar hebt. Finanziell sind die beiden letzten Monate dreimal besser für ihn gewesen, erstens wegen allgemeiner Änderungen seiner Bezüge und zweitens, weil er zurzeit einen der Werkstattleiter vertritt, der im Urlaub ist …

Es ist mir nicht gelungen, jemanden aus K[alinin] zu finden. Aber das spielt keine Rolle. Wenn ich nicht länger als ein paar Tage bei Onkel N[ikita] bleiben kann, werde ich ohnehin nach K[alinin] fahren. Ich weiß noch immer nicht, wie viel länger ich noch hier sein werde. In keinem Fall dürfte die Verzögerung mehr als eine Woche dauern. Seit über 10 Tagen herrscht hier eine Hitzewelle, und gestern waren es fast 38 Grad, aber erst heute habe ich es geschafft, schwimmen zu gehen.

Vorgestern, als ich bei A. M. [Juschkewitsch] war, gestattete ich einem Arzt, meine Brust abzuklopfen und gründlich abzuhören. Es war derselbe Arzt, der mich vor 4 Jahren in die Krankenstation eingewiesen hatte. Er stellte fest, dass ich nach wie vor keinen besonderen Grund zur Klage oder Besorgnis habe, was mir ganz und gar recht ist.

Meinen Tanten habe ich immer noch nicht geschrieben. Morgen schicke ich Onkel N. einen Brief.

Pass auf Dich auf, Swet.

12

Lew wurde am 17. Juli 1954 entlassen. Seit seiner Ankunft in Petschora waren acht Jahre und vier Monate vergangen, doch unter dem 1948 eingeführten Punktesystem hatte er seine zehnjährige Haft um ein Jahr und acht Monate verringern können. Zur Vorbereitung seiner Abreise hatte er in den Werkstätten zwei Holzkoffer angefertigt, einen für seine Kleidung, seine Bettwäsche und andere persönliche Gegenstände, den zweiten für sein Werkzeug, das heißt für die Zangen, Schraubenschlüssel, Hämmer und Schraubenzieher, die er für die Arbeit als Mechaniker oder Elektroingenieur benötigen würde. Mit jeweils einem schweren Koffer in der Hand verließ er die Gefängniszone. Endlich war er frei.

Aber er konnte nicht sofort abfahren. Zuerst musste er seine Entlassungspapiere vom MWD bestätigen lassen, was ungefähr eine Woche dauerte. Während Lew auf die Papiere wartete, wohnte er bei den Alexandrowskis innerhalb der Industriezone, in derselben Wohnung, wo er sich 1947 mit Sweta getroffen hatte. »Schick Deine Briefe vorläufig noch hierher, aber adressiere den nächsten besser an Marusja [Maria Alexandrowskaja]«, hatte er Sweta kurz vor seiner Entlassung wissen lassen.

Diese letzten Tage in Petschora verbrachte er damit, sich von seinen Freunden zu verabschieden und weitere Vorbereitungen zu treffen. Er verpackte seine Bücher und schickte sie Onkel Nikita, der sie in seiner Wohnung in Malachowka lagern konnte. Außerdem ging er zum Markt in Kanin, der Nachbarsiedlung von Petschora. Dabei wurde er von Igor, dem elfjährigen älteren Sohn der Alexandrowskis, begleitet, der Petschora noch nie verlassen hatte. Es war sehr heiß, und Igor bekam auf der langen Wanderung nach Kanin Kopfschmerzen. Auf dem Markt kaufte Lew dem Jungen eine Eiswaffel, die erste seines Lebens – eine »unerhörte Delikatesse in Petschora«, erinnert sich Igor. Während er sein Eis aß, wurde er von einem in Lumpen gekleideten Jungen bedrängt, der die Augen nicht von dem Wunder der Eiswaffel abwenden konnte. Lew hatte Mitleid mit dem Jungen und kaufte ihm mit seinem mühsam ersparten Geld ebenfalls ein Eis.

Nachdem Lew die Entlassungspapiere erhalten hatte, konnte er Petschora endlich den Rücken kehren. Er sagte seinen Freunden noch einmal Lebewohl und verließ das Lager durch das Haupttor des Holzkombinats. Mit seinen Koffern in den Händen bog er auf der Moskauer Straße nach links ab und ging dann nach rechts auf die Sowjetstraße, die lange Hauptallee, die durch den Ort zum vier Kilometer entfernten Bahnhof führte. Dort wartete er auf den Zug nach Moskau, der aus Workuta kam – auf dem von Gulaghäftlingen gebauten Schienenstrang. Das MWD hatte ihm eine Fahrkarte aushändigen lassen, mit der er bis nach Kalinin reisen konnte, wo er eine Unterkunft suchen wollte.

Lews erstes Ziel war es, Sweta ausfindig zu machen. Sein Zug traf spät am Abend in Moskau ein. Überall war es dunkel. Vom Jaroslawler Bahnhof fuhr er zu Swetas Wohnblock, doch »die Lichter in den Fenstern waren aus«, und er wollte die Familie nicht wecken. Der letzte Zug nach Malachowka stand auf dem Kasaner Bahnhof bereit, und so fuhr Lew zu seinem Onkel Nikita, bei dem er die Nacht verbrachte. Am folgenden Morgen kehrte er nach Moskau zurück und klopfte an die Tür von Swetas Wohnung. Es war sein erster Besuch seit 1941 – dreizehn Jahre zuvor, als er sich an die Front aufgemacht hatte. Nun wurde die Tür, genau wie damals, von Swetas Mutter geöffnet. »Anastasia Jerofejewna, die selbst krank war, sagte, Alexander Alexejewitsch habe einen Schlaganfall erlitten und Sweta sei bei ihm im Sanatorium«, erinnerte sich Lew. Die Szene, die er sich eine Million Mal ausgemalt hatte – Sweta würde die Wohnungstür öffnen und ihn umarmen –, sollte nicht Wirklichkeit werden.

Lew kehrte zum Bahnhof zurück und stieg in einen Zug nach Bologowskoje, dem Haltepunkt, der Schirokoje am nächsten war, und ging von dort zu Fuß zum Sanatorium. In der Kleidung, die er seit seiner Abreise aus Petschora getragen hatte, dünn, bleich und erschöpft nach seiner langen Zugfahrt in der Hitze, sah er unverkennbar nach einem gerade entlassenen Häftling aus, wodurch das Personal im Sanatorium auf ihn aufmerksam wurde. Lew entdeckte Sweta in der Abteilung, in der ihr Vater lag. Sie hatte sich gewünscht, dass sie beide in diesem Moment allein sein würden. »Ich möchte nicht, dass sich unser erstes Treffen vor anderen abspielt«, hatte sie sechs Monate zuvor geschrieben. Aber das war nun nebensächlich geworden, denn nur die Tatsache zählte, dass sie endlich zusammen waren. In diesen ersten Stunden konzentrierten sich ihre Emotionen jedoch auf Alexander. Sie saßen gemeinsam an seinem Bett, und Swetas Bruder Jara schloss sich ihnen im Sanatorium an. Lew spürte nun, dass er zu Swetas Familie gehörte. Über fünfzig Jahre später erinnerte er sich an eine rührende Geste der Freundlichkeit, durch die Swetas Vater ihm zu verstehen gab, dass er ihn als Schwiegersohn akzeptierte. Alexander konnte sich nicht im Bett aufsetzen, winkte aber Lew zu sich. Die beiden küssten einander, und Alexander sagte, er habe 30 000 Rubel auf seinem Sparkonto – genug, um eine Wohnung zu kaufen. »Das Geld ist für Dich und Sweta«, erklärte er.

An jenem Abend schrieb Lew aus dem Sanatorium an Swetas Mutter. Sein Tonfall war der eines langjährigen Schwiegersohns:

> Liebe Anastasia Jerofejewna!
> Swetka hat mich aufgefordert, Ihnen alles so, wie es ist, das heißt objektiv, zu schildern, und genau das werde ich versuchen. Erstens, Alexander Alexejewitsch war in einer besseren Verfassung, als ich nach Ihrem Bericht erwartet hatte … Er ist guter Laune und macht Witze. Die Klarheit seiner Gedanken und seines Gedächtnisses ist makellos, doch er hat noch Probleme mit dem Sprechen. Er redet etwas undeutlich, aber stets zusammenhängend. Wenn er etwas unterstreichen möchte, bringt er die Äußerung sehr klar, doch mit offenkundiger Mühe hervor.
>
> Swetka ist wahrscheinlich erschöpft, was sie sich jedoch nicht anmerken lässt. Ich finde, sie sieht gesund aus, aber ich habe keinen Vergleich. Man hat uns eine Unterkunft zugewiesen: Jara ist

in der 5. Datscha, 1 ½ Minuten zu Fuß von hier, und ich bin mit Alexander Alexejewitsch und Swetka in der Abteilung. Bisher hat es keine Komplikationen gegeben.

Swetka glaubt, Alexander Alexejewitsch am 29. nach Hause begleiten zu können, wenn bis dahin eine eindeutige Entscheidung über seine Entlassung vorliegt … Im Moment ist es hier sehr kühl mit zeitweiligen Schauern, aber wir haben uns hin und wieder aus unserem Zimmer nach draußen aufraffen können. Swetlana und ich wollten ein paar Himbeeren sammeln, wurden jedoch durch die klatschnassen Sträucher abgeschreckt und gaben uns mit einem anderthalbstündigen Spaziergang und einem Ausblick über die umliegende Landschaft zufrieden.

Es ist wirklich eine schöne Gegend. Sie würde auch dann einen enormen Eindruck hinterlassen, wenn ich sie nicht nach einem so dramatischen Tapetenwechsel vor mir sähe – und das ist vorläufig alles. Nun ja, es scheint ein vollständiger Bericht zu sein.

Bitte achten Sie auf sich. Wir alle schicken Ihnen Grüße. L.

Drei Tage später wurde Alexander in ein Moskauer Krankenhaus verlegt, und Sweta blieb an seiner Seite, während Lew nach Kalinin aufbrach, wo er seinen Wohnsitz bei der Polizei anmelden musste. Es war schwierig für die beiden, sich nach einem so kurzen Wiedersehen erneut voneinander zu trennen. Aber sie wussten, dass sie nun zusammen sein würden.

Bevor Lew Petschora verlassen hatte, war er auf jemanden gestoßen, der ihm helfen konnte, sich im Gebiet von Kalinin niederzulassen: einen Heizer in den Werkstätten, der aus dem benachbarten Kusminskoje stammte. Er gab Lew die Adresse einer Frau, die ihn, wie der Mann versicherte, aufnehmen werde. Kusminskoje erwies sich als heruntergekommene Siedlung aus fünfzig Häusern mit einer Kirchenruine, einem Bach, einem Teich und ein paar Feldern; es war eine halbe Wegstunde von einem Bahnhof an der Strecke Moskau–Kalinin entfernt. Maria Petrowna und ihre Kinder wohnten am Dorfrand in einer schmutzigen Bauernhütte mit einem kleinen Obstgarten. Ihr ältester Sohn, der Lew helfen sollte, eine Arbeit zu finden, war nicht da, sondern befand sich als Erntearbeiter auf einer Kolchose. Lew hatte gehofft, ein Zimmer mieten zu können, aber dasjenige, das Maria ihm anbot, war so verdreckt, dass er beschloss, auf dem Heuboden zu übernachten und sich nach einer anderen Bleibe umzuschauen. Am 1. August erklärte er Sweta die Situation:

> Die Frau habe ich rasch gefunden, aber ihr Sohn, der den Ausgangspunkt meiner Bemühungen in K[alinin] bilden sollte, ist bis zum 4. oder 5. in einer Kolchose. Also werde ich morgen selbst versuchen, die Dinge zu regeln, einen Pass* zu bekommen und so weiter. Heute fahre ich zunächst nach Kalinin, um etwas Tee, Süßigkeiten für die Familie, Löffel und anderes für den Haushalt zu kaufen, in dem ich für den Moment Zuflucht gefunden habe. Es sind anständige Leute – die Mutter, aus Karelien, ist 50–55 Jahre alt, und ihre jüngeren Söhne sind 18 und 14 –, aber sie führen einen sehr schlampigen Haushalt, weshalb sogar ich, der schließlich an alles gewöhnt ist, es kaum ertragen kann, länger hierzubleiben, als es die elementare Höflichkeit erfordert, nämlich ungefähr 3 Tage. Danach werde ich versuchen, ein Quartier in einer anderen Hütte zu finden. Es ist schwierig, wenn nicht unmöglich, ein eigenes Zimmer zu bekommen (was ja unser wichtigstes Anliegen ist). Morgen werde ich mir die Sache gründlich überlegen, doch für den Augenblick gebe ich mich mit Maria Petrownas Heuboden zufrieden … Die Gegend ist ziemlich eintönig, jedenfalls in der Nähe des Dorfes: Felder auf sanft geschwungenen Anhöhen und alle 1–2 Kilometer eine kümmerliche Siedlung. In den Dörfern sieht man – wie in unserem – Gärten mit Äpfeln, Kirschen und Beeren. Natürlich auch Gemüsegärten. Kirschen kosten 6–7 Rubel pro kg, Gurken 2,50. Gestern wurden mir eine Backkartoffel und eine Gurke und heute Gänseeier und Milch aufgetischt.

* In sowjetischen Pässen war festgelegt, wo der Inhaber wohnen und arbeiten durfte.

Lew konnte erst nach Arbeit Ausschau halten, wenn er einen Pass besaß, doch da er Petschora verlassen hatte, bevor das MWD ein solches Dokument ausstellen konnte, musste er nun viel Zeit darauf verwenden, sich einen Ersatz bei der Polizei in Kalinin zu besorgen. Dies wurde durch die Tatsache erschwert, dass er außer seiner Geburtsurkunde keine der benötigten Unterlagen zur Hand hatte. »Um einen Ausweg aus diesem Teufelskreis zu finden«, schrieb er Sweta am 4. August,

> ging ich gestern zum Chef der örtlichen MWD-Passabteilung. Er war zuerst misstrauisch, doch dann muss er bemerkt haben, dass mein Gesicht nichts als Leid widerspiegelte. Sie können sich nicht entscheiden, den Pass zu genehmigen, ohne vorher »Moskau« zu befragen. Zum Glück ist einer der Moskauer Repräsentanten zurzeit hier, und man schlug mir vor, mich an ihn zu wenden. Zu der verabredeten Stunde – 16 Uhr – hatte jedoch bereits eine andere Sitzung begonnen, und er vertröstete mich auf heute Morgen. Es ist jetzt 10 Uhr, und ich warte im Hauptpostamt, bevor ich ihn aufsuche. Das ist der Stand der Dinge.

Am folgenden Tag ließ Lew den Heuboden hinter sich und wurde Untermieter in einem Nachbarhaus, das den Roschtschins, einem bejahrten Ehepaar, gehörte. Er hoffte, sich nun als Dorfbewohner beim Ortssowjet anmelden zu können und damit die Voraussetzungen für die Ausstellung eines Passes zu erfüllen. »Morgen gehe ich als Allererstes zum Sowjet«, schrieb er Sweta. »Er ist in einem Dorf mit dem unerklärlich biblischen Namen Emmaus. Wir sollten herausfinden, was für Witzbolde die Landadeligen waren, die ihm den Namen gaben.« Lew machte sich auf den Weg nach Emmaus. Da der Passschalter geschlossen war, erhielt Lew eine Quittung und die Aufforderung, in der folgenden Woche wiederzukommen. Als die Vorsitzende des Dorfsowjets erfuhr, dass Lew Elektriker war, bot sie ihm einen Arbeitsplatz in einem der kleineren lokalen Kraftwerke an, doch er verzichtete, da er sich in Kalinin um eine Stelle bewerben wollte.

Die Verzögerung war frustrierend. Lew hatte geplant, Sweta zu besuchen, aber die Passprobleme führten dazu, dass »meine Reise aufgeschoben werden muss«, wie er Sweta am 7. August informierte.

> Ich habe heute bei Dir angerufen (irgendein Mädchen kam ans Telefon), um Dich so rasch wie möglich ins Bild zu setzen. Mein Pass wird »vielleicht heute nach 16 Uhr« fertig sein, aber höchstwahrscheinlich erhalte ich ihn erst, wenn der Passschalter wieder geöffnet ist, nämlich am Dienstag. Danach muss er dem Dorfsowjet zur Registrierung und dann der Polizei vorgelegt werden – möglicherweise Mittwoch oder wiederum Samstag (das Büro ist nur an 3 Tagen der Woche offen). Was für ein nervtötender Amtsschimmel. Zum Teufel mit den Schwachköpfen von der Sonderabteilung in Petschora.

Vorläufig vertrieb Lew sich die Zeit in Kusminskoje. Die Roschtschins waren ihm sympathisch, doch als Stadtbewohner fand er ihre bäuerliche Lebensweise, die von vielen Landbewohnern geteilt wurde, seltsam und primitiv. Er beschrieb sie Sweta:

> Meine beiden Alten – Pjotr Kusmitsch und Marfa Jegorowna – sind Analphabeten und kinderlos. Die Holzhütte der beiden besteht aus kleinen Vorzimmern und einem größeren Raum von ungefähr 6 x 6 m samt einer kleinen Küche an der Seite. Sie ist relativ sauber, verglichen mit meiner vorherigen Unterkunft sogar sehr sauber. Es riecht nach Ammoniak, denn der Schweinestall liegt nebenan (unter demselben Dach, das über den Innenhof hinwegragt) und dient auch als Toilette. So etwas habe ich noch nie gesehen, aber wenn man einem gewissen Volksgedicht glauben will, ist es typisch für Dörfer in Twer. Nach 20–30 Minuten bemerkt man den Geruch nicht mehr, und ich habe viel Freude an der Stille und Geräumigkeit und an der Beleuchtung des Tisches, an dem ich schreibe (mit einem Fenster vor mir und einem weiteren zur Linken), und an der Gelassenheit meiner Gastgeber.

Die beiden lassen mich auf einem Tagebett in ihrem Hauptzimmer schlafen. Dafür zahle ich 10 Rubel am Tag und bekomme Vollpension, nämlich:

1. Frühstück – wie alle anderen Mahlzeiten nehme ich es gemeinsam mit ihnen ein –, beispielsweise Kartoffeln mit Gurken, Hüttenkäse und Tee.

2. Mittagessen – ich weiß immer noch nicht, woraus es sich zusammensetzt.

3. Abendessen – entweder Suppe oder Kascha und Milch. Abends gibt es keinen Tee.

Sie haben keine Bettlaken. Wäschewaschen war nicht abgesprochen, doch es ist nicht sehr wahrscheinlich, dass die Großmutter dies erledigen wird, denn sie ist in den Siebzigern und arbeitet nicht auf der Kolchose. Der Großvater repariert dort Sättel. Er trinkt Wodka, raucht und hat Tuberkulose. Im Großen und Ganzen scheint er jedoch ein guter Kerl zu sein. Ich sollte ihnen auch ein paar Messer und Gabeln kaufen, denn sie besitzen nur einen Samowar und einige Teller und Löffel. Es ist recht erstaunlich.

Von Kusminskoje konnte Lew zu Fuß nach Kalinin gehen, das nur 12 Kilometer entfernt war. Er besuchte die Stadt und schilderte ihre Vorzüge als Wohnort. Seiner Meinung nach war sie »hübsch«, hatte schöne Plätze und Straßen, gut erhaltene historische Gebäude und »nichts von dem geschmacklosen Gemisch von Stilen oder angeblichen Stilen gewisser Bauten zum Beispiel an der Gorki-Straße in Moskau«. Die Wohnungssituation lasse jedoch zu wünschen übrig, denn es sei fast ausgeschlossen, ein Quartier zu finden. In der Stadt gebe es viele »Neuankömmlinge«: entlassene Häftlinge, die durch Kalinins Nähe zur sowjetischen Hauptstadt angezogen würden. Sie zahlten 7 Rubel pro Tag lediglich für ein Bett in einem Wohnheim. Angesichts des Geldes, das Swetas Vater ihnen geschenkt hatte, dachte Lew über einen Wohnungskauf nach.

Die Roschtschins

> Schon ein Kämmerchen in einem Haus am Rand von Kalinin kostet 14000 Rubel. Daraus schließe ich, dass es unmöglich ist, eine Villa für 30000 zu finden. Vielleicht wäre es besser, gar nicht erst in Kalinin zu suchen, sondern sich in Jar[oslawl] oder Wor[onesch] umzusehen. Aber wenn wir es ernst meinen, dann denke ich, dass Dein Vater selbst Ausschau halten sollte, obwohl keine große Eile besteht. Hier im Dorf hat jemand eine halbe Hütte kürzlich für 10000 Rubel erworben, was als gutes Geschäft galt. Dabei muss der neue Eigentümer noch auf eigene Rechnung Reparaturen vornehmen lassen.

Sweta, die eine weitere Dienstreise zur Inspektion der Fabrik in Jaroslawl hinter sich hatte, beschrieb Lew die Aussichten in der Stadt an der nördlichen Wolga:

> Dies ist immer noch ein sehr schlechter Zeitpunkt für die Arbeitssuche, denn überall werden Kürzungen erwartet. Die Ver-

> waltung wird hier um 12 Prozent verringert … Nimm es also nicht persönlich, Ljowa. Du hast selbst erwähnt, dass sie in der Mehrzahl der Fälle schlicht antworten: »Wir brauchen niemanden«, ohne eine einzige Frage zu stellen. Und lass Dich nicht unterkriegen, falls sich die Sache in die Länge zieht, denn sonst verliere auch ich den Mut, wenn ich Dich nur ansehe.

Gegen Ende August war es Lew endlich gelungen, seinen Pass vom Sowjet in Emmaus zu erhalten. Nun besaß er eine Aufenthaltserlaubnis (und damit auch eine Arbeitsgenehmigung) für das Gebiet Kalinin. Sein Pass trug allerdings den Stempel »Art. 39«, wodurch mögliche Arbeitgeber erfuhren, dass er ein ehemaliger Häftling war. Lew bemühte sich in über zwanzig Fabriken um Arbeit, dazu auf Baustellen, in Schulen und sogar in einem Theater und einem Museum. Die Antwort war überall die gleiche: »Wir brauchen wirklich niemanden.« Nach drei Monaten begann er zu verzagen. »Swetloje«, schrieb er am 23. November,

> der Tag hat nichts wirklich Neues erbracht, es sei denn, man berücksichtigt die schwache Hoffnung, an drei der neun Stätten, bei denen ich heute vorgesprochen habe, Arbeit zu finden. Ich war in der Handelsschule, in der Textilfachschule, der Textilfabrik (einer anderen, nach Wagschanow benannten), der Strickwarenfabrik, in der Seidenweberei (»Proletarier«), im Testlabor für Baumaterialien und auf der Baustelle für die Druckerei, aber niemand hat etwas anzubieten. In drei Fällen bin ich aufgefordert worden, mich später erneut zu melden: in der Textilfabrik Woroschilow, die einen Heizungstechniker benötigt, und in der Bekleidungsfabrik Wolodarski, in der die Stelle eines Technikers für chemische Aufbereitung (oder eines Vorarbeiters) zu besetzen ist – »mein krönender Abschluss« in den letzten anderthalb Jahren, wie Du weißt. In beiden Fabriken wird das Personal abgebaut, und die Geschäftsführer waren sich nicht sicher, ob sie diese Posten mit ihren eigenen Angestellten besetzen. Sie wollen sich beratschlagen und mir morgen tagsüber eine Antwort ge-

ben. Die dritte Möglichkeit besteht in der Fernstudienabteilung der Gewerbeschule, wo sich die Lehrer für theoretische Mechanik und höhere Mathematik beim Direktor wegen Überlastung beschwert haben. Der Direktor will ermitteln, ob diese Lehrer ihr Pensum wirklich verringern wollen. Wenn ja, wird er empfehlen, dass ich für sie einspringe. Aber es gibt einen gewaltigen Unterschied zwischen abstrakten Beschwerden wegen Überlastung und einem tatsächlichen Verzicht auf Geld. Daher erwarte ich nicht zu viel für Montag (oder Dienstag), wenn ich mich nach den Verhandlungsergebnissen des Direktors erkundigen soll. Das ist einstweilen alles.

Am Ende gab Lew die Arbeitssuche gänzlich auf. Denn Sweta fand für ihn durch Vermittlung von Sergej Rschewkin (»Onkel Serjoscha«), dem Freund seines Vaters, der Professor für Akustik an der Universität Moskau gewesen war, eine freiberufliche Tätigkeit als Übersetzer. Rschewkin hatte gute Kontakte zu *Physik*, einer Zeitschrift mit Sitz in Moskau, die Übersetzungen von Artikeln aus dem Deutschen, Französischen und Englischen benötigte, also aus Sprachen, die Lew in der Schule gelernt oder in den Arbeitslagern aufgeschnappt hatte. Sweta brachte die Artikel nach Kusminskoje und nahm die übersetzten Texte mit zurück nach Moskau, um sie dort mit einer Schreibmaschine, die sie sich von einer Nachbarin in ihrem Wohnblock borgte, abzutippen. Rschewkin legte der Zeitschriftenredaktion die Übersetzungen in seinem eigenen Namen vor und übergab Sweta die Honorare zur Weiterleitung an Lew. Wäre herausgekommen, dass die Übertragungen von einem ehemaligen Häftling angefertigt worden waren, der nicht in der Sowjethauptstadt arbeiten durfte, hätte das einen Skandal gegeben. Bald schrieb Lew auch Buchrezensionen und Artikel, die Rschewkin ebenfalls mit seinem Namen unterzeichnete, wobei er die Bezahlung wiederum an Lew abtrat.

Lew fuhr häufig nach Moskau, um Sweta zu besuchen. Oft blieb er tagelang, manchmal sogar länger als eine Woche. Seine Aufenthalte in der Sowjethauptstadt waren ungesetzlich – genau das bedeutete der Stempel in seinem Pass. Wäre er von der Polizei erwischt worden, hätte man ihn ausgewiesen und möglicherweise zurück ins Arbeitslager geschickt. Zuerst erfüllte ihn der Gedanke, Moskau zu betreten, mit Furcht. Doch er tröstete sich damit, dass Sweta ihn dort unterstützen würde. Vor seinem ersten Besuch im August hatte er geschrieben:

> Sweta, manchmal wenn ich in einem Gedränge oder auf der Straße bin, fühle ich mich unbehaglich, aber dann stelle ich mir vor, dass Du neben mir bist, und sofort kann ich den Kopf höher heben, die Unannehmlichkeit geht vorbei, und alles scheint einfacher und leichter zu sein.

Was hielt Lew von Moskau? Er hatte es seit dreizehn Jahren nicht gesehen und sich die ganze Zeit über nach der Rückkehr gesehnt. Nichts war ihm lieber gewesen, als im Arbeitslager mit seinen Moskauer Mitbürgern über die Stadt zu sprechen oder Neues von Sweta über sie zu hören. Sogar in seinen Träumen war sie aufgetaucht. Bei der Erinnerung an seine Heimkehr nach Moskau meinte Lew später, dass sich die Stadt nicht sehr verändert zu haben schien. Mehr Autos fuhren auf der Straße, die Metro war erheblich voller, und die Menschen kleideten sich besser, aber sonst war es »das gleiche alte Moskau«, das er bis zu seinem 24. Lebensjahr gekannt hatte.

Gegen Ende 1954 wohnte Lew im Grunde bei den Iwanows. Tagsüber, während Sweta im Institut war, arbeitete er an seinen Übersetzungen und versorgte ihre Mutter, die nun unter fortgeschrittener Tuberkulose litt. Auch Swetas Vater war zu Hause und musste gepflegt werden, weshalb Sweta eine Haushälterin angestellt hatte, die in der Küche schlief, da es sonst keinen Platz in der Wohnung gab. Lew zog in Jaras Zimmer – Swetas Bruder wohnte nun in Leningrad –, und Sweta selbst übernachtete bei ihren Eltern, damit sie sich bei Bedarf um ihre Mutter kümmern konnte.

Anastasia starb am 28. Januar 1955. Lew war bei ihr, als sie entschlief. Er hatte sie gerade im Bett angehoben, damit sie sich bequemer fühlte, und umarmte sie, wie sie ihn vor all den Jahren vor seiner Abreise an die Front umarmt hatte, als sie ihre letzten Worte sagte: »Danke, Gott.«

Da Lew sich illegal in Moskau aufhielt, achtete er darauf, Swetas Nachbarn auf der Treppe zu meiden, wenngleich einige der vertrauenswürdigeren seit Jahren über ihn Bescheid wussten. Außerdem musste er der Polizei draußen aus dem Weg gehen – keine leichte Aufgabe, da er die Neigung hatte, die Straßen dort zu überqueren, wo er es aus seinen Studententagen gewohnt war, ohne zu wissen, ob man dies mittlerweile verboten hatte (im Moskau der Nachkriegszeit herrschten strenge neue Gesetze gegen Unachtsamkeit im Straßenverkehr). Wenn er das Haus verließ, nahm er nie seinen Pass mit, für den Fall, dass er von der Polizei angehalten wurde. Stattdessen hatte er immer eine leere Tasche, einen Einkaufszettel und Geld bei sich, damit er behaupten konnte, er wohne um die Ecke und sei nur kurz zu einem der Läden unterwegs. Manchmal legte er eine Flasche Wodka als Requisit in die Tasche, damit er vortäuschen konnte, sie für einen Besucher gekauft zu haben. Dies verlieh seiner Geschichte Glaubwürdigkeit und gab der Polizei die Möglichkeit, etwas zu beschlagnahmen, bevor sie ihn weitergehen ließ. Alles verlief reibungslos, bis jemand eines Tages an die Tür der Iwanows klopfte. Es war ein Polizist. Er wollte wissen, wer ohne Aufenthaltsrecht hier wohne. Lew hörte das Gespräch im Flur und schickte sich an, die Flucht zu ergreifen. Doch der Mann war nur an der Haushälterin interessiert, die sich tatsächlich nicht bei der Polizei angemeldet hatte. Die Situation wurde geklärt, und Lew konnte aufatmen.

Am 17. September 1955 erhielt Lew eine gute Nachricht: Die Sowjetregierung rief eine Amnestie für Soldaten aus, die während des Krieges mit den Deutschen kollaboriert hatten. Dies wurde unerwartet eine Woche nach dem Besuch des westdeutschen Bundeskanzlers Konrad Adenauer in Moskau bekannt gegeben. Er hatte um die Entlassung deutscher Staatsbürger aus dem Gulag gebeten. Um die Beziehungen zu Westdeutschland zu verbessern, befahl der sowjetische Parteichef Nikita Chruschtschow, 9000 deutsche

Kriegsgefangene heimzuschicken, die nach Artikel 58 der sowjetischen Strafgesetzgebung wegen »Verbrechen gegen die Menschlichkeit« im Gulag inhaftiert waren. Da es absurd gewesen wäre, die Deutschen freizulassen und ihre »Kollaborateure« in der UdSSR weiterhin zu bestrafen, wurde die Amnestie bald auf Soldaten wie Lew ausgeweitet, die man nach Artikel 58 wegen »Vaterlandsverrats« verurteilt hatte.

Die Amnestie war überaus wichtig für Lew – viel wichtiger als seine offizielle Rehabilitierung. Sie gestattete ihm, als legaler Stadtbewohner nach Moskau zurückzukehren und mit einem »sauberen« Pass nach Arbeit zu suchen. Und sie ermöglichte ihm, ein neues Leben mit Sweta als seiner Frau zu beginnen. Am Tag nach der Bekanntgabe der Amnestie in der *Iswestija* fuhr Lew zurück zum Sowjet von Emmaus und ließ den Stempel mit der Inschrift »Art. 39« durchstreichen. Nun hatte er wieder den gleichen juristischen Status wie vor seiner Verhaftung, was auf der Seite, die den durchgestrichenen Stempel enthielt, verzeichnet wurde. Da Lew nicht mehr als vorbestraft galt, konnte er in aller Offenheit bei Sweta wohnen, wenn sie sich standesamtlich trauen ließen. Solange sie nicht legal zusammenleben konnten, hatten sie nicht geplant zu heiraten.

Lew und Sweta schlossen die Ehe am 27. September 1955. Beide waren 38 Jahre alt. Sie verzichteten auf eine Trauungszeremonie, formelle Bekleidung, geladene Gäste und Trauzeugen. Nicht einmal Eheringe hatten sie. Vielmehr gingen sie einfach mit ihren Pässen zum Standesamt – es lag in einem »düsteren Kellerzimmer«, wie Lew sich erinnerte – und ließen sich als Ehepaar eintragen. Dann wurde Lews Name dem Verzeichnis der in Swetas Wohnung gemeldeten Personen zugefügt. Die junge Frau im Büro, die ihre Ehe registrierte, begriff, dass Lew ein gerade entlassener Häftling war: Die Polizei hatte seinen Pass in Kalinin ausgestellt, das als zeitweiliger Wohnort für Ehemalige bekannt war, und das Dokument enthielt einen durchgestrichenen Stempel. Die Frau dachte, sie könne Sweta davor bewahren, ihr Leben durch die Ehe mit einem ehemaligen Häftling zu ruinieren, und erklärte: »Ich würde Ihnen nicht raten, ihn zu heiraten.« Sweta lächelte. »Schon gut. Tragen Sie seinen Namen als den meines Mannes ein.«

Lew und Sweta gingen nach Hause und teilten ihrem Vater mit, dass sie geheiratet hatten. »Lasst mich euch küssen«, sagte Alexander. »Damit war unsere Hochzeit vorbei«, erinnerte sich Lew. »Es gab keine Feier.« Später trafen allerdings Verwandte und Freunde mit Hochzeitsgeschenken ein, der Tisch wurde gedeckt, und man brachte Trinksprüche auf das Paar aus. Es fehlte an einem Trauzeugen, der eine Rede hätte halten können, aber ein paar Tage später erschien Strelkow, um den Frischvermählten zu gratulieren, und niemand hätte sich besser für die Rolle geeignet. Schließlich war es Strelkow, der Lew das Leben gerettet hatte.

Strelkow war im November 1954 entlassen worden. Der alte Bolschewik hatte 16 der 25 Jahre seiner Strafe abgesessen. Als Verfechter der sowjetischen Sache hatte er beschlossen, weiterhin im Holzkombinat zu arbeiten. Er übernahm den relativ gut bezahlten Posten eines stellvertretenden Schichtleiters zu einer Zeit, als das Arbeitslager unter der Aufsicht des Verkehrsministeriums in ein Industrieunternehmen umgewandelt wurde. Strelkow wohnte nicht mehr im Labor, sondern in einem Zimmer in einem Kommunalgebäude an der Sowjetstraße, doch er verwahrte seine Bücher und andere Habseligkeiten bei den Alexandrowskis innerhalb der Industriezone. Zum Zeitpunkt von Lews und Swetas Hochzeit war Strelkow in Moskau, um seine Tochter Walja und seinen siebenjährigen Enkel zu sehen, dem er vorher noch nie begegnet war.

»Lew, ich brauche deinen Rat«, sagte Strelkow bei seinem Besuch. »Ich muss jemandem ein Geschenk kaufen, und du hast ein künstlerisches Gespür und kannst mir helfen, etwas auszusuchen.« Er führte Lew in ein Antiquitätengeschäft am Stoleschnikow pereulok, unweit der Gorki-Straße im Zentrum von Moskau, und bat ihn, eine Schatulle mit einem versilberten Besteck für den ungenannten Freund zu wählen. Bevor Lew sich entscheiden konnte, griff Strelkow nach einem Kupfer-Nickel-Set, das viel teurer war als alle anderen ausliegenden Bestecke. Lew schlug vor, ein billigeres zu kaufen, denn er wollte nicht, dass Strelkow sein schwer verdientes

Geld verschwendete. Doch dieser hörte nicht auf ihn. Er reichte der Verkäuferin das Geld, wandte sich dann Lew zu und sagte: »Dies ist mein Hochzeitsgeschenk für dich und Swetlana.«

Danach begann Lews und Swetas Eheleben. Sie arbeitete weiter im Institut, und Lew suchte weiterhin eine Stelle. Die Amnestie hatte das Misstrauen der Arbeitgeber nicht gemindert, und er traf in Moskau auf die gleichen Vorurteile wie in Kalinin. Man wies ihn in Fabriken und Instituten ab – sogar im Moskauer Zoo, wo ein Elektriker gesucht wurde –, bis er schließlich in einem Werk, das wissenschaftliche Instrumente herstellte, als Ingenieur unterkam. In der Anzeige war von einem Ingenieur mit physikalischer Erfahrung die Rede gewesen, und der Chef freute sich so sehr, jemanden mit Lews wissenschaftlicher Ausbildung gefunden zu haben, dass er dessen Hinweis auf seine Haftzeit ignorierte und ihn sofort zum Chefingenieur schickte. Dieser erkundigte sich, wie viel Lew mit seinen Übersetzungen verdiene, und bot ihm dann einen höheren Betrag an, nämlich ein Anfangsgehalt von 600 Rubeln im Monat. Dieser Arbeiterdurchschnittslohn genügte zusammen mit Swetas Gehalt, das fast doppelt so hoch war, zum Leben.

Die beiden wohnten weiterhin mit Swetas Vater am Kasarmenny pereulok, wo die Jungverheirateten in demselben großen Zimmer wie Alexander schliefen, damit sie sich nachts um ihn kümmern konnten. Swetas Vater erholte sich allmählich. Er war nun aus dem Berufsleben ausgeschieden, las sehr viel und erledigte einen Teil der häuslichen Pflichten, während Lew und Sweta ihrer jeweiligen Arbeit nachgingen. Die drei verstanden sich gut, und zum ersten Mal seit seiner Kindheit – vielleicht zum ersten Mal in seinem Leben – wurde Lew das Glück des Familienlebens zuteil.

Im Dezember 1955, mit 38 Jahren, brachte Sweta eine Tochter zur Welt, der sie, nach ihrer Mutter, den Namen Anastasia (Nastja) gab. Im Januar 1957 folgte ein Sohn, der nach Lews Onkel Nikita benannt wurde. In ihrem Alter und nach allem, was sie durchgemacht hatten, zwei Kinder zu haben muss ihnen wie ein Wunder erschienen sein.

1945, nach einer der anstrengendsten Vernehmungsnächte

durch die SMERSCH-Ermittler in Weimar, hatte Lew geträumt, wie Sweta in einem weißen Kleid neben einem kleinen Mädchen kniete. Der lebhafte Traum hatte sich 1949, ein paar Tage nachdem Sweta aus Petschora abgereist war, wiederholt.

1962 machten Lew und Sweta mit den Kindern Urlaub auf Onkel Nikitas Datscha in Malachowka. Eines Tages wanderten sie über ein Feld hinweg, das an den Wald grenzte, zum See. Lew ging voraus, und Sweta folgte ihm mit Anastasia, die damals sechs Jahre alt war. »Als ich den Waldrand erreichte«, berichtete Lew, »hatte ich ein seltsames Gefühl … Ich drehte mich um, und hinter mir kniete Sweta in einem weißen Kleid auf dem Boden, um etwas an Nastjas Rock in Ordnung zu bringen. Genau das hatte ich in meinen Träumen gesehen: Sweta zur Rechten, und zur Linken unser kleines Mädchen.«

Epilog

Im März 2008 kehrte ich nach Moskau zurück, um mich mit Lew und Swetlana zu treffen. Ich wollte einige Interviews mit ihnen aufzeichnen und sie nach den Briefen befragen, die sogar für russische Muttersprachler schwer zu lesen und zu verstehen waren. Denn die Texte enthielten zahlreiche Details, Codewörter, Initialen und verborgene Bedeutungen, die nur die Verfasser erklären konnten.

Zusammen mit Irina Ostrowskaja von Memorial suchte ich ihre Wohnung in einem Hochhaus in Jassenewo auf, einem Vorstadtbezirk im südwestlichen Winkel von Moskau. Am Lift wurden wir von Lew Glebowitsch empfangen, einem kleinen, schmalen Mann mit einem sanften, wettergegerbten Gesicht. Er war elegant mit einem hellblauen Hemd und einer grauen Hose bekleidet. Nachdem er sich in gebrochenem Englisch vorgestellt hatte, führte er uns mit natürlicher Höflichkeit in die Wohnung. Lew war für einen 91-Jährigen flink auf den Beinen. Während er die Möbel in dem schmalen Flur beiseiteschob, damit wir Platz für unsere Ausrüstung hatten, fiel mir auf, wie kräftig er war. Wir machten es uns in der kleinen Küche bequem, deren Fenster auf die Betontürme und Fabrikschornsteine von Moskau hinausblickten. Brot, Wurst, Süßigkeiten und Kekse waren für unseren Besuch auf den Resopaltisch gestellt worden. Lew sagte, er habe seinen Enkel losgeschickt, mehr Brot zu kaufen. Er befürchtete, dass seine Vorräte nicht ausreichten – eine Sorge, die ich schon bei früheren Besuchen von Überlebenden der Lager bemerkt hatte.

Nachdem wir Platz genommen hatten, verkündete Lew, er wolle Swetlana Alexandrowna holen. Es überraschte mich, dass er ihren Namen und Vatersnamen auf diese recht förmliche Art benutzte. Zunächst führte ich es auf seine altmodischen Gepflogenheiten zurück, doch später begriff ich, dass er so seine Verehrung gegenüber der Frau zum Ausdruck brachte, die ihn gerettet hatte. Kurz darauf kam Lew mit Swetlana zurück, die in einem Rollstuhl saß. Er manövrierte sie mit einer Leichtigkeit, die jahrelange Übung und Hingabe verriet, in die Küche. Swetlana war seit Langem krank: Herzbeschwerden und eine Reihe kleiner Schlaganfälle hatten bewirkt, dass sie nicht mehr gehen konnte. Ihr graues Haar und ihre dicken Brillengläser ließen sie sehr alt aussehen, doch als sie zu sprechen begann, war ihre Lebhaftigkeit nicht zu verkennen. Ihre fröhlichen blauen Augen funkelten, wenn sie einen Scherz machte und lächelte.

Swetlana hatte sich 1972 in den Ruhestand versetzen lassen, und sechs Jahre später waren Lew und sie nach Jassenewo gezogen, damals ein neuer Vorort außerhalb des Metronetzes. Sie wohnten mit ihrer Tochter Anastasia zusammen, die an chronischer bipolarer Depression litt und nicht arbeitsfähig war. Ihr Sohn Nikita, der in der Medizinforschung arbeitete, zog später mit seiner Frau und drei Kindern in dasselbe Gebäude.

Trotz Lews Befürchtung, er werde »niemals mehr zu einem wissenschaftlichen Forscher werden«, war er in die Welt der Sowjetphysik zurückgekehrt. 1956 trat er ins Laboratorium für kosmische Strahlen ein, das zum Wissenschaftlichen Forschungsinstitut für Kernphysik an der Universität Moskau gehörte. Er erhielt den Posten auf Einladung des neuen Labordirektors Naum Grigorow, seines alten Freundes von der Physikalischen Fakultät aus der Vorkriegszeit. Grigorow hatte Lew dem Lebedew-Physikinstitut im Jahr 1940 empfohlen und ihm Briefe ins Arbeitslager geschickt, obwohl er als Parteimitglied viel zu verlieren hatte. In den folgenden 34 Jahren blieb Lew im Laboratorium für kosmische Strahlen. Er half bei der Entwicklung und Installation der Geräte und zeichnete die Ergebnisse von Experimenten auf. Aber es war zu spät für ihn, sich eine eigene Karriere als Forscher aufzubauen. Zu viele Jahre waren vergangen, seit er im Lebedew-Institut gearbeitet hatte – Jahre, in denen gewaltige Fortschritte auf dem Gebiet subatomarer Partikel gemacht worden waren.

Lews Lebensschwerpunkt war seine Familie. Es war durchaus ungewöhnlich, wie er sich die Kindererziehung mit Sweta teilte, die Einkäufe besorgte, die Mahlzeiten zubereitete und die Wohnung am Kasarmenny pereulok putzte, wo sie bis zu ihrem Umzug nach Jassenewo blieben. Außerdem pflegte er Alexander Alexejewitsch, der 1962 starb. Sweta war die beherrschende Persönlichkeit des Haushalts und traf die praktischen Alltagsentscheidungen. Aber in wichtigen Angelegenheiten beugte sie sich Lew.

Sie vertraten die gleichen Ansichten, was die Erziehung ihrer Kinder betraf. Darüber hatten sie sich viele Jahre lang in ihrem Briefwechsel ausgetauscht, und ihre gemeinsamen Werte waren durch ihre Erfahrungen noch deutlicher geworden. Laut Nikita waren sie keine strengen Eltern im üblichen Sinne. »Sie versuchten nicht, unser Verhalten zu kontrollieren«, erklärte er. Die Familie habe sich aber an strikte ethische Grundsätze gehalten:

> Die moralische Autorität unserer Eltern war wirklich sehr groß. Das führte bei uns zu einer gewissen Selbstbeherrschung: Wir schränkten unsere Wünsche ein und lernten, die Welt ähnlich wie sie zu sehen. Sie erzogen uns durch ihr persönliches Beispiel und dadurch, dass sie offen und respektvoll mit uns redeten. Besonders mein Vater verbrachte so viel Zeit mit uns, wie er konnte. Er erzählte uns Geschichten aus seinem Leben und beurteilte das Benehmen von Menschen nach den damaligen Umständen.
>
> Wenn ich heute auf ihren Einfluss zurückblicke, würde ich sagen, er war eindeutig positiv, obwohl sie uns in gewissem Maße die Werte auferlegten, die sie aus ihrer eigenen Erfahrung gewonnen hatten, und versuchten, unser Bewusstsein zu formen. Während wir heranwuchsen, mussten wir uns von einigen Aspekten ihrer ziemlich strengen didaktischen Sicht befreien. Kindererziehung ist ein komplizierter Prozess, und man kann schwer sagen, was gut oder schlecht ist.
>
> Die Hauptsache war, dass unsere Eltern uns immer zuhörten und uns halfen, unsere Fehler zu korrigieren, statt uns zu bestrafen. In unserer Familie herrschte eine Atmosphäre völligen Vertrauens. Wenn jemand etwas sagte, entsprach es der Wahrheit (oder der Betreffende glaubte aufrichtig daran). Das Wort eines Familienangehörigen, auch das von uns Kindern, anzuzweifeln

war undenkbar. Wir hatten nie Angst davor, dass unsere Eltern uns bestrafen oder uns keinen Glauben schenken würden. Aber wir hatten Angst vor ihrem Urteil.

Lew und Sweta sprachen offen mit ihren Kindern über ihre Vergangenheit – ein seltenes Phänomen in Familien, die von den Massenverhaftungen der Stalinzeit erfasst worden waren. Litwinenko und Lilejew zum Beispiel redeten nicht über das Arbeitslager mit ihren Kindern. Wie Millionen ehemaliger Häftlinge wollten sie ihre Angehörigen vor der Wahrheit in Schutz nehmen, das heißt vor dem Stigma ihrer »verdorbenen Biografie«, was zu einer lebenslangen Last werden konnte. Vielleicht wollten sie auch sich selbst vor dem Urteil ihrer Kinder schützen, denen in der Schule der Glaube an »Volksfeinde« eingebläut wurde. Lew und Sweta dagegen meinten, es sei falsch, etwas vor Nikita und Anastasia zu verbergen. Auch wollten sie ihre Kinder auf die Schwierigkeiten vorbereiten, die ihnen bevorstanden. Wie Sweta einst geschrieben hatte, genügte Liebe allein nicht: »Man muss fähig sein … in dieser Welt zu leben, die wahrscheinlich immer grausam sein wird.«

Als Kind hatte Nikita die Geschichte seiner Eltern für selbstverständlich gehalten. Erst als Teenager begriff er allmählich, wie außergewöhnlich sie war. Allerdings wusste er immer, dass es nicht ratsam war, in der Schule oder außerhalb des vertrauten Kreises von Verwandten und Freunden über die Erfahrungen seiner Eltern zu sprechen. »Von klein auf war mir klar, dass wir zwei unterschiedliche Leben führten – ein öffentliches und ein privates –, die wir irgendwie miteinander verbinden, aber auch voneinander trennen mussten.«

In erster Linie war es Lew, der auf die Vergangenheit einging. Sweta beschäftigte sich ungern damit. Lew war stolz auf seine Frau und erzählte mit Vorliebe davon, wie sie all die Jahre auf ihn gewartet hatte. Auf diese Weise wollte er die Kinder – die oft mit Swetas schlechter Laune fertig werden mussten, wenn sie müde oder depressiv war – daran erinnern, dass ihre Mutter trotz allem nicht ihresgleichen hatte.

Außerdem sollten die Kinder gewisse Lektionen lernen. »Mein Vater sprach nicht mit uns über die Gräuel des Gulag«, berichtet Nikita, »aber er versuchte, uns Ratschläge und Leitlinien zu geben, die er durch Beispiele aus seinem Leben in den Lagern veranschaulichte. Der erste Leitsatz lautete, dass man sich nie selbst leidtun dürfe – ein Gebot, das er unterstrich, indem er Mithäftlinge beschrieb, die sich kein einziges Mal beklagt hätten. Das zweite Prinzip war folgendes: Wo immer man sich gerade befindet, und sei dies nur für kurze Zeit, solle man versuchen, so zu leben, als wäre die Situation von Dauer.«

Nikita und Anastasia hörten auch von den vielen ehemaligen Häftlingen, die ihre Eltern besuchten – ihr Heim stand Freunden aus Petschora jederzeit offen –, Geschichten über die Lager. Die im Gulag geknüpften Verbindungen blieben über die Generationen hinweg bestehen und vereinten Familien überall in der Sowjetunion. Die Mischtschenkos wurden von den Lilejews aufgenommen, wenn sie nach Leningrad fuhren, von den Litwinenkos in Kiew und von den Terlezkis in Lwow. Und all diese Familien kamen als Gäste zu ihnen in die sowjetische Hauptstadt. Nach seiner Entlassung im Alter von 33 Jahren studierte Lilejew am Polytechnischen Institut in Leningrad und wurde dann Lehrer (er ist noch am Leben). Terlezki absolvierte das Kunstinstitut in Lwow und wurde Bildhauer (er starb 1993). Strelkow hielt ebenfalls den Kontakt zu Lew aufrecht und besuchte ihn häufig in Moskau. Nikita hat ihn ähnlich (wenn auch älter) wie auf den Fotos aus Petschora im Gedächtnis: »Er war sehr charmant, voller Energie, hatte weiße Locken und rauchte eine Pfeife.« Strelkow starb 1976.

Lew schied 1990, im Alter von 72 Jahren, aus dem Laboratorium für kosmische Strahlen aus. 1998 schrieb er eine kurze Darstellung seiner Zeit im Arbeitslager und schickte das Manuskript an das Historische Heimatmuseum in Petschora, das damals die Lagererinnerungen früherer Häftlinge sammelte. Im Jahr 2006 veröffentlichte er seine Memoiren unter dem Titel *Poka ja pomnju* (»Solange ich mich erinnere«), die sich hauptsächlich auf seine Kriegsjahre bezogen. Das Buch enthielt am Ende einen Abschnitt über Petschora, der dem früheren Manuskript glich, und einen Anhang mit Swetas kurzer Schilderung ihrer Besuche im Arbeitslager. Im Jahr 2007 überließen die beiden ihr Archiv der Gesellschaft Memorial, die eine Reihe von Interviews mit Lew über seine Kriegserfahrungen geführt hatte.

Wir verbrachten zwei Tage in der Wohnung und filmten weitere Interviews. Lew hatte ein fotografisches Gedächtnis und eine erstaunliche Fähigkeit, seine eigenen Erinnerungen zu analysieren. Swetlana hatte weniger zu sagen, aber sie saß neben Lew und hielt seine Hand. Auf meine Frage, weshalb sie sich in ihn verliebt habe, dachte sie ein paar Sekunden nach und erwiderte: »Ich wusste sofort, dass er meine Zukunft sein würde. Wenn er nicht bei mir war, hielt ich nach ihm Ausschau, und er erschien immer an meiner Seite. Das ist Liebe.«

Lew Glebowitsch starb am 18. Juli 2008, Swetlana Alexandrowna am 2. Januar 2010. Sie sind nebeneinander auf dem Golowinskoje-Friedhof in Moskau begraben.

Im Jahr 1980 brannte das Holzkombinat in Petschora schließlich nieder. Niemand war überrascht. Nur das eiserne Eingangstor, der Ziegelschornstein des Kraftwerks und ein paar Gebäude blieben stehen. Auf Anordnung des Verkehrsministeriums wurde das Holzkombinat kurz nach dem Feuer stillgelegt. Seitdem ist es zu einem Ödland geworden, das nur von ein paar Menschen und verwilderten Hunden bewohnt wird.

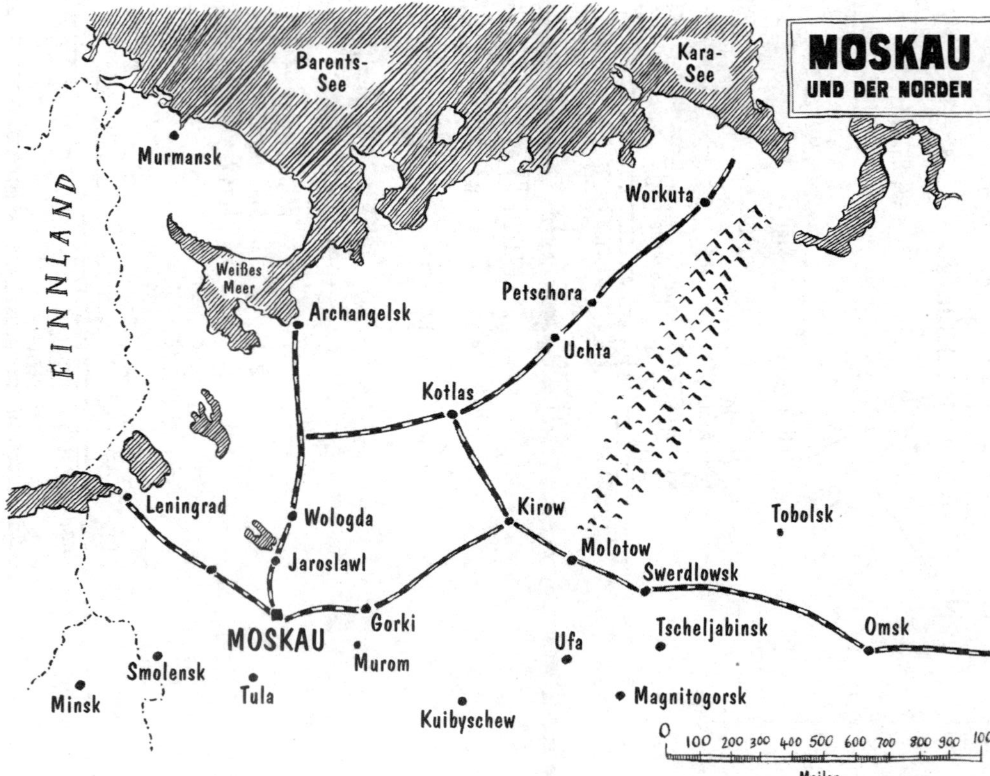
MOSKAU
UND DER NORDEN
Barents-See
Kara-See
Weißes Meer
FINNLAND
Murmansk
Archangelsk
Workuta
Petschora
Uchta
Kotlas
Leningrad
Wologda
Jaroslawl
Kirow
Molotow
Swerdlowsk
Tobolsk
Omsk
MOSKAU
Gorki
Murom
Ufa
Tscheljabinsk
Smolensk
Minsk
Tula
Kuibyschew
Magnitogorsk
0 100 200 300 400 500 600 700 800 900 1000
Meilen

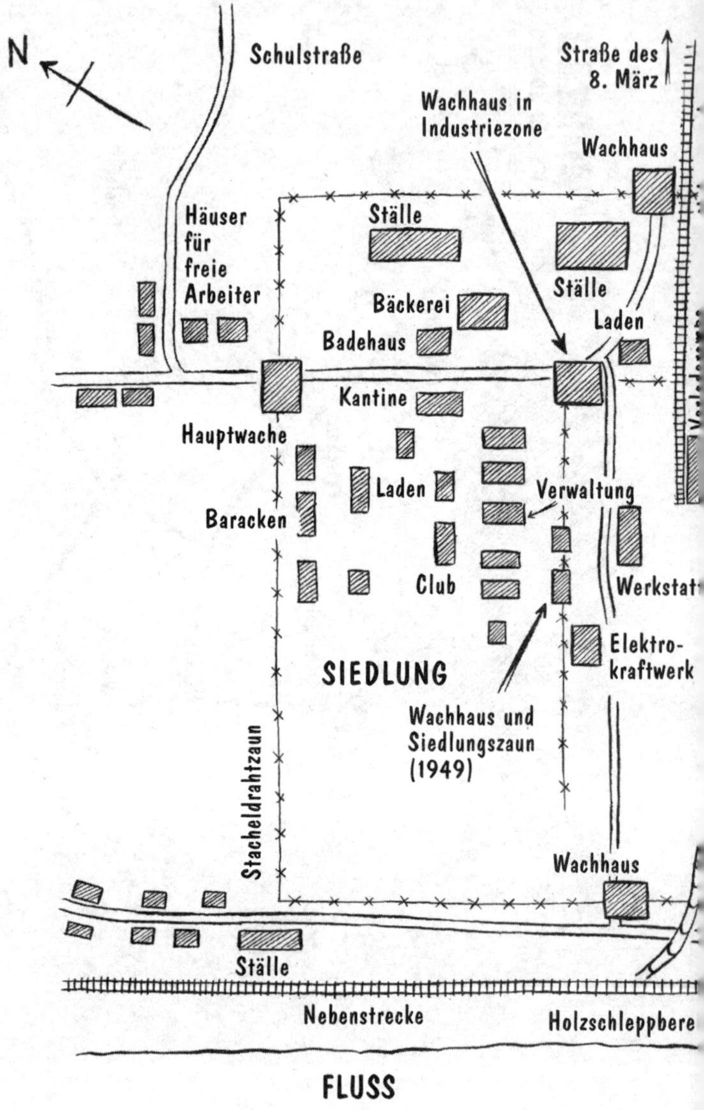
N
Schulstraße
Straße des 8. März
Wachhaus in Industriezone
Wachhaus
Häuser für freie Arbeiter
Ställe
Ställe
Bäckerei
Laden
Badehaus
Kantine
Hauptwache
Laden
Verwaltung
Baracken
Club
Werkstatt
Elektrokraftwerk
SIEDLUNG
Wachhaus und Siedlungszaun (1949)
Stacheldrahtzaun
Wachhaus
Ställe
Nebenstrecke
FLUSS

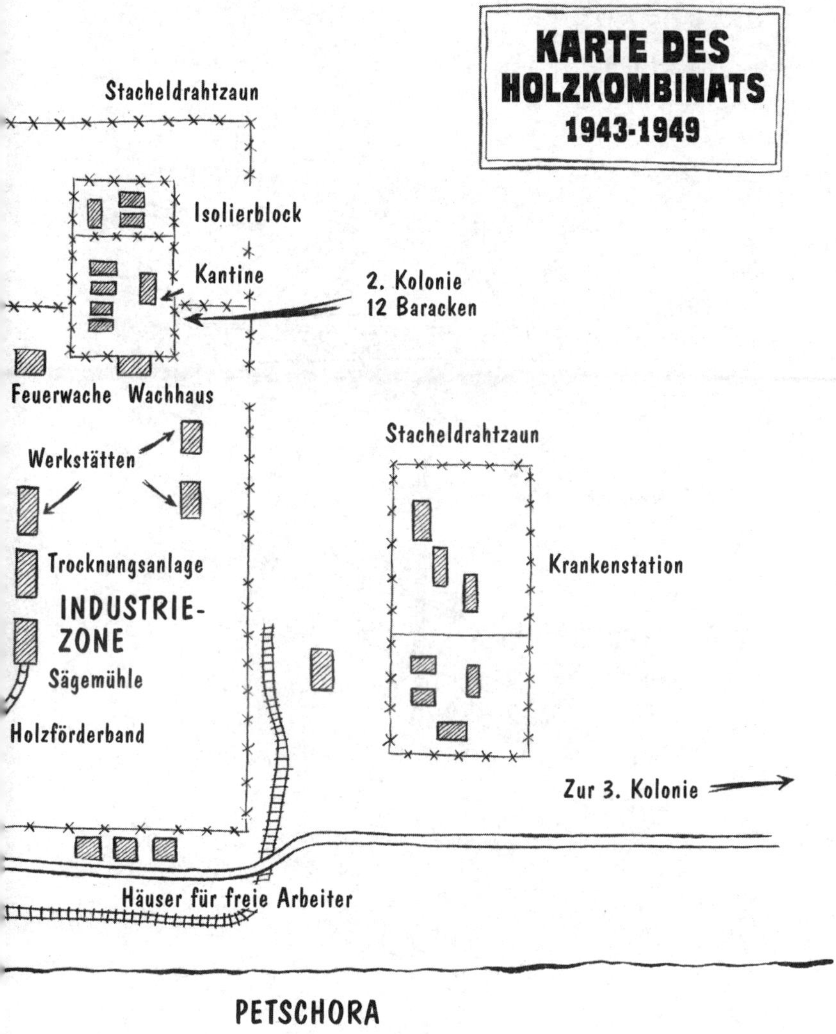
KARTE DES
HOLZKOMBINATS
1943-1949
Stacheldrahtzaun
Isolierblock
Kantine
2. Kolonie
12 Baracken
Feuerwache
Wachhaus
Werkstätten
Stacheldrahtzaun
Trocknungsanlage
Krankenstation
INDUSTRIE-
ZONE
Sägemühle
Holzförderband
Zur 3. Kolonie
Häuser für freie Arbeiter
PETSCHORA

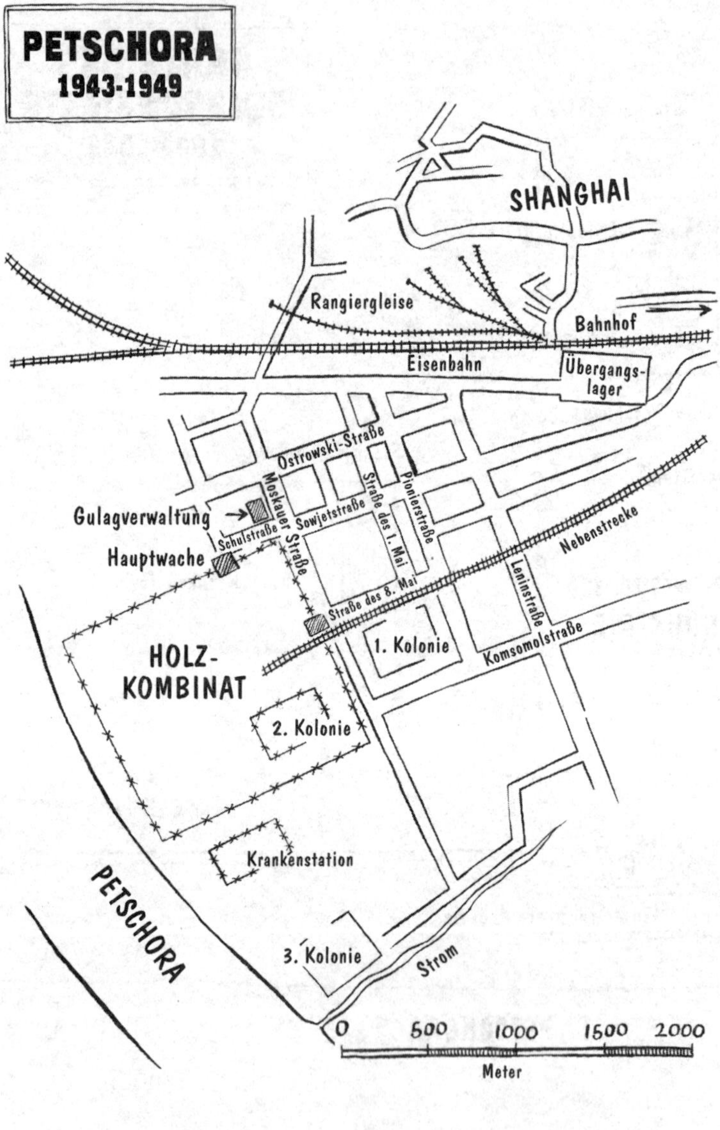
PETSCHORA
1943-1949
SHANGHAI
Rangiergleise
Bahnhof
Eisenbahn
Übergangs-
lager
Ostrowski-Straße
Moskauer Straße
Straße des 1. Mai
Pionierstraße
Gulagverwaltung
Sowjetstraße
Schulstraße
Hauptwache
Nebenstrecke
Leninstraße
Straße des 8. Mai
1. Kolonie
Komsomolstraße
HOLZ-
KOMBINAT
2. Kolonie
Krankenstation
PETSCHORA
3. Kolonie
Strom
0
500
1000
1500
2000
Meter

Danksagung

Das vorliegende Buch gehört im Grunde den Mischtschenkos. Es ist ihre Geschichte und hätte ohne ihre Hilfe nicht geschrieben werden können. Lew Glebowitsch und Swetlana Alexandrowna unterstützten dieses Projekt von Anfang an. Ich bedaure nur, dass sie seine Realisierung nicht mehr erlebten, aber ich hoffe, dass ihre Familie dieses Buch als Zeichen meiner Dankbarkeit ihnen gegenüber akzeptiert. Nikita Lwowitsch las die Entwürfe auf Russisch, fügte wertvolle Einsichten und Kommentare hinzu und machte kritische Bemerkungen mit Takt und rührender Milde. Dankbar bin ich auch seinen Kindern Ilja, Lida and Vera Mischtschenko, die alle drei zu Recht stolz auf ihre Großeltern sind.

Was die Recherchen und die Niederschrift dieses Buches betrifft, stehe ich vor allem in der Schuld von Irina Ostrowskaja, Senior Researcher bei Memorial, die schon viele Jahre vor der Entdeckung ihrer Briefe mit Lew Glebowitsch und Swetlana Alexandrowna zusammenarbeitete. Irina überredete sie, mir Zugang zu ihrem Archiv zu gewähren, führte die meisten der gefilmten Interviews, überwachte die Transkription der Briefe, lieferte biografische Notizen, beantwortete endlose Fragen und las meine Entwürfe auf Russisch. Dabei korrigierte sie meine Fehler mit unendlicher Geduld und hinterfragte meine Ansichten zu vielen Dingen.

Bei Memorial in Moskau möchte ich auch Aljona Koslowa, Jelena Schemkowa und den Mitgliedern des akademischen Rates danken, die Abschnitte des Entwurfs durchsahen.

In Petschora gilt mein Dank Tatjana Afanasjewa, der Direktorin von Memorial, die einen großen Teil ihrer Zeit für mich opferte, sowie Boris Iwanow, der wertvolle Informationen über den Ort und das Holzkombinat beisteuerte. Er hat besonderen Dank für seine erstaunliche Zeichnung des Konvois außerhalb der 1. Kolonie verdient.

In Syktykwar bedanke ich mich speziell bei Anton Niskowski, einem Forschungsmitarbeiter im Volksarchiv der Republik Komi, der mir half, neben vielen anderen unschätzbaren Dokumenten die Akten des Holzkombinats und des Arbeitslagers Petschora zu finden.

Zu Dank bin ich der BBC für zwei Besuche in Moskau verpflichtet: den ersten mit dem Radioproduzenten Mark Burman, der mich begleitete, als ich die Truhen bei Memorial entdeckte; den zweiten mit Ben Lewis und Paul Cox, um die Interviews zu drehen. Ich danke Nick Fraser für seine Investition in das Projekt und Ben Lewis für seine Bemühungen, das Interesse durch einen Dokumentarfilm zu wecken. Dank gebührt auch dem UK Film Council, das die Vervielfältigung der DVDs für die Mischtschenkos und Memorial finanzierte. Äußerst dankbar bin ich Tanya Seghatchian, deren Unterstützung hilfreicher für mich war, als sie ahnt.

Der Leverhulme Trust stellte die Mittel für die Transkription der Briefe durch Memorial bereit. Ich danke dem Trust für seine großzügige Hilfe.

Spezieller Dank gilt auch meinem Freund Emmanuel Roman, der dieses Projekt nachdrücklich gefördert und zu seiner Finanzierung beigetragen hat.

Bei der Übersetzung der Briefe ins Englische half mir Nicky Brown, der die Grundlage für meine eigenen Übertragungen der Briefe in diesem Buch legte. Ich bin Nicky, einem begabten Übersetzer, der mir wertvolle Einblicke in die Briefe verschaffte, sehr dankbar. Zu danken habe ich auch Polina Haynes, die meine Kapitelentwürfe mit ungemeiner Detailtreue und Effizienz ins Russische übersetzte (damit sie von den Mischtschenkos und Memorial geprüft werden konnten).

Ich möchte David Chmelnizki für seine Führung durch die Welt der Sowjetphysik danken; Emily Johnson dafür, dass sie ihre Forschungsergebnisse über Gulagbriefe mit mir teilte; Anna Rotkirch für ihren Rat zum Thema des Liebeswerbens sowie Deborah Kaple dafür, dass sie mir ein Vorausexemplar ihres Werkes *Gulag Boss* schickte. Mein besonderer Dank gebührt auch Rodric Braithwaite und Hiroaki Kuromiya, die den Entwurf in seiner Gesamtheit lasen und mir sehr nützliche Kommentare zukommen ließen.

Ich danke meiner Familie – Stephanie, Eva, Lydia, Alice, Kate und Stoph –, die die ersten Entwürfe lasen oder ihnen zuhörten und hilfreiche Anregungen gaben.

Wie immer schulde ich meiner Agentin Deborah Rogers Dank, die stets an dieses Buch – einen neuen Ansatz in meiner Arbeit – glaubte und sich energisch dafür einsetzte, dass ich es in dieser Form schreiben konnte. Bei RCW leisten Mohsen Shah, Stephen Edwards und Laurence Laluyaux seit vielen Jahren Großartiges.

Bei Penguin möchte ich Simon Winder, meinem unveränderlich hilfsbereiten Lektor, Stefan McGrath, Jenny Fry, Marina Kemp, Penelope Vogler und dem Korrektor David Watson danken. Bei Metropolitan danke ich der Korrektorin Roslyn Schloss. Meine größte Lektoratsschuld ist jedoch die gegenüber Sara Bershtel von Metropolitan, deren kluge Anleitung und strenge Detailgenauigkeit dieses Buch zu einem besseren gemacht haben.

London, Januar 2012

Eine Anmerkung von Memorial

Briefe haben einen besonderen Wert für die Historiker des Alltagslebens. In privaten Familienarchiven verwahrt, liefern sie direkten Aufschluss über eine gelebte, zur selben Zeit festgehaltene Realität und bieten uns Einblick in die Innenwelt der Verfasser. Mit Hilfe von Briefen können wir die Geschichte von Individuen, Familien und sogar ganzen Generationen vor dem Hintergrund historischer Ereignisse verfolgen. Sie sind umso wertvoller, wenn sie in turbulenten Zeiten im Leben der Schreiber entstanden sind.

Memorial besitzt ein großes Archiv mit Korrespondenzen aus der Zeit des Gulag; es enthält Briefe an die Lager und aus den Lagern. Die meisten gehören zur ersten Kategorie. Für Häftlinge war ein Brief der einzige Faden, der sie mit dem »normalen« Leben verband. Sie versuchten, die empfangenen Briefe nicht zu verlieren, und nach ihrer Entlassung bewahrten sie die Schreiben wie Kostbarkeiten auf. Im Gegensatz dazu sind nur noch wenige Briefe aus dem Lager vorhanden. Es war gefährlich, »Indizien« für den Kontakt mit einem Häftling im Besitz zu haben.

Das Memorial-Archiv weist verschiedene Sammlungen solcher Briefe auf. Manchmal hat sich bloß eine einzige Seite – oder nur ein abgerissenes Fragment – erhalten. In anderen Fällen liegen ein paar Briefe – selten mehr – vor, die gewöhnlich innerhalb von Monaten oder eines Jahres geschrieben wurden. Beide Seiten einer Korrespondenz zu finden ist extrem selten und bedeutet für den Forscher einen enormen Glücksfall.

All das unterstreicht die außerordentliche Bedeutung des achteinhalbjährigen Briefwechsels zwischen Lew Mischtschenko und Swetlana Iwanowa. In ihrer Gesamtheit im Moskauer Archiv von Memorial einzusehen, ist dies die größte uns bekannte Sammlung von Privatbriefen im Rahmen der Gulaggeschichte. Aus Mischtschenkos Haftzeit im Arbeitslager Petschora existieren 1246 Briefe: 647 von Lew an Swetlana und 599 von ihr an ihn.

Die Bekanntschaft von Memorial mit der Familie Mischtschenko begann im Jahr 2000, als Lew Glebowitsch an seinen Memoiren arbeitete. Unsere Forscher wollten ihm eine Menge Fragen über seine Erinnerungen stellen, und im Lauf vieler Gespräche erzählte er uns seine Lebensgeschichte. In diesen Interviews erwähnte Lew die Briefe wiederholt, maß ihnen jedoch keinerlei Bedeutung bei, da er sie schlicht für Privatdokumente von geringem Allgemeininteresse hielt. Doch während er seine Memoiren schrieb und über die Vergangenheit nachdachte, sah er sich selbst allmählich aus einer anderen Perspektive: als Zeugen der Geschichte des 20. Jahrhunderts. Gleichwohl beschlossen Lew Glebowitsch und Swetlana Alexandrowna erst 2007, nachdem sie viele Zweifel überwunden hatten, Memorial ihr Familienarchiv, einschließlich der Briefe an das und aus dem Lager, zu übergeben.

Die Korrespondenz ist einzigartig hinsichtlich ihrer Größe und Qualität. Bemerkenswerterweise liegt hier eine vollständige Briefsequenz vor: von dem ersten, den Lew am 12. Juli 1946 aus dem Lager schrieb, bis zu dem letzten, den er am 23. November 1954 aus Kalinin versandte. Sämtliche Briefe waren von ihren Verfassern sorgfältig datiert und mit jedem Jahr neu nummeriert worden. Lew und Swetlana führten ein präzises Verzeichnis ihrer Korrespondenz und unterrichteten einander über den Empfang jedes einzelnen Briefes.

Es ist nicht mehr möglich, zu unterscheiden, welche Briefe mit der normalen Post und welche durch offizielle Kanäle verschickt wurden (und damit der Zensur unterlagen), denn es gibt keine Markierungen oder Stempel der Zensoren. Die meisten Briefe umgingen zwar die Zensur, aber auch sie wurden nicht in aller Offenheit verfasst, denn Lew und Sweta vergaßen nie, dass die Post von den Behörden abgefangen werden konnte. Daher enthalten die Briefe zahlreiche Auslassungen sowie viele verborgene Bedeutungen und Anspielungen.

Zur Aufbewahrung der Briefe, die Lew empfing, legte er ein

kleines Versteck unter den Dielenbrettern seiner Baracke an. Wenn sich eine große Zahl angesammelt hatte, schickte er sie mit Hilfe der freiwilligen Arbeiter, die sie ihm ausgehändigt hatten, in einem Päckchen zurück an Swetlana in Moskau.

Die aus dem Arbeitslager von Mischtschenko geschriebenen Briefe enthalten:

1. Informationen über das Leben im Lager: über die Beziehungen zwischen den Häftlingen, ihre Arbeit, die Lebensverhältnisse in den Baracken, ihre Kontakte zur Lagerverwaltung, Details über Fehden, Intrigen, Anzeigen und Verleumdungen.
2. Auskünfte über seine Mithäftlinge, ihre Lebensgeschichten, Schicksalsschläge und Freuden.
3. Die Gedanken und Gefühle von Mischtschenko: was ihn interessiert oder beunruhigt, seine Ansichten über die Wissenschaft und seine Arbeit, seine Meinungen über die Bücher, die Swetlana ihm geschickt hatte, und seine Reaktion auf Ereignisse außerhalb des Lagers.

Die Briefe Swetlana Iwanowas erzählen von:

1. Ihrem täglichen Leben – ihrer Arbeit und ihren Studien, ihren beruflichen, materiellen, geistigen und emotionalen Sorgen, ihren Verwandten und Freunden.
2. Ereignissen in ihrem Leben und dem der Menschen, die ihr während des Krieges nahestanden.
3. Den Moskauer Bürgern in den Nachkriegsjahren – ihrer Rückkehr in die Hauptstadt nach der Evakuierung, ihren materiellen Sorgen, ihren Arbeitsbedingungen und Freizeitbeschäftigungen.
4. Dem Moskau der Nachkriegszeit – neuen Gebäuden, Geschäften, Verkehrsmitteln, Feiertagen, Theaterpremieren, neuen Filmen usw.
5. Öffentlichen Ereignissen und Swetas Teilnahme daran.

Swetlana geht nicht nur auf Lews Bedürfnisse, sondern auch auf die seiner Mithäftlinge ein. Aus ihren Briefen geht hervor, dass viele ihrer Freunde und Verwandten daran mitwirkten, Lew zu helfen. Swetlana führt den Inhalt der Pakete auf, die sie ins Arbeitslager geschickt hat. Sie fürchtet, die Sendungen könnten verlorengegangen sein. Aus dem Paketinhalt erfahren wir mancherlei über die Bedingungen im Lager. Fußlappen, Unterwäsche, Kämme, Zahnbürsten, Kissen, Kleidung, Medikamente und Verbandsmaterial, Nadeln und Fäden, Federhalter und Bleistifte, Bücher und Zeitungen – all diese Dinge wurden Häftlingen zugestellt. Swetlana versandte auch Brillen, wissenschaftliche Lehrbücher, Frühstücksflocken und Vitamine. Ihre Briefe enthielten häufig leere Blätter Papier, Umschläge, Briefmarken sowie Bitten um Entschuldigung dafür, dass sie kein Päckchen habe schicken können, weil kein Karton verfügbar gewesen sei.

Swetlanas Briefe liefern uns auch eine außergewöhnliche Darstellung des Alltagslebens in der sowjetischen Hauptstadt während der Nachkriegsjahre. Ihre kundigen Beschreibungen der täglichen Realität – von Komsomolmaßnahmen bis hin zu den langen Schlangen vor Geschäften und an Eisenbahnschaltern – erlauben uns, das Leben der Moskauer zu verstehen und die Atmosphäre der späten 1940er und frühen 1950er Jahre nachzuempfinden.

Ihre Briefe wurden in der Überzeugung geschrieben, dass alles, was sich in Moskau abspielte, von unmittelbarem Interesse und von Bedeutung für Lew und seine Mithäftlinge war. Sie bittet Lew um Rat, teilt ihre Zweifel mit ihm und bezieht ihn aktiv in ihren täglichen Lebensablauf ein, damit er sich von der normalen Welt weniger isoliert fühlt. Es ist, als führe sie ihr Leben für ihn mit. Sie teilt ihm ihre Eindrücke von den neuesten Filmen und Theaterstücken mit, schildert Treffen mit ihren Freunden und beschreibt Ereignisse in Moskau, damit Lew, wenn auch nur im Geist, den von Stacheldraht umzäunten engen Grenzen des Lagers entfliehen und etwas Ablenkung von der Monotonie seiner Arbeit finden kann.

Gleichzeitig werden die Geschehnisse im Lager zu einem Teil

ihres eigenen Lebens. Sie versucht, Lew moralisch zu unterstützen und seinem Pessimismus sowie seiner Verzweiflung entgegenzuwirken, damit er nicht in Hoffnungslosigkeit abgleitet.

Der Mischtschenko-Iwanowa-Briefwechsel zählt Tausende von Seiten, und jede Seite ist von Liebe erfüllt, obwohl das Wort selbst nur selten in den Briefen zu finden ist. Lew und Swetlana schrieben sparsam über ihre romantischen Gefühle. Keiner der beiden wollte den anderen dadurch belasten, dass er ihm »das Herz ausschüttete«. Aber zuweilen kommen solche Gefühle im Text zum Vorschein, und dann ist nicht zu übersehen, dass dies die Briefe eines Mannes und einer Frau sind, die einander leidenschaftlich lieben.

1947 beschloss Swetlana, ohne offizielle Genehmigung nach Petschora zu fahren. Dabei machte sie sich keine Gedanken darüber, dass eine solche Reise – unternommen von einer Komsomolzin, die einen verurteilten »Volksfeind« besuchen wollte – ihre Karriere zerstören und sie ins Visier der politischen Polizei rücken lassen konnte. Sie war weder Lews Frau noch mit ihm verwandt; die Polizei hatte sie bereits verhört und bedroht. Eine Reise zum Lager war kompliziert und gefährlich: Swetlana ging das Risiko einer schweren Bestrafung und sogar einer Verhaftung ein, und sie hatte keine Gewähr dafür, dass sie Lew zu Gesicht bekommen würde. Trotzdem fuhr sie nach Petschora, und tatsächlich kam ein illegales Treffen mit Lew dank der Hilfe derselben Freunde zustande, welche die Briefe des Paares geschmuggelt hatten.

Der Mischtschenko-Iwanowa-Briefwechsel umspannt ein Jahrzehnt im Leben von zwei Menschen, deren Liebe trotz des repressiven Zugriffs durch das stalinistische System unversehrt blieb. Sie lebten voneinander getrennt und wurden nur durch ihre Hoffnung auf eine gemeinsame Zukunft aufrechterhalten. Ihre Briefe sollten als historisches Drama oder als Dialog zwischen Protagonisten gelesen werden, die einander liebevoll zuhörten und den geringsten Hinweis des anderen verstanden. Sie erzählen die Geschichte von zwei Menschen, die ungewöhnlich und doch typisch für die Sowjetgesellschaft waren. Für den Historiker ist der Inhalt jener Truhen ein einzigartiger Archivschatz, denn er enthüllt eine verborgene Welt der Emotionen und persönlichen Beziehungen, wie sie in kaum einem Dokument zu entdecken ist.

Irina Ostrowskaja
Internationale Gesellschaft Memorial

Quellen

Archive

Der Mischtschenko-Iwanowa-Briefwechsel ist im Archiv der Gesellschaft Memorial in Moskau zu finden. Die Briefe von Lew (LM) und Swetlana (SI) zwischen 1946 und 1954 sind durch das Jahr und eine Nummer gekennzeichnet (zum Beispiel wurde SI46–20, der erste in diesem Buch zitierte Brief, von Swetlana an Lew gerichtet, und es war ihr zwanzigster im Jahr 1946). Lew und Sweta nummerierten all ihre Briefe sehr sorgfältig, und ihr System wird beibehalten. Briefe der beiden aus der Zeit vor 1941 werden durch Verfasser und Datum (z. B. LM39–28.10) identifiziert. Andere Dokumente aus dem Mischtschenko-Iwanowa-Archiv sind individuell angeführt. Im Jahr 2013 wird der Mischtschenko-Iwanowa-Briefwechsel der Forschung offenstehen.

APIKM	Archiv des Historischen Heimatmuseums von Petschora (Memorial), Petschora
GU RK NARK	Volksarchiv der Republik Komi, Syktykwar
MSP	Archiv der Gesellschaft Memorial, St. Petersburg

Interviews

Alexandrowa, Irina Wladimirowna (Moskau, 2008)
Alexandrowski, Igor Alexandrowitsch (Petschora, 2010)
Iwanow, Boris Borissowitsch (Petschora, 2008)
Jachowitsch, Alla Stepanowna (Petschora, 2008)
Lilejew, Nikolai Iwanowitsch (St. Petersburg, 2004)
Mischtschenko, Ilja Nikititsch (Moskau, 2008)
Mischtschenko, Lew Glebowitsch (Moskau, 2006, 2008)
Mischtschenko, Lida Nikitowna (Moskau, 2008)
Mischtschenko, Nikita Lwowitsch (Moskau, 2008)
Mischtschenko, Swetlana Alexandrowna (Moskau, 2008)
Mischtschenko, Vera Nikitowna (Moskau, 2008)
Serditow, Juri Sotikowitsch (Petschora, 2010)

Veröffentlichte Werke und wissenschaftliche Arbeiten

Applebaum, A.: *Der Gulag*, Berlin 2003.

Asarow, O.: »Po tundre, po schelesnoi doroge«, in: *Martirolog. Pokajanije*, 2 Bde., Syktykwar 1999.

Asarow, O.: »Schelesnodoroschnyje lagerja NKWD (MWD) na territorii Komi ASSR (1938–1959 gg.)«, Diss. ABS, Syktykwar 2005.
Begin, M.: *White Nights. The Story of a Prisoner in Russia*, London 1977.
Braithwaite, R.: *Moscow 1941. A City and Its People at War*, London 2006.
Chotschu byt ljubimoi. Russkaja schenskaja poesija ot Solotowo i Serebrjannowo weka do naschich dnei, Moskau 2008.
Fisitscheski fakultet MGU w gody Welikoi Otetschestwennoi Woiny, Moskau 1975.
Gregory, P.: »An Introduction to the Economics of the Gulag«, in ders./V. Lazarev (Hrsg.): *The Economics of Forced Labor. The Soviet Gulag*, Stanford 2003.
Herling, G.: *A World Apart*, London 1986.
Ivanova, G.: *Labour Camp Socialism. The Gulag in the Soviet Totalitarian System*, Armonk, NY 2000.
Majakowski, W.: »Drei Fragmente«, in: *Ausgewählte Werke. Poeme*, nachgedichtet von Hugo Huppert, Berlin 1968.
Mischtschenko, L.: *Poka ja pomnju*, Moskau 2006.
Mischtschenko, L.: »Poka ja pomnju«, in: *Wygljadywajas w proschloje*, Petschora 2009.
Mochulsky, F.: *Gulag Boss. A Soviet Memoir*, Oxford 2011.
Morosow, N.: *Gulag na Komi kraje 1929–1956*, Syktykwar 1997.
Moskwa wojennaja, 1941–1945. Memuary i archiwnyje dokumenty, Moskau 1995.
Petschorstroi. Istorija sosidanija, Petschora 2000.
Rossi, J.: *Sprawotschnik po GULAGu*, 2 Bde., Moskau 1991.
Sacharow, A.: *Mein Leben*, München, Zürich 1991.
Sokolov, A.: »Forced Labour in Soviet Industry«, in P. Gregory/V. Lazarev (Hrsg.): *The Economics of Forced Labor. The Soviet Gulag*, Stanford 2003.
Wsesojusnaja perepis nasselenija 1939 goda. Osnownyje itogi, Moskau 1992.
Wygljadywajas w proschloje, Petschora 2009.

Anmerkungen

1. Kapitel

17 Erste Begegnung am Eingang der Fakultät, Interview mit Lew und Swetlana, 2008.
17 Swetas Kleidung, SI46–20.
17 Swetas und Lews Größe, SI51–37, LM54–11.
18 »Studentenclub«, Sacharow, *Mein Leben*, S. 61.
19 »Swetlana ist solch ein wunderbares Mädchen«, Interview mit Lew und Swetlana, 2008.
20 »Hier lang«, Interview mit Lew und Swetlana, 2008.
21 »eine rundliche, schwerfällige Frau«, Mischtschenko, *Poka ja pomnju*, S. 21.
22 Kompliment zu Vorlesungsnotizen, Interview mit Lew, 2008.
22 »Ich betrachtete es als eine Art Passierschein«, *Poka ja pomnju*, S. 21 f.
22 »die Tochter eines kleinen Provinzbeamten«, Interview mit Lew, 2006.
22 »in den sibirischen Ort Berjosowo«, Interview mit Lew, 2006.
23 »Ist der Onkel Jäger?«, *Poka ja pomnju*, S. 8.
23 »Nicht lange danach wurde Lew ins Krankenhaus gebracht«, *Poka ja pomnju*, S. 9.
23 »Die Beisetzung«, Interview mit Lew, 2006.
24 »Er ist gekommen, um Abschied zu nehmen«, *Poka ja pomnju*, S. 9.
24 »Später besuchte Lew das Grab seiner Mutter«, *Poka ja pomnju*, S. 9.
24 »zu einer zweiten Beerdigung«, *Poka ja pomnju*, S. 9.
24 »Lews Großmutter«, LM46–1.
24 Granowski-Straße, Interview mit Lew, 2006.
25 »Fast jeden Tag«, *Poka ja pomnju*, S. 10.
25 »drei der engsten Freunde seiner Eltern«, Interview mit Lew, 2006.
25 »Lew besuchte eine gemischte Schule«, Interview mit Lew, 2006.
26 »Mir scheint, dass ich erwachsener war«, SI49–83.
26 Swetas strenge Erziehung, Interview mit Irina Alexandrowa, 2008.
26 »Er musste während seiner Schulzeit arbeiten«, *Poka ja pomnju*, S. 14.
27 »Der Mann schrieb traurige Gedichte«, *Poka ja pomnju*, S. 15.
28 »Lew und seine Großmutter«, Interview mit Lew, 2008.
28 »hauptsächlich Mathematik- und Physikbücher«, verzeichnet in SI49–86.
28 »Als strikte Kirchgängerin«, SI50–11.
28 »Ich bin nur von der Universität mit ihr befreundet«, Interview mit Lew, 2008.
28 »nur auf dem Lande«, Interview mit Lew, 2008.
31 »Die militärische Ausbildung«, Interview mit Lew, 2006.
31 »Unsere Befehlshaber sind Idioten«, *Poka ja pomnju*, S. 18.
32 »Ihre Beziehung hatte sich … abgekühlt«, Interview mit Lew, 2008.
32 »schlechten Launen«, SI47–3.

32 »Wie oft habe ich es bedauert«, SI46–18.
33 »Das Glühen deiner Zigarette«, LM46–1. Das Original (»Ogonjok twojei papirossy«) ist zu finden in *Chotschu byt ljubimoi,* S. 207.
33 »Swetka!«, LM39–28.10.
33 »Im Januar 1940 starb Lews Großmutter«, LM46–1.
33 Wagankowskoje-Friedhof, Mitteilung von Nikita Mischtschenko.
34 »Sweta blieb bis abends in der Bibliothek«, Interview mit Lew, 2008.
34 »Wir kletterten gestern hinauf«, LM40–15.8.
35 »Weißt Du, nun haben wir einen herrlichen Platz«, SI40–31.7.
35 »Ljowenka, mein erster Gedanke«, SI40–3.8.
36 »Wir fahren nirgendwohin«, *Poka ja pomnju,* S. 27.
37 »Heute Morgen um vier Uhr«, zitiert in: R. Braithwaite, *Moscow 1941,* S. 74.
37 »über tausend Studenten«, *Fisitscheski fakultet MGU w gody,* S. 12.
37 »Lew war durch den Kriegsausbruch erschüttert«, *Poka ja pomnju,* S. 27.
38 »Swetik, wir leben in den Wäldern«, LM41–13.7.
39 »durchfütterten«, LM41–14.7.
39 Zweiter Besuch im September, LM41–7.9.; SI46–1.
39 »einen Zettel«, Interview mit Lew, 2008.
39 »Danach machte Lew nur noch einen Besuch in Moskau«, Interview mit Lew, 2008.

2. Kapitel

40 »Lew verließ Moskau«, Interview mit Lew, 2006.
40 »Kölnisch Wasser«, Mitteilung von Nikita Mischtschenko.
41 »Am Ende der dritten Nacht«, Interview mit Lew, 2008.
41 »Man brachte Lew in ein Durchgangslager«, *Poka ja pomnju,* S. 36.
41 »Anfang Dezember«, Interview mit Lew, 2008.
42 »von einem deutschen Hauptmann«, Interview mit Lew, 2006.
42 »Ich kann diese Aufgabe nicht erfüllen«, *Poka ja pomnju,* S. 38.
43 »Der Wagen raste«, *Poka ja pomnju,* S. 40.
43 »Lew wurde vom Kommandanten … verhört«, *Poka ja pomnju,* S. 42.
44 »Vorträge über die nationalsozialistische Ideologie«, *Poka ja pomnju,* S. 43.
45 Hladik-Episode, *Poka ja pomnju,* S. 42–49.
46 Wlassow-Rekrutierungsepisode, *Poka ja pomnju,* S. 52 ff.
47 »Die vier Männer entkamen«, Interview mit Lew, 2006.
48 »Lew wandte sich einmal«, Interview mit Lew, 2008.
49 »Taxifahrer verlangten«, *Moskwa wojennaja, 1941–1945,* S. 478.
49 »Den ersten Halt machte der Zug in Murom«, Sacharow, *Mein Leben,* S. 71.
50 »bildete sich … ein besonderer Zug-Alltag heraus«, Sacharow, *Mein Leben,* S. 72.
50 »Chemie und Oszillationsphysik«, SI46–1.
50 »Dadurch war ich so ermattet«, SI46–4.
50 »Ich war in einem seltsamen, mir unvertrauten Labor«, SI46–4.
51 »1943 und 1944 war es sehr anstrengend für alle«, SI46–20.
51 »Anastasia wurde häufig von Bruzellose geplagt«, SI46–1.
52 »Labor in der dritten Etage«, SI49–45a.
52 »Immer wieder erwog sie, davonzulaufen«, SI46–3.

52 »wurde sie ›fast jeden Abend‹ zum Verhör geladen«, SI46–13.

53 »Ich wurde ein bisschen ärgerlich«, SI46–13.

53 »All meine Verwandten waren zu meinem Geburtstag gekommen«, SI46–4.

54 »Es war das, was ich jemandem mitteilen musste«, SI46–21.

54 »Ganz lange stand ich auf der Schwelle«, SI46–8.

55 »Ich urteile nicht über dich«, SI46–21.

55 »Pittler-Munitionsfabrik«, Interview mit Lew, 2006.

56 »Am 4. Juli verlegte man sie«, *Poka ja pomnju*, S. 66.

56 »Für jeden dieser Räume«, Geoffroy de Clercq, »Buchenwald-Wansleben«, www.jewishgen.org/ForgottenCamps/Witnesses/WanslebenEng.html.

56 »Für jede Verfehlung«, *Poka ja pomnju*, S. 73.

57 Flucht aus dem Konvoi, Interview mit Lew, 2008.

57 »Ich erinnere mich, dass wir um 20 Uhr«, Geoffroy de Clercq, »Buchenwald-Wansleben«.

57 »Vor uns auf der Straße«, *Poka ja pomnju*, S. 76.

58 »größere Angst als je«, Interview mit Lew, 2008.

58 »Waffen weg!«, Interview mit Lew, 2006.

58 »so gut geschmeckt wie eine Mahlzeit im Restaurant«, Interview mit Lew, 2008.

58 »Warum denn nicht?«, *Poka ja pomnju*, S. 77.

59 »Swetlana und ihre Familie«, Interview mit Lew, 2008.

59 »Selbst wenn nur eine kleine Chance bestand«, Interview mit Lew, 2008.

59 »Wir aßen zwölfmal am Tag!«, *Poka ja pomnju*, S. 78.

59 »Glückliche Heimfahrt«, *Poka ja pomnju*, S. 79.

60 SMERSCH-Verhör, *Poka ja pomnju*, S. 80–83.

60 »Ich hatte keine Angst vorm Sterben«, *Poka ja pomnju*, S. 84.

61 »Lew … fand sich damit ab, sich für immer von ihr zu verabschieden«, LM46–1.

61 »Ich döste nach einem Verhör«, Interview mit Lew, 2008.

3. Kapitel

63 »Der Konvoi rollte«, Details aus APIKM, f. 31, op. 14 (Mischtschenko); MSP, f. 3, op. 15, d. 3; APIKM, f. 31, op. 50 (Lilejew).

63 »Die Häftlinge erhielten pro Tag«, Mischtschenko, »Poka ja pomnju«, S. 31.

63 »Die wahrscheinlichste Erklärung«, siehe A. Applebaum, *Gulag*, S. 199–202.

63 »Die Wachleute beauftragten die Kriminellen«, »keine Menschen mehr«, Interview mit Lew, 2006.

64 »wurde Lew schwer an den Nieren verletzt«, *Poka ja pomnju*, S. 92.

64 »im Schneckentempo«, APIKM, f. 31, op. 50 (Lilejew).

64 »An der ganzen Strecke entlang«, APIKM, f. 23, op. 7 (Serditow).

64 »Sanitätspunkt«, MSP, f. 3, op. 15, d. 3; Interview mit Juri Serditow, 2010.

65 »Viele Häftlinge, mitunter nur noch Haut und Knochen«, APIKM, f. 31, op. 50 (Lilejew).

65 »Übergangslager«, B. Serow, »W Petschoru pod konwojem«, in: *Wygljadywajas*, S. 13.

66 »131 930 Häftlinge«, *Wsesojusnaja perepis*, S. 229.

66 »Sämtliche Arbeiten wurden per Hand erledigt«, Asarow, »Po tundre, po schelesnoi doroge«, Bd. 2, S. 159.

66 »55 Prozent«, GU RK NARK, f. 1, op. 2, d. 844, l. 43.
66 »157 000 Häftlinge«, Asarow, »Schelesnodoroschnyje lagerja«, S. 111.
67 »platzierten sie die Schienen direkt auf der Erde«, Details aus F. Mochulsky, *Gulag Boss*, S. 77–83, 91 ff.
67 »Die wichtige Brücke über die Petschora«, Details aus Morosow, *Gulag na Komi kraje 1929–1956*, S. 87 ff.
67 »fünf Kilometer in der Stunde«, statistische Angaben in Asarow, »Schelesnodoroschnyje lagerja«, S. 191.
67 »200 000 Tonnen pro Monat im Jahr 1945«, GU RK NARK, f. 1, op. 3, d. 67, l. 37.
67 »ein kleiner, verfallener Ort«, Details aus GU RK NARK, f. 623, op. 1, d. 76; W. Tschiwanow, »Petschora glasami prijesschewo«, in: *Wygljadywajas*, S. 52–66; APIKM, f. 23, op. 7 (Serditow); Interviews mit Boris Iwanow (Petschora), 2010.
68 »52 Hektar«, GU RK NARK, f. 173, op. 1, d. 1, l. 9.
68 »ungefähr 50 Häuser, hauptsächlich ›provisorische Holzbauten‹«, GU RK NARK, f. 173, op. 1, d. 1, l. 29, 155.
68 »Die 2. Kolonie umfasste zehn Baracken«, Mischtschenko, »Poka ja pomnju«, S. 32.
69 »Terlezki«, *Poka ja pomnju*, S. 39 f.
70 »Anissimow«, LM46–26; LM47–28.
70 »genauer gesagt, 83«, GU RK NARK, f. 1, op. 3, d. 1081, l. 161.
70 »Die anderen Kolonien«, Details aus GU RK NARK, f. 1876, op. 7, d. 356.
70 »500 [Sonderumsiedler]«, GU RK NARK, f. 1876, op. 7, d. 356, l. 61.
70 »Sie liegt neben unserer«, LM47–39.
70 »waren die Verhältnisse in der 3. ›erschreckend‹«, GU RK NARK, f. 1876, op. 7, d. 358, l. 22–24.
70 »Dies bedeutete, dass schwere Stämme«, Details aus GU RK NARK, f. 1876, op. 7, d. 358, l. 10.
71 »Standarduniform«, Interview mit Lew, 2006.
71 Lagerrationen, Details aus Mischtschenko, »Poka ja pomnju«, S. 32. Ähnliche Ziffern nennt Lew in LM47–39a.
71 »60 Kubikmeter«, berechnet nach GU RK NARK, f. 623, op. 1, d. 80, l. 45.
71 »Krankheits- und Todesraten«, GU RK NARK, f. 1876, op. 7, d. 355, l. 11–12, 37.
71 »Laut einem Häftling«, APIKM, f. 31, op. 14 (Mischtschenko).
72 »Uns scheint es egal zu sein«, GU RK NARK, f. 1876, op. 7, d. 355, l. 61.
72 »wie ein Bauer«, LM52–22.
73 »Strelkow«, Details aus Serow, »W Petschoru«, S. 19 f.; Mischtschenko, »Poka ja pomnju«, S. 35 ff.; APIKM, f. 31, op. 14 (Mischtschenko).
74 »Im Jahr 1946 suchte man dringend«, GU RK NARK, f. 1876, op. 7, d. 355, l. 76–79.
74 »Der Raum hatte eine Mindesttemperatur von 70 Grad«, Interview mit Lew, 2006.
75 »einen großzügigen … Wohnbereich«, Details aus LM46–18, LM46–23; APIKM, f. 31, op. 50 (Lilejew); MSP, f. 3, op. 15, d. 3, l. 24.
75 »war er hungrig«, Interview mit Lew, 2008.
76 »in einem Moment der Schwäche«, LM48–52.
76 »2. Juni 1946«, *Poka ja pomnju*, S. 124.
77 »Nr. 2, Petschora, 1. VIII. 46«, *Poka ja pomnju*, S. 124 ff.

78 »nicht imstande zu schlafen«, »nichts essen«, »trieb ihre Eltern zur Verzweiflung«, »hätte alles verändert«, SI47–3.
79 »12. Juli 1946«, SI46–1.
81 »Petschora, 9. VIII. 46«, LM46–1.

4. Kapitel

84 »Briefe und Drucksachen«, *Poka ja pomnju*, S. 125.
84 »nur zwei- oder dreimal im Monat«, Interview mit Lew, 2008.
84 Zensur durch Frauen, Details aus Interview mit Lew, 2008.
84 Versendung und Empfang von Päckchen, SI48–102, SI52–22, APIKM, f. 31, op. 50 (Lilejew).
85 »Wenn Du oder Tante Olja«, LM46–1.
86 »Mein lieber Lew«, SI46–2.
86 »Auch ich bin fatalistisch geworden«, SI46–3.
86 »Es war ein Geschenk für mich«, LM46–6.
86 »Heute ist Dein Brief vom 26. eingetroffen«, SI46–6.
87 »Sweta, Du weißt, dass ich nie faul bin«, LM46–3.
87 »trug er unvollendete Briefe in der Tasche bei sich«, LM50–30.
87 »Es gibt keinen Grund für irgendeine Art der Postlagerung«, SI46–3.
87 »um keine Aufmerksamkeit zu erregen«, SI47–42.
88 »Ich muss zu Hause sein«, SI47–22.
88 »Sentimentale Worte über die Liebe«, SI47–37.
89 »Wenn die Besten beschließen, ihre Not zu beenden«, ins Englische übersetzt von Nicky Brown.
89 »Moskauer tragen, was immer ihnen noch geblieben ist«, SI46–20.
90 »Heute ist es grau und bedeckt«, LM46–4.
90 »Noch ist kein Gold in Moskau gefunden worden«, SI46–7.
91 »Das Institut war ein riesiger Komplex«, Details aus SI46–1, SI47–25, SI49–45a.
91 »galt deshalb als ›Staatsgeheimnis‹«, *Poka ja pomnju*, S. 118.
91 »an der grauen Seite der 50«, »Ich kann offen … mit ihm sprechen«, SI46–2.
92 »Ich habe erfahren, dass es sehr schwierig ist«, SI47–20.
92 »Sweta hatte einen vollen Terminkalender«, Details aus SI46–24.
92 »Sonntags ging sie … einkaufen«, SI46–12, SI46–20.
93 »Ich treffe mich nicht oft mit unseren alten Freunden«, SI46–1.
93 »Heute nach den Vorlesungen«, SI47–21.
93 »Hallo, lieber Lew!«, A. Slenko an LM, 19. Sept. 1946.
93 »Naum Grigorow«, N. Grigorow an LM, 5. März 1947.
94 »Ich war sehr überrascht«, K. Andrejewa an LM, 8. Apr. 1947.
94 »Ich habe Angst, ein unerwünschter Gast zu sein«, LM46–11.
94 »Was die Schirme angeht«, SI46–15.
95 »Ich habe Deinen Rüffel gelesen«, LM46–16.
96 »Es ist sehr gut«, LM46–11.
96 »Deine beiden Briefe«, LM46–4.
96 »Wenn ich meinen Namen«, LM51–43.
96 »wobei ich meine Decke über den Kopf ziehe«, LM47–4.
96 »Hör zu, Lew«, SI46–3.

97 »Lew räumte ein«, LM46–7.
97 »Es ist wahr, dass ich versuche«, SI46–13.
98 »Ljowa, ich habe Dir immer geglaubt«, SI46–18.
99 »Ich muss diesen Brief endlich«, LM46–22.
100 »Was die Pakete betrifft«, SI46–15.
100 »Sweta, es liegt auf der Hand«, LM47–22.
101 »dass es … zu mehreren willkürlichen Ermordungen … kam«, GU RK NARK, f. 1876, op. 7, d. 356, l. 66.
101 »Der Herbst hier ist prächtig«, LM46–7.
102 »Manchmal, wenn ich Dir schreibe«, LM46–8.
102 »Die Zeit zieht vorbei«, SI46–6.
103 »Es ist mir endlich gelungen«, LM46–5.
104 »Nikolai Lilejew«, Details aus MSP, f. 3, op. 15, d. 3; APIKM, f. 31, op. 50 (Lilejew).
104 »Viktor Tschikin«, Details aus LM47–20, LM47–30, LM47–38.
104 »mehr als die Hälfte der verantwortlichen Posten«, GU RK NARK, f. 173, op. 1, d. 2, l. 49–50.
104 »dass der Strom knapp war«, GU RK NARK, f. 1876, op. 7, d. 355, l. 31, 73, 79.
104 »212 weitere Experten unter den Häftlingen … auszubilden«, GU RK NARK, f. 1876, op. 7, d. 355, l. 36–40.
104 Arbeitsbedingungen im Kraftwerk, Details aus MSP, f. 3, op. 15, d. 3; APIKM, f. 31, op. 50 (Lilejew); Mischtschenko, »Poka ja pomnju«, S. 36 f.
105 »Um die Wache … zu passieren«, APIKM, f. 31, op. 50 (Lilejew).
105 »war Lew der Tagschicht zugewiesen«, Details der Routine aus LM46–6.
105 »Lew dagegen gelangte«, LM an N. Melnikow, 21. Okt. 1946; LM an J.A. Poltorazkaja, 18. Jan. 1947.
106 »Gerade lässt die Unruhe des Tages in meiner Höhle nach«, LM46–12.
106 »Hier ist es wie in einer Banja«, LM46–26.
106 »so trübe und gelb«, LM46–27.
106 »Der Arbeitstag ist gerade vorbei«, LM46–5.
106 »Die Zeit, die wir im Labor verbrachten«, APIKM, f. 31, op. 50 (Lilejew).
107 »einem wunderbaren Erzähler«, LM46–20.
108 »Ljubka ist ein prächtiger … Junge«, LM46–17.
108 »Gleb ist gut in Mathematik«, LM46–2.
109 »Ich kann Dich mit niemandem teilen«, LM46–11.
109 »Oleg ist erstaunlich«, LM47–7.
109 »ein Original«, LM46–23.
109 »die beiden Nikolais«, »Er ist bescheidener und offener«, »einfacher und direkter«, LM46–2.
109 »Taktlosigkeit«, LM47–10.
109 »Es ist keine so langweilige Welt mehr«, LM46–18.
110 »Im Allgemeinen«, LM46–14.
111 »Darauf war das Holzkombinat nicht vorbereitet«, GU RK NARK, f. 1876, op. 7, d. 356, l. 130.
112 »Sweta, ich ertrinke«, LM46–29.
112 »Was wünsche ich mir für Dich«, LM46–24.
112 »Er macht gute Miene zum bösen Spiel«, LM46–29.
112 »Ich habe es satt«, SI46–28.

5. Kapitel

115 »über ein Viertel«, Gregory, »An Introduction«, S. 18.
115 »Das Holzkombinat ... verfügte 1946 über 445 freie Arbeiter«, GU RK NARK, f. 1876, op. 7, d. 356, l. 107.
116 »nur 1,8 Quadratmeter«, GU RK NARK, f. 1876, op. 7, d. 356, l. 132.
116 »weder fließendes Wasser noch sanitäre Einrichtungen«, GU RK NARK, f. 1876, op. 7, d. 360, l. 75.
116 »Wir sind umringt von unzufriedenen Leuten«, GU RK NARK, f. 1876, op. 7, d. 355, l. 89.
116 »fehlte eine wirkliche Trennung«, GU RK NARK, f. 1876, op. 7, d. 355, l. 72; d. 356, l. 107.
118 »Das MWD war über den Schmuggel ... auf dem Laufenden«, GU RK NARK, f. 1876, op. 7, d. 357, l. 21.
118 »Mein Liebling Sweta«, LM47–16.
118 »Du sollst wissen«, LM47–31.
118 »Meine Briefe scheinen ... pünktlicher geworden zu sein«, LM47–35.
119 »Ich habe einen interessanten Herrn kennengelernt«, LM47–32.
120 »Ich habe Israilewitsch vor Kurzem erneut getroffen«, LM47–37.
120 »L. J. ist wirklich dankbar für Deine Bemühungen«, LM47–41.
120 »Gestern brachte I[srailewitsch] zwei Briefe«, LM47–48.
121 »In Zukunft schreib, wie erwähnt«, LM47–49.
121 »Ich lerne etwas aus meinen Gesprächen mit ihm«, LM50–19.
121 »Vor ein paar Tagen ergab sich ... die Gelegenheit«, LM47–21.
122 »Tante Katja hat uns heute besucht«, SI47–67.
122 Alexandrowski, Details aus Interview mit Igor Alexandrowski, 2010; GU RK NARK, f. 1876, op. 7, d. 358, l. 51.
123 Jachowitsch, Interview mit Alla Jachowitsch, 2010.
123 »Als Lew ihm zum ersten Mal im Kraftwerk begegnete«, Interview mit Lew, 2008.
Details des Hauses der Jachowitschs, GU RK NARK, f. 173, op. 1, d. 5, l. 4.
125 »Was, das hier? Bloß Papiere«, Interview mit Lew, 2008.
126 »hartnäckige Beharrlichkeit«, »mit Anatoli Schechter aneinandergeraten«, »allen als Verleumder und Erpresser bekannt«, »die Freigabe des Trockenmaterials subversiv verzögert«, LM46–22.
127 »Ich wollte nicht auf die Sache eingehen«, LM47–5.
128 »Ich kann Dir nicht viel mitteilen, was Dir Trost spenden wird«, LM47–16.
129 »die fast immer viel schlechter ... aussehen«, LM47–39a.
130 »Ich habe Deinen Standpunkt deutlich gemacht«, SI47–8.
130 »Das Zimmer gehört mir nicht mehr«, *Poka ja pomnju*, S. 125 f.
131 »Was die Geschehnisse ... angeht«, SI47–30.
132 »Beide Möglichkeiten sind durchaus denkbar«, SI46–4.
132 »Es stimmte, dass das MWD bemüht war«, Ivanova, *Labour Camp Socialism*, S. 114.
132 »Ich möchte nicht, dass Du Deine Energie darauf verschwendest«, LM46–7.
132 »Dir fehlt der Glaube«, SI46–22.
133 »mit studentischer Arbeit«, LM47–11.
133 »Ich werde das Maximum nicht in Erwägung ziehen«, LM47–16.

134 »Ich weiß einfach nicht, was ich sagen soll«, SI47–30b/d.
135 »Ich habe einmal beiläufig«, LM47–39.

6. Kapitel

137 »Ich weiß, Du wirst tun, was Du kannst«, SI46–1.
137 »Swetka, es ist fast unmöglich«, LM46–1.
137 »gute, engagierte Arbeit mit hohen Ergebnissen«, Applebaum, *Gulag*, S. 237.
137 »ausnahmslos still und reizbar«, Herling, *A World Apart*, S. 95.
137 »im Prinzip möglich«, LM46–11.
137 »herauszufinden, ob es in Deinem und meinem Fall machbar ist«, SI46–10.
138 »Lew … selbst wenn es nur eine Möglichkeit ist«, SI46–10.
138 »Ich hatte nicht mit einer zweiwöchigen Reise gerechnet«, SI46–13.
139 »Angeblich ist es möglich«, LM47–11.
139 »Was persönliche Besuche angeht, Sweta«, LM47–16.
141 »Wenn ich die Station morgens verlasse«, LM47–20.
142 »Es war keine fröhliche Begegnung«, LM47–39.
144 »erfahrenen Reisenden«, SI47–30.
144 »Ljowa, Glebs Mutter hat O. B. besucht«, SI47–30.
148 »für ein paar Minuten«, LM47–8.
148 »Natalia Arkadjewna ist am Montag bei mir vorbeigekommen«, SI47–38.
148 »Ljowenka, mein Liebling«, SI47–43.
149 »Hier herrschen 28 Grad«, SI47–47.
149 »Ich habe mich nach dem Fotozubehör erkundigt«, SI47–47.
150 »Da es Ortszüge von Kirow gibt«, SI47–48.
151 »All meine Pläne bleiben bestehen«, SI47–49.
151 »Der Herbst rückt näher«, LM47–50.
152 »Swet, Dein Brief ist«, LM47–51.
153 »Die Salutschüsse sind gerade abgefeuert worden«, SI47–50.
153 »Nichts entwickelt sich jemals so«, LM47–51.
154 »Im Institut schenkten sie mir«, SI47–51.
155 »Ich habe die Details der Dienstreise«, SI47–51.
155 »weitere 300 oder 400 Rubel«, SI47–51.
155 »Ich bin sehr nervös wegen der Vorbereitungen«, SI47–51.
156 »Deshalb konnte ich ihn nicht wissen lassen«, LM47–52.
156 »Alles in allem«, LM47–52.
156 »Die Einzelheiten von Swetas Reise«, *Poka ja pomnju*, S. 118 f.
157 »auf ein Scheitern vorbereitet«, SI48–31.
157 »natürlich« und »Wie konnte ich dorthin aufbrechen«, Interview mit Swetlana, 2008.
157 »Das Kleid rettete mich«, *Poka ja pomnju*, S. 115.
159 »ungefähr 100 Wärter«, Details aus GU RK NARK, f. 1876, op. 7, d. 357, l. 29–30, 68–72; d. 358, l. 29–32; d. 363, l. 78–81.
159 Diebstahl durch die Wärter, Details aus GU RK NARK, f. 1876, op. 7, d. 355, l. 37; d. 356, l. 1–2, 9–11, 62–5, etc.
159 Trunkenheit und »Berichte über Disziplinarverfahren«, GU RK NARK, f. 1876, op. 7, d. 357, l. 26–27, 41–42, 69, 71–72; d. 358, l. 29–30, 32–33, etc.

160 »Häftlinge waren … hinausspaziert«, GU RK NARK, f. 1876, op. 7, d. 355, l. 36–40.
160 »Beispiele dafür, dass Fremde … in die Gefängniszone eingelassen wurden«, GU RK NARK, f. 1876, op. 7, d. 356, l. 42; d. 357, l. 21.
160 »die karge Straßenbeleuchtung«, Details aus GU RK NARK, f. 1876, op. 7, d. 356, l. 42.
161 »Lew Israilewitsch und Sweta erreichten das Haupttor«, *Poka ja pomnju*, S. 116.
162 »Es war keine Eifersucht«, *Poka ja pomnju*, S. 117.
162 »Uns blieb nichts anderes übrig«, Interview mit Lew, 2008.
162 »Sie brachten uns zwei Stühle«, *Poka ja pomnju*, S. 117.
162 »Schlägerei im Bahnhofscafé«, Interview mit Igor Alexandrowski, 2010.
162 »Maria war für die Nachtschicht … eingeteilt«, Details aus *Poka ja pomnju*, S. 117.
163 »Erst als wir allein waren«, Interview mit Lew, 2008.
163 »Ich fragte ihn«, Mitteilung von Nikita Mischtschenko.
163 »Lew und Sweta verbrachten gemeinsam zwei Nächte«, *Poka ja pomnju*, S. 117.
164 »in irgendeinen Sanitätswaggon«, *Poka ja pomnju*, S. 118.
164 »Lew, mein Schatz«, SI47–51a.
165 »Meine reizende Sweta«, LM47–54.
165 »Meine reizende, herrliche Sweta«, LM47–55.
166 »Meine süße, meine wunderbare Sweta … endlich!«, LM47–56.
167 »Für 250 Rubel«, SI47–52.

7. Kapitel

169 »Heute Nacht fiel der erste Schnee«, LM47–60.
169 »Swetinka, je mehr ich an Dich denke«, LM47–58.
170 »Du hast mich einmal gefragt«, LM47–69.
170 »Es ist eine alte Weisheit«, LM47–71.
171 »gutmütig« und »kultiviert«, LM48–22a.
171 »hier ist es sicherer für mich«, LM48–10/2.
171 »intelligent, sympathisch, nicht zu gebildet und vernünftig«, LM47–44.
171 »Im Werk ist es zu einigen Änderungen gekommen«, LM47–59.
171 »einen beunruhigenden Eindruck«, LM47–60.
171 »Viele der Frauen, die hier angekommen sind«, LM47–61.
172 »Wenn ich an Dich denke«, LM48–10.
173 »Das Leben ohne Rationierung«, SI48–6.
174 »Wirklich, mein geliebter, närrischer Lew«, SI48–25.
174 »Also, der Patient ist 49 Jahre alt«, LM48–17.
175 »Sweta holte eine Diagnose … ein«, SI48–17, SI48–29.
175 »Ljubka ist trübsinnig und spricht kaum«, LM48–58.
175 »Mein Ljubka kehrt ganz langsam in die Zivilisation zurück«, LM47–61.
176 »Die Endokrinologin sagte«, SI49–29.
177 »Mein geliebter Ljowa«, SI48–9.
178 »N.A. hat vor ein paar Tagen angerufen«, SI48–19.
179 »Eine Depression hat mich übermannt«, SI49–2.
179 »Nachdem ich alle möglichen Pillen geschluckt habe«, SI49–45b.

180 »Im Augenblick ist Skifahren das Einzige«, SI49–17.
180 »Fahr irgendwohin«, LM48–22.
180 »Es ist so schwierig für sie«, LM an N. Melnikow, 8. April 1948.
180 »Warum also habe ich mich Lidia zugewandt?«, SI48–18.
181 »übermäßige Vertrautheit mit der Geografie«, SI49–45a.
181 »zu oberflächlich«, »nett aussehend, fast langweilig«, LM48–64.
181 »Ich kann mir vorstellen«, SI49–27.
182 »Es ist immer schwer, jemanden zu beerdigen«, SI47–28.
183 »Ich wollte ihre Zukunft nicht … belasten«, Interview mit Lew, 2008.
183 »Alik wird sieben, nicht acht«, SI48–25.
184 »wie Kinder heranwachsen«, SI48–25.
185 »Alik ist imstande«, SI48–104.
185 »Ein kleines Mädchen kam ins Kraftwerk«, LM47–57.
186 »Sie wurden nie … angehalten oder durchsucht«, Interview mit Igor Alexandrowski, 2010.
186 Spielzeug und Ortskinder, Interviews mit Igor Alexandrowski, Alla Jachowitsch, Boris Iwanow, 2010.
186 »Heute wurde ich wieder als Vater angeworben«, LM47–64.
187 »Sie ist älter und … benimmt sich erwachsener«, LM47–66.
187 »Ich habe den Glauben an mich verloren«, LM47–69.
187 »dass die Maschinen für fast ein Viertel der Arbeitszeit außer Betrieb waren«, GU RK NARK, f. 1876, op. 7, d. 357, l. 82.
187 »Unsere Arbeit hat keinen Rhythmus«, GU RK NARK, f. 1876, op. 7, d. 357, l. 44.
187 »Idioten«, LM48–31.
187 »Dummheiten«, LM an N. Melnikow, 18. Nov. 1947.
188 »Was für ein schreckliches Durcheinander«, LM48–28.
188 »Ich bin nicht in der Lage«, LM48–69.
189 »Gestern bemerkte einer unserer Techniker«, LM49–10a.
190 »Wir könnten uns also in jeder Schicht«, LM47–46.
190 »eine Reihe von erfolgreichen individuellen Fluchtversuchen«, GU RK NARK, f. 1876, op. 7, d. 359, l. 84.
191 »großes Häftlingskontingent«, LM48–43.
191 »Tja, Swetischtsche«, LM48–45.
192 »Gestern fragte M.A.«, SI48–31.
193 »Falls die Dienstreisen für den ganzen Sommer abgesetzt werden«, SI48–39.
193 »sich als schwierig erweisen könnte«, LM48–27.
193 »Die letzte Entscheidung der wankelmütigen … Behörden«, LM48–46a.
194 »Anscheinend werden uns dadurch keine zusätzlichen Beschränkungen auferlegt«, LM48–46b.
194 Parteiversammlung vom 12. Mai, GU RK NARK, f. 1876, op. 7, d. 357, l. 39ff.
195 »Die Sache ist entschieden«, SI48–51.
195 »Vier Tage später erfuhr sie vom Chefbuchhalter des Instituts«, SI48–52.
195 »Sie erklärte sich bereit, nichts zu tun«, SI48–55.
195 »Nach und nach werden hier alle möglichen … Vorschriften eingeführt«, LM48–48.
196 »Vielleicht wird 1949 ein besseres Jahr«, LM48–46c.
196 »Mein Liebling Lew, eine Woche ist bereits vergangen«, SI48–60.

197 »Ich würde gern erfahren, Lew«, SI48–63.
197 »Ich habe seit einer Woche nicht geschrieben«, SI48–64.
198 »das Recht, Leben zu spenden«, SI48–64.
199 »Einerseits werden die Chancen mit jedem Tag geringer«, SI48–64a.
200 »Gott weiß, wann ich abreise«, SI48–65.
201 »Es ist schade, dass ich in Kirow haltmachen muss«, SI48–65.
201 »Ach, mein Liebling Sweta«, LM48–61a.
202 »Zwischen Kirow und Kotlas«, *Poka ja pomnju,* S. 118 f.
203 »dass man darauf lauere, sie zu verhaften«, *Poka ja pomnju,* S. 119.
203 »Ich wartete den ganzen Tag auf den Verwaltungschef«, *Poka ja pomnju,* S. 119.
203 »Ich dankte ihm überschwänglich«, *Poka ja pomnju,* S. 119.
204 »Die Begegnung fand am folgenden Tag … statt«, Interview mit Lew, 2008; *Poka ja pomnju,* S. 119.
204 »Mein Liebling Lew, ein zweiter Tag ohne Dich«, SI48–66.
205 »Mein lieber, lieber Ljowa – endlich bin ich zu Hause«, SI48–68.
206 »Heute habe ich mich im Spiegel angeschaut«, SI48–69.
206 »glückselig und nett gegenüber allen«, SI48–71.
206 »Ich bin von Glück erfüllt«, SI48–75.
207 »Mein Liebling, meine schöne Sweta«, LM48–62.
207 »Mein Liebling Sweta, morgen ist Dein Geburtstag«, LM48–63a.
207 »Mein Liebling Swetinka, von Dir ist kein Brief gekommen«, LM48–67.
208 »Ich stellte mir die wüstesten Dinge vor«, LM48–68.
208 »Die Tage vergehen sehr rasch«, LM48–73.
209 »Heute Abend haben sie Ljubka nun doch weggeschickt«, LM48–78.
209 »Ljubka war … ziemlich krank geworden«, LM48–79.
210 »Ich bin nie fähig gewesen, mich bei jemandem auszuweinen«, LM48–83.
210 »Also, mein Freund«, LM an Terlezki, 3. Dez. 1948.

8. Kapitel

212 »Mein Liebling Sweta«, LM48–94.
212 »Sweta hatte Anfang 1949«, SI49–2, SI49–5.
213 »Es macht mir nicht die geringste Freude«, SI49–5.
213 »weil ich etwas zulasse«, SI49–2.
213 »um meine Nerven zu beruhigen«, SI49–39.
213 »Diese Tabletten helfen mir«, SI49–37.
214 »Pawel, ein Bekannter«, SI49–4.
214 »plante, sich zu verheiraten«, SI48–42.
215 »Was die ›beste Person‹ … betrifft«, LM48–40.
216 »Liebt mich? liebt mich nicht?«, W. Majakowski, »Drei Fragmente«, in: *Ausgewählte Werke,* S. 425.
216 »Aus irgendeinem Grund«, SI49–15.
217 »sondern auch in der Realität«, LM49–62a.
217 »Nikolai musste zur Nachtschicht überwechseln«, LM49–15.
217 »Es wird mehr freie Tage geben«, LM49–6.
217 »Ich bin während der Arbeit gern allein«, LM49–7.
217 »Heute war ein idiotischer Tag«, LM49–8.

218 »*Anna Karenina*«, LM49–8.
218 »Die Männer in unserer Baracke«, LM49–9.
218 »Es war ein trauriger Tag«, LM49–13.
218 »Niemand hat so viel wie er … getan«, LM49–9.
219 »Erst 25!«, LM49–28.
219 »Im Mai schneite es«, LM49–39.
219 »warme Tage stellten sich erst Mitte Juni ein«, LM49–47.
219 Häufige Stromausfälle, Mangel an warmer Kleidung, GU RK NARK, f. 1876, op. 7, d. 359, l. 61–64, 87–92.
219 Krankheitsquoten in der 2. Kolonie, *Wygljadywajas*, S. 119f.; GU RK NARK, f. 1876, op. 7, d. 359, l. 34.
220 »ein gebildeter Mann«, LM48–60.
220 »Er war angekleidet«, LM49–18.
220 »Beschämt von seinem Vorwurf«, LM49–35.
221 »keine Einheimische zu sein scheint«, LM49–18.
221 »eine Frau in den Vierzigern«, LM49–29.
221 Nina Grin, Details aus *Wygljadywajas*, S. 184–189.
222 Swetlana Tuchatschewskaja, Details aus APIKM, f. 31, op. 50 (Lilejew).
222 »Am 2. Juli«, Sitzungsprotokoll in: GU RK NARK, f. 1876, op. 7, d. 360, l. 62ff.
223 »Regierungsgeheimnisse«, Diebstähle erörtert in: GU RK NARK, f. 1876, op. 7, d. 359, l. 54–55.
223 »Was dieses Jahr aus dem Besuch wird«, LM49–30.
223 »Die Entscheidung war auch im letzten Jahr wenig plausibel«, SI49–31.
223 Komplikationen bei Dienstreisen, SI49–40.
224 »der uns bisher immer Glück gebracht hat«, SI49–40.
224 »30 Minuten bis zwei Stunden«, LM49–13.
224 »Ehefrauen sind interessanter für mich als Mütter«, SI49–44.
225 »Vermutlich hast Du bereits vor ungefähr drei Tagen«, LM49–51.
225 »Es mag möglich sein«, SI49–49.
226 »Es spielt keine Rolle, wie lange«, LM49–56.
226 »Ich fragte Michail Alexandrowitsch«, *Poka ja pomnju*, S. 120.
226 »Sie brach am 30. August … auf«, SI49–55.
226 »Sie brachten mich mit dem Auto zum Bahnhof«, *Poka ja pomnju*, S. 120.
227 »Mein Liebling Lew, die Reise verläuft glatt«, SI49–56.
228 »Wir sind bis Kotlas gekommen«, SI49–57.
228 »Mein Liebling Sweta, Du bist immer noch überall bei mir«, LM49–66.
229 »doch nun habe ich Dich ohne Gesichtszüge … vor mir«, LM49–69.
229 Träume, LM49–71, 72, 74, 76.
229 »Ich begriff, dass das Schrecklichste im Leben«, LM49–82.

9. Kapitel

230 »1950 – ein halbes Jahrhundert«, »Beißender Frost«, LM50–2.
230 »2 561 351 Häftlinge«, Applebaum, *Gulag*, S. 487.
231 »Sie gleicht einer ganzen Ortschaft«, SI50–53.
231 »Bauprojekte des Kommunismus«, SI51–27.
231 »die ganze Stunde lang«, LM53–30.

232 »Alljährlich wurde ungefähr eine halbe Million«, Gregory, »An Introduction«, S. 16.
232 Petschorlag und Bau des zweiten Schienenstrangs, *Petschorstroi*, S. 36.
233 »Auf einer Reihe von Versammlungen«, GU RK NARK, f. 1876, op. 7, d. 361, l. 1–10.
233 »Der Vorschlag, Häftlinge zu bezahlen«, Skolov, »Forced Labour«, S. 40.
233 »90 Rubel im Monat«, GU RK NARK, f. 1876, op. 7, d. 361, l. 117.
234 »Anschlagbretter«, GU RK NARK, f. 1876, op. 7, d. 361, l. 103.
234 »In der 11. Kolonie«, GU RK NARK, f. 1876, op. 7, d. 361, l. 115–116.
234 »Der Kiosk in der entlegenen Kolonie«, GU RK NARK, f. 1876, op. 7, d. 361, l. 117.
234 »Sie drohen, uns in Kapitalisten zu verwandeln«, LM50–46.
234 200 Rubel für Katja, LM50–81.
234 »Kolchose«, LM51–35.
235 »väterliches Vergnügen«, LM52–39a.
235 »um bestenfalls 1 Prozent«, LM51–45b.
235 »züchteten … Kaninchen«, LM51–48, LM52–18.
235 »Wir haben mit Verzug begonnen«, LM51–55.
236 »kleine Verbesserungen«, APIKM, f. 31, op. 15 (A.K. Nedelko).
236 »600 Meter Handtuchstoff«, GU RK NARK, f. 1876, op. 7, d. 363, l. 131.
236 »Welchen Sinn hat es, mir Zucker zu schicken«, LM50–9.
236 »Läden im Hauptort«, Interview mit Boris Iwanow, 2010.
237 Kulturpalast, GU RK NARK, f. 1876, op. 7, d. 360, l. 37.
237 Fußballmannschaften, Interview mit Boris Iwanow, 2010.
238 »Ausbildungsanlage«, APIKM, f. 31, op. 15 (A.K. Nedelko).
238 Lew als Lehrer, LM50–47, LM50–49.
239 »finanzielle Unterstützung nicht erforderlich ist«, LM51–35.
240 »Seine Hände sind von Frostbeulen bedeckt«, LM48–15.
240 »Die Lagerbedingungen«, SI49–48.
240 Bittbriefe, SI49–65, SI50–20.
241 Lews Verschickung von Geld, LM49–52, LM49–58.
241 »er so viel Geld nur für Brot«, SI50–22.
241 »Ich habe drei Briefe von Oleg bekommen«, SI50–43.
241 »Es sieht nicht gut aus«, LM50–6.
242 »Ich dachte, es sei das Ende«, K.N. Rykalow an LM, 25. Dez. 1960.
242 »Ich habe ihm hartnäckig zugeredet«, LM50–12.
242 »Sein Zustand ist wirklich sehr schlecht«, LM50–3.
244 »[Waljas Mutter] traf ein«, SI50–53.
245 Blaulichttherapielampen, LM50–83.
245 »Ich weine nicht mehr«, SI50–18.
245 »in ihrem Zimmer herumspazierte«, SI50–62.
246 »Ich rechnete damit, sozusagen vier Wände … zu sehen«, SI50–27.
247 »Dank ihnen«, LM51–38.
247 »Gestern erhielt ich ein paar Briefe«, LM51–35.
248 »Haus der Begegnungen«, GU RK NARK, f. 173, op. 1, d. 3, l. 6.
249 »Mein Urlaub endet am 23.«, SI50–46.
249 »wärmere Kleidung, eine Wolldecke und ein Bettlaken«, SI50–51/c.
249 Drei Tage mit Lew, *Poka ja pomnju*, S. 121.

249 »S. getroffen«, LM an N. Melnikow, 26. Sept. 1950.
250 »Leb wohl, Ljowa«, SI50–51/b.
251 »Mein Liebling Sweta«, LM50–59.
251 »Ich kann mich nicht entscheiden«, SI50–54.
252 »Ich stimme Dir zu«, LM50–67.
253 »Mein Liebling Lew«, SI50–64.

10. Kapitel

255 »Mein Liebling Sweta«, LM51–1.
255 »den Brief von gestern«, LM51–4.
255 »Zwei deutsche ›Reparationsgeneratoren‹«, LM51–4.
256 »den Ort zu versorgen«, LM51–22.
256 »Nach einem Unfall musste das Kraftwerk … geschlossen werden«, GU RK NARK, f. 1876, op. 7, d. 363, l. 45.
256 »29 ›schwere Unfälle‹«, GU RK NARK, f. 1876, op. 7, d. 364, l. 32–33.
256 »ein Lastwagen, der siebzig Männer zur Arbeit brachte«, GU RK NARK, f. 1876, op. 7, d. 365, l. 60.
256 »Wir leben und arbeiten genau wie immer«, LM52–36.
257 »8000 Meter Tauwerk« etc., GU RK NARK, f. 1876, op. 7, d. 363, l. 58–65.
257 »strengen Verweis«, GU RK NARK, f. 1876, op. 7, d. 362, l. 42.
257 »Unterbringung unautorisierter Personen«, GU RK NARK, f. 1876, op. 7, d. 363, l. 152.
258 Serditows Anzeige, GU RK NARK, f. 1876, op. 7, d. 363, l. 153.
258 Arwanitopulos Entlassung, GU RK NARK, f. 1876, op. 7, d. 365, l. 1.
258 »Es ist eine Katastrophe«, LM51–60.
258 Nowikows Dominospiel, GU RK NARK, f. 1876, op. 7, d. 366, l. 80.
259 »27 erfolgreiche Fluchtversuche durch einzelne Gefangene oder ganze Gruppen«, GU RK NARK, f. 1876, op. 7, d. 363, l. 100–101.
259 Bestechung von Wärtern, GU RK NARK, f. 1876, op. 7, d. 366, l. 121–122.
259 Eisenbahnwaggons, Messer, Sägen und Rasiermesser, GU RK NARK, f. 1876, op. 7, d. 366, l. 80.
259 »Kowaltschuk hatte eine Verschwörung … aufgedeckt«, GU RK NARK, f. 1876, op. 7, d. 366, l. 122.
260 »von denen viele dem MWD ebenfalls feindlich gegenüberstehen«, GU RK NARK, f. 1876, op. 7, d. 363, l. 78.
260 Fluchtpläne vom 1. Mai, GU RK NARK, f. 1876, op. 7, d. 363, l. 72–85.
260 »Es hat uns viel Spaß gemacht«, SI51–29.
262 »Gewissensbisse und Kummer«, SI51–26.
263 »Ich möchte in die Fußstapfen … treten«, LM51–20.
263 »Das letzte Wort gehört Dir«, LM51–21.
263 »sehr erfreut«, »grünes Licht«, LM51–28.
263 »Sonderexpeditionen«, »Solche Entscheidungen«, LM51–28.
264 »Mein Gewissen macht mir zu schaffen«, SI51–37.
264 »keine Arbeiter am Wolga-Don-Kanal benötigt«, LM51–35.
264 »Ljowa, ich möchte wirklich schlafen gehen«, SI51–40.
265 »Glaub nicht, ich sei froh darüber«, LM51–41.

265 »gestern habe ich die Genehmigung … erhalten«, SI51–43.

265 »Willkommen, Sweta«, »Übrigens, zu den drei Kleinigkeiten«, LM51–45a.

267 »Guten Morgen, Swetlyje«, LM51–45b.

267 »Also dann, Sweta – nach 7«, LM51–45c.

267 »Nun bin ich zu Hause, Ljowa«, SI51–44.

268 »Meine liebe Swetin«, LM51–45/e.

268 »In den letzten Tagen bin ich wohlauf«, LM51–47.

268 »Es ist genau eine Woche her«, SI51–45.

269 »Was für eine arme Person Du bist«, LM51–51.

270 »Ausschlag ist gar keine Hautkrankheit«, SI52–30.

270 »Es scheint zu wirken«, SI52–15.

270 »Ich weiß nicht, wie ich antworten soll«, LM52–12.

270 »Ich wünschte, jemand würde Dir eine ordentliche Tracht Prügel verpassen«, SI52–16.

271 »Zwischen 120 und 130 Häftlinge, GU RK NARK, f. 1876, op. 7, d. 365, l. 14.

271 »Wir haben nicht genug Nahrungsmittel«, LM52–22a.

271 »Er ist kaum noch zu erkennen«, LM51–56.

271 »Kost aus Grünkohl«, Interview mit Igor Alexandrowski, 2010.

272 »Swetlaja, mein Liebling«, LM52–9c.

274 »Er hat nur eine Lunge«, LM52–12.

274 »Vielleicht ist es zu früh«, SI52–16.

274 »Ljoschka hat seine Entlassungspapiere erhalten«, LM52–4.

275 »Grippe und Magenschmerzen«, »Wäre mir klar gewesen«, SI52–15.

275 »Ich erreichte den Bahnhof«, LM52–35.

275 »Mehr und mehr Leute verlassen uns«, LM53–17.

276 »waren über 5000 Arbeitstage verlorengegangen« etc., GU RK NARK, f. 1876, op. 7, d. 366, l. 76–82.

276 »Dreimal … Versuche zu einer Gruppenflucht«, GU RK NARK, f. 1876, op. 7, d. 365, l. 129.

276 »von Holzresten, Borke, Sägemehl«, GU RK NARK, f. 1876, op. 7, d. 366, l. 64.

276 »Objektiv gesehen ist … wenig Schönheit übrig geblieben«, LM50–17.

277 »Die Natur hat … gesegnet«, LM52–34.

278 »Ich wollte herausfinden«, Interview mit Lew, 2008.

278 »Mama geht es noch nicht besser«, SI52–34.

279 »Ich glaube wirklich, Du solltest Deine Reise … absagen«, LM52–32b.

279 »Papa hat stark abgenommen«, SI52–46.

279 »Es wird Dir bestimmt schwerfallen«, LM52–42a.

280 »Sweta schrieb, dass Du versprochen hattest«, LM an J.A. Poltorazkaja, 24. Okt. 1952.

280 »Mein Urlaub geht sehr schnell vorbei«, SI52–53.

280 »Ich habe mich verrechnet, Sweta«, LM52–67.

280 »Wenn ich meine Bücher … beiseitelege«, LM52–69.

281 »Die Fröste sind hier … gnadenlos gewesen«, LM53–1.

281 »Swetloje, es ist so trostlos ohne Deine Briefe«, LM53–3.

282 »Swetka, warum schreibst Du mir nicht?«, LM53–6.

282 »Die Post trifft morgen ein«, LM53–7.

282 »Ich weiß nicht, warum«, SI53–2.

283 »Mein teurer Liebling Swetloje«, LM53–11.

11. Kapitel

285 »Wie unerwartet die Nachricht war«, LM53–23.
285 »Immerhin gibt es ja Stalin«, Interview mit Lew, 2008.
286 »Stalins Tod«, LM53–24.
286 »So etwas wie in der letzten Woche«, SI53–16.
286 »Niemand weinte um Stalin«, Interview mit Lew, 2008.
286 »Vorfall vom Oktober 1952«, Interview mit Lew, 2008.
287 »wurde die Lagerbevölkerung … halbiert«, GU RK NARK, f. 173, op. 1, d. 1, l. 1–2.
287 »Manche unserer Leute«, LM53–32.
287 »Wie sich zeigte«, LM52–34.
288 »hatte einen chronischen Arbeitskräftemangel … zur Folge«, GU RK NARK, f. 173, op. 1, d. 10, l. 55–57.
288 »224 frühere Häftlinge«, GU RK NARK, f. 173, op. 1, d. 13, l. 4.
288 »Hier in Petschora«, LM54–10.
289 »Ende 1954 zählte man gar 459«, GU RK NARK, f. 173, op. 1, d. 12, l. 97.
289 »Man zahlte ihnen ungefähr 200 Rubel im Monat«, APIKM, f. 31, op. 15 (A.K. Nedelko).
289 »[Bannikow] ist seit vier Tagen wieder bei uns«, LM52–38.
289 »Liebling Swetloje«, LM53–48a.
290 »Er würde gern bei Euch«, LM53–84.
290 »Nina und Iw[an] sind eine Woche lang«, SI53–38.
291 »waren die Unterkünfte weniger beengt«, *Wygljadywajas*, S. 44.
291 »Es gab mehr kulturelle Aktivitäten«, Interview mit Igor Alexandrowski, 2010.
291 Petschora als Stadt, Interviews mit Boris Iwanow, 2010.
291 »Rundfunksender«, APIKM, f. 31, op. 19 (I.S. Serditow).
291 »ein neues Gesetz des Obersten Sowjets«, APIKM, f. 31, op. 13 (L.G. Mischtschenko).
291 Schermans biografische Details, GU RK NARK, f. 173, op. 1, d. 13, l. 12, 130.
292 »kleinkarierte Person«, LM52–2.
293 Tkatschenkos Aufgabe, *Wygljadywajas*, S. 43.
293 »Bevor er geht«, LM53–33.
293 »Ich fühle mich sehr ruhig«, LM53–48.
294 »kindliche Art«, »oberflächlichen Lebensansichten«, »Mangel an Takt«, LM53–58.
294 »N. macht mich … wütender«, LM52–69.
295 »ihr nächtliches Gestammel im Schlaf«, LM52–33.
295 »Was das Familienideal betrifft«, LM49–21.
296 »Bei den Menschen hier findet eine unvermeidliche psychische Entwicklung statt«, LM an N. Melnikow, 8. Apr. 1948.
296 »Die endlose gegenseitige Feindschaft«, LM48–86.
297 »Wenn ich die Menschen um mich herum beobachte«, LM50–77.
297 »dass in 999 von 1000 Fällen«, LM48–57.
297 »Wieder werde ich überwältigt«, LM49–76.
297 Aus Radachsen hergestellte Hanteln, Mitteilung von Nikita Mischtschenko.
298 »Körperkraft«, LM48–33.
299 »Ich bin Dir sehr dankbar«, O. Popow an SI, 17. Dez. 1951.

299 »Heute habe ich einen Brief bekommen«, LM52–67.
299 »Gestern hat Oleg uns besucht«, LM54–1.
300 »Je besser ich Oleg kennenlerne«, LM54–4.
300 »Wir alle haben uns mit ihm zerstritten«, LM54–5.
301 »Alles drückt mich nieder«, SI53–19.
301 »Sweta, Du darfst die Gelegenheit eines Urlaubs«, LM53–20.
301 »fand Sweta sich … im Krankenhaus wieder«, SI53–45, SI53–46.
302 »Swetloje, dank unserem Postsystem«, LM53–58.
302 »Sweta, es drängt mich immer mehr«, LM53–58.
302 »Sweta, mein Liebling, Du darfst Dir keine Vorwürfe machen«, LM53–65.
303 »Natürlich, Lew, sind es nur noch 14 Monate«, SI53–61.
303 »Ljowa, warum widerstrebt Dir die Vorstellung«, SI49–17.
304 »Jaroslawl ist eine hübsche Stadt«, SI53–78.
305 »M.A. sagt, Woronesch sei besser«, SI53–77.
305 »Ich habe viel Positives … gehört«, LM54–6.
305 »Also, Ljowa, wen ich auch frage«, SI54–3.
306 »Was die Möglichkeit betrifft«, LM54–19.
307 »irgendwann später«, LM53–77.
307 »Mein Liebling Sweta, was ich nun schreiben werde«, LM54–21.
308 »Der Frühling ist jetzt seit drei Tagen bei uns«, LM54–13.
308 »In der Hoffnung auf Ruhm und Erfolg«, LM54–1 (nach Puschkins Gedicht »Stansy«).
308 »Mein Liebling, ich wollte Dir schreiben«, SI54–8.
308 »Ich kann mir vorstellen«, SI53–81.
309 »und sei es nur für einen oder zwei Tage«, LM54–21.
309 »Ich glaube nicht, wenn ich den Kern der Sache richtig verstehe«, LM54–15.
309 »Ich könnte eine Änderung meiner persönlichen Umstände beantragen«, LM54–21.
310 »Seit Langem muss ich«, SI54–26a.
311 »Ich hätte Kalinin ebenfalls erwähnen sollen«, LM54–21.
312 »fast beiläufig, wenn auch nicht ganz«, SI54–31a.
312 »weil sie so riesig war, dass Menschen sich darin verirren«, SI54–30a.
312 »Daheim fragte ich meine Eltern wie nebenbei«, SI54–30a.
313 »Verzeichnis von Städten«, SI54–30a.
313 »Denkbare Möglichkeiten«, SI54–31a.
314 »Ich falle bereits kopfüber in ein Loch«, SI54–31.
314 »Sweta, mein Liebling, es wird nicht«, LM54–26.
315 »Meine Abreise liegt noch im Dunkeln«, LM54–24.
316 »nicht mehr Gewissheit über die Zukunft«, LM54–25.
316 »Ich werde mich bemühen«, LM54–25.
317 »Papas Zustand«, SI54–34a.
317 »Swetloje, nach Deinem Telegramm«, LM54–29.

12. Kapitel

319 »zwei Holzkoffer«, Interview mit Lew, 2006.
319 »Schick Deine Briefe vorläufig noch hierher«, LM54–27a.

319 Ausflug nach Kanin, Interview mit Igor Alexandrowski, 2010.
320 Lews Ankunft in Moskau, Interview mit Lew, 2006.
320 »die Lichter in den Fenstern«, »Anastasia Jerofejewna«, *Poka ja pomnju*, S. 24.
321 »Ich möchte nicht, dass sich unser erstes Treffen«, SI53–81.
321 30000 Rubel, Interview mit Lew, 2008.
321 »Liebe Anastasia Jerofejewna!«, LM54–30.
322 Beschreibung von Kusminskoje, LM54–31.
323 »Die Frau habe ich rasch gefunden«, LM54–31.
324 »Um einen Ausweg aus diesem Teufelskreis zu finden«, LM54–32.
324 »Morgen gehe ich als Allererstes zum Sowjet«, LM54–33.
325 »meine Reise aufgeschoben werden muss«, LM54–36.
325 »Meine beiden Alten«, LM54–33.
326 »nichts von dem geschmacklosen Gemisch«, LM54–35.
326 »Sie zahlten 7 Rubel pro Tag«, LM54–40.
327 »Schon ein Kämmerchen«, LM54–40.
327 »Dies ist immer noch ein sehr schlechter Zeitpunkt«, SI54–48.
328 »Wir brauchen niemanden«, LM54–38.
329 Freiberufliche Arbeit als Übersetzer, *Poka ja pomnju*, S. 107.
330 »Sweta, manchmal wenn ich in einem Gedränge … bin«, LM54–35.
330 »das gleiche alte Moskau«, Interview mit Lew, 2008.
331 Anastasias Tod, »Danke, Gott«, Interview mit Lew, 2008.
331 Leere Tasche, Einkaufszettel und Geld, *Poka ja pomnju*, S. 108.
331 »Es war ein Polizist«, Interview mit Lew, 2008.
331 Amnestie vom 17. September 1955, J. Rossi, *Sprawotschnik po GULAGu*, Bd. 1, S. 16.
332 »düsteren Kellerzimmer«, Interview mit Lew, 2008.
332 »Ich würde Ihnen nicht raten, ihn zu heiraten«, *Poka ja pomnju*, S. 110.
333 »Lasst mich euch küssen«, Interview mit Lew, 2008.
333 Strelkow-Einzelheiten, W. Alexandrowski an LM, 20. Feb. 1955.
333 »Lew, ich brauche deinen Rat«, Interview mit Lew, 2008.
334 Arbeitssuche in Moskau, Interview mit Lew, 2006.
335 »Als ich den Waldrand erreichte«, Interview mit Lew, 2008.

Epilog

338 »niemals mehr zu einem wissenschaftlichen Forscher werden«, LM54–21.
339 »Sie versuchten nicht«, Mitteilung von Nikita Mischtschenko.
340 »Man muss fähig sein«, SI47–30.
341 »Mein Vater sprach nicht mit uns«, »Er war sehr charmant«, Mitteilung von Nikita Mischtschenko.
342 »Ich wusste sofort, dass er meine Zukunft sein würde«, Interview mit Swetlana, 2008.